LINGUAGEM E SILÊNCIO

GEORGE STEINER

LINGUAGEM E SILÊNCIO

ENSAIOS SOBRE A CRISE DA PALAVRA

Tradução:
GILDA STUART e
FELIPE RAJABALLY

COMPANHIA DAS LETRAS

Dados de Catalogação na Publicação (CIP) Internacional
(Câmara Brasileira do Livro, SP, Brasil)

Steiner, George, 1929-
S838L Linguagem e silêncio : ensaios sobre a crise da palavra / George Steiner ; tradução de Gilda Stuart e Felipe Rajabally. -- São Paulo : Companhia das Letras, 1988.

ISBN 85-7164-001-7

1. Crítica literária 2. Ensaios alemães 3. Linguagem e línguas - Filosofia 4. Literatura - Filosofia I. Título.

CDD-843.91
-401
-801
88-1497 -801.95

Índices para catálogo sistemático:

1. Crítica literária 801.95
2. Ensaios : Século 20 : Literatura alemã 843.91
3. Linguagem : Filosofia 401
4. Literatura : Filosofia 801
5. Século 20 : Ensaios : Literatura alemã 843.91

Título original:
Language and Silence
Essays on Language, Literature, and the Inhuman

Capa:
Sílvia Massaro
sobre *La belle jardinière* (1939), de Paul Klee

Revisão da tradução:
José Antonio Arantes

Revisão:
Airton Paschoa
Eliana Medeiros

1988

Editora Schwarcz Ltda.
Rua Tupi, 522
01233 — São Paulo — SP
Fones: (011) 825-5286 e 825-6498

Para
Churchill College, Cambridge,
onde boa parte do trabalho
foi feita

ÍNDICE

QUARTA PARTE

QUINTA PARTE

AGRADECIMENTOS

Agradeço aos editores dos seguintes periódicos e livros nos quais seções deste livro foram publicadas pela primeira vez: *Commentary*; *Encounter*; *Ernst Bloch zu Ehren* (Suhrkamp Verlag, Frankfurt, 1965); *Festschrift zum achtzigsten Geburtstag von Georg Lukács* (Hermann Luchterhand Verlag, Neuwied e Berlim, 1965); *Homer: Twentieth-Century Views* (Prentice-Hall, Englewood Cliffs, N. J., 1962); *Kenyon Reviews*; *Listener New York Times Book Review*; *Problems of Communism*; *Reporter*; *The Times Literary Supplement*; *Yale Review*.

PREFÁCIO À EDIÇÃO PELICAN

Excluíram-se desta edição vários artigos e ensaios que integravam a primeira publicação de *Linguagem e silêncio*.* Do mesmo modo que uma tradução, e até o momento já se fizeram muitas desta obra, um livro em brochura possui características próprias. Deve ter em mira, por um lado, não ser nem muito volumoso nem muito caro e, por outro, manter um enfoque preciso.

Este é uma coletânea de ensaios sobre linguagem e a crise da linguagem em nossa época. Eles argumentam que determinadas pressões da política totalitária, da barbárie social, do analfabetismo e dos modismos têm minado o caráter da linguagem. Fundamentam tal argumento no precedente concreto da desumanização, explorada pelo regime nazista, do discurso e dos significados do idioma alemão, e examinam algumas das teorias da arte social formuladas pelo marxismo. Na base destes ensaios reside a convicção de que a crítica literária, se pretende ter algum interesse genuíno e bastante diverso da abrilhantada resenha de livro, precisa adquirir uma clara consciência filosófica e social de que deve aceitar como principal estímulo o fato — para mim escandaloso no sentido mais profundo — de que coexistem, em um mesmo tempo e espaço, a "alta cultura" e a brutalidade política.

Em *Linguagem e silêncio* está implícita a herança, o arcabouço, se preferirem, daquele humanismo centro-europeu, de aproximadamente 1860 a 1930, que o nazismo e o stalinismo por pouco não destruíram. Na medida em que volta o olhar para um mundo perdido, este livro constitui, sem nenhum embaraço, um exercício

(*) A edição Pelican abreviada, de 1969, baseia-se na edição completa da Faber & Faber, de 1967. (N. E.)

de recordação, um esforço, evidentemente pessoal e limitado, de manter vivos alguns nomes e maneiras de sentir. O ensaio sobre Homero, que serve como uma espécie de eixo, tem por objetivo sugerir a virtude de um clássico em uma alfabetização humanista, essa estranha realidade da luz que emana do elmo de Aquiles com "tal ímpeto", nas palavras de Christopher Logue, "que pode ser vista/ através de três mil anos".

Ao ser publicado pela primeira vez, várias afirmações contidas neste livro foram consideradas indevidamente alarmistas e obsessivamente sombrias. Enquanto redigia esta nota, um grupo de conhecidos escritores alemães — entre eles Hans Magnus Enzensberger, Martin Walser, Peter Hamm — declarava sua disposição de não mais escrever poesia, prosa ou peças teatrais. Sua política imediata difere da de Adorno, quando disse que "não há poesia depois de Auschwitz", mas a crise subjacente é a mesma. Isso também se aplica à polêmica suscitada pelo ensaio "Palavras da noite". Vários defensores da total franqueza sexual, da completa explicitação verbal, já estão manifestando seu desencanto, seu espanto ante o tédio e a falta de real liberdade imaginativa surgidos com o novo erotismo. A linguagem é uma estrutura de fantástica complexidade e vulnerabilidade; ela provavelmente define a humanidade do homem. Onde quer que seja danificada, não é fácil restaurá-la.

No preparo desta edição, tenho uma dívida de gratidão para com o sr. James Cochrane, da Penguin Books, por seu apoio e perspicácia.

G. S.
Cambridge
Novembro de 1968

PREFÁCIO

Este livro é essencialmente sobre linguagem: linguagem e política, linguagem e o futuro da literatura, as pressões exercidas sobre a linguagem pelas mentiras totalitárias e pela decadência cultural, linguagem e outros códigos de significado (música, tradução e matemática), linguagem e silêncio.

Os ensaios e os artigos desta coletânea foram escritos em épocas diferentes. Na maioria dos casos, resultaram de respostas a acontecimentos específicos: a publicação de um livro, a encenação de uma peça ou de uma ópera, um evento político. O tema básico de todos, porém, é a vida da linguagem e de algumas das complexas energias da palavra em nossa sociedade e em nossa cultura. Quais são as relações da linguagem com as falsidades homicidas que ela foi forçada a expressar de modo inteligível e consagrar em alguns regimes totalitários? Ou com o grande fardo de vulgaridade, de imprecisão e de ganância que ela carrega em uma democracia de consumo de massa? Como irá a linguagem, no sentido tradicional de um idioma geral de relações efetivas, reagir às exigências, cada vez mais urgentes e abrangentes, de um discurso mais exato como o da matemática e o da notação simbólica? Estaremos saindo de uma era histórica de primazia verbal, do período clássico da expressão letrada, e entrando em uma fase de linguagem decadente, de formas "pós-lingüísticas" e, talvez, de silêncio parcial? São essas as questões que tento formular, enfocar, nos ensaios que se seguem.

Por baixo dessas questões jaz a convicção de que a crítica literária, particularmente em seu atual coabitar com o acadêmico, deixou de ser uma atividade responsável ou de grande interesse. Boa parte dela exibe a complacência de valores acadêmicos ou jornalísticos e das formas de expressão aprimoradas no século XIX.

Livros acerca de livros, e este gênero florescente, embora mais recente, livros acerca de crítica literária (um distanciamento três vezes maior), continuarão, sem dúvida, a ser produzidos aos borbotões. Mas começa a ficar claro que, em sua maioria, eles são uma espécie de passatempo de iniciados, que têm muito pouco a dizer àqueles que indagam até que ponto é possível a coexistência e a interação entre o humanismo, entre a idéia da comunicação letrada, e as tendências atuais da história. A distância entre o tratamento acadêmico, beletrístico da literatura e os possíveis significados ou subversões da literatura em nossa vida efetiva nunca foi tão grande desde que Kierkegaard chamou a atenção, pela primeira vez, para sua irônica longitude.

A crítica moderna mais relevante — a de Georg Lukács, Walter Benjamin, Edmund Wilson, F. R. Leavis — sabe o quanto isso é verdadeiro. Cada qual com sua maneira de ver, esses críticos fizeram do julgamento literário uma crítica da sociedade, uma comparação utópica ou empírica entre fato e possibilidade na ação humana. Mas mesmo suas realizações, e a elas, evidentemente, se deve grande parte do que consta nas páginas que se seguem, começam a tornar-se obsoletas, pois resultaram de um contrato de alfabetização que agora se coloca em dúvida.

A novidade ou a natureza especial de nosso atual estado de consciência é o segundo tema principal deste livro. Entendo que os historiadores têm razão quando dizem que a barbárie e a selvageria política são endêmicas em assuntos humanos, que nenhuma época escapou a desastres. Sei que os massacres coloniais dos séculos XIX e XX e a cínica destruição dos recursos naturais e animais que dele resultam (sendo talvez o extermínio da fauna o lógico e simbólico epílogo do extermínio das populações nativas) são realidades de um mal profundo. Creio, porém, haver hipocrisia na imaginação que clama por imediação universal, que busca apropriação imparcial nas provocações de toda a história e de todos os lugares. Minha própria consciência está obcecada pela erupção da barbárie na Europa moderna; pelo assassínio em massa dos judeus e pela destruição, sob o domínio nazista e stalinista, daquilo que tento definir em alguns destes ensaios como a índole específica do "humanismo centro-europeu". Não atribuo a esta coisa hedionda qualquer privilégio especial; mas essa é a crise da expectativa racional e humanista que moldou minha vida e que me diz respeito mais diretamente.

Seu negrume não surgiu no deserto de Gobi ou na floresta tropical da Amazônia. Originou-se no interior e no cerne da civilização européia. Os gritos dos assassinados ecoaram a pouca distância das universidades; o sadismo aconteceu a uma quadra dos teatros e museus. No final do século XVIII, Voltaire acreditava no fim da tortura; o massacre ideológico deveria tornar-se um espectro desterrado. Em nossa época, as altas esferas da instrução, da filosofia e da expressão artística converteram-se no cenário para Belsen.

Não posso aceitar o fácil consolo de que essa catástrofe foi um fenômeno puramente alemão, ou um nefasto acaso, com raízes na personagem de um ou outro governante totalitário. Dez anos depois de a Gestapo retirar-se de Paris, os compatriotas de Voltaire torturavam argelinos e uns aos outros nos mesmos porões das delegacias. A morada do humanismo clássico, o sonho da razão que inspirou a sociedade ocidental, havia em grande parte ruído. Idéias de desenvolvimento cultural e de racionalidade inata, aceitas desde a antiga Grécia e ainda de expressiva validade no historicismo utópico de Marx e no autoritarismo estóico de Freud (ambos suplantadores tardios da civilização greco-romana), não podem mais ser sustentadas com muita segurança. A capacidade do homem tecnológico, como ser suscetível ao controle do ódio político e da insinuação sádica, estendeu-se espantosamente rumo à destruição.

Pensar em literatura, em educação, em linguagem, como se nada de importante tivesse acontecido em desafio ao próprio conceito que temos dessas atividades, parece-me insensato. Ler Ésquilo ou Shakespeare — que dirá "ensiná-los" — como se os textos, como se a autoridade dos textos em nossa própria vida, estivessem imunes à história recente, é sutil porém corrosiva ignorância. Isso não significa um teste indiscriminado ou jornalístico de "relevância atual"; significa que se procura levar a sério o complexo milagre da sobrevivência da grande arte, de que resposta podemos dar a partir de nosso próprio ser.

Nós viemos depois. Sabemos agora que uma pessoa pode ler Goethe ou Rilke à noite, que pode tocar Bach e Schubert e cumprir a rotina de trabalho em Auschwitz pela manhã. Dizer que ela os leu sem compreender, ou que não tem ouvido para a música, é lugar-comum. De que maneira esse conhecimento é relevante para a literatura e a sociedade, na esperança, que se tornou quase axiomática desde Platão até Matthew Arnold, de que a cultura seja uma força humanizadora, de que as energias do espírito sejam passíveis de transferência para o comportamento? Além disso, não se trata apenas do caso de os veículos estabelecidos da civilização — as universidades, as artes, o mundo dos livros — terem sido incapazes de oferecer resistência adequada à brutalidade política, terem-na com freqüência acolhido e concedido solenidade e justificação. Por quê? Quais são os elos, ainda mal compreendidos, que ligam os hábitos mentais e psicológicos de uma alta instrução e as tentações do inumano? Haverá o surgimento de um grande tédio e de uma saciedade de abstrações no interior da civilização instruída que a prepara para a liberação da barbárie? Muitas destas notas e ensaios procuram encontrar modos de colocar a questão de maneira mais completa e precisa.

Tanto no método como no campo de interesse, viso a algo bem distinto da crítica literária. Embora conheça bem os pontos deficientes destes ensaios, quero propor a meta de uma "filosofia da linguagem". Alcançar tal filosofia deverá ser o próximo passo, se desejarmos nos aproximar mais de uma compreensão da herança específica e da devastação parcial de nossa cultura, daquilo que solapou e daquilo que talvez possa restaurar a capacidade de discernimento na sociedade moderna. Uma filosofia da linguagem, na acepção de Leibniz e de Herder, irá se dedicar ao estudo da literatura com especial intensidade; mas também pensará a literatura como algo inevitavelmente implicado nas estruturas mais amplas das comunicações semânticas, formais e simbólicas. Pensará a filosofia, conforme ensina Wittgenstein, como linguagem em uma situação de máximo escrúpulo, a palavra recusando aceitar-se sem questionamento. Buscará apoio na antropologia para confirmar ou corrigir indícios de outros alfabetismos e estruturas de significado (de que outro modo poderíamos "recuar", afastando-nos da ilusória clareza de nosso enfoque particular?). Uma filosofia da linguagem reagirá com cauteloso fascínio às hipóteses da lingüística moderna. É na lingüística que grande parte da inteligência, outrora atuante na crítica literária e na história, está hoje concentrada. Que a literatura e a lingüística têm estreita relação é um fato que os poetas conhecem desde há muito. Nas palavras de Roman Jakobson, "os recursos poéticos ocultos nas estruturas morfológica e sintática da língua, resumidamente a poesia da gramática e seu produto literário, a gramática da poesia, raras vezes foram percebidos pelos críticos e quase sempre foram desprezados pelos lingüistas, mas explorados com perícia pelos escritores criativos". Uma filosofia da linguagem procuraria estabelecer as relações com precisão.

Para resumir, ela retornaria — com aquela admiração radical comumente ausente da crítica literária e do estudo acadêmico da literatura — ao fato de que a linguagem é o mistério que define o homem, de que nela a identidade e a presença histórica do homem estão explicitadas de modo singular. É a linguagem que separa o homem dos códigos de sinais deterministas, das inarticulações, dos silêncios que habitam a maior parte do ser. Se o silêncio chegasse de novo a uma civilização em ruína, seria um silêncio redobrado, ruidoso e desesperado com a recordação da Palavra.

Vários entre os principais ensaios deste livro se pretendem anotações provisórias com vistas a uma filosofia da linguagem.

G. S.
Nova York
Setembro de 1966

PRIMEIRA PARTE

ALFABETIZAÇÃO HUMANISTA

Quando olha para trás, o crítico vê a sombra de um eunuco. Quem seria crítico se pudesse ser escritor? Quem se esforçaria para elaborar a mais sutil análise de Dostoievski se pudesse escrever uma frase dos *Irmãos Karamazov*, ou questionar a atitude de Lawrence se pudesse dar forma ao livre sopro de vida em *The Rainbow*? Todas as grandes obras emanam de *le dur désir de durer*, o áspero artifício do espírito contra a morte, a esperança de sobrepujar o tempo através da força de criação. "O esplendor cai do ar"; cinco palavras e um truque de som obscurecedor. Mas duraram três séculos. Quem escolheria ser crítico literário se pudesse fazer cantar as rimas, ou compor, a partir de seu próprio ser mortal, uma ficção viva, uma personagem que perdurasse? A maioria dos homens encontra sua desinteressante sobrevivência em velhas listas telefônicas (é uma bênção que estas se conservem no Museu Britânico); no fato literal de sua existência há menos da verdade e dos frutos da vida do que em Falstaff ou *madame* de Guermantes. Tê-los imaginado.

O crítico vive de segunda mão. Ele escreve *sobre*. O poema, o romance ou a peça têm de ser dados a ele; a crítica existe pela graça do gênio de outros homens. Em virtude do estilo, a própria crítica pode tornar-se literatura. Mas em geral isso ocorre apenas quando o escritor atua como crítico de sua própria obra ou como precursor de sua própria poética, quando a crítica de Coleridge é obra em andamento ou a de T. S. Eliot, propaganda. Há alguém, além de Saint-Beuve, que pertença à literatura somente como crítico? Não é a crítica que faz a linguagem viver.

Essas são verdades elementares (e o crítico honesto as repete para si mesmo a todo amanhecer). Mas corremos o risco de esquecê-las, porque nossa época está particularmente carregada de energia e prestígio crítico autônomos. Periódicos despejam uma enxurrada de comentários ou exegeses; nos Estados Unidos, há escolas de crítica. O crítico existe como uma personagem com méritos próprios; suas predileções e divergências desempenham um papel público. Críticos escrevem sobre críticos, e o jovem brilhante, ao invés de considerar a crítica uma derrota, um gradual e desolador acordo com as insignificâncias de um talento limitado, pensa nela como uma carreira elevada. Isso seria simplesmente engraçado, se não tivesse um efeito corrosivo. Como nunca antes, os estudiosos e as pessoas interessadas no movimento da literatura lêem resenhas e críticas de livros ao invés de lerem os livros, ou antes de terem feito a tentativa de um juízo pessoal. O fato de o dr. Leavis afirmar a maturidade e a inteligência de George Eliot faz parte da moeda corrente da opinião em vigência. Quantos dentre aqueles que a repetem leram na verdade *Felix Holt* ou *Daniel Deronda*? O ensaio de Eliot sobre Dante é lugar-comum no ensino literário; a *Commedia* é conhecida, se tanto, por alguns pequenos trechos (*Inferno* XXVI ou Ugolino esfaimado). O verdadeiro crítico é servo do poeta; hoje ele se porta como amo, ou assim o consideram. Ele omite a derradeira e mais vital lição de Zaratustra: "agora prossigam sem mim".

Exatamente há cem anos, Matthew Arnold percebeu uma amplitude e uma projeção semelhantes do impulso crítico. Admitiu que tal impulso era secundário ao do escritor, que a alegria e a importância da criação eram de ordem radicalmente superior. Mas julgava o período de alvoroço crítico o prelúdio necessário a uma nova era poética. Nós viemos *depois*, e esse é o ponto nevrálgico de nossa posição. Depois da ruína sem precedentes dos valores e esperanças humanos resultantes da brutalidade política de nossa época.

Essa ruína é o ponto de partida de qualquer reflexão séria sobre literatura e sobre o lugar da literatura na sociedade. A literatura lida essencial e constantemente com a imagem do homem, com a forma e o estímulo da conduta humana. Não podemos agir agora, seja como críticos ou como simples seres racionais, como se nada de importância vital tivesse afetado nosso senso da possibilidade humana, como se o extermínio, pela fome ou pela violência, de cerca de 70 milhões de homens, mulheres e crianças na Europa e na Rússia, entre 1914 e 1945, não tivesse alterado de modo profundo a propriedade de nossa consciência. Não podemos presumir que Belsen seja irrelevante para a vida responsável da imaginação.

O que o homem infligiu ao homem, em época muito recente, afetou a matéria básica do escritor — a totalidade e o potencial do comportamento humano — e oprime o cérebro com uma nova escuridão.

Além disso, põe em dúvida os conceitos básicos de uma cultura literária e humanística. O grau máximo da barbárie política desenvolveu-se no cerne da Europa. Dois séculos após Voltaire ter proclamado seu fim, a tortura volta a tornar-se um processo normal de ação política. Não apenas a difusão geral de valores literários e culturais demonstrou não ser obstáculo ao totalitarismo, como também, em alguns casos que se puderam observar, os altos círculos do saber e da arte humanísticos de fato acolheram e ajudaram o novo terror. A barbárie predominou no próprio berço do humanismo cristão, da cultura renascentista e do racionalismo clássico. Sabemos que alguns dos homens que conceberam e administraram Auschwitz foram educados lendo Shakespeare ou Goethe, e continuavam a lê-los.

Isso tem uma óbvia e assustadora relevância para o estudo ou ensinamento da literatura. Obriga-nos a perguntar se o conhecimento do que de melhor se pensou e se disse, conforme afirmou Matthew Arnold, amplia e apura a capacidade do espírito humano. Força-nos a indagar se o que o dr. Leavis chamou de "a humanidade essencial" leva de fato as pessoas a agir de forma humanitária, ou se não há um grande abismo ou uma contradição entre o teor de inteligência moral desenvolvido no estudo da literatura e aquele necessário ao discernimento social e político. Esta última possibilidade é especialmente perturbadora. Há evidência de que uma disciplinada e persistente dedicação à vida da palavra impressa, uma capacidade de identificação profunda e crítica com personagens ou sentimentos imaginários, diminui a proximidade, as ásperas arestas das circunstâncias objetivas. Acabamos reagindo com mais intensidade à tristeza literária do que à miséria perto de nós. Também disso as épocas recentes dão provas duras. Homens que choravam com Werther e Chopin moviam-se, sem perceber, através de um inferno literal.

Isso significa que quem quer que ensine ou interprete literatura — ambas atividades destinadas a criar para o escritor um corpo de respostas vivas e discernentes — deverá se perguntar qual é seu propósito (orientar, guiar alguém pelo *Lear* ou pela *Orêsteia* é moldar com as próprias mãos os caminhos de outrem). Suposições a respeito do valor da cultura letrada para a percepção moral do indivíduo e da sociedade eram evidentes para Johnson, Coleridge e Arnold. Agora elas estão sendo postas em dúvida. Temos de admitir a possibilidade de que o estudo e a transmissão da literatura sejam apenas de significado marginal, um luxo sentimental, como a preservação de antiguidades. Ou, na pior das hipóteses, de que possam prejudicar uma utilização mais urgente e responsável de tempo e de energia do espírito. Não creio que qualquer dos dois corresponda à verdade. Contudo, a pergunta deve ser feita e examinada sem rodeios. No tocante à situação atual dos estudos de inglês nas universidades, nada preocupa mais do que o fato de que tal indagação possa ser considerada bizarra ou subversiva. Ela é essencial.

Eis de onde a pretensão das ciências naturais deriva sua força. Com base nos critérios de verificação empírica e em sua tradição de realizações coletivas (em contraste com a idiossincrasia e o egoísmo aparentes do argumento literário), os cientistas foram levados a asseverar que seus próprios métodos e sua visão estão agora no centro da civilização, que a antiga primazia da afirmação poética e da imagem metafísica terminou. E, embora a evidência seja vaga, parece provável que, do conjunto de talentos disponíveis, muitos — e muitos dos melhores — voltaram-se para as ciências. Durante o *quattrocento*, aspirava-se conhecer os pintores; hoje em dia, a idéia de gozo inspirado, do jogo lúcido e desimpedido da mente, está associada aos físicos, bioquímicos e matemáticos.

Mas não podemos nos iludir. As ciências enriquecerão a linguagem e a capacidade da percepção (como Thomas Mann demonstrou em *Felix Krull*, é da astrofísica e da microbiologia que talvez venhamos a colher nossos futuros mitos, os termos de nossas metáforas). As ciências reformularão nosso meio ambiente e o contexto de lazer ou subsistência no qual a cultura é viável. Contudo, embora tendo inesgotável fascinação e constante beleza, as ciências naturais e matemáticas só raramente são de interesse fundamental. Com isso quero dizer que acrescentaram pouco a nosso conhecimento ou controle das possibilidades humanas, que comprovadamente existe mais compreensão da questão do homem em Homero, Shakespeare ou Dostoievski do que em toda a neurologia ou a estatística. Nenhuma descoberta da genética reduz ou supera o que Proust sabia do fascínio ou do fardo da linhagem; cada vez que Otelo nos recorda a ferrugem do orvalho na lâmina brilhante, sentimos mais da transitória realidade sensorial na qual nossa vida deve transcorrer do que é tarefa ou ambição da física transmitir. Nenhuma sociometria da motivação ou das táticas políticas se compara a Stendhal.

E é precisamente a "objetividade", a neutralidade moral em que as ciências se regozijam e na qual conseguem sua brilhante comunhão de esforços, que as impede de ser relevantes em última análise. A ciência pode ter dado instrumentos e insanos pretextos de racionalidade àqueles que planejam assassínios em massa. Pouco ou nada nos diz sobre suas motivações, um assunto sobre o qual vale a pena ouvir Ésquilo ou Dante. Tampouco, a julgar pelas ingênuas declarações políticas proferidas por nossos atuais alquimistas, pode fazer algo notável para tornar o futuro menos vulnerável ao inumano. A luz que temos sobre nossa condição essencial e íntima ainda é concentrada pelo poeta.

Contudo, e isso não se pode negar, muitas partes do espelho estão hoje trincadas ou embaçadas. A característica dominante do cenário literário atual é a superioridade da "não-ficção" — da reportagem, da história, da discussão filosófica, da biografia, do ensaio crítico — sobre as formas imaginativas tradicionais. A maioria dos romances, poemas e peças produzidos nas últimas duas décadas simplesmente não são tão bem escritos, nem transmitem um sentimento tão forte, como as modalidades de escrita nas quais a imaginação obedece ao impulso do fato. As memórias de *madame* de Beauvoir são o que seus romances deveriam ter sido, prodígios de imediação física e psicológica; Edmund Wilson escreve a melhor prosa dos Estados Unidos; nenhum dos inúmeros romances ou poemas que abordaram o terrível tema dos campos de concentração emula à verdade, à controlada compaixão poética de *The Informed Heart*, à análise fatual de Bruno Bettelheim. É como se a complexidade, o ritmo e a monstruosidade política de nossa época tivessem assombrado e feito recuar a imaginação confiante dos arquitetos da literatura clássica e do romance do século XIX. Um romance de Butor e *Almoço nu* são ambos fugas. O fato de evitar a superior característica humana, ou o menosprezo dessa característica por meio da fantasia erótica e sádica, aponta para a mesma deficiência de criação. *Monsieur* Beckett aproxima-se, com inabalável lógica irlandesa, de uma forma de drama no qual uma personagem, os pés presos em um bloco de cimento e a boca amordaçada, olhará fixo para a platéia, sem nada dizer. A imaginação banqueteou-se à saciedade de horrores e das trivialidades sem-cerimônia através das quais o horror moderno com freqüência se expressa. Como poucas vezes antes, a poesia é tentada pelo silêncio.

É nesse contexto de privação e incerteza que a crítica tem seu lugar modesto, e no entanto vital. Sua função é, creio, tripla.

Primeiramente, pode mostrar-nos o que reler e de que modo. O corpo da literatura é, sem dúvida, imenso, e a pressão do novo, constante. É preciso escolher, e nessa escolha a crítica tem sua utilidade. Isso não significa que deveria assumir o papel do destino e selecionar um punhado de autores ou obras que representassem a única tradição válida, excluindo outros (a marca de uma boa crítica consiste em abrir mais livros do que fechar). Significa que, da vasta e emaranhada herança do passado, a crítica trará à luz e sancionará aquilo que fala ao presente com especial franqueza ou rigor.

Essa é a distinção apropriada entre o crítico e o historiador da literatura ou o filólogo. Para este último, o valor de um texto é intrínseco; possui um fascínio lingüístico ou cronológico independente de uma relação mais ampla. O crítico, ao mesmo tempo que lança mão da autoridade do erudito sobre o significado básico e a integridade da obra, tem de escolher. E sua tendência será para aquilo que trave diálogo com os vivos.

Cada geração faz sua escolha. Existe poesia permanente, mas quase nenhuma crítica permanente. Tennyson terá sua influência e Donne, seu eclipse. Ou, para dar um exemplo menos subordinado ao sabor da moda: antes da guerra, nos *lycées* franceses onde estudei, era comum considerar Virgílio um meticuloso e frouxo imitador de Homero. Qualquer garoto afirmaria isso com tranqüila segurança. Em face da desgraça, e da rotina de fuga e exílio, este ponto de vista mudou de maneira radical. Virgílio, agora, parecia ser a testemunha mais amadurecida e mais necessária (a interpretação incorreta da *Ilíada*, por Simone Weil, e *Der Tod des Vergil* [A morte de Virgílio], de Hermann Broch, fazem parte dessa reavaliação). O tempo, tanto historicamente como na escala da vida pessoal, altera a visão que temos de uma obra ou de um conjunto de obras de arte. Sabe-se que existe uma poesia dos jovens e uma prosa dos velhos. Porque seu anúncio de um futuro dourado contrasta, ironicamente, com nossa experiência atual, os românticos já não estão mais em evidência. O século XVI e o início do século XVII, embora com uma linguagem muitas vezes remota e intricada, parecem mais próximos de nosso discurso. A crítica pode tornar fecundas e distintivas essas mudanças de necessidade. Pode invocar do passado aquilo que é o manancial do gênio do presente (a melhor prosa francesa no momento tem, por trás dela, a força de Diderot). E pode nos fazer lembrar que nossas alternâncias de opinião não são nem axiomáticas nem de validade duradoura. O grande crítico "verá mais adiante"; irá se debruçar sobre o horizonte e preparar o contexto do reconhecimento futuro. Às vezes, ele escuta o eco da voz esquecida, ou antes de ser conhecida. Houve quem pressentisse, na década de 20, que a época de Blake e Kierkegaard estava próxima, ou quem vislumbrasse, dez anos depois, a verdade geral no pesadelo particular de Kafka. Isso não significa escolher vencedores; significa saber que a obra de arte se situa em uma complexa e provisória relação com o tempo.

Em segundo lugar, a crítica pode fazer conexões. Em uma época em que a rapidez da comunicação técnica na verdade oculta intransponíveis barreiras ideológicas e políticas, o crítico pode atuar como intermediário e guardião. É parte de seu trabalho cuidar de que um regime político não consiga impor esquecimento ou deturpação à obra de um escritor, de que se recolham e decifrem as cinzas de livros queimados.

Do mesmo modo que busca estabelecer o diálogo entre o passado e o presente, o crítico também tentará manter abertas as linhas de contato entre as línguas. A crítica amplia e complica o mapa da sensibilidade. Insiste que as literaturas não vivem em isolamento, mas em uma multiplicidade de encontros lingüísticos e nacionais. A crítica se deleita com a afinidade e com o contraste acentuado do exemplo. Sabe que os estímulos de um grande talento ou forma poética se irradiam em configurações intricadas de difusão. Trabalha, *"à l'enseigne de Saint-Jérôme"*, ciente de que não existem equivalências exatas entre as línguas, somente traições, mas de que a tentativa de traduzir é uma constante necessidade, para que a poesia alcance sua plenitude vital. Tanto o tradutor como o crítico empenham-se para comunicar a descoberta.

Na prática, isso significa que a literatura deveria ser ensinada e interpretada de modo comparativo. Não ter qualquer conhecimento direto com a épica italiana ao julgar Spenser, avaliar Pope sem ter uma segura compreensão de Boileau, julgar o desempenho do romance vitoriano e de James sem ter um conhecimento preciso de Balzac, Stendhal e Flaubert é fazer uma leitura superficial ou incorreta. É o feudalismo acadêmico que traça linhas rígidas entre o estudo de inglês e o das línguas modernas. Não será o inglês uma língua moderna, vulnerável e flexível, em todas as épocas de sua história, à pressão de vernáculos europeus e da tradição européia de retórica e dos gêneros? Mas o problema vai muito mais além da disciplina acadêmica. O crítico que afirma que uma pessoa pode saber bem apenas uma língua, que só o patrimônio nacional de poesia ou a tradição nacional do romance são válidos ou supremos, está fechando portas quando deveria abri-las, está estreitando a mente quando deveria fazer com que ela experimentasse uma ampla e equânime realização. O chauvinismo lançou a política em um caos; não tem lugar na literatura. O crítico (também nisso ele difere do escritor) não é um homem para permanecer em seu quintal.

A terceira função da crítica é a mais importante. Diz respeito à capacidade de avaliar a literatura contemporânea. Há uma distinção entre contemporânea e imediata. A imediata acossa o recenseador literário. Mas o crítico tem claramente responsabilidades especiais para com a arte de sua própria época. Deve indagar dela não apenas se representa um avanço ou refinamento técnico, se acrescenta um torneio de estilo ou se é hábil ao explorar o ponto nevrálgico do momento, mas também o que acrescenta, ou suprime, às minguadas reservas de inteligência moral. Que dimensão de homem tal obra propõe? Não é uma pergunta de fácil formulação ou que possa ser feita com tato infalível. Mas nosso tempo não é comum. Ele encontra-se sob o peso da inumanidade, sentida em uma escala de singular magnitude e horror; e a possibilidade de destruição não está muito longe. Seria bom poder dar-se ao luxo de ficar à margem, mas não se pode fazer isso.

Isso levaria alguém a perguntar, por exemplo, se o talento de Tennessee Williams está sendo usado para alimentar um sadismo nauseante, se o virtuosismo rococó de Salinger propugna uma visão absurdamente diminuída e enervante da existência humana. Isso levaria alguém a perguntar se a banalidade das peças de Camus e de todos os seus romances, exceto o primeiro, não sugere a persistente imprecisão, a escultural, porém tênue, movimentação de seu pensamento. *Perguntar*; não zombar ou censurar. A distinção é de enorme importância. A indagação só será produtiva quando a abordagem da obra for completamente livre, quando o crítico tiver sincera esperança de encontrar discordância e oposição. Além do mais, enquanto o policial ou o censor interroga o escritor, o crítico interroga apenas o livro.

Até aqui, tenho visado à noção de *alfabetização humanista*. Nessa longa conversa com os mortos-vivos, que chamamos de leitura, nosso papel não é passivo. Quando é mais que devaneio de um apetite indiferente nascido do tédio, a leitura é uma forma de atuação. Atraímos a presença, a voz do livro. Permitimos que entre, ainda que não sem reservas, em nosso íntimo. Um poema magnífico, um romance clássico entram à força em nosso interior; tomam de assalto e ocupam as praças fortes de nossa consciência. Exercem sobre nossa imaginação e desejos, sobre nossas ambições e sonhos mais secretos, um domínio estranho e contundente. Quem queima livros sabe o que está fazendo. O artista é a força incontrolável: depois de Van Gogh, nenhum olhar ocidental pode contemplar um cipreste sem notar nele o princípio de uma chama.

Assim ocorre, e em um grau extremo, com a literatura. Um homem que leu o Livro XXIV da *Ilíada* — o encontro noturno entre Príamo e Aquiles — ou o capítulo em que Aliosha Karamazov cai de joelhos diante das estrelas; que leu o capítulo XX (*Que philosopher c'est apprendre à mourir*), de Montaigne, e o uso que Hamlet faz dele, e não se modifica, cuja compreensão de sua vida pessoal permanece inalterada, que não olha, de maneira sutil mas radical, para o cômodo em que se encontra, para aqueles que batem à porta, com olhos diferentes — esse homem leu apenas com a cegueira da visão física. Alguém pode ler *Anna Karenina* ou Proust sem descobrir uma nova fraqueza ou necessidade no âmago mesmo de suas sensações sexuais?

Ler corretamente é correr grandes riscos. É tornar vulnerável nossa identidade, nosso autodomínio. Na primeira fase da epilepsia, ocorre um sonho característico (Dostoievski nos fala sobre isso). De algum modo a pessoa se desprende de seu próprio corpo; ao olhar para trás, vê-se a si mesma e sente um súbito medo alucinante; uma outra presença está entrando em seu próprio ser, e não há caminho de volta. Sentindo esse medo, a mente busca um abrupto despertar. Assim deveria ser quando temos nas mãos uma importante obra literária ou filosófica, ficcional ou doutrinária. Pode vir a nos possuir tão completamente que, por um momento, permanecemos com medo de nós mesmos e em um estado de imperfeito reconhecimento. Quem leu *A metamorfose* de Kafka e consegue se olhar no espelho sem se abalar, talvez seja capaz, do ponto de vista técnico, de ler a palavra impressa, mas é analfabeto no único sentido que importa.

Como o conjunto de valores tradicionais está desmantelado, como as próprias palavras foram deturpadas e vulgarizadas, como as formas clássicas de declaração e metáfora estão dando lugar a modalidades complexas e transitórias, a arte da leitura, do verdadeiro alfabetismo, deve ser reconstituída. É tarefa da crítica literária nos ajudar a ler como seres humanos completos, dando o exemplo de precisão, medo e deleite. Comparada ao ato de criação, essa tarefa é secundária. Mas nunca teve tanta importância. Sem ela, a própria criação poderá ficar sujeita ao silêncio.

O REPÚDIO À PALAVRA

1

O Apóstolo conta-nos que o começo era o Verbo. Não nos dá qualquer indicação quanto ao fim.

Vem a propósito que tenha usado a língua grega para expressar a concepção helenística do *Logos*, pois é à realidade de sua herança greco-judaica que a civilização ocidental deve seu caráter essencialmente verbal. Nós aceitamos esse caráter sem discussão. É a raiz e o córtex de nossa experiência e não podemos transportar facilmente nossa imaginação para fora dele. Vivemos no interior do ato do discurso. Mas não devemos pressupor que uma matriz verbal seja a única em que as articulações e o comportamento da mente são concebíveis. Existem modalidades de realidade intelectual e sensória baseadas, não na linguagem, mas em outras energias comunicativas, tais como o ícone ou a nota musical. E existem atividades do espírito enraizadas no silêncio. É difícil *falar* delas, pois como poderia a fala transmitir adequadamente a forma e a vitalidade do silêncio? Mas posso citar exemplos do que quero dizer.

Em algumas metafísicas orientais, no budismo e no taoísmo, imagina-se que a alma ascende dos grosseiros obstáculos da matéria, através de domínios de percepção que podem ser transmitidos por linguagem sublime e exata, rumo a um silêncio cada vez mais profundo. O mais elevado e puro grau do ato contemplativo é aquele em que se aprendeu a abandonar a linguagem. O inefável encontra-se além das fronteiras da palavra. Somente com a ruptura das muralhas da linguagem a prática visionária poderá penetrar no mundo da total e imediata compreensão. Quando se alcança tal compreensão, a verdade não precisa submeter-se às impurezas e à fragmentação que a fala necessariamente acarreta. Não precisa ajustar-se à lógica ingênua e à concepção linear de tempo implícitas na sintaxe. Na verdade final estão compreendidos, simultaneamente, o passado, o presente e o futuro. É a estrutura temporal da linguagem que os mantém artificialmente distintos. Esse é o ponto crucial.

O homem santo, o iniciado, se afasta não apenas das tentações da atividade mundana, mas também da palavra. Sua retirada para a gruta da montanha ou para a cela monástica é a representação exterior de seu silêncio. Mesmo aqueles que são apenas iniciantes nesse árduo caminho aprendem a desconfiar do véu da linguagem, a rompê-lo para chegar ao mais real. O *koan* do Zen — você conhece o som de duas mãos batendo palmas, qual é o som de uma? — consiste em um exercício para principiantes no repúdio à palavra.

A tradição ocidental também conhece transcendência da linguagem com vistas ao silêncio. O ideal trapista remonta a abandonos da fala tão antigos quanto os dos estilitas e anacoretas do deserto. São João da Cruz exprime a austera exaltação da alma contemplativa ao libertar-se das amarras da compreensão verbal comum:

> Entréme donde no supe,
> Y quedéme no sabiendo,
> Toda sciencia transcendiendo.

Do ponto de vista ocidental, porém, esse tipo de experiência traz consigo, inevitavelmente, um sabor de misticismo. E, não importa o que digamos da boca para fora (em si uma expressão reveladora) sobre a santidade da vocação mística, a atitude ocidental predominante é a expressa no trocadilho do cardeal Newman, de que o misticismo começa com névoa e acaba com cisma.* Pouquíssimos poetas ocidentais — talvez só Dante — persuadiram a imaginação da autoridade da experiência transracional. Aceitamos, no brilhante fecho do *Paradiso*, a cegueira dos olhos e do entendimento ante a totalidade da visão. Pascal, no entanto, está mais próximo da corrente do sentimento ocidental clássico quando diz que o silêncio do espaço cósmico infunde terror. Para o taoísta, esse mesmo silêncio transmite tranqüilidade e o indício da presença de Deus.

A primazia da palavra, daquilo que pode ser falado e comunicado no discurso, era característica do gênio grego e judaico e foi trazida para o cristianismo. O sentimento do mundo clássico e cristão esforça-se por ordenar a realidade no interior do domínio

(*) No original inglês, exploram-se as semelhanças fonéticas de *mist* (névoa) e *schism* (cisma) presentes na palavra *mysticism*. (N. T.)

da linguagem. A literatura, a filosofia, a teologia, o direito, as artes da história representam empenhos de circunscrever nos limites do discurso racional a totalidade da experiência humana, os registros de seu passado, sua condição presente e expectativas futuras. O código de Justiniano, a *Summa* de Tomás de Aquino, as crônicas seculares e os compêndios de literatura medieval, a *Divina Commedia* são tentativas de contenção. Prestam solene testemunho à convicção de que toda verdade e realidade — com exceção de uma pequena e estranha margem situada no ponto mais alto — podem ser contidas pelas muralhas da linguagem.

Essa convicção não é mais universal. A confiança que lhe depositavam declina após a época de Milton. A causa e a história de tal declínio lançam clara luz sobre as circunstâncias da literatura e da linguagem modernas.

É no curso do século XVII que significativas áreas da verdade, da realidade e da ação afastam-se da esfera de manifestação verbal. De modo geral, é correto dizer que, até o século XVII, o enfoque e o conteúdo predominantes nas ciências naturais eram descritivos. A matemática tem uma longa e brilhante história de notação simbólica; mas até mesmo a matemática era a representação taquigráfica de proposições verbais aplicáveis ao arcabouço da descrição lingüística e significativas no interior deste. O raciocínio matemático, com algumas exceções que se puderam notar, estava estribado nas condições materiais da experiência. Estas, por sua vez, eram ordenadas e governadas pela língua. Durante o século XVII, isso deixou de ser a regra geral, iniciando-se uma revolução que transformou para sempre o relacionamento do homem com a realidade e alterou, de modo radical, as formas de pensar.

Com a formulação da geometria analítica e da teoria das funções algébricas, com o desenvolvimento do cálculo por Newton e Leibniz, a matemática deixa de ser uma notação dependente, um instrumento do empírico. Converte-se em uma linguagem fantasticamente fecunda, complexa e dinâmica. *E a história de tal linguagem caracteriza-se pela progressiva intraduzibilidade.* Ainda é possível verter para equivalentes verbais, ou ao menos para estreitas aproximações, os processos da geometria clássica e da análise funcional clássica. Depois que a matemática se torna moderna, contudo, e começa a demonstrar sua enorme capacidade de concepção autônoma, tal tradução torna-se cada vez menos possível. As grandes arquiteturas de forma e de significado concebidas por Gauss, Cauchy, Abel, Cantor e Weierstrass afastam-se da linguagem em um ritmo sempre crescente. Ou, mais exatamente, exigem e desenvolvem linguagens próprias tão articuladas e complexas como aquelas do discurso verbal. E entre essas linguagens e as de uso comum, entre o símbolo matemático e a palavra, as pontes ficam cada vez mais frágeis, até por fim desmoronarem.

Entre as linguagens verbais, por mais remotos que sejam sua localização e seus hábitos de sintaxe, sempre há a possibilidade de equivalência, mesmo que a própria tradução chegue apenas a resultados grosseiros e aproximados. O ideograma chinês pode ser transposto para o inglês por meio de paráfrase ou de definição léxica. Mas não existem dicionários que relacionem o vocabulário e a gramática da alta matemática aos da fala. Não se pode "traduzir" as convenções e notações que governam as operações dos grupos de Lie ou as propriedades de múltiplos *n*-dimensionais em quaisquer palavras ou gramática exteriores à matemática. Não se pode nem mesmo parafraseá-las. A paráfrase de uma boa poesia pode resultar em má prosa; mas há uma continuidade discernível entre a sombra e a substância. A paráfrase de um complexo teorema em topologia só pode ser uma aproximação grosseira e inadequada ou uma transposição para outro ramo ou "dialeto" da linguagem matemática em questão. Muitos dos espaços, relações e ocorrências de que trata a matemática avançada não têm correlação necessária com dados dos sentidos; são "realidades" existentes no interior de sistemas axiomáticos fechados. Só se pode falar sobre eles de maneira significativa e normativa na linguagem da matemática. *E tal linguagem, para além de um plano bastante rudimentar, não é e não pode ser verbal.* (Já presenciei topólogos, que não sabiam uma sílaba da língua um do outro, trabalhando efetivamente juntos, em um quadro-negro, na linguagem silenciosa comum a seu mister.)

Esse fato tem enormes implicações. Dividiu a experiência e a percepção da realidade em domínios separados. A mudança mais decisiva no teor da vida intelectual do Ocidente desde o século XVII é a sujeição de áreas de conhecimento cada vez maiores aos métodos e processos da matemática. Como já foi observado com freqüência, um ramo de pesquisa passa de pré-ciência para ciência quando admite ser organizado de maneira matemática. É o desenvolvimento de recursos algébricos e estatísticos em seu próprio interior que confere a uma ciência suas possibilidades dinâmicas. Os instrumentos da análise matemática transformaram a química e a física de alquimia nas atuais ciências capazes de previsão. Graças à matemática, as estrelas saem da mitologia para figurar na tabela do astrônomo. E, à medida que a matemática se instala no âmago de uma ciência, os conceitos dessa ciência, seus hábitos de invenção e de compreensão tornam-se cada vez menos reduzíveis àqueles da linguagem comum.

É arrogante, se não irresponsável, invocar as noções básicas de nosso atual modelo do universo — como os *quanta*, o princípio da indeterminação, a constante de relatividade da falta de paridade nas chamadas interações fracas das partículas atômicas — se não se puder fazê-lo na linguagem que lhes é própria, ou seja, em termos matemáticos. Sem ela, essas palavras são espectros a enfeitar a veleidade de filósofos ou jornalistas. Porque a física teve de tomá-las emprestado à linguagem vulgar, algumas dessas palavras parecem conservar um significado genérico, têm a aparência de uma metáfora. Isso, porém, é uma ilusão. Quando um crítico tenta aplicar o princípio da indeterminação a seu comentário sobre "action painting" ou sobre o uso de improvisação em alguma música contemporânea, ele não está estabelecendo relações entre duas esferas de experiência; está simplesmente dizendo um disparate.[1]

Devemos prevenir-nos contra tal logro. A química usa inúmeros termos derivados de seu estágio descritivo inicial; mas as fórmulas da moderna química molecular são, na verdade, representação taquigráfica cujo vernáculo pertence, não à linguagem verbal, mas à matemática. Uma fórmula química não abrevia uma enunciação lingüística; ela codifica uma operação numérica. A biologia está em uma fascinante posição intermediária. Historicamente, era uma ciência descritiva, baseada em um uso preciso e sugestivo da linguagem. A força das proposições biológicas e zoológicas de Darwin fundamentava-se, em parte, em seu estilo persuasivo. Na biologia pós-darwiniana, a matemática tem assumido um papel cada vez mais importante. Percebe-se, de forma clara, essa mudança de ênfase na magnífica obra de D'Arcy Wentworth Thompson, *Of Growth and Form*, um livro em que tanto o poeta como o matemático estão empenhados de igual modo. Hoje, grandes áreas da

(1) Já não tenho certeza de que seja assim. Evidentemente, a maioria das analogias traçadas entre a arte moderna e os avanços nas ciências exatas são "metáforas não-realizadas", ficções analógicas que não possuem em si a autoridade da experiência verdadeira. Não obstante, mesmo a metáfora ilícita, o termo tomado de empréstimo, embora mal compreendido, talvez sejam parte essencial de um processo de reunificação. É muito provável que as ciências venham a fornecer uma parte cada vez maior de nossas mitologias e referências imaginativas. As vulgarizações, as falsas analogias, e até os erros do poeta e do crítico, talvez sejam uma parte necessária da "tradução" da ciência para a alfabetização comum da percepção. E o simples fato de que princípios aleatórios das artes coincidam historicamente com a "indeterminação" *talvez* tenha genuíno significado. É a natureza desse significado que precisa ser percebida e demonstrada. [N. A., 1968.]

biologia, como a genética, são em grande parte matemáticas. Onde a biologia se volta para a química — e a bioquímica é no momento o terreno privilegiado —, a tendência é pôr de lado o descritivo em favor do enumerativo. Abandonar a palavra pela figura.

Foi essa extensão da matemática sobre grandes áreas do pensamento e da ação que dividiu a consciência ocidental naquilo que C. P. Snow chama de "as duas culturas". Até a época de Goethe e Humboldt era possível para um homem de excepcional habilidade e memória sentir-se à vontade tanto na cultura humanística como na matemática. Leibniz ainda pôde fazer notáveis contribuições a ambas. Agora isso deixou de ser uma possibilidade real. O abismo entre as linguagens verbais e a da matemática alarga-se constantemente. Em cada lado estão homens que, em relação uns aos outros, são iletrados. Existe um analfabetismo tão grande no desconhecimento dos conceitos básicos do cálculo ou da geometria esférica como no desconhecimento da gramática. Ou, para citar o famoso argumento de Snow: quem não leu Shakespeare é inculto, *mas não mais* do que quem desconhece a segunda lei da termodinâmica. Cada um deles está cego em relação a mundos comparáveis.

Exceto em momentos de excepcional lucidez, ainda não agimos como se isso fosse verdadeiro. Continuamos pressupondo que a autoridade humanística, a esfera do mundo, seja predominante. A noção de alfabetização básica ainda continua enraizada nos valores clássicos, no sentido de discurso, retórica e poética. Isso é desconhecimento ou indolência imaginativa. O cálculo, as leis de Carnot, a concepção maxwelliana do campo eletromagnético não apenas abrangem áreas de realidade e de atuação tão amplas quanto as áreas abrangidas pela alfabetização clássica, como provavelmente também dão uma imagem do mundo perceptível mais fiel aos fatos do que a decorrente de qualquer estrutura de enunciação verbal. Todos os indícios sugerem que as formas da realidade são matemáticas, que o cálculo diferencial e integral é o alfabeto da percepção correta. O humanista de hoje ocupa a posição daqueles espíritos tenazes e melindrados que continuavam a imaginar a Terra como uma superfície plana depois de ela já ter sido circunavegada, ou que persistiam em acreditar em energias propulsoras ocultas depois de Newton ter formulado as leis do movimento e da inércia.

Aqueles dentre nós que são impelidos por seu desconhecimento das ciências exatas a imaginar o universo através de um véu de linguagem não-matemática habitam uma ficção animada. Os fatos reais em questão — o contínuo espaço-tempo da relatividade, a estrutura atômica de toda a matéria, o dualismo onda-partícula da energia — deixaram de ser acessíveis através da palavra. Não é um paradoxo afirmar que, em aspectos fundamentais, a realidade agora começa *fora* da linguagem verbal. Os matemáticos sabem disso. "Em decorrência de sua construção geométrica e, mais tarde, de sua construção puramente simbólica", diz Andreas Speiser, "a matemática libertou-se dos grilhões da linguagem [. . .] e a matemática de hoje é mais eficiente em sua esfera do mundo intelectual do que as linguagens modernas em sua situação deplorável, ou mesmo a música, em suas respectivas frentes."

Poucos humanistas estão cientes do âmbito e da natureza dessa grande mudança (Sartre é uma notável exceção e tem chamado a atenção, repetidas vezes, para *la crise du langage*). Não obstante, muitas dentre as tradicionais disciplinas humanísticas têm demonstrado um profundo mal-estar, uma constatação nervosa e complexa das exigências e triunfos da matemática e das ciências naturais. Na história, nas ciências econômicas e no que se chama, significativamente, de "ciências sociais", ocorreu algo que se pode denominar de falácia da forma imitativa. Em cada uma dessas áreas, a modalidade do discurso ainda se apóia quase que por completo na linguagem verbal. No entanto, historiadores, economistas e cientistas sociais vêm tentando enxertar na matriz verbal alguns dos processos da matemática ou rigor total. Tornaram-se defensivos com respeito ao caráter essencialmente provisório e estético de suas atividades.

Observe-se como o culto do positivo, do exato e do previsível invadiu a história. A virada decisiva ocorre no século XIX, na obra de Ranke, Comte e Taine. Os historiadores começaram a considerar seus dados como elementos no cadinho de experimentos controlados. Do exame minucioso e imparcial do passado (sendo essa imparcialidade, na verdade, uma ingênua ilusão) deveriam emergir aqueles padrões estatísticos, aquelas periodicidades da força nacional e econômica, que permitem ao historiador formular "leis da história". A noção mesma de "lei" histórica e a implicação de necessidade e previsibilidade — cruciais para Taine, Marx e Spengler — foram flagrantemente tomadas de empréstimo à esfera das ciências exatas e matemáticas.

As ambições de rigor científico e predição seduziram muitas obras históricas para além de sua verdadeira natureza, que é artística. Muito do que passa por história, no momento, mal chega a ser letrado. Os discípulos de Namier (mas não ele mesmo) relegam Gibbon, Macaulay ou Michelet para o limbo das *belles lettres*. A ilusão da ciência e as modas do mundo acadêmico tendem a transformar o jovem historiador em um furão a roer os mais insignificantes fatos ou números. Ele se estende em notas de rodapé e escreve monografias em um estilo tão inculto quanto possível para demonstrar o enfoque científico de sua atividade. Um dos poucos historiadores contemporâneos preparados para defender abertamente a natureza poética da concepção histórica é C. V. Wedgwood. Ela admite com franqueza que todo estilo traz em si a possibilidade de distorção: "Não existe estilo literário que não possa, em determinado momento, retirar algo dos contornos verificáveis da verdade, e a tarefa dos estudiosos é escavar e restaurar". Mas, quando abandona de todo o estilo, ou abriga a ilusão de exatidão imparcial, tal escavação irá encontrar apenas pó.

Ou, então, consideremos as ciências econômicas: seus mestres clássicos, Adam Smith, Ricardo, Malthus, Marshall, eram mestres de estilo. Apoiavam-se na língua para explicar e persuadir. Em fins do século XIX, a economia matemática começou a desenvolver-se. Keynes talvez tenha sido o último a abarcar tanto o ramo humano como o matemático de sua ciência. Ao discutir as contribuições de Ramsey para o pensamento econômico, Keynes salientou que muitas delas, ainda que de importância notável, envolviam matemática demasiado refinada para o leigo ou para o economista clássico. Hoje a distância aumentou muitíssimo; a econometria está alcançando a economia. Os termos fundamentais — teoria de valores, ciclos, capacidade produtiva, liquidez, inflação, *input-output* — estão em um estado de transição. Estão em transição do lingüístico para o matemático, da retórica para a equação. O alfabeto da ciência econômica moderna não é mais primordialmente a palavra, mas sim a tabela, o gráfico e o número. A teoria econômica mais poderosa do momento utiliza os instrumentos analíticos e prospectivos forjados pelos analistas funcionais da matemática do século XIX.

As tentações da ciência exata são mais evidentes na sociologia. Grande parte da sociologia atual é iletrada, ou, para ser mais preciso, antiletrada. Ela se expressa em um jargão de veemente obscuridade. Sempre que possível, a palavra e a gramática do significado letrado são substituídas pelo quadro estatístico, pela curva ou pelo gráfico. Quando tem de permanecer verbal, a sociologia toma emprestado o que pode do vocabulário das ciências exatas. É possível fazer uma fascinante lista desses empréstimos. Basta considerar os mais evidentes: normas, grupo, dispersão, integração, função, coordenadas. Cada um deles possui um conteúdo específico matemático ou técnico. Esvaziadas de tal conteúdo e empurradas para um ambiente estranho, essas expressões tornam-se indistintas e pretensiosas. Como prisioneiros amotinados, prestam maus serviços a seus novos amos. Contudo, ao usar a algaravia de "coordenadas culturais" e "integração de grupos de pares", o sociólogo presta fervoroso tributo à miragem que vem obcecando toda a investigação racional desde o século XVII — a miragem da exatidão e previsibilidade matemáticas.

Contudo, não há lugar em que o afastar-se da palavra seja mais pronunciado e surpreendente do que na filosofia. As filosofias clássica e medieval tinham um grande compromisso com a dignidade e com os recursos da língua, com a crença de que as palavras, manipuladas com a necessária precisão e sutileza, poderiam conciliar a mente com a realidade. Platão, Aristóteles, Duns Scotus e Tomás de Aquino são arquitetos de palavras, construindo em torno da realidade grandes edifícios de exposição, definição e discriminação. Operam com modalidades de argumentos que diferem das modalidades do poeta; mas têm em comum com o poeta a presunção de que as palavras reúnem e engendram apreensões confiáveis da verdade. Mais uma vez, a virada ocorre no século XVII, com a implícita identificação da verdade com a prova matemática por Descartes e, acima de tudo, Spinoza.

A *Ética* representa o formidável impacto da nova matemática sobre um temperamento filosófico. Na matemática, Spinoza percebeu aquele rigor de exposição, aquela coerência e majestosa certeza do resultado que são a esperança de todas as metafísicas. Nem mesmo o mais rigoroso dos argumentos escolásticos, com sua sucessão de silogismos e lemas, poderia rivalizar com a progressão de axiomas para demonstrações e novos conceitos que pode ser encontrada na geometria euclidiana e analítica. Com suprema *naïveté*, portanto, Spinoza buscou fazer da linguagem da filosofia uma matemática verbal. Daí a organização da *Ética* em axiomas, definições, demonstrações e corolários. Daí o altivo *q.e.d.* ao término de cada grupo de proposições. É um livro estranho e envolvente, tão translúcido como as lentes que Spinoza polia para seu sustento. Mas com freqüência deixa apenas entrever uma imagem ulterior de si mesmo. É uma primorosa tautologia. Ao contrário dos números, as palavras não contêm em si operações funcionais. Somadas ou divididas, só dão outras palavras ou aproximações do próprio significado. As demonstrações de Spinoza limitam-se a afirmar; não podem fornecer provas. Apesar disso, a tentativa foi profética. Ela confronta toda a metafísica subseqüente com um dilema; depois de Spinoza, os filósofos sabem que estão usando a linguagem para purificar a linguagem, como os lapidadores usam diamantes para facetar outros diamantes. A língua não é mais considerada como um caminho para a verdade demonstrável, mas como uma espiral ou uma galeria de espelhos, conduzindo o intelecto de volta a seu ponto de partida. Com Spinoza, a metafísica perde a inocência.

A lógica simbólica, da qual já se pode encontrar um traço em Leibniz, é uma tentativa de romper o círculo. A princípio, nas obras de Boole, Frege e Hilbert, era usada como um instrumento especializado, concebido para testar a coerência interna do raciocínio matemático. Contudo, logo ela ganhou aplicabilidade muito maior. O lógico simbólico constrói um modelo radicalmente simplificado, porém de absoluto rigor e coerência interna. Inventa ou postula uma sintaxe liberta das ambigüidades e imprecisões que a história e o uso introduziram na linguagem comum. Pede emprestado as convenções da indução e da dedução matemáticas e aplica-as a outras modalidades de pensamento a fim de determinar se estas têm validade. Em resumo, busca objetivar áreas cruciais da investigação filosófica por meio da exclusão delas do domínio da linguagem. O instrumento não-verbal do simbolismo matemático agora está sendo aplicado à moral e, inclusive, à estética. A antiga noção de um cálculo do impulso moral, de uma álgebra do prazer e da dor, é ressuscitada. Muitos lógicos contemporâneos procuraram inventar uma base teórica calculável para o ato de escolha estética. Quase não existe um ramo da filosofia contemporânea no qual não encontremos os numerais, as letras em itálico, os radicais e as setas com os quais o lógico simbólico busca substituir o gasto e rebelde exército de palavras.

O maior filósofo moderno também era o mais extremamente preocupado em fugir da espiral da linguagem. Toda a obra de Wittgenstein começa pela pergunta sobre a existência de alguma relação verificável entre a palavra e o fato. Aquilo que chamamos de fato pode muito bem ser um véu tecido pela linguagem para ocultar da mente a realidade. Wittgenstein obriga-nos a indagar se a realidade pode ser *expressa pela fala*, já que a fala é apenas uma espécie de regressão infinita, palavras ditas sobre outras palavras. Wittgenstein dedicou-se a este dilema com apaixonada austeridade. A famosa proposição que encerra o *Tractatus* não é uma reivindicação da potencialidade do discurso filosófico, como Descartes propugnou. Ao contrário; é um drástico abandono da confiante autoridade da metafísica tradicional. Leva à igualmente famosa conclusão: "É evidente que a ética não pode ser expressa". Wittgenstein incluiria na classificação de inexpressável (o que ele chama de "místico") a maioria das áreas tradicionais da especulação filosófica. A linguagem só pode lidar, de modo significativo, com um segmento especial e restrito da realidade. O resto, e é provável que seja a parte maior, é silêncio.

Mais tarde, Wittgenstein afastou-se da posição restritiva do *Tractatus*. As *Investigações filosóficas* adotam uma visão mais otimista da capacidade inerente da língua para descrever o mundo e, em particular, certas modalidades de conduta. Mas é discutível se o *Tractatus* não é a posição mais vigorosa e coerente. Certamente emana de profunda convicção. Pois o silêncio que, por toda parte, rodeia o discurso nu parece, graças à força de percepção de Wittgenstein, menos uma parede do que uma janela. Em Wittgenstein, assim como em alguns poetas, olhamos através da língua, encontrando, não escuridão, mas luz. Qualquer um que leia o *Tractatus* perceberá sua estranha e silenciosa aura.

Embora possa apenas abordar o assunto com brevidade, parece-me claro que o abandono da autoridade e do âmbito da linguagem verbal desempenha extraordinário papel na história e no caráter da arte moderna. Na pintura e na escultura, o realismo, em seu sentido mais amplo — a representação daquilo que entendemos como uma imitação da realidade existente —, corresponde àquele período em que a língua está no centro da vida intelectual e emotiva. Uma paisagem, uma natureza-morta, um retrato, uma alegoria, a representação de algum acontecimento da história ou das lendas são interpretações em cor, volume e textura de realidades que podem ser expressas em palavras. Podemos fazer um relato lingüístico do tema da obra de arte. A tela e a estátua recebem um título que as relaciona ao conceito verbal. Dizemos: este é o retrato de um homem com um capacete dourado; ou este é o Grande Canal ao nascer do sol; ou esta é uma pintura de Dafne transformando-se em loureiro. Em cada caso, mesmo antes de termos visto a obra, as palavras evocam na mente um equivalente gráfico específico. Sem dúvida, tal equivalente é menos vívido ou revelador do que a pintura de Rembrandt ou de Canaletto, ou do que a estátua de Canova. Mas existe uma relação essencial. O artista e o observador estão falando do mesmo mundo, embora o artista diga coisas mais profundas e abrangentes.

Exatamente contra essa equivalência ou concordância verbal é que a arte moderna se rebelou. Devido a grande parte da pintura dos séculos XVIII e XIX parecer mera ilustração de conceitos verbais — um quadro no livro da linguagem —, o pós-impressionismo libertou-se da palavra. Van Gogh afirmou que o pintor retrata, não aquilo que vê, mas o que sente. Aquilo que se vê pode ser transposto em palavras; aquilo que se sente pode ocorrer em um nível anterior à linguagem ou fora dela. Só encontrará expressão no idioma específico da organização do espaço e da cor. A arte não-objeto e a abstrata rejeitam a mera possibilidade de um equivalente lingüístico. O quadro ou a escultura recusam-se a receber título; são rotulados "Branco e preto n.º 5" ou "Formas brancas" ou "Composição 85". Quando há título, como em muitos quadros de De Kooning, ele é, com freqüência, uma mistificação irônica; não se destina a significar, mas a decorar ou desconcertar. E a própria obra não tem um tema do qual se possa fazer um relato verbal. O fato de Lassaw chamar de "Nuvens de Magalhães" suas espirais de bronze soldado não fornece qualquer referência exterior; o "Chefe" (1950), de Franz Kline, é apenas uma voluta de tinta. Nada que possa ser *dito* a respeito dela será pertinente aos hábitos do sentido lingüístico. As manchas de cor, as meadas de arame ou os agrupamentos de ferro fundido buscam estabelecer referência somente a si mesmos, somente a seu interior.

Quando são bem-sucedidas, a manifestação de imediata energia sensória dessas obras provoca no espectador uma reação cinética. Há formas produzidas por Brancusi e por Arp que nos atraem para si, como uma contraparte de seu próprio movimento. As "Folhas em Weehawken", de De Kooning, ignoram a linguagem e parecem agir diretamente sobre nossos terminais nervosos. O mais freqüente, porém, é que o desenho abstrato transmita apenas o prazer rudimentar do decorativo. Grande parte da obra de Jackson Pollock não passa de papel de parede vistoso. E, na maioria dos casos, o expressionismo abstrato e a arte não-objeto não comunicam coisa alguma. A obra permanece muda ou tenta dizer-nos alguma coisa aos gritos, em uma espécie de algaravia inumana. Pergunto-me se artistas e críticos do futuro não voltarão a olhar com perplexo desprezo para a massa de pretensiosas trivialidades que ora enchem nossas galerias.

O problema da música atonal, concreta ou eletrônica é obviamente muito diferente. A música está relacionada de forma explícita com a língua somente quando acompanha um texto, uma ocasião formal específica ou quando busca articular em som determinada cena ou situação. A música sempre teve sua própria sintaxe, seu próprio vocabulário e meios simbólicos. Na verdade, ela é, junto com a matemática, a principal linguagem da mente quando esta encontra-se num estado de sentimento não-verbal. No entanto, mesmo no interior da música, houve um perceptível movimento para fugir do âmbito da palavra.

Uma sonata ou sinfonia clássica não é, de modo algum, uma enunciação verbal. Exceto em casos muito simplificados ("música de tempestade"), não há equivalência unilateral entre a ocorrência tonal e um determinado significado ou emoção verbal. *Não obstante*, existe nas formas clássicas de organização musical uma certa gramática ou articulação no tempo que tem analogia com os processos da linguagem. A linguagem não pode traduzir a estrutura binária de uma sonata, mas a expressão de temas sucessivos, a variação deles e a recapitulação final conseguem transmitir uma ordenação de experiência para a qual a linguagem dispõe de paralelos eficazes. A música moderna não apresenta tais relações. A fim de alcançar uma espécie de integridade e independência totais, afasta-se com violência do domínio do significado "exterior" inteligível. Nega ao ouvinte qualquer reconhecimento do conteúdo ou, para ser mais preciso, nega-lhe a possibilidade de relacionar a impressão puramente auditiva a qualquer forma verbalizada de experiência. Como a pintura não-objeto, a peça da "nova" música com freqüência dispensa título para que este não ofereça uma falsa ponte de volta ao mundo das idéias verbais e pictóricas. Denomina-se "Variação 42" ou "Composição".

Em sua fuga do âmbito da linguagem, além do mais, a música foi inevitavelmente atraída pelas promessas da matemática. Folheando um número recente do *Musical Quarterly*, encontra-se uma dissertação sobre "Invariantes de doze tons":

> A classe inicial da altura de S é indicada pelo par (0, 0), e tomada como a origem do sistema coordenado tanto para os números de ordem como para os de altura, ambos os quais abrangem os números inteiros de 0 a 11 inclusive, cada número inteiro aparecendo uma vez, e apenas uma, como número de ordem e como número de altura. No caso de números de ordem, isso representa o fato de que doze, e apenas doze, classes de altura estão sendo consideradas: no caso de números de altura, esse é o análogo aritmético da equivalência de oitava (congruente mod. 12).

Ao descrever seu método próprio de composição, um compositor contemporâneo, de modo algum dos mais radicais, observa: "A questão é que a noção de invariância inerente por definição ao conceito de série, caso aplicada a todos os parâmetros, leva a uma uniformidade de configurações que elimina os últimos traços de imprevisibilidade ou surpresa".

A música produzida com este tipo de abordagem talvez apresente considerável fascínio e interesse técnico. Mas a visão por trás dela está relacionada, de forma clara, com a grande crise da alfabetização humanista. E somente aqueles que se comprometem, por força da profissão ou da afetação, com o ultramoderno irão negar que grande parte daquilo que se considera como música, nos tempos atuais, não passa de um ruído brutal.

2

Eis em síntese o que argumentei até aqui: até o século XVII, a esfera da linguagem abarcava quase a totalidade da experiência e da realidade; hoje compreende um domínio mais estreito. Não mais articula — ou lhe são pertinentes — todas as principais modalidades de ação, raciocínio e sensibilidade. Grandes áreas do significado e da práxis pertencem agora a linguagens não-verbais como a matemática, a lógica simbólica e as fórmulas de relações químicas ou eletrônicas. Outras áreas pertencem às sublinguagens ou antilinguagens da arte não-objeto e da *musique concrète*. O mundo das palavras encolheu. *Não se pode* falar de números transfinitos exceto através da matemática; *não se deveria*, sugere Wittgenstein, falar de ética ou estética segundo as categorias atualmente disponíveis. E creio ser extremamente difícil falar, de modo significativo, sobre uma pintura de Jackson Pollock ou sobre uma composição de Stockhausen. O círculo estreitou-se de modo extraordinário, pois existiria alguma coisa em toda a criação — fosse ciência, metafísica, arte ou música — da qual um Shakespeare, um Donne e um Milton não pudessem falar com naturalidade, à qual suas palavras não tivessem natural acesso?

Isso significa que hoje em dia estão sendo usadas menos palavras? Essa é uma pergunta muito intrincada e, até o momento, não respondida. Deixando de lado listas taxonômicas (os nomes de todas as espécies de besouros, por exemplo), estima-se que a língua inglesa no momento contenha cerca de 600 mil palavras. Acredita-se que o inglês elisabetano tivesse apenas 150 mil. Porém esses números aproximados são enganadores. O vocabulário de trabalho de Shakespeare ultrapassa o de qualquer autor posterior, e a versão da Bíblia do rei Jaime, embora utilizando apenas 6 mil palavras, sugere que a concepção de instrução corrente na época era muito mais ampla do que a nossa. A verdadeira questão não está no número de palavras disponíveis, mas em que grau os recursos da língua estão realmente em uso corrente. Se a estimativa de McKnight for confiável (*English Words and Their Background*,

1923), 50 por cento da linguagem coloquial moderna na Inglaterra e na América compreendem apenas 34 palavras básicas; e, para se fazerem compreender amplamente, os meios de comunicação de massa contemporâneos tiveram de reduzir o inglês a uma condição de semi-alfabetismo. A linguagem de Shakespeare e Milton pertence a uma época da história na qual as palavras detinham o controle natural da experiência de vida. O escritor de hoje tende a usar muito menos palavras, e muito mais simples, tanto porque a cultura de massa diluiu o conceito de instrução como porque diminuiu extraordinariamente o conjunto de realidades das quais as palavras podem dar conta de modo necessário e suficiente.

Tal diminuição — o fato de que a imagem do mundo está escapando ao alcance comunicativo da palavra — repercutiu na propriedade da linguagem. À medida que a consciência ocidental tornou-se menos dependente dos recursos da linguagem para ordenar a experiência e conduzir as tarefas da mente, as próprias palavras parecem ter perdido algo de sua precisão e vitalidade. Sei que este é um ponto de vista controverso. Pressupõe que a linguagem tenha "vida" própria, em sentido além da metáfora. Implica que conceitos tais como exaustão e corrupção sejam pertinentes à língua mesma, e não apenas ao uso que os homens fazem dela. É uma visão sustentada por De Maistre e por Orwell, e reforça a definição, proposta por Pound, da tarefa do poeta: "Somos governados por palavras, as leis estão gravadas em palavras e a literatura é o único meio de manter essas palavras vivas e precisas". A maioria dos lingüistas consideraria suspeita essa atribuição à linguagem de uma vitalidade interna e independente. Mas permitam-me mostrar de modo breve o que quero dizer.

Há, no uso da língua inglesa durante os períodos Tudor, elisabetano e jacobiano, uma sensação de descoberta, de aquisição profusa, que nunca foi de novo totalmente recuperada. Marlowe, Bacon e Shakespeare usam as palavras como se fossem novas, como se nenhum toque anterior tivesse empanado seu brilho ou abafado sua ressonância. Erasmo conta que, em uma viela enlameada, se abaixou extasiado quando seus olhos deram com um pedaço de papel impresso, tão recente era o milagre da página impressa. É assim que os séculos XVI e XVII parecem conceber a língua. Estando seu grande tesouro diante deles, de súbito escancarado, atiram-se à sua pilhagem com uma sensação de poder infinito. O instrumento que temos hoje nas mãos, ao contrário, está gasto pelo longo uso. E as exigências da cultura e da comunicação de massa fizeram-no desempenhar tarefas de irrelevância cada vez maior.

O que mais — além de meias verdades, grosseiras simplificações ou trivialidades — pode, de fato, ser comunicado àquela massa semiletrada que a democracia do consumidor trouxe para o mercado? Somente em uma linguagem reduzida ou corrompida poderá a maior parte desse tipo de comunicação ter eficácia. Compare-se a vitalidade da língua implícita em Shakespeare, no *Book of Common Prayer* * ou no estilo de um aristocrata rural como Cavendish, com o nosso vernáculo corrente. Os "pesquisadores de mercado", esses coveiros da linguagem letrada, informam-nos que o anúncio perfeito não deveria conter nem palavras de mais de duas sílabas nem sentenças subordinadas. Nos Estados Unidos, imprimiram-se milhões de cópias de "Shakespeare" e da "Bíblia" em formato de histórias em quadrinhos com legendas em inglês básico. Certamente, não resta dúvida de que o acesso dos semiletrados ao poder econômico e político provocou uma drástica redução na riqueza e dignidade da língua.

Tentei demonstrar em outro ensaio, aludindo à situação da língua alemã sob o regime nazista, o que a brutalidade e a falsidade políticas podem fazer de uma língua quando esta foi apartada das raízes da vida moral e emocional, quando se tornou ossificada com lugares-comuns, definições não comprovadas e palavras vilificadas. Contudo, o que aconteceu ao alemão está acontecendo de maneira menos dramática em outros lugares. A linguagem dos meios de comunicação e da publicidade na Inglaterra e nos Estados Unidos, o que se tem como educação na média das escolas americanas de segundo grau, ou o estilo dos atuais debates políticos, são sinais evidentes de um distanciamento em relação à vitalidade e à precisão. O inglês falado pelo sr. Eisenhower em seus pronunciamentos à imprensa, assim como o usado para vender um novo detergente, não se destinava nem a comunicar as verdades críticas da vida nacional nem a estimular o espírito do ouvinte. Tinha como objetivo evadir ou encobrir as exigências de sentido. A língua de uma comunidade chega a uma situação perigosa quando um estudo da precipitação radioativa pode ser intitulado "Operação Brilho do Sol".

Seja que um declínio na força vital da própria linguagem contribua para o barateamento e a dissolução dos valores morais

(*) Livro litúrgico usado no culto de igrejas anglicanas e episcopais. (N. E.)

e políticos, seja que um declínio na vitalidade do corpo político solape a linguagem, de uma coisa não há dúvida. O instrumento à disposição do escritor moderno está ameaçado por restrição a partir do exterior e por decadência a partir do interior. No mundo do que R. P. Blackmur denomina "o novo analfabetismo", o escritor, para quem a alfabetização no mais alto grau é essencial, vê-se em precária situação.

Para concluir, pretendo examinar o efeito sobre a prática literária atual do repúdio à palavra e as concomitantes divisões e decréscimos de nossa cultura. Não, evidentemente, sobre toda a literatura ocidental, nem mesmo sobre uma fração significativa. Mas apenas sobre certos movimentos literários e determinados escritores que parecem exemplificar o distanciamento maior.

3

A crise dos recursos poéticos, tal como a conhecemos agora, começou no final do século XIX. Surgiu da consciência da lacuna existente entre a nova compreensão da realidade psicológica e as antigas modalidades de manifestação retórica e poética. A fim de articular a abundância de conhecimento franqueada à sensibilidade moderna, vários poetas buscaram libertar-se das tradicionais limitações da sintaxe e da definição. Rimbaud, Lautréamont e Mallarmé esforçaram-se por recuperar o caráter fluido e provisório da língua; esperavam devolver à palavra o poder de encantação — de conjurar o inaudito — que ela possui quando ainda é uma forma de mágica. Compreenderam que a sintaxe tradicional organiza nossas percepções em padrões lineares e monísticos. Tais padrões distorcem ou sufocam o jogo de energias subconscientes, a multiplicidade de vida no interior da mente, como revelaram Blake, Dostoievski, Nietzsche e Freud. Em seus poemas em prosa, Rimbaud busca libertar a linguagem do vínculo inato da seqüência causal; os efeitos parecem vir antes das causas e os acontecimentos desenrolar-se em inconseqüente simultaneidade. Esse tornou-se um conceito característico do surrealismo. Mallarmé fez das palavras atos, não fundamentalmente de *comunicação*, mas de *iniciação* a um mistério particular. Mallarmé usa palavras correntes em sentidos ocultos e enigmáticos; nós as reconhecemos, mas elas nos dão as costas.

Embora produzam magnífica poesia, essas concepções estão repletas de perigos. Para surtir efeito, a nova linguagem particular deve ser movida pela força motriz do gênio; simples talento, um artigo em grande oferta, não é suficiente. Apenas o gênio pode produzir uma visão tão intensa e específica que ultrapasse a barreira interposta pela sintaxe fragmentada e pelo significado pessoal. O poeta moderno utiliza as palavras como notação particular, cujo acesso é dificultado cada vez mais ao leitor comum. Onde há trabalho de mestre, onde a privacidade dos meios é instrumento de uma percepção intensificada e não simples artifício, ao leitor se exigirá o necessário esforço. Mesmo antes de se compreender a visão de Rimbaud ou a excêntrica estrutura argumentativa das *Elegias de Duíno*, tem-se consciência de que Rimbaud e Rilke estão usando a linguagem de novas maneiras a fim de passarem do real para o mais real. Nas mãos de talentos menores ou de impostores, contudo, a tentativa de renovar a linguagem reduz-se a aridez e obscuridade. Dylan Thomas é um exemplo disso. Ele percebeu, com a habilidade de um *showman*, que um grande público não-qualificado se sentiria lisonjeado se lhe dessem o acesso a uma poesia de aparente profundidade. Combinou uma loquacidade retórica *à la* Swinburne com expedientes cabalísticos de sintaxe e figuras de linguagem. Demonstrou que era possível "ficar com o bolo órfico" e também "comê-lo". Mas, fora algumas expressivas exceções, em seus poemas há menos do que os olhos ofuscados vêem.

Quando procura dissociar-se das exigências do significado claro e do emprego comum da sintaxe, a poesia tende para um ideal de forma musical. Tal tendência desempenha um papel fascinante na literatura moderna. É antiga a idéia de conferir às palavras e à prosódia valores equivalentes à música. Com a poesia simbolista francesa, porém, adquire força específica. Implícita na doutrina de Verlaine — *De la musique avant toute chose* — está a atraente, mas confusa, noção de que um poema deveria comunicar de imediato pela sonoridade. Essa busca da modalidade tonal, em detrimento da conceitual, produziu uma série de obras poéticas que só revelam suas implicações ao serem musicadas. Debussy conseguiu utilizar *Pelléas et Mélisande*, de Maeterlinck, quase sem alterações; o mesmo se aplica à *Salomé* de Richard Strauss e de Wilde. Em ambos os casos, a obra poética é um libreto à procura de compositor. Os valores e procedimentos musicais já estão explícitos na linguagem.

Mais recentemente, a sujeição das formas literárias a exemplos e ideais musicais foi levada ainda mais longe. Em Romain Rolland e Thomas Mann, deparamos com a crença de que o músico é o artista em essência (é *mais* artista do que, digamos, o pintor ou o escritor). Isso porque só a música pode alcançar aquela fusão total de forma e conteúdo, de recursos e de significado, que toda arte se empenha em alcançar. Dois dos mais notáveis projetos poéticos de nossa época — os *Quatro quartetos*, de T. S. Eliot, e *Der Tod des Vergil*, de Hermann Broch — encarnam uma idéia que pode ser rastreada até Mallarmé e *L'Après-midi d'un faune*; eles tentam sugerir, na linguagem verbal, organizações correspondentes de forma musical.

Der Tod des Vergil é um romance construído em quatro partes, cada uma das quais representando um dos quatro movimentos de um quarteto de cordas. De fato, há indícios de que Broch tinha diante de si a estrutura de um dos últimos quartetos de Beethoven. Em cada "movimento", o ritmo da prosa destina-se a refletir um tempo musical correspondente: há um rápido *scherzo* no qual o enredo, o diálogo e a narrativa avançam em andamento bem marcado; no *andante*, o estilo de Broch desacelera em frases longas e sinuosas. A última parte, que descreve a efetiva passagem de Virgílio para a morte, é uma espantosa proeza. Supera Joyce no afrouxamento dos laços tradicionais da narrativa. As palavras fluem literalmente em uma prolongada polifonia. Fios da trama entrelaçam-se da mesma maneira que o fariam em um quarteto de cordas; há evoluções de fugas em que as imagens são repetidas a intervalos controlados; e, na última, a linguagem concentra-se em um ímpeto indistinto e sensorial à medida que a lembrança, o conhecimento presente e o prenúncio profético se unem em um único grande acorde. O romance todo é, na verdade, uma tentativa de transcender a língua rumo a suportes de significado mais delicados e precisos. Na última sentença, o poeta atravessa a fronteira da morte compreendendo que aquilo que está inteiramente fora da linguagem, também está fora da vida.

Cabe aqui uma observação sociológica concernente a esses desvios da literatura para a música. Nos Estados Unidos, e cada vez mais na Europa, a nova alfabetização é antes musical que verbal. Os discos LP revolucionaram a arte do lazer. A nova classe média na sociedade afluente lê pouco, mas ouve música com prazer e conhecimento. Onde um dia ergueram-se as estantes de livros, alinham-se altivas e esotéricas fileiras de álbuns de discos e equipamentos de alta fidelidade. Comparado ao disco LP, o livro de bolso é uma coisa efêmera e descartável. Não leva à formação de uma verdadeira biblioteca. A música é hoje o fato central da cultura leiga. Poucos adultos lêem em voz alta um para o outro; menos ainda passam com regularidade parte de seu tempo livre em uma biblioteca pública ou em uma sociedade literária, como fazia a geração da década de 1880. A grande maioria reúne-se diante do aparelho de som ou encontra-se em apresentações musicais.

Há complexas razões sociais e psicológicas para isso. O ritmo da vida urbana e industrial reduz as pessoas, no final do dia, a um estado de exaustão. Quando se está cansado, a música, mesmo a música difícil, é mais fácil de desfrutar do que a literatura séria. Desperta sensações sem desconcertar o cérebro. Permite, mesmo àqueles pouco preparados, acesso às obras-primas clássicas. Não isola os seres humanos em ilhas de privacidade e silêncio como a leitura de um livro, mas os congrega nessa ilusão de comunidade tão buscada por nossa sociedade. Diferentemente dos galãs vitorianos que mandavam guirlandas de versos para suas amadas, o enamorado de hoje escolhe um disco com a intenção precisa de que ele sirva como música de fundo para o devaneio ou a sedução. Ao olhar para capas recentes de discos, constata-se que a música se tornou o substituto da luz de velas e dos veludos escuros que nosso estilo de vida não mais proporciona.

Em suma, o som musical e, em menor grau, a obra de arte e sua reprodução começam a conquistar um lugar na sociedade letrada que um dia foi firmemente ocupado pela palavra.

O que talvez seja a escola dominante na literatura contemporânea fez da necessidade virtude. O estilo de Hemingway e de miríades de imitadores seus é uma brilhante reação à diminuição das possibilidades lingüísticas. Contido, lacônico e de extrema artificialidade em suas convenções de brevidade e de ausência de ênfase, esse estilo buscou reduzir o ideal de Flaubert — *le mot juste* — a uma escala de linguagem básica. Pode-se admirá-lo ou não. Contudo, tal estilo baseia-se em uma concepção das mais estreitas sobre os recursos da instrução. Além do mais, o domínio técnico de um Hemingway tende a obscurecer uma distinção crucial: palavras simples podem ser usadas para expressar idéias e sentimentos complexos, como se vê em Tácito, no *Book of Common Prayer*, ou no *Tale of a Tub*, de Swift; ou podem ser usadas para expressar estados de consciência rudimentares. Ao reduzir a língua a uma espécie de taquigrafia poderosa e lírica, Hemingway contrai o campo de vida observado e expresso. Ele é freqüentemente acusado de uma monótona preferência por caçadores, pescadores, toureiros ou soldados alcoólatras. Essa constância, porém, é um resultado necessário do meio disponível. Como poderia a linguagem de Hemingway transmitir a vida interior de personagens mais complexas ou articuladas? Imaginem tentar traduzir a consciência de

Raskolnikov para o vocabulário usado em "Os assassinos". O que não significa negar a perfeição desse tenebroso instantâneo. Mas *Crime e castigo* reúne em si uma soma de vida inteiramente além dos rarefeitos recursos de Hemingway.

O empobrecimento da linguagem condenou à mediocridade grande parte da literatura recente. Há várias razões por que *A morte do caixeiro viajante* não corresponde ao alcance do perceptível talento de Arthur Miller. Mas uma razão óbvia é a exigüidade de sua linguagem. O fato, para ser esnobe e brutal, é que os homens que morrem falando como Macbeth são mais trágicos do que aqueles que balbuciam platitudes à maneira de Willy Loman. Miller aprendeu muito com Ibsen; mas deixou de ouvir, por trás das convenções realistas deste, o constante pulsar da poesia.

A linguagem procura vingar-se daqueles que a mutilam. Um exemplo bem claro é o de O'Neill — um dramaturgo dedicado, de maneira sombria e até comovente, à prática de escrever mal. Dispersas no pântano miasmático da *Longa jornada noite adentro* estão passagens de Swinburne. As falas são de uma verbosidade romântica e exuberante. Têm por objetivo ressaltar a precariedade adolescente daqueles que as recitam. Mas, na verdade, durante a encenação da peça, ocorre o contrário. A energia e o brilho da linguagem de Swinburne abrem um buraco no tecido circundante. Elevam a ação acima de seu nível torpe e ao invés de exporem a personagem acabam expondo o dramaturgo. Os autores modernos raramente fazem citações dos mestres com impunidade.

No entanto, em meio ao repúdio ou à fuga geral em relação à palavra na literatura, registraram-se inúmeras e brilhantes ações de retaguarda. Citarei apenas alguns exemplos, limitando-me à língua inglesa.

Sem dúvida, o contra-ataque mais exuberante jamais lançado por um escritor moderno contra a redução da língua foi o de James Joyce. Depois de Shakespeare e de Burton, a literatura não conheceu maior *gourmand* de palavras. Como que cônscio do fato de que a ciência havia despojado a língua de muitas de suas possessões originais e de suas províncias ultramarinas, Joyce decidiu fazer a anexação de um outro reino abaixo do solo. *Ulisses* capturou em sua brilhante rede as algas vivas da vida subconsciente; *Finnegans Wake* solapa os baluartes do sono. A obra de Joyce, mais do que qualquer outra depois de Milton, traz de volta ao ouvido inglês a vasta magnificência de seu legado lingüístico. Ela utiliza grandes batalhões de palavras, chamando de novo às fileiras palavras enferrujadas ou adormecidas por longo tempo, e recruta novos vocábulos pelo esforço da necessidade imaginativa.

Ao contemplarmos a batalha vencida de modo tão decisivo, no entanto, podemos atribuir-lhe pouca conseqüência positiva e quase nenhum enriquecimento. Não houve nenhum sucessor genuíno de Joyce em inglês; talvez não possa haver sucessor para um talento tão exaustivo de seu próprio potencial. O que é mais importante: os tesouros que Joyce recuperou para a linguagem ao voltar de suas extensas incursões permanecem empilhados, faiscando, ao redor de seus próprios esforços. Não entraram em circulação. Não provocaram nada semelhante àquela vivificação geral do espírito do discurso que se seguiu a Spenser e Marlowe. Eu não sei por quê. Talvez a batalha tenha sido travada tarde demais; ou talvez o intimismo e os trechos incoerentes em *Finnegans Wake* tenham se mostrado obstáculos intransponíveis. Tal como se apresenta, a façanha de Joyce é antes um monumento do que uma força viva.

Outra ação de retaguarda, ou ataque por trás das linhas inimigas, foi feita por Faulkner. Os recursos estilísticos de Faulkner são basicamente os da retórica gótica e vitoriana. Com uma sintaxe cujas convoluções são elas próprias expressivas da paisagem de Faulkner, a linguagem pomposa e regional desfere constantes investidas contra nossos sentimentos. Com freqüência, as palavras parecem tornar-se cancerosas, gerando outras palavras em descontrolada abundância. Às vezes, o sentido dilui-se como nas névoas de um pântano. Mas quase sempre esse idiossincrático e vitoriano linguajar noturno *é* um estilo. Faulkner não teme as palavras nem mesmo quando elas o submergem. E quando as mantém sob controle, a linguagem de Faulkner tem um ímpeto e uma sensualidade vital capaz de levar tudo de roldão. Muito do que Faulkner escreveu é rebuscado ou até mal escrito. Mas o romance sempre está *escrito* de princípio a fim. O ato de eloqüência, a própria definição de um escritor, não é abandonado por omissão.

O caso de Wallace Stevens é especialmente instrutivo. Eis um poeta que era retórico por natureza, que via a linguagem como um gesto cerimonioso e dramático. Era um apaixonado pelo sabor e pelo brilho das palavras, experimentando-as na língua como um provador de vinhos de rara qualidade. No entanto, as invenções ou as tendências de estilo mais características de sua obra provêm de fonte limitada e frágil. Observem-se alguns de seus achados mais conhecidos: "brilhantes nouveautés", "foyer", "funesto", "peristyle", "pequenos arrondissements", "peignoir", "ficto", "porte" (no sentido de postura). A maioria são latinizações ou empréstimos diretos do francês. São conceitos superimpostos à língua, e não, como no caso de Shakespeare e de Joyce, criações desenvolvidas em seu solo natural. Quando a intenção é o ornamento exótico, como no caso dos "tamborins" e dos "bizantinos de ar afetado" de "Peter Quince", o efeito é memorável. Fora isso, não passa de floreado ou rococó. E, por trás da capacidade de apropriação lingüística de Wallace Stevens, há um curioso vestígio de provincianismo. Ele toma emprestado palavras francesas com indiscreta excitação; como um turista comprando chapéus ou perfumes franceses. Uma vez declarou que o inglês e o francês são línguas estreitamente relacionadas. A afirmação não só é superficial, como também expressa uma opinião a respeito de seu próprio idioma que um poeta deveria evitar.

Observando o panorama atual, pergunto-me se não há sinais de um renascimento da palavra, no domínio puramente literário, na obra de um romancista inglês de ascendência irlandesa e formação anglo-indiana:

> Francamente, Scobie parece ter qualquer idade; mais velho do que o nascimento da tragédia, mais jovem do que a morte ateniense. Gerado na Arca por um fortuito encontro e acasalamento entre um urso e um avestruz; nascido antes do tempo pelo ranger arrepiante da quilha no Ararat, Scobie saiu do ventre em uma cadeira de rodas com pneus de borracha, usando um boné de caçador e uma faixa de flanela vermelha. Nos pés preênseis, o par mais lustroso de botas com elástico do lado. Na mão, uma dilapidada Bíblia da família em cuja orelha está inscrito "Joshua Samuel Scobie 1870. Honrarás teu pai e tua mãe". A essas posses, acrescentem-se olhos como luas mortas, uma característica curvatura da coluna dorsal do pirata e uma queda por qüinqüerremes. Não era sangue que corria nas veias de Scobie, mas água verde do mar, coisa de alto-mar. Seu andar é o passo lento e sempre bamboleante de um santo andando na Galiléia. Sua fala é um jargão dos verdes mares, varrido pelos cinco oceanos — uma loja de antiguidades de fábulas polidas eriçadas de sextantes, astrolábios, propentinas e isóbaros. [...] Agora a maré vazante o deixou encalhado acima das correntes velozes do tempo, Joshua, o meteorologista falido, o ilhéu, o anacoreta.

Conheço as objeções que se fazem a Lawrence Durrell. Seu estilo vai no sentido oposto ao da maré atual. Qualquer pessoa acostumada com Hemingway ficará cansada e nauseada. Mas talvez a culpa seja dela mesma, depois de ter ficado comendo mingau ralo por tanto tempo. Os mestres de Durrell são Burton, *sir* Thomas Browne, De Quincey, Conrad. Ele se apóia na antiga tradição da plenitude da prosa. Está empenhado em tornar a língua de novo proporcional às múltiplas verdades do mundo vivido. Essa tentativa tem acarretado excessos; Durrell é freqüentemente precioso, e sua visão do comportamento mais inconsistente e superficial do que os recursos técnicos de que dispõe. Mas o que ele tenta fazer é de real interesse: nada menos do que um esforço para manter oral a literatura.

Mas a literatura representa, como vimos, apenas uma pequena parte da crise universal. O escritor é o guardião e o modelador da fala, porém não pode realizar essa tarefa sozinho. Hoje isso é mais verdadeiro do que nunca. O papel do poeta em nossa sociedade e na vida das palavras diminuiu muito. A maioria das ciências está totalmente fora de seu alcance e ele só pode impor seus ideais de um discurso claro e inventivo a uma estreita faixa das ciências humanas. Significa isso que devemos entregar ao jargão iletrado ou à pseudociência esses domínios essenciais da investigação histórica, moral e social onde a palavra ainda deveria imperar? Significa isso que não temos como recorrer contra a estridente mudez das artes?

Existem alguns que têm pouca esperança. J. Robert Oppenheimer salientou que o colapso da comunicação é tão grave entre as ciências quanto entre as ciências e as humanidades. O físico e o matemático atuam em um clima cada vez maior de incompreensão mútua. O biólogo e o astrônomo contemplam o trabalho um do outro através de uma barreira de silêncio. Por toda parte, o saber está sendo fragmentado devido à intensa especialização, protegido por linguagens técnicas cada vez menos passíveis de serem dominadas por alguma mente individual. Nossa percepção da complexidade do mundo é tal que não funcionam mais aquelas unificações ou sínteses de entendimento que tornaram a linguagem comum possível. Ou, se funcionam, o fazem apenas no nível rudimentar da necessidade diária. Oppenheimer vai mais além: indica que a própria tentativa de encontrar pontes entre as linguagens é enganadora. É inútil tentar explicar ao leigo os conceitos-realidade da matemática ou da física modernas. Não há qualquer maneira honesta e verdadeira de se fazer isso. A aproximação metafórica consegue apenas espalhar falsidade e alimentar a ilusão de entendimento. O que se precisa, sugere Oppenheimer, é de uma severa modéstia, uma afirmação de que o homem comum não pode, na verdade, compreender a maioria das coisas e de que são poucas e esparsas as realidades que mesmo um intelecto altamente treinado consegue conhecer.

Em relação às ciências, essa opinião sombria parece ser inatacável. E talvez ela condene grande parte do saber à fragmentação. Não deveríamos, contudo, ceder de pronto a ela nos campos da história, da ética, da economia ou da análise e formulação da conduta social e política. Aqui a alfabetização deve reafirmar sua autoridade contra o jargão. Não sei se isso pode ser feito; mas vale a pena correr o risco. Em nossa época, a linguagem da política foi contaminada pela obscuridade e pela loucura. Nenhuma mentira é grosseira demais para ser expressa com energia, nenhuma crueldade abjeta demais para encontrar justificação na verbiagem do historicismo. A menos que possamos restituir às palavras — nos jornais, nas leis e nos atos políticos — alguma medida de clareza e de rigor de sentido, nossa vida irá se aproximar ainda mais do caos. Entraremos então em uma nova era de trevas. A perspectiva não é remota: "Quem sabe", diz R. P. Blackmur, "pode acontecer que a próxima era não se expresse em palavras [. . .] de modo algum, pois a próxima era pode não ser letrada em qualquer dos sentidos que damos agora à palavra ou demos nos últimos três mil anos".

O poeta de *Pervigilium Veneris* escreveu em uma época de obscurecimento, em meio ao colapso da cultura clássica. Ele sabia que as Musas podem silenciar:

> perdi o talento, calando, e Apolo não voltou a contemplar-me: assim como a cidade de Amiclas, por ter-se calado, perdeu-se pelo silêncio.*

"Perdeu-se pelo silêncio": a civilização que Apolo não mais contempla não durará muito tempo.

(*) perdidi musam tacendo, nec me Apollo respicit:/ sic Amyclas, cum tacerent, perdicit silentium. Tradução de Jônatas Batista Neto. (N. E.)

O POETA E O SILÊNCIO

Tanto a mitologia hebraica como a clássica trazem em si os vestígios de um antigo medo. O desabamento da torre de Babel e Orfeu despedaçado, o profeta que fica cego para ter acesso à visão interior, Tâmiris morta, Marsias esfolado, sua voz transformando-se no grito de sangue ao vento — tudo isso fala de uma percepção mais profundamente enraizada do que a memória histórica, do milagroso excesso que é a fala humana.

Que a fala articulada seja a linha divisória entre o homem e as miríades de formas de seres animados, que a fala seja o que define a singular eminência do homem acima do silêncio da planta e do grunhir da fera — mais forte, mais esperta, de vida mais longa do que o homem — é doutrina clássica bem anterior a Aristóteles. Já a encontramos na *Teogonia* (v. 584) de Hesíodo. Para Aristóteles, o homem é um ser da palavra (Ζῶον λόγον ἔχον). Como a palavra chegou até ele é, segundo a advertência de Sócrates no *Crátilo*, um enigma, uma pergunta que vale a pena fazer para espicaçar a mente à especulação, para despertá-la para a maravilha de seu gênio comunicativo, mas não se trata de uma pergunta para a qual uma resposta determinada esteja ao alcance humano.

Possuidora de fala, possuída por ela, tendo a palavra escolhido a vulgaridade e a fraqueza da condição do homem para sua própria vida irresistível, a pessoa humana libertou-se do grande silêncio da matéria. Ou, para usar a imagem de Ibsen, ao ser golpeado com o martelo, o insensível minério começou a cantar.

Mas essa liberação, a voz humana colhendo ecos onde antes havia silêncio, é ao mesmo tempo milagre e transgressão, sacramento e blasfêmia. É uma abrupta separação do mundo do animal, procriador do homem e por vezes seu vizinho, do animal que, se entendemos bem o mito do centauro, do sátiro e da esfinge, tem estado entrelaçado à própria substância do homem, e cujo imediatismo instintivo e configuração física só desapareceram em parte de nossas próprias formas. Essa abrupta emancipação, de que a mitologia antiga se apercebe com tanta inquietação, deixou cicatrizes. Nossas próprias mitologias recentes retomam o tema: na inequívoca sugestão de Freud a respeito do anseio regressivo do homem, de seu desejo secreto de reimersão em um estado anterior e inarticulado de existência orgânica; nas especulações de Claude Lévi-Strauss sobre o autobanimento do homem, por causa de seu prometéico roubo do fogo (a escolha da comida cozida em vez da crua) e por causa de seu domínio da fala, a partir dos ritmos naturais e da indiferenciação do mundo animal.

Se o homem falante fez do animal seu servo ou inimigo mudo — os animais do campo e da floresta não mais compreendem nossas palavras quando gritamos por socorro —, o controle da palavra pelo homem também bateu à porta dos deuses. Mais do que o fogo, a cujo poder de iluminar ou de consumir, de espalhar-se ou de contrair-se assemelha-se de forma tão estranha, a fala é o cerne das relações amotinadas do homem para com os deuses. Por meio dela, ele imita ou desafia as prerrogativas deles. A torre de Nemrod foi construída com palavras; ao tagarelar, Tântalo trouxe para a terra, em um receptáculo de palavras, os segredos dos deuses. De acordo com a metáfora neoplatônica e joanina, no começo era o Verbo; no entanto, se esse *Logos*, esse ato e essência de Deus, for, em última análise, comunicação total, a palavra criadora de seu próprio conteúdo e de sua própria verdade de ser — então o que dizer de *zoon phonanta*, o homem como animal falante? Também ele cria palavras e cria com palavras. Poderá existir uma outra coexistência que não seja carregada de tormento mútuo e rebelião entre a totalidade do *Logos* e os fragmentos vivos e criadores de mundos de nossa própria fala? O ato da fala, que define o homem, também não vai além dele ao rivalizar com Deus?

Essa ambigüidade é mais acentuada no poeta. É ele quem conserva e multiplica a força vital da fala. Graças a ele, mantém-se a ressonância das palavras antigas, e elevam-se as novas, a partir das trevas ativas da consciência individual, à luz comum. O poeta cria à perigosa semelhança dos deuses. Seu canto constrói cidades; suas palavras têm aquele poder que, acima de todos, os deuses negariam ao homem, o poder de conferir vida duradoura. Como Montaigne reconhece ao falar de Homero: "E, em verdade, com freqüência me assombro de que ele, que por si mesmo produziu e deu à luz tantas divindades, não tenha sido elevado à posição do próprio Deus..." *

O poeta é criador de novos deuses e preservador de homens: assim, Aquiles e Agamêmnon vivem, a grande sombra de Ajax ainda arde, porque o poeta fez da fala uma barragem contra o esquecimento, e a morte gasta o fio de seus dentes em sua palavra. E porque nossas línguas possuem o tempo verbal futuro, cujo fato por si só é um radiante escândalo, uma subversão da mortalidade, o visionário, o profeta, homens nos quais a língua encontra-se em um estado de extrema vitalidade, podem olhar para além, podem fazer da palavra uma projeção para além da morte. Por tal presunção — "presumir" significa "antecipar", mas também "usurpar" —, sofrem duro castigo.

Homero, o grande arquiteto e rebelde contra o tempo, cuja convicção de que a "palavra alada" sobreviverá à morte, manifesta-se em constante exultação, fica cego. Orfeu é esquartejado em pedaços sangrentos. Mas a palavra não será extinta; canta nos lábios mortos: "por diversos lugares, jazem os membros dispersos; a cabeça, ó rio Hebro, e a lira tu as recebes e (coisa admirável!), enquanto deslizam pelo centro da corrente, não sei o que geme tristemente a lira, tristemente a língua inanimada murmura, e as margens tristemente respondem".** *Mirum!*, diz Ovídio: uma maravilha, um prodígio, mas também um escândalo e um desafio aos deuses. Mesmo além dos portais da morte, o homem despeja a torrente viva das palavras. E como deveremos interpretar o tormento de Marsias, o desafiante de Apolo, aquela cruel fábula da lira contra a flauta que assombra a Renascença até a época de Spenser, se não como um aviso das amargas relações e necessárias vinganças entre Deus e o poeta? Os poetas não são, como gostaria a mitologia oficiosa, filhos de Apolo, mas sim de Marsias. No grito de morte de Marsias, os poetas ouvem seu próprio nome:

> isso já ultrapassa a resistência
> do deus com nervos de fibra artificial
>
> por uma trilha de cascalho
> entre renques de buxos
> parte o vitorioso
> perguntando-se
> se dos gritos de Marsias
> algum dia emergirá

(*) Em francês no original. (N. E.)
(**) Em latim no original. Tradução de Jônatas Batista Neto. (N.E.)

um novo tipo
de arte — digamos — concreta

súbito
a seus pés
cai um rouxinol petrificado

ele se volta
e vê
a árvore da qual pendia Marsias
cobrir-se de cabelos brancos
por inteira*

Falar, assumir a privilegiada singularidade e solidão do homem no silêncio da criação, é perigoso. Falar com a força máxima da palavra, assim como o faz o poeta, é sumamente perigoso. Assim até mesmo para o escritor, talvez mais para ele do que para outros, o silêncio é uma tentação, um refúgio quando Apolo está por perto.

Aos poucos, essa ambivalência no gênio da linguagem, essa noção do caráter do ato do poeta como sendo um desafio aos deuses e, portanto, sacrílego, torna-se um dos tropos recorrentes na literatura ocidental. Desde a poesia medieval latina até Mallarmé e o verso simbolista russo, o tema das necessárias limitações da palavra humana é freqüente. Traz em si a crucial alusão àquilo que está fora da língua, àquilo que aguarda o poeta se ele chegar a transgredir as fronteiras do discurso humano. Como é, pela natureza de seu trabalho, alguém que busca sempre ir além, o poeta deve prevenir-se para não se tornar, no sentido faustiano, alguém que vai longe demais. A criatividade demoníaca de seu instrumento ronda as cercanias da Cidade de Deus; deve saber quando recuar para não ser consumido, como Ícaro, pela terrível proximidade de uma criação maior, de um *Logos* incomensurável com o seu próprio (no jardim dos prazeres decaídos, o poeta de Hieronymus Bosch é supliciado sobre sua própria lira).

Mas é decididamente o fato de que a linguagem tem mesmo

(*) this is already beyond endurance/ of the god with nerves of artificial fibre// along a gravel path/ between box espaliers/ the victor departs/ wondering/ whether out of Marsyas' howling/ there will some day arise/ a new brand/ of art — let us say — concrete// suddenly/ at his feet/ falls a petrified nightingale// he looks back/ and sees/ that the tree to which Marsyas was fastened/ has gone white-haired// completely (*Versão inglesa, feita por Czeslaw Milosz, do original polonês de Zbigniew Herbert*).

suas fronteiras, de que confina com três outras modalidades de manifestação — a luz, a música e o silêncio —, que fornece prova de uma presença transcendente na estrutura do mundo. Exatamente porque não podemos ir mais longe, porque a língua nos falha de maneira tão precisa, temos a certeza de um sentido divino que supera e envolve o nosso. O que há para além da palavra humana é revelador de Deus. Esse reconhecimento de uma jubilante derrota tem sua maior expressão nos poemas de São João da Cruz e da tradição mística.

Onde cessa a palavra do poeta, começa uma grande luz. Esse *topos,* com antecedentes históricos na doutrina neoplatônica e gnóstica, empresta ao *Paradiso,* de Dante, seu principal impulso de espírito. Podemos considerar o *Paradiso* um exercício, extremamente controlado, mas repleto de extremo risco moral e poético, no cálculo da possibilidade lingüística. A língua é deliberadamente levada até seu limite. A cada ato de ascensão, de esfera a radiante esfera, a linguagem de Dante é submetida ao rigor cada vez mais intenso e exato da visão; a revelação divina amplia o idioma humano cada vez mais para além dos domínios do uso cotidiano e indiscriminado. Por meio de metáforas exaustivas, de símiles mais e mais audaciosos e precisos — ouvimos a prece na sintaxe —, Dante consegue tornar verbalmente inteligíveis as formas e os significados de sua experiência transcendente.

O movimento retórico característico é o de repúdio inicial ao desafio luminoso e hermético, seguido de uma concentração cada vez maior, e de um avanço para uma linguagem inaudita, para analogias e recursos poéticos que o próprio poeta descobre, que ele desconhecia estarem a seu alcance. A princípio, há a derrota. As palavras não podem transmitir o que o peregrino vê:

> forças não tenho para o debuxar,
> inda co'a ajuda do uso, arte e mestria. . .*
>
> O canto de que falo era uma delas.
> Para apreciá-las só diretamente,
> pois quem as viu não logra descrevê-las.**

O poeta busca refúgio na mudez. Aí então o impulso ascendente, a verbalização do até então incomunicável, ocorre por algum

(*) Dante Alighieri, "Paraíso", canto X, vv. 43-4, em *A divina comédia.* Tradução de Cristiano Martins, Belo Horizonte, Itatiaia; São Paulo, EDUSP, 1976.

(**) *Idem,* canto X, vv. 73-5, *ibidem.*

milagre de simplicidade, por meio de um símile invocando um jogo de bola, a cera quente escorrendo da marca feita por um sinete, o sapateiro martelando seus pregos. Como se a graça do divino significado fosse tal que pudesse, persuadida pelo poeta, penetrar em nossas concepções mais naturais e diretas.

Mas à medida que o poeta se aproxima da presença divina, do coração da rosa de fogo, o esforço de tradução para a linguagem torna-se cada vez mais exigente. As palavras ficam cada vez menos adequadas à tarefa de reproduzir a revelação imediata. A luz penetra em grau decrescente na linguagem; ao invés de tornar a sintaxe translúcida de significado, parece perder-se em esplendor irrecuperável ou queimar a palavra até transformá-la em cinzas. Esse é o drama dos cantos finais. À medida que o poeta ascende, as palavras lhe faltam. Até que, nos versos 55-7 do canto XXXIII, *il parlar nostro*, nosso discurso humano, falha de modo absoluto:

> Tornou-se, então, minha visão maior
> que a voz humana, e foi insuficiente
> o senso da memória a tal fulgor.*

Quando falham as palavras, a memória, que é o domínio delas, também desmorona. Isso é um ultraje (*oltraggio*); mas é um ultraje sagrado e afirmativo, prova manifesta da existência daquilo que ultrapassa toda a linguagem humana. Dessa literalmente indizível luz e glória, a língua do poeta luta por trazer-nos de volta uma única centelha:

> e torna a minha voz ora potente
> por que um vislumbre ao menos de tal glória
> possa eu deixar à porvindoura gente!**

Depois disso, a fala entrega-se toda à inexprimível linguagem da luz, e o poeta, do cimo absoluto de seus poderes, compara sua arte de maneira desfavorável ao balbuciar inarticulado de um bebê:

> Por narrar o que vi é a voz humana
> mais que a de uma criança insuficiente,
> que ao seio da nutriz inda se afana.***

O círculo está completo: em seu alcance mais distante, onde se delimita com a luz, a linguagem dos homens torna-se inarticulada como a da criança antes de ter o domínio da palavra. Aqueles que

(*) *Idem, ibidem.*
(**) *Idem*, canto XXXIII, vv. 70-2, *ibidem.*
(***) *Idem*, canto XXXIII, vv. 106-8, *ibidem.*

querem empurrar a língua para além de sua esfera de delimitação divina, que querem restringir o *Logos* no interior da palavra, enganam-se tanto quanto ao gênio da linguagem como quanto à imediaticidade intraduzível da revelação. Mergulham as mãos no fogo em vez de recolher luz. O fato de que raios de luz dirigida (*lasers*) viessem a tornar-se um dia veículos da palavra talvez parecesse a Dante um acréscimo extraordinário, mas não irracional, de sua visão.

Uma tradição encontra a luz nos limites da linguagem. Outra, não menos antiga ou ativa em nossa poesia e em nossa poética, encontra a música.

A interpenetração da poesia e da música é tão estreita que a origem de ambas é indivisível e tem, com freqüência, raízes em um mito comum. Ainda hoje, o vocabulário da prosódia e da forma poética, da tonalidade lingüística e da cadência, confunde-se deliberadamente com o da música. De Aríon e Orfeu até Ezra Pound e John Berryman, o poeta é um fazedor de canções e um cantor de palavras. Há muitas e intrincadas modulações (também um termo musical) no conceito do caráter musical da linguagem poética. A sina de Orfeu, que acompanhamos em Píndaro e Ovídio, em Spenser, Rilke e Cocteau, é quase sinônimo de natureza e funções da poesia. Por ser Orfeu em parte, o poeta na literatura ocidental é arquiteto do mito, mágico contra a selvageria, e peregrino a caminho da morte. A noção de que a estrutura do universo está ordenada pela harmonia, de que há uma música cujas modalidades são os elementos, a harmonia das órbitas planetárias, o acorde da água e do sangue, é tão antiga quanto Pitágoras e nunca perdeu seu vigor metafórico. Até o século XVII e a "desarmonia do céu", a crença na música das esferas, em acordes pitagóricos ou keplerianos, e na afinação entre estrelas e planetas, entre funções harmônicas na matemática e a vibrante corda do alaúde, constitui grande parte da compreensão do poeta sobre sua própria ação. A música das esferas é a garantia e o contraponto a seu próprio uso de "números" harmoniosos e ordenados (a terminologia da retórica é coerentemente musical).

Ao ouvir atento essa música, como faz Lourenço no jardim em Belmont, ele tem como resposta não apenas o eco, mas também a confirmação, de uma presença transcendente, de uma regra de manifestação e comunicação indo além e concêntrica a sua própria, que, no caso de Dante, vem da luz excessiva.

> Olha como a abóbada celeste está completamente incrustada com luminosos discos de ouro [*patens*, patenas]. Até o menor daqueles

> globos que contemplas, quando se movimenta produz uma melodia angelical, em perpétuo acorde com os querubins de olhos eternamente jovens! Uma harmonia semelhante existe nas almas imortais.*

As patenas são os pequenos pratos planos usados na Sagrada Comunhão — e com essa escolha de palavra Shakespeare queria fazer-nos notar que a comunhão e a comunicação através de harmonia transcendente são vitalmente afins.

Desse inexaurível tópico das interações da música com a linguagem, quero ressaltar só um tema: a noção de que a poesia conduz à música, que se transforma em música ao atingir a intensidade máxima de seu ser. Tal idéia tem a evidente e forte implicação de que a música é, em última análise, superior à língua, de que diz mais ou de modo mais imediato. A idéia de rivalidade entre o poeta e o músico é antitética às origens e à plena realização de ambos; derrota Orfeu de maneira mais decisiva do que o fizeram as mulheres trácias. No entanto, também ela tem sua longa história, embora com freqüência subterrânea. Encontramos testemunho dela nos argumentos de Platão sobre as respectivas funções da poesia e da música na educação, e nos ideais patrísticos, que são de imediato relacionados ao platonismo, embora difiram em ênfase e conclusão quanto aos poderes irracionais, talvez demoníacos, da música em contraste com a racionalidade e autenticidade da palavra. No princípio joanino havia o Verbo; no de Pitágoras, o acorde. As pretensões rivais do cantor e do falante, além do mais, são um *topos* da Renascença muito antes de encontrarem ressonância cômica no *Bourgeois Gentilhomme*, de Molière, e no emprego que Richard Strauss faz, em *Ariadne*, de Molière e da discussão música-linguagem. A violência final dessa disputa, o modo como pode lançar-se à busca e articular o relacionamento da alma com Deus, está no âmago do *Doktor Faustus*, de Mann.

Não é, porém, para a contenda que quero chamar atenção, mas, sim, para o recorrente reconhecimento pelos poetas, pelos mestres da linguagem, de que a música *é* um código mais profundo e mais numinoso, de que a linguagem, quando verdadeiramente apreendida, aspira à condição da música e é levada pelo gênio do poeta ao limiar dessa condição. Por um gradual afrouxamento ou transcendência de suas próprias formas (a *musique avant toute*

(*) "O mercador de Veneza", ato V, cena I, em William Shakespeare, *Obras completas*. Tradução de F. Carlos de Almeida Cunha Medeiros e Oscar Mendes. Rio de Janeiro, Aguilar, 1969.

chose de Verlaine), o poema esforça-se por escapar das amarras lineares denotativas e determinadas pela lógica da sintaxe lingüística, procurando alcançar o que o poeta pensa ser a simultaneidade, imediaticidade e liberdade da forma musical. É na música que o poeta espera encontrar resolvido o paradoxo de um ato de criação próprio ao criador, trazendo a forma de seu espírito, mas infinitamente renovado em cada ouvinte.

A mais completa manifestação dessa esperança, dessa submissão da palavra ao ideal musical, encontra-se no romantismo alemão. Nos escritos, e até na vida pessoal de Tieck, Novalis, Wackenroder, E. T. A. Hoffmann, a teoria da música como arte suprema e quintessencial, e da palavra como prelúdio e escravo desta última, é levada ao mais alto grau de implicação técnica e filosófica. Os *Hinos à noite*, de Novalis, giram em torno de uma metáfora de cósmica musicalidade; eles mostram o espírito do homem como uma lira tocada por harmonias elementares e buscam elevar a linguagem àquele estado de obscuridade rapsódica, de dissolução noturna, a partir do qual ela possa passar da maneira mais natural para canção. Desde Hoffmann até o Adrian Leverkühn criado por Mann, o arquétipo do artista é o músico; pois é na música, muito mais do que na linguagem ou nas artes plásticas, que as convenções estéticas são conduzidas para perto da fonte de pura energia criativa, que suas raízes no subconsciente e no cerne faustiano da própria vida são tocadas mais de perto.

Esses escritores não são necessariamente de primeira linha; mas seria difícil exagerar sua influência na sensibilidade européia. Através deles, a idéia de "correspondência" — todos os estímulos sensoriais são dialetos intercambiáveis e entrelaçados em uma linguagem universal de percepção —, a crença no caráter generativo único da composição musical, em seu "demonismo privilegiado", e a idéia chave de que a linguagem verbal seja de algum modo inferior à música e um acesso a ela passam a fazer parte do repertório do sentimento romântico, simbolista e moderno. Esses escritores prepararam Wagner e seus vaticínios encontraram neste último, e em parte em Nietzsche, uma consumação extraordinária.

Wagner pertence à linguagem e à história das idéias de modo tão interessante como à música (se formos até as últimas conseqüências, talvez ainda mais). Ele fez dos vínculos entre a língua e a música o ponto crucial de sua visão. No *Gesamtkunstwerk* [obra de arte total], a aspiração ascendente da palavra em direção à modulação musical e o antagonismo latente entre os dois modos de manifestação seriam combinados em uma síntese de expressão total. No dueto amoroso do segundo ato de *Tristan*, a palavra torna-se tão indistinta quanto um clamor, quanto um tartamudeio de uma consciência em delíquio (deliberadamente infantil como no gaguejar do poeta no ponto mais alto do *Paradiso*), e passa através do virtuosismo da apropriação sonora para algo que não é mais linguagem. A música estende-se até essa zona crepuscular para encerrar a palavra dentro de sua própria sintaxe mais abrangente. O que não está de todo manifesto na teoria de Wagner acaba sendo feito na realidade: a música é que ganha com a transação. Aspirando à síntese, ou mais exatamente à coexistência orgânica, a linguagem perde a autoridade da afirmação racional, da designação por meio de uma estrutura controlada, que é seu gênio específico.

Foi imensa a influência wagneriana na estética literária desde Baudelaire até Proust e, na filosofia da linguagem, desde Nietzsche até os primeiros escritos de Valéry. E ela introduziu dois temas distintos mas relacionados: a exultação do poeta por ser *quase* músico (uma visão de si mesmo encontrável não menos em Mallarmé do que em Auden); mas também uma triste condescendência para com o meio verbal, um desespero por estar restrito a uma forma de expressão mais tênue, mais estreita, muito mais próxima da superfície da mente criativa do que a música. Assim escreveu Valéry a Gide, em abril de 1891: "Estou mergulhado até a cabeça no *Lohengrin*. [. . .] Essa música me levará, assim o pressinto, a deixar de escrever. Dificuldades demais já me paralisam. *Narciso* clamou no deserto [. . .] estar tão distante de seu sonho. [. . .] E, depois, qual página escrita alcança as alturas das poucas notas que constituem o tema do Graal?" * (Algo desta orgulhosa exasperação sobrevive certamente na opinião de Valéry sobre a poesia, considerando-a como um mero "exercício" ou "jogo" aparentado com a matemática e de modo algum superior a esta.)

"Que página escrita pode atingir as alturas das poucas notas que constituem o motivo do Graal?" A pergunta e a hierarquização implícita dos recursos lingüísticos e musicais é corrente em todo o movimento simbolista. Sua elaboração mais cuidadosa ocorre na poesia de Rilke, no esforço deste em resguardar tanto o caráter da linguagem quanto seus direitos de parentesco com a música. Rilke celebra o poder da linguagem de elevar-se até a música; o poeta é o instrumento eleito dessa transmutação ascendente. No entanto, a metamorfose só pode ser conseguida se a linguagem preservar a

(*) Em francês no original. (N. E.)

identidade de seus esforços, se permanecer fiel a si mesma no próprio ato da mudança. Nos *Sonetos a Orfeu*, a linguagem medita com delicada precisão sobre seus próprios limites; a palavra está preparada para o ímpeto transformador da música. No entanto, Rilke, que sempre trabalha na fronteira entre ambas, reconhece que algo se dissolve, perdido talvez, na mudança que tudo vem coroar:

Canto que tu ensines não deseja
nem corteja coisa que ao fim se alcance;
cantar é ser. — Coisa fácil pra o deus.
Mas nós quando é que somos? Quando inclina

ele Terra e Estrelas até ao nosso ser?
Não é tu amares, jovem, mesmo quando
a voz te arromba a boca, — aprende tu

a esquecer que cantaste, que isso escoa-se.
Em verdade cantar é outro hausto.
Hausto por nada. No deus um sopro. Um vento.*

Os principais estados mentais e energias do simbolismo e da dialética wagneriana de totalidade musical agora ficaram para trás. Contudo, a idéia de que a música *é* mais profunda e mais abrangente do que a linguagem, de que ela se eleva sem mediações das fontes de nosso ser, não perdeu sua pertinência e fascinação. Como já se observou várias vezes, a tentativa de aprofundar ou reforçar uma estrutura literária por meio de analogias musicais é freqüente na poesia e na ficção modernas (nos *Quatro quartetos*, em Proust, no *Der Tod des Vergil*, de Broch). Mas o impulso em direção a um ideal musical tem conseqüências mais amplas.

Há uma indicação generalizada, embora ainda só definida de forma vaga, de uma certa exaustão de recursos verbais na civilização moderna, de uma brutalização e desvalorização da palavra nas culturas de massa e na política de massa contemporâneas. O

(*) Rainer Maria Rilke, "Sonetos a Orfeu", Primeira parte, III, em *Poemas — As elegias de Duíno* e *Sonetos a Orfeu*. Tradução de Paulo Quintela. Porto, O Giro do Dia, 1983.

"Gesang, wie du ihn lehrst, ist nicht Begehr,/ nicht Werbung um ein endlich noch Erreichtes;/ Gesang ist Dasein. Für den Gott ein Leichtes./ Wann aber sind wir? Und wann wendet er// an unser Sein die Erde und die Sterne?/ Dies ists nicht, Jüngling, dass du liebst, wenn auch/ die Stimme dann den Mund dir aufstösst, — lerne// vergessen, dass du aufsangst. Das verrinnt. In Wahrheit singen, ist ein andrer Hauch./ Ein Hauch um nichts. Ein Wehn im Gott. Ein Wind."

que mais se pode fazer? Como aquilo que é inovador e penetrante o suficiente para ser dito poderá ser ouvido em meio ao clamor da inflação verbal? A palavra, especialmente em suas formas tipográficas seqüenciais, pode ter sido um código imperfeito, talvez transitório. Somente a música pode satisfazer os dois requisitos de um sistema rigorosamente comunicativo ou semiológico: ser específica (intraduzível) e, ainda assim, de compreensão imediata. Assim (como desafio, creio, às convenções especializadas de diferentes "linguagens" musicais) argumenta Lévi-Strauss. Ele caracteriza o compositor, o inventor da melodia, como "um ser semelhante aos deuses",* da mesma forma que Homero o fora por Montaigne. Lévi-Strauss vê na música "o mistério supremo das ciências do homem, no qual elas esbarram e que guarda a chave de seu progresso".** Na música, nossa vida ensurdecida talvez possa recobrar um sentido do movimento introspectivo e da temperança do ser individual, e nossa sociedade, algo de uma visão perdida da harmonia humana. Por meio da música, as artes e as ciências exatas poderão chegar a uma sintaxe comum.

Retornamos a Pitágoras ou, mais humildemente, vivemos em salas onde o aparelho de som substituiu a estante de livros.

Apesar de ultrapassarem a língua, deixando a comunicação verbal para trás, tanto a tradução para a luz como a metamorfose para a música são atos espirituais positivos. Ao cessar ou sofrer mudança radical, a palavra presta testemunho de uma realidade inexprimível ou de uma sintaxe mais flexível, mais penetrante do que a sua própria.

Mas há uma terceira modalidade de transcendência: nela, a linguagem simplesmente cessa, e o movimento do espírito não produz nenhuma manifestação exterior de sua existência. O poeta mergulha no silêncio. Aqui a palavra delimita-se não com o esplendor ou com a música, mas com a noite.

Esta escolha do silêncio pelos mais lúcidos é, acredito, historicamente recente. O mito estratégico do filósofo que escolhe o silêncio por causa da inefável pureza de sua visão, ou por causa do despreparo de seu público, tem precedentes na Antiguidade. Contribui para o tema de Empédocles sobre o Etna e para a indiferença gnômica de Heráclito. Mas a escolha do silêncio pelo poeta, o escritor renunciando a sua representação inteligível de identi-

(*) Em francês no original. (N. E.)
(**) Em francês no original. (N. E.)

dade no meio do caminho, é algo novo. Ocorre, como experiência obviamente singular, mas problemática em sua implicação geral, em dois dos principais mestres, formadores e presenças heráldicas, se preferirem, do espírito moderno: Hölderlin e Rimbaud.

Ambos estão entre os mais notáveis poetas de sua língua. Ambos levaram a palavra escrita até os extremos da possibilidade sintática e perceptual. Com Hölderlin, o verso alemão atinge uma concentração, pureza e inteireza em termos de forma concretizada que ainda não foram superadas. Não existe poesia européia mais madura, mais inevitável no sentido de excluir de si qualquer ordem mais frouxa, mais prosaica. Um poema de Hölderlin preenche um vazio no idioma da experiência humana com abrupta e completa necessidade, embora não soubéssemos antes que tal vazio existia. Com Rimbaud, a poesia exige a liberdade da cidade moderna e é atendida — esses privilégios de ações indiretas, de autonomia técnica, de referência introspectiva e retórica subterrânea que quase definem o estilo do século XX. Rimbaud deixou sua impressão digital na linguagem, no nome e no temperamento do poeta moderno, como Cézanne o fez com as maçãs.

Contudo, tão importante como o próprio trabalho é a persistente sobrevivência de Hölderlin e de Rimbaud na mitologia e nas metáforas ativas da situação literária moderna. Além dos poemas, quase mais forte do que eles, há o fato da renúncia, a escolha do silêncio.

Com trinta anos, Hölderlin havia completado quase toda a sua obra; alguns anos mais tarde, mergulhou em uma serena loucura que durou 36 anos, mas durante a qual houve alguns lampejos da antiga força lúcida (a famosa estrofe de quatro versos escrita, aparentemente de improviso, em abril de 1812). Aos dezoito anos, Rimbaud completou *Uma estação no inferno*, e embarcou para o outro inferno do comércio sudanês do contrabando de armas para a Etiópia. De lá, despejou uma torrente de cartas exasperadas que trazem a marca de seu temperamento e de sua concisão áspera, mas não contêm nem uma linha de poesia ou de referência ao abandonado trabalho de gênio. Em ambos os casos, os motivos precisos e a gênese do silêncio permanecem obscuros. No entanto, os mitos da linguagem e da função poética que brotam do silêncio estão claros e constituem um legado formativo.

O silêncio de Hölderlin tem sido interpretado, não como uma negação de sua poesia, mas, em certo sentido, como seu desdobramento e como sua lógica soberana. A crescente força da quietude no interior e entre as linhas dos poemas tem sido considerada como um elemento primordial de seu gênio. Como o espaço vazio é, de forma tão evidente, parte da pintura e da escultura modernas, como os intervalos silenciosos são tão importantes em uma composição de Webern, assim também os lugares vazios nos poemas de Hölderlin, principalmente nos últimos fragmentos, parecem indispensáveis ao complemento do ato poético. Sua vida póstuma, em uma concha de quietude similar à de Nietzsche, representa a palavra superando-se a si própria, por sua realização não em outro meio, mas naquilo que é sua antítese ecoante e sua negação definidora, o silêncio.

Considera-se que a renúncia de Rimbaud tem um sentido muito diferente. Significa o predomínio da ação sobre a palavra. "A linguagem que não leva à ação", escreveu Carlyle, "mais ainda, que a entrava, é um empecilho sobre a face da Terra." Tendo dominado e exaurido os recursos da linguagem como só um poeta superior pode fazer, Rimbaud volta-se para aquela linguagem mais nobre que é o fazer. A criança sonha e balbucia; o homem faz. Ambos os gestos de sensibilidade, ambos os modelos teóricos exerceram enorme influência. Esta reavaliação do silêncio — na epistemologia de Wittgenstein, na estética de Webern e de Cage, na poética de Beckett — é um dos atos mais originais e característicos do espírito moderno. O conceito da palavra não dita, da música não ouvida e, *portanto*, mais rica, é em Keats um paradoxo localizado, um ornamento neoplatônico. Na maior parte da poesia moderna, o silêncio representa as exigências do ideal; falar é dizer menos. Para Rilke, as tentações do silêncio eram inseparáveis do risco do ato poético:

> Por que brincas, menino? Pelos jardins andou
> quantos passos, ordens sussurrantes.
> Por que brincas, menino? Mira tu'alma
> enredou-se nos anelos da siringe.
>
> Por que a atrais? O som é como um cárcere,
> onde ela se perde e morre de saudade;
> tua vida é forte, mas tua canção é mais,
> apoiada, soluçante, em tua nostalgia.
>
> Dê a ela um silêncio, para que a alma leve
> retorne à torrente e à multiplicidade,
> onde ela viveu, crescente, ampla e prudente,
> antes de a teres obrigado a teus jogos delicados.
>
> Como já bate as asas mais debilmente:
> tu, sonhador, irás dissipar tanto seu vôo

que seu balançar, serrado pelo canto,
ela não mais o sustenta, sobre meus muros,
quando for conclamá-la para as alegrias.*

Essa visão da obra de arte como encurralada, diminuída ao lhe ser dada forma articulada e assim entrar na condição de ser ao mesmo tempo estática e pública, não é mística, embora peça emprestado alguns dos temas tradicionais do misticismo. Ela está baseada em circunstâncias históricas, em um estágio avançado de civilização lingüística e formal no qual as expressivas realizações do passado pareciam pesar, de modo exaustivo, sobre as possibilidades do presente, no qual a palavra e o gênero pareciam ter perdido o brilho, ter-se achatado ao toque, como moedas há muito em circulação. Também está relacionada ao reconhecimento, surgido durante o movimento romântico e ao qual Freud conferiu novas metáforas de racionalidade, de que a arte, enquanto comunicação pública, deve partilhar de um código comum de significado superficial, e que isso forçosamente empobrece e generaliza a singular e individual força vital da criação inconsciente. O ideal seria cada poeta ter sua própria linguagem, específica para sua necessidade expressiva; dada a natureza social e convencionalizada da fala humana, tal linguagem só pode ser o silêncio.

Contudo, nem o paradoxo do silêncio como lógica final do discurso nem a exaltação da ação em detrimento da manifestação verbal, essa corrente tão forte no existencialismo romântico, explicam o que é provavelmente o mais honesto fascínio pelo silêncio na sensibilidade contemporânea. Há um terceiro e mais poderoso impulso, datado de cerca de 1914. Como a sra. Bickle o exprime na sentença final dessa comédia negra sobre o romancista e seu recalcitrante objeto, *Cabot Wright Begins*, de James Purdy: "Não vou ser escritor num lugar e num momento como o presente".

A possibilidade de que a desumanidade política do século XX

(*) Was spielst du, Knabe? Durch die Gärten gings/ wie viele Schritte, flüsternde Befehle./ Was spielst du, Knabe? Siehe deine Seele/ verfing sich in den Stäben der Syrinx.// Was lockst du sie? Der Klang ist wie ein Kerker,/ darin sie sich versaümt und sich versehnt;/ stark ist dein Leben, doch dein Lied ist stärker,/ an deine Sehnsuch schluchzend angelehnt. —// Gieb ihr ein Schweigen, dass die Seele leise/ heimkehre in das Flutende und Viele,/ darin sie lebte, wachsend, weit und weise,/ eh du sie zwangst in deine zarten Spiele.// Wie sie schon matter mit den Flügeln schlägt:/ so wirst du, Traümer, ihren Flug vergeuden,/ dass ihre Schwinge, vom Gesang zersägt,/ sie nicht mehr über meine Mauern trägt,/ wenn ich sie rufen werde zu den Freuden.

e certos elementos na sociedade tecnológica de massa que se seguiu à erosão de valores burgueses europeus tenham causado dano à linguagem é o tema subjacente deste livro. Em diferentes ensaios, discuti aspectos específicos da desvalorização e desumanização lingüísticas.

Para um escritor que acha que a situação da linguagem está ameaçada, que a palavra pode estar perdendo algo de sua índole humanista, existem dois caminhos essenciais a escolher: ele pode tentar tornar seu próprio idioma representativo da crise geral, tentando transmitir por meio dele a precariedade e vulnerabilidade do ato comunicativo; ou pode optar pela retórica suicida do silêncio. As origens e o desenvolvimento de ambas as atitudes podem ser percebidos, com mais clareza, na literatura alemã moderna, escrita na língua que encarnou e sofreu de modo mais completo a gramática do desumano.

Para Kafka — e este é o cerne de seu papel representativo nas letras modernas — o ato de escrever era um profundo escândalo. A nudez viva de seu estilo não usa nem uma sílaba sem um propósito. Kafka dá novos nomes a todas as coisas em um segundo Jardim repleto de cinzas e de dúvidas. Daí o atormentado escrúpulo de cada uma de suas manifestações lingüísticas. As *Cartas a Milena* (são as mais belas cartas de amor modernas, as menos dispensáveis) retornam várias vezes à impossibilidade da manifestação adequada, ao esforço infrutífero da tarefa do escritor que é encontrar linguagem ainda não enxovalhada, desgastada até tornar-se lugar-comum, esvaziada pelo desperdício irresponsável. Aprisionado, em sua própria vida e ambiente, entre idiomas conflitantes (tcheco, alemão, hebraico), Kafka estava apto a abordar o ato da fala em si pelo lado de fora. Perscrutando o mistério da linguagem com mais humildade do que o homem comum, ele ouviu o jargão da morte ressoando cada vez mais alto no interior do vernáculo europeu. Não em um sentido vago e alegórico, mas como uma exata profecia. Do pesadelo literal de *A metamorfose* veio o conhecimento de que *Ungeziefer* ("insetos") viria a ser a designação de milhões de indivíduos. A fraseologia burocrática de *O processo* e *O castelo* tornou-se um lugar-ocmum em nossa vida de rebanho. O instrumento de tortura de *A colônia penal* também é uma máquina impressora. Em resumo, Kafka ouviu o nome Buchenwald na palavra faial [em inglês, "beechwood" = bosque de faias]. Compreendeu, como se a sarça tivesse ardido de novo para ele, que uma grande desumanidade aguardava o homem europeu, e que partes da linguagem se tornariam servas dela e viriam a se aviltar ao fazê-lo (penso, por exemplo, nas modulações do termo "inteligência central" na ficção de Henry James até a "Central de Inteligência [CIA], em Washington). Em uma época como essa, o ato de escrever pode ser tanto frívolo — o grito na poesia abafando ou embelezando o grito nas ruas — como impossível. Kafka encontrou expressão metafórica para as duas alternativas.

Assim também fez Hofmannsthal em sua mais madura e enganosa comédia, *Der Schwierige* [O homem difícil]. Enterrado vivo por instantes nas trincheiras, Hans Karl Bühl volta da guerra com uma profunda desconfiança da língua. Usar palavras como se elas pudessem de fato transmitir a pulsação e as dúvidas do sentimento humano, confiar o cerne do espírito humano à moeda inflacionada da conversa social, é enganar a si próprio e cometer uma "indecência" (a palavra chave na peça). "Eu me entendo muito menos quando falo do que quando estou calado", diz Bühl. Convidado a discursar na Câmara dos Lordes sobre o elevado tema da "reconciliação das nações", Karl recusa-se com desdenhosa e pessimista perspicácia. Manifestar-se sobre tal tópico é "desencadear desenfreada confusão". O próprio fato de que alguém pareça *dizer* certas coisas "é uma indecência". A íntima contemporaneidade entre o *Tractatus*, de Wittgenstein, e as parábolas de silêncio de Hofmannsthal e de outros escritores alemães e austríacos da década de 1920 requer estudo. Um rompimento com a linguagem era, presume-se, parte de um abandono mais generalizado da confiança nas estabilidades e na autoridade expressiva da civilização centro-européia.

Nove anos após a morte de Kafka, às vésperas da efetiva barbárie, Schoenberg concluiu *Moses und Aron* com a exclamação: "Oh palavra, oh tu, palavra que me faltas!". Quase na mesma época, a incompatibilidade entre a eloqüência, o maior deleite do poeta na fala, e a natureza desumana da realidade política tornou-se o tema da arte de Hermann Broch.

Devido a sua língua ter servido em Belsen, devido a se poder encontrar palavras para todas essas coisas e os homens não se terem emudecido por usá-las, inúmeros escritores alemães que tinham se exilado ou sobrevivido ao nazismo perderam a esperança em seu instrumento. Em sua *Canção de exílio*, Karl Wofskehl declarou que a verdadeira palavra, a língua do espírito vivo, estava morta:

> E se mil palavras tivésseis:
> A palavra, a palavra está morta.*

(*) Und ob ihr tausend worte habt./ Das wort, das wort is tot.

Elizabeth Borcher disse: "Devasso estrelas e nelas nada encontro; e mais uma vez, nada, e depois uma palavra em uma língua estrangeira". A conclusão de um exercício de análise lógico-lingüística, que Wittgenstein havia cautelosamente despojado de toda referência emotiva (embora o dissesse de maneira estranhamente poética, estranhamente reminiscente da atmosfera das anotações de Hölderlin sobre Sófocles, dos aforismas de Lichtenberg), transformara-se em sombria verdade, em um preceito de humanidade suicida para o poeta. "Deve-se calar sobre aquilo de que não se pode falar."

Mas essa sensação de morte da linguagem, de derrota das palavras diante do desumano, de modo algum restringe-se ao alemão.

Durante a crise política de 1938, Adamov se perguntava se a idéia de ser escritor não era uma inoportuna anedota, se algum dia o escritor voltaria a ter, na civilização européia, um idioma vivo e humano com o qual pudesse trabalhar:

> O nome de Deus não deveria mais sair da boca do homem. Há muito que essa palavra degradada pelo uso não significa mais nada. Ela foi esvaziada de todo sentido, de todo sangue. [. . .] As palavras, essas guardiãs do sentido, não são imortais, invulneráveis. [. . .] Assim como os homens, as palavras sofrem. [. . .] Algumas conseguem sobreviver, outras são incuráveis. [. . .] À noite tudo se confunde, não há mais nomes, não há mais formas.*

Quando eclodiu a guerra, escreveu: "Palavras gastas, surradas, limadas converteram-se em esqueleto, em palavras espectrais; todos, fatigados, mastigam e regurgitam o som que elas têm entre as mandíbulas".

Mais recentemente, Ionesco publicou, em seu *Diário*, o trecho que se segue:

> É como se, envolvendo-me com a literatura, eu tivesse esgotado todos os símbolos possíveis sem realmente captar seu significado. Para mim eles já não têm significado vital algum. Palavras extinguiram imagens ou as ocultaram. Uma civilização de palavras é uma civilização atormentada. Palavras criam confusão. Palavras não são expressão [*les mots ne sont pas la parole*]. [. . .] O fato é que palavras nada dizem, se assim posso dizer. [. . .] Inexistem palavras para a experiência mais profunda. Quanto mais tento me explicar, menos me entendo. Evidentemente, nem tudo é indizível em palavras, apenas a verdade viva.

(*) Em francês no original. (N. E.)

Estas duas últimas frases ecoam, quase que exatamente, as palavras do Karl Bühl de Hofmannsthal. O escritor, que é por definição senhor e escravo da linguagem, afirma que a verdade viva não é mais dizível. O teatro de Beckett é atormentado por essa consciência. Desenvolvendo a idéia de Tchecov da quase-impossibilidade de intercâmbio verbal efetivo, esforça-se em direção ao silêncio, em direção a um *Ato sem palavras*. Logo haverá peças nas quais absolutamente nada será dito, nas quais cada personagem lutará por alcançar o ultraje ou a futilidade da fala, para ver, ao fim, o som se transformar em algaravia ou morrer-lhe na boca crispada. A primeira palavra pronunciada com clareza fará baixar o pano.

Talvez sob a influência de Heidegger, e da interpretação que este fez de Hölderlin, a recente filosofia lingüística francesa também atribui uma função especial e uma prestigiosa autoridade ao silêncio. Para Brice Parain, "a linguagem é o limiar do silêncio". Para Henri Lefebvre, o silêncio "está ao mesmo tempo no interior da linguagem e em seus lados próximos e distantes". A maior parte de sua teoria da linguagem está subordinada a padrões organizados de silêncio do código lingüístico, que, sob outros aspectos, é contínuo e, por conseguinte, indecifrável. O silêncio tem "outro discurso que não o comum" (*un autre Dire que le dire ordinaire*), sendo, no entanto, linguagem significativa.

Não se trata de fantasias macabras ou paradoxos que se apresentam a lógicos. É real o problema relativo a saber se o poeta deve falar ou calar, se a situação da linguagem permite que ela atenda às necessidades dele. "Acabou a poesia depois de Auschwitz", disse Adorno, e Sylvia Plath promulgou o significado subjacente dessa declaração de um modo ao mesmo tempo histriônico e profundamente sincero. Terá nossa civilização, em virtude da desumanidade que praticou e acobertou — somos cúmplices daquilo que nos deixa indiferentes —, perdido o direito a esse luxo indispensável que chamamos literatura? Não para sempre, não em toda parte, mas apenas neste momento e neste lugar, como uma cidade sitiada perde seu direito a passeios noturnos fora das muralhas.

Não estou dizendo que os escritores deveriam parar de escrever. Isso seria insensato. Indago se não estarão escrevendo demais, se não será a torrente de palavras impressas, onde, entontecidos, buscamos nosso caminho, uma subversão do sentido. "Uma civilização de palavras é uma civilização atormentada." É uma civilização na qual a constante inflação de registros verbais desvalorizou de tal modo o ato outrora numinoso da comunicação escrita que praticamente não há como o válido e o genuinamente novo possam se fazer ouvir. Cada mês tem de produzir sua obra-prima e assim as prensas à força transformam a mediocridade, por um momento, em esplendor artificial. Os cientistas dizem-nos que é tal a aceleração das publicações especializadas e monográficas que as bibliotecas logo terão de ser postas em órbita, a circular em volta da terra e sujeitas a consulta eletrônica quando necessário. A proliferação da verbosidade nos estudos humanísticos, as trivialidades disfarçadas de erudição ou de reavaliação crítica ameaçam obscurecer a própria obra de arte e o exigente frescor da descoberta pessoal de que depende a verdadeira crítica. Também falamos demais, com muita facilidade, tornando comum o que é particular, aprisionando em lugares-comuns de falsa certeza aquilo que era provisório, pessoal e, portanto, vivo do lado invisível da fala. Vivemos em uma cultura que é, mais e mais, um túnel aerodinâmico de mexericos que vão desde a teologia e a política a uma algazarra inédita de assuntos privados (o método psicanalítico é a alta retórica do mexerico). Este mundo irá terminar, não com uma explosão ou com um gemido, mas com uma manchete, um *slogan*, uma novela sensacionalista maior do que os cedros do Líbano. Em meio a tudo o que se imprime aos borbotões, que palavras se converterão em expressão? — e onde está o silêncio necessário para que se possa ouvir essa metamorfose?

O segundo ponto refere-se à política, no sentido elementar. Para o poeta é melhor mutilar seu próprio idioma do que conferir dignidade ao desumano, seja por seu dom, seja por sua indiferença. Se o jugo totalitário for tão eficaz a ponto de frustrar todas as oportunidades de denúncia, de sátira, então que o poeta se extinga (e que o erudito deixe de editar os clássicos a alguns quilômetros de distância do campo de extermínio). Justamente por ser a rubrica da humanidade do poeta, por ser aquilo que faz do homem um ser de inquieto empenho, a palavra não deveria ter vida natural, ou santuário neutro, no espaço e no tempo da brutalidade. O silêncio *é* uma alternativa. Se as palavras pronunciadas no meio urbano estão impregnadas de selvageria e mentiras, nada fala mais alto do que o poema não-escrito.

"Agora as Sereias têm uma arma ainda mais fatal do que suas canções", escreveu Kafka nas *Parábolas*, "ou seja, o silêncio. E, embora por certo isso jamais tenha acontecido, ainda assim é possível que alguém tenha escapado do canto das sereias; mas de seu silêncio, certamente, jamais."

PARA CIVILIZAR NOSSOS CAVALHEIROS

Uma pessoa teria de ser completamente otimista ou capaz de enganar a si mesma para afirmar que tudo corre bem no estudo e no ensino da literatura inglesa. Há uma nítida *malaise* na área, uma sensação de que as coisas vão mal ou ao acaso. A capacidade dos alunos no que se refere a rigor intelectual e independência de opinião nem sempre inspira muita admiração se comparada com, digamos, a pessoa que estuda economia ou com o bom historiador, quanto mais com o estudioso de ciências naturais. Suas motivações são obscuras ou levemente hipócritas. Uma pessoa estuda inglês porque quer uma oportunidade para escrever ficção ou verso, para representar ou produzir peças, ou apenas porque o inglês parece ser a opção mais fácil antes de entrar no mundo dos negócios e começar uma vida séria. Ler vários livros bons, que uma pessoa instruída de qualquer forma deveria ter lido, é uma maneira bastante agradável de passar três anos em uma universidade, mais agradável do que aprender muita matemática indispensável para as ciências econômicas ou verbos irregulares em uma língua estrangeira.

A *malaise* nos estudos de pesquisa é de natureza diferente, mas não menos inquietante. Toda a noção de pesquisa, quando aplicada à literatura, é problemática. Como há cada vez menos textos realmente importantes para editar — e era este o significado original da pesquisa literária doutoral —, como os problemas históricos ou técnicos a se esclarecer tornam-se cada vez menos substanciais, toda a atividade de tese torna-se mais frágil. E a busca de assuntos genuínos já está difícil. Muitas dissertações, em especial as que não oferecem perigo, tratam de trivialidades ou de assuntos tão restritivos que os próprios alunos perdem o respeito pelo que fazem.

A conflitante idéia de que uma dissertação deveria ser um trabalho de crítica literária, de que um rapaz ou uma moça, nos seus vinte anos, deveriam ter algo de novo ou profundo ou decisivo para dizer sobre Shakespeare ou Keats ou Dickens, igualmente causa perplexidade. Poucas pessoas conseguem dizer algo de fato novo sobre obras muito importantes de literatura, e é quase paradoxal a idéia de que se possa fazê-lo em plena juventude. A literatura exige um longo tempo de vida em convivência com ela. Mas o que acontece, então? Resta a varredura de terreno cada vez mais árido em busca de minúsculos fragmentos, ou a maior e apreensiva imprecisão de generalidade e julgamento prematuros? Será uma ou outra uma genuína disciplina? Será de fato "literatura inglesa" em seu disfarce acadêmico? Exatamente o que está acontecendo, o que está sendo feito, quando uma pessoa lê romances, poemas ou peças que poderia muito bem ter lido no decorrer de sua vida comum, e certamente deveria ter lido se se considerasse membro letrado da sociedade?

Língua inglesa não é a única área na qual se podem levantar questões. O problema da pesquisa, de que consistem os estudos de pós-graduação, refere-se às artes como um todo. Mas a inquietação de muitos daqueles que se dedicam ao ensino e ao estudo da literatura inglesa, assim como o peculiar azedume público que parece caracterizar suas desavenças profissionais, sugere que as dificuldades chegaram a um ponto bastante crítico. Pretendo apenas tentar colocar a questão em uma espécie de enfoque histórico ou moral, tentar apontar algumas das raízes de nossos dilemas presentes. Na verdade, estes começam quase no princípio da literatura inglesa como um objetivo acadêmico. Muito do que falta explicitar hoje já está implícito na bem conhecida discordância de William Morris no tocante à criação de uma cadeira de literatura inglesa em Oxford. Data da década de 1880, quando Morris falou, e do fim da década de 1860, quando Farrar editou os *Essays on a Liberal Education* e Matthew Arnold produziu o seu *Culture and Anarchy*. É preciso consultá-los para encontrar as hipóteses sobre as quais se fundaram as faculdades de literatura inglesa.

Quais eram essas hipóteses? Ainda têm validade? Têm aplicabilidade a nossas atuais necessidades? Em método e organização intelectual, o estudo acadêmico de línguas modernas e de literatura reflete a tradição mais antiga dos estudos clássicos. O estudo crítico, textual, histórico de literatura grega e latina não apenas forneceu um precedente e uma justificativa para o estudo similar do vernáculo europeu como foi o alicerce sobre o qual se construiu tal estudo. Atrás das análises de Spenser, ou Pope ou Milton ou Shelley, estava uma presumida alfabetização clássica, uma familiaridade natural com os modelos e as energias homéricos, virgilianos, horacianos ou platônicos. A formação clássica e os interesses de Matthew Arnold, Henry Sidgwick, Saintsbury são representativos. A idéia de que uma pessoa podia estudar literatura moderna, estudá-la ou revisá-la com seriedade sem ter a formação clássica, teria parecido chocante e implausível.

A segunda presunção importante era o nacionalismo. Não é por acaso que a filologia alemã e a crítica textual alemã coincidiram com a dinâmica ascensão da consciência nacional alemã (e não esqueçamos que era do gênio dos sábios alemães que o resto da Europa, a Inglaterra e os Estados Unidos tanto se nutriram). Como Herder, os irmãos Grimm e toda a linhagem de professores e críticos de literatura alemães foram francos em proclamar, o estudo do passado literário era uma parte vital da afirmação de identidade nacional. A este ponto de vista, Taine e os positivistas históricos acrescentaram a teoria de que se chega a conhecer o singular gênio racial de um povo, de seu próprio povo, através do estudo de sua literatura. Por toda parte, a história dos estudos literários modernos carrega a marca deste ideal nacionalista dos meados e do fim do século XIX.

O terceiro e importante grupo de presunções é ainda mais vital, mas encontro dificuldade em fazer uma análise breve. Talvez possa colocar a questão assim: por trás da formação da análise literária moderna, da pesquisa de revisão e da história literária, existe uma espécie de otimismo racional e moral. Em seus métodos filológicos e históricos, o campo do estudo literário reflete uma grande esperança, um vasto positivismo, um ideal de ser algo como uma ciência, e isso encontramos desde Auguste Comte até I. A. Richards. A brilhante obra dos filólogos clássicos e semíticos e dos analistas de textos do século XIX, que é um dos capítulos da glória intelectual na Europa, parecia ter garantido o uso de recursos e critérios semelhantes no estudo de um texto moderno. A edição crítica, a concordância, a bibliografia rigorosa — tudo isso era uma herança direta dessa tradição positivista. Mas o otimismo tinha raízes ainda mais profundas. Supunha-se que o estudo de literatura acarretaria uma quase necessária implicação de força moral. Julgou-se evidente por si mesmo que o ensino e o estudo dos grandes poetas e prosadores enriqueceria, não só o gosto ou o estilo, mas também o sentimento moral; que desenvolveria a capacidade crítica do homem, assim como o levaria a opor-se à barbárie.

Henry Sidgwick fez um comentário típico. Ele quer que estudemos literatura inglesa para que assim nossas opiniões e simpatias possam ser ampliadas e expandidas pela "compreensão de idéias nobres, sutis e profundas, sentimentos refinados e elevados"; além disso, vê na literatura a "fonte e essência de uma cultura verdadeiramente humanizante" — creio ser essa a frase-chave. E essa elevada pretensão estende-se desde a idéia que Matthew Arnold tem da poesia como substituto vital para o dogma religioso até a definição que o dr. Leavis fez do estudo da literatura inglesa como a "humanidade essencial". Mais uma vez devemos notar o remanescente do ponto de vista renascentista e do século XVIII sobre o papel dos clássicos.

Essas presunções — a formação clássica, a consciência nacionalista e a esperança racional e moralizadora —, esses hábitos e tradições de sentimento ainda têm validade hoje? Com relação aos clássicos, nossa condição alterou-se de forma significativa. Tomemos como exemplo duas passagens de Shakespeare. A primeira é o célebre noturno de amor entre Lourenço e Jessica:

> LOURENÇO: A lua está resplandescente. Numa noite como esta, enquanto o suave zéfiro beijava docemente as árvores silenciosas; numa noite como esta, Tróilo escalou os muros de Tróia e exalou a alma em suspiros diante das tendas gregas, onde dormia Cressida!
>
> JESSICA: Numa noite como esta, Tisbe, andando com passo temeroso através do orvalho, viu a sombra do leão, antes que visse o próprio leão, e fugiu sobressaltada.
>
> LOURENÇO: Numa noite como esta, Dido, com um ramo de salgueiro na mão, estava de pé na praia deserta e fazia sinais ao bem-amado para que voltasse para Cartago.
>
> JESSICA: Numa noite como esta, Medéia colhia as ervas encantadas que rejuvenesceriam o velho Éson.*

A segunda é uma breve passagem das zombarias de Berowne no quarto ato de *Trabalhos de amor perdidos*:

> Ai de mim! Que prova de paciência dei eu para ver tão tranqüilamente um rei transformado em mosquito. Para contemplar o grande Hércules girar como pião, o profundo Salomão entoar uma

(*) "O mercador de Veneza", ato IV, cena I, em William Shakespeare, *Obra completa*, vol. II, tradução de F. Carlos de Almeida Cunha Medeiros e Oscar Mendes. Rio de Janeiro, Aguilar, 1969.

jiga, Nestor brincar de alfinetes com as crianças e Tímon, o censor, divertindo-se com brinquedos!*

As referências clássicas nessas duas passagens, como em inúmeras outras no drama shakespeariano, eram, com toda probabilidade, imediatamente reconhecidas por uma grande parte do público de Shakespeare. Tróilo, Tisbe, Medéia, Dido, Hércules, Nestor, seriam parte do repertório de reconhecimento de qualquer um com um pouco de instrução primária da época elisabetana, tendo vindo como uma ressonância viva desde Plutarco e as *Metamorfoses* de Ovídio, passando por Chaucer, com sua *Legend of Good Women*. E essas alusões não são mero ornamento; organizam o foco essencial do texto de Shakespeare (os precedentes em parte cômicos, em parte sinistros, invocados por Lourenço e Jessica, articulam com beleza o caráter impulsivo e um tanto frívolo de sua paixão). As pessoas ilustres citadas por Berowne refletem com ironia sobre seu próprio papel e sua imagem.

Essas várias referências teriam sido reveladoras para um augustano com certa pretensão à alfabetização, para um aluno de *public school* vitoriana, para grande parte da burguesia européia e inglesa até, digamos, 1914. Mas o que dizer de hoje? Hércules, Dido e Nestor, provavelmente. E quanto ao crítico Tímon e ao rejuvenescimento assassino de Éson por Medéia, com sua sombria insinuação da opinião de Jessica sobre o velho Shylock? Difícil para aqueles sem uma educação clássica.

A questão não é trivial. À medida que as notas de rodapé ficam mais extensas, à medida que os glossários se tornam mais elementares (neste momento, talvez ainda seja "Tróilo: herói troiano enamorado de Cressida, filha de Calchas, e por ela traído", mas dentro de poucos anos a própria *Ilíada* pode vir a necessitar de identificação), a poesia perde impacto imediato. Afasta-se de uma linha direta de visão para aproximar-se de um lugar de saber especial. Este fato marca uma grande mudança no consenso firmado entre o poeta e o público. O mundo da mitologia clássica, da referência histórica, de alusões bíblicas, sobre o qual se construiu uma parte preponderante da literatura inglesa e européia, desde Chaucer até Milton e Dryden, desde Tennyson até *Sweeney Agonistes*, de Eliot, está escapando a nosso alcance natural.

Consideremos a segunda presunção, a idéia esplêndida e esperançosa do gênio nacional. De um sonho do século XIX, o nacionalismo cresceu até se converter no pesadelo de hoje. Em duas

(*) "Trabalhos de amor perdidos", ato IV, cena III, *ibidem*.

guerras mundiais, por pouco não arruinou a cultura ocidental. Poderá acabar nos impelindo para a destruição, como lemingues enlouquecidos. No caso da posição política e psicológica da Inglaterra, a mudança foi especialmente drástica. As implicações da supremacia da língua inglesa, da exemplar autoridade moral e institucional da vida inglesa, vista por toda parte no tratamento da literatura inglesa antes da Primeira Guerra Mundial, não são mais sustentáveis. O centro de gravidade criativa e lingüística começou a mudar. Quando se pensa em Joyce, Yeats, Shaw, O'Casey, T. S. Eliot, Faulkner, Hemingway, Fitzgerald, pode se fazer uma constatação banal. As grandes energias da linguagem agora se verificam fora da Inglaterra. Somente Hardy, John Cowper Powys e Lawrence podem ser comparados a esses escritores importantes. A língua americana não só afirma seu poder autônomo e demonstra facilidade muito maior de assimilação, como cada vez mais exerce pressão sobre a própria Inglaterra. As palavras americanas expressam realidades econômicas e sociais atraentes para os jovens na Inglaterra, para os até então desprivilegiados, e essas palavras estão passando a fazer parte da fantasia e do vernáculo do cenário inglês do pós-guerra. O inglês africano, o inglês australiano, o rico discurso dos escritores anglo-indianos e das Índias Ocidentais representam um campo complicado e policêntrico de força lingüística, no qual a língua ensinada e escrita nesta ilha não é mais a inevitável autoridade ou foco.

Se essas novas alfabetizações forem excluídas de nosso currículo, irá esse currículo tornar-se quase que inteiramente histórico? Ensinar-se-á ao estudante de literatura inglesa em uma espécie de museu? Mas se formos incluir essas novas alfabetizações, e isso concerne particularmente à literatura americana, o que deverá ser abandonado? Como deverão ser traçadas as linhas de continuidade? Menos Dryden, para que tenhamos mais Whitman? A srta. Dickinson em vez da sra. Browning?

Para o historiador e estudioso de literatura de fins do século XIX, o espetacular avanço das ciências não representava ameaça. Ele o considerava uma magnífica aventura paralela. Acho que não é mais o caso. Tentei esboçar a nova situação em "O repúdio à palavra".

A influência da proliferação e disseminação das alfabetizações sobre a totalidade da forma, sobre a integridade dos estudos literários, parece-me ser profunda e de amplas conseqüências. Até o momento, mal se compreendeu ou se colocou esse aspecto em perspectiva racional.

Se a relação dos estudos literários e da consciência literária com o conjunto de conhecimentos e meios de expressão em nossa sociedade foi alterada de maneira radical, com toda a certeza também foi alterado o vínculo seguro entre a literatura e os valores civilizados. Eis para mim a questão-chave. O fato simples, porém assustador, é que temos pouquíssima evidência sólida de que os estudos literários contribuem efetivamente para enriquecer ou estabilizar a percepção moral, de que *humanizam*. Temos poucas provas de que uma tradição de estudos literários de fato torna o homem mais humano. O que é pior: um determinado conjunto de evidências aponta para a direção contrária. Quando a barbárie chegou à Europa do século XX, as faculdades de artes em mais de uma universidade ofereceram pouquíssima resistência moral, e isso não foi um acaso trivial ou local. Em vários e inquietantes exemplos, a imaginação literária deu guarida, servil ou extasiada, à brutalidade política. Tal brutalidade foi, às vezes, reforçada e apurada por indivíduos educados na cultura do humanismo tradicional. Familiaridade com Goethe, apreciação da poesia de Rilke pareciam não ser empecilhos ao sadismo pessoal e institucionalizado. Valores literários e requintes de hedionda desumanidade coexistiam na mesma comunidade, na mesma sensibilidade individual; e, no entanto, não escolhamos a saída mais fácil para dizer que "o homem que fez essas coisas em um campo de concentração simplesmente disse estar lendo Rilke. Não o estava lendo bem". Julgo que isso é uma evasão. Na verdade pode tê-lo lido muito bem.

Ao contrário de Matthew Arnold e do dr. Leavis, vejo-me impossibilitado de afirmar com segurança que as ciências humanas humanizam. Iria ainda mais longe: é ao menos concebível que o enfoque do consciente em um texto escrito, que é a substância de nossa instrução e de nossa atividade, diminua a exatidão e a presteza de nossa reação moral. Uma vez que aprendemos a dar credibilidade psicológica e moral ao imaginário, à personagem da peça ou do romance, ao estado de espírito que apreendemos de um poema, talvez encontremos mais dificuldade de identificar o mundo real, de levar a sério o mundo da experiência real — "a sério" é um termo sugestivo. Em qualquer ser humano, a capacidade de reflexo imaginativ , de risco moral, não é ilimitada; ao contrário, pode ser rapidamente absorvida por ficções, e desse modo o grito no poema talvez venha a soar mais alto, mais premente, mais real do que o grito na rua. A morte no romance talvez nos emocione com mais força do que a morte próxima de nós. Assim, pode haver um elo oculto e traiçoeiro entre o cultivo da reação estética e o potencial de desumanização pessoal. O que, pois, estamos fazendo ao estudar e ensinar literatura?

Parece-me que a grande lacuna entre a formulação ortodoxa acadêmica de "literatura inglesa", tal como ainda predomina neste país, e as realidades de nossa situação intelectual e psicológica pode explicar o mal-estar geral na área. Há perguntas que devemos fazer com suficiente falta de tato e diplomacia, se quisermos continuar a ser honestos tanto conosco como com nossos alunos. Mas não tenho respostas; apenas sugestões e indagações adicionais.

A profusão e o requinte das modernas traduções poéticas dos clássicos, ao longo de duas gerações de Pound a Lattimore e Robert Fitzgerald, são comparáveis às traduções feitas na época Tudor e elisabetana. Isso, porém, indica, não tanto um retorno ao humanismo tradicional, como o fato de que mesmo aqueles mais instruídos dentre nós já não sabem lidar com o grego e o latim. Essas traduções são, com freqüência, soberbas, e devem ser usadas, mas não podem substituir aquela reação imediata, aquele cenário natural, que Milton, Pope e mesmo Tennyson tinham por certo fazer parte de seus leitores. É, portanto, possível que obras como *Absalom and Achitophel*, de Dryden, grande parte de *Paraíso perdido*, de *The Rape of the Lock*, do verso esquiliano e platônico de Shelley venham a passar cada vez mais para a custódia e prazer do especialista. O *Lycidas*, de Milton, talvez seja um caso-modelo; quase não há um trecho ao qual o leitor moderno com uma educação geral tenha acesso imediato.

Não estou dizendo que devemos abandonar nosso legado clássico, não podemos. Mas me pergunto se não devemos reconhecer sua difícil e limitada sobrevivência em nossa cultura, e se esse reconhecimento não nos deveria levar a indagar se talvez não existam outras coordenadas de referência cultural que toquem mais de perto os atuais contornos de nossa vida, nossa atual maneira de pensar e de sentir, de tentar achar nossa maneira de ser. Isso é tão-somente um pedido em favor de estudos comparados modernos. René Etiemble, em Paris, talvez tenha razão ao dizer que o conhecimento de um romance chinês ou de um verso persa é quase indispensável para a alfabetização contemporânea. Não conhecer Melville ou Rimbaud, Dostoievski ou Kafka, não ter lido o *Doktor Faustus*, de Mann, ou o *Doutor Jivago*, de Pasternak, é uma exclusão tão severa da noção de alfabetização vital que temos de perguntar, se não responder, se o estudo dedicado de uma literatura faz sentido. Não será tão importante hoje, para a sobrevivência do sentimento, que um homem conheça outra língua viva como um dia foi importante conhecer de perto os clássicos e as Escrituras?

R. Etiemble afirma que a sensibilidade anglo-saxônica e da Europa ocidental, o modo como nós, ocidentais, pensamos e sentimos e imaginamos o mundo presente, permanecerá em grande parte artificial e perigosamente obsoleto, se não nos esforçarmos para aprender uma das grandes línguas fora do clube — por exemplo, russo, hindi ou chinês. Quantos de nós tentamos adquirir ainda que o mais rudimentar conhecimento de chinês, a mais antiga das culturas letradas — uma cultura sustentada pelas energias da maior nação da Terra e muitos de cujos aspectos certamente dominarão a próxima era da história? Ou, menos ambiciosamente, será instruído um homem que dedicou seus últimos anos escolares e sua carreira universitária ao estudo da literatura inglesa, excluindo quase todas as outras línguas e tradições? Muitas reorientações, muitas maneiras de classificar e de escolher acham-se abertas ao estudo acadêmico e à imaginação. A literatura inglesa pode ser ensinada em seu contexto europeu: um conhecimento de George Eliot que implica uma resposta simultânea a Balzac; Walter Scott considerado em relação a Victor Hugo, Manzoni e Púchkin, como parte desse grande giro da imaginação humana em direção à história posterior à Revolução Francesa. Pode se ver a literatura inglesa em sua relação cada vez mais recíproca com a literatura americana e com a língua americana. Pode se fazer uma pesquisa das fascinantes divisões do significado e da conotação imaginativa que as duas comunidades estão fazendo hoje, enquanto ainda preservam, em grande parte, um vocabulário comum.

Por que não estudar a história da poesia inglesa em comparação íntima com a de outra tradição expansionista e colonizadora, digamos, a espanhola? Como se desenvolveram as características da língua em lugares distantes em relação à tradição interna? Serão os problemas de forma e percepção encontrados pelo poeta espanhol no México comparáveis aos do anglo-indiano? Serão certas línguas veículos mais eficientes de intercâmbio cultural do que outras? As direções da visão são múltiplas. A alternativa é um provincianismo e uma supressão da realidade. A falta quase que total de estudos comparados nos círculos acadêmicos ingleses — e neste ponto abro um parêntese para reconhecer que nas novas universidades tais estudos comparados estão sendo feitos e para deixar registrado meu receio de que aquilo que não se origina no centro da Inglaterra, no alto da instituição acadêmica, nem sempre tem muita possibilidade de vida — talvez seja em si uma coisa muito pequena. Mas também pode ser um sintoma de afastamento mais geral, do punho cerrando-se com força contra um mundo modificado e incômodo. Isso seria alarmante, porque na cultura, não menos do que na política, o chauvinismo e o isolamento são opções suicidas.

O deslocamento de modalidades lingüísticas tradicionais de uma função essencialmente dominante em nossa civilização tem conseqüências tão complexas e grandes que ainda nem começamos a avaliá-las.

É ingênuo supor que um pouco de ensino de poesia ao biofísico ou de matemática ao estudante de literatura inglesa resolverá o problema. Estamos a meio caminho de energias divisoras demasiado novas, demasiado complicadas, para permitir um remédio infalível qualquer. Noventa por cento de todos os cientistas da história da humanidade estão vivos neste momento. As publicações científicas durante os próximos 25 anos, se fossem colocadas lado a lado em uma estante, chegariam à Lua. As formas da realidade e de nossa capacidade de imaginação são extremamente difíceis de prever. Não obstante, agora o estudante de literatura tem acesso, assim como responsabilidade por ele, a um terreno muito fértil, intermediário entre as artes e as ciências, um terreno que se delimita com a poesia, com a sociologia, com a psicologia, com a lógica e mesmo com a matemática. Refiro-me ao campo da lingüística e ao da teoria da comunicação.

Sua expansão no período do pós-guerra constitui um dos capítulos mais excitantes da história intelectual moderna. Toda a natureza da linguagem está sendo repensada e reexaminada como nunca desde Platão e Leibniz. Pergunta-se sobre as relações entre os meios verbais e a percepção sensorial, sobre o modo como a sintaxe reflete ou controla o conceito-realidade de determinada cultura, sobre a história das formas lingüísticas como um registro da consciência ética; tais perguntas atingem o próprio cerne de nossa preocupação poética e crítica. A análise exata dos recursos verbais e das mudanças gramaticais ao longo de um dado período da história, que logo poderá ser viável por meio de computadores, poderá ter influência na história e na interpretação literárias. Estamos perto de saber o índice de entrada de novas palavras na língua. Podemos ver contornos gráficos e padrões estatísticos relacionando fenômenos lingüísticos a mudanças econômicas e sociais. Todo o nosso sentido do meio está sendo reavaliado.

Permitam-me apresentar apenas dois exemplos familiares a qualquer aluno de lingüística moderna. Existe uma língua indígena na América Latina, na verdade existem várias, na qual se coloca o futuro — a noção do que ainda está por acontecer — no passado do falante. O passado que ele pode ver, porque já aconteceu, encontra-se inteiro a sua frente. Ele recua para o futuro desconhecido; a memória se movimenta para a frente, a esperança para trás. Esse é o exato oposto das coordenadas básicas pelas quais organizamos nossos sentimentos em metáforas radicais. De que modo uma inversão dessa afetará a literatura, ou, em um sentido mais amplo, até que ponto a sintaxe será a causa sempre renovada de nossas modalidades de sensibilidade e de conceito verbal? Ou consideremos o exemplo bem conhecido da espantosa gama de termos — creio que por volta de cem — que os *gauchos* da Argentina usam para diferenciar os tons do pêlo de um cavalo. Esses termos de algum modo precedem a percepção da própria nuança de cor, ou essa percepção, aguçada pela necessidade profissional, motiva a invenção de novas palavras? Qualquer uma das hipóteses lança intensa luz sobre os processos de invenção poética e sobre o fato essencial de que tradução significa a fusão de duas imagens diferentes do mundo, de dois padrões diferentes da vida humana.

Para um aluno contemporâneo de literatura, a última revisão de Dryden ou o ensaio sobre o ponto de vista em *Nostromo* são certamente de interesse. Mas não serão os trabalhos de Jakobson, sobre a estrutura do discurso, ou os de Lévi-Strauss, sobre as relações entre mito, sintaxe e cultura, tão importantes ou, ouso dizer, até mais importantes? A teoria da comunicação é um ramo da lingüística enriquecido de maneira singular pelos avanços da lógica matemática. Foi notável o avanço desde que I. A. Richards começou seu trabalho sobre a natureza da expressão poética e Wittgenstein examinou a estrutura do sentido. Estou pensando no trabalho sobre as relações entre as comunicações e os impulsos visuais, auditivos e verbais em curso na URSS, no MIT, no Centro de Cultura e Tecnologia da Universidade de Toronto — em especial em Toronto, sob orientação de Marshall McLuhan. A acolhida prestada ao trabalho de McLuhan pela instituição da "literatura inglesa" é um dos sintomas recentes mais inquietantes de provincianismo e de preguiça mental. *A galáxia de Gutenberg* é um livro irritante, cheio de extravagância e de imprecisão, eivado de tiques desnecessários, egoísta, quase que megalomaníaco em certos pontos; mas é claro que a *Biographia Literaria*, de Coleridge, ou o *Descriptive Catalogue*, de Blake, também o são. E, como Blake, que muito influenciou suas idéias, McLuhan tem o dom da iluminação radical. Mesmo quando não podemos seguir as transições bruscas de seu argumento, faz-nos repensar nossos conceitos básicos do que é literatura, do que é um livro, e o modo como o lemos. Ao lado de *Qu'est-ce que la littérature?*, de Sartre, *A galáxia de Gutenberg* deveria constar da estante de todo aquele que se intitula aluno ou professor de redação e de literatura inglesa. Não são essas instruções tão excitantes, tão exigentes de severidade como a última edição de mais um poeta sem importância ou da qüinquagésima análise do estilo narrativo de Henry James?

O último ponto que desejo abordar é o mais difícil de apresentar, mesmo de maneira provisória. Não sabemos se o estudo das ciências humanas, do mais nobre do que se disse e pensou, pode contribuir de maneira efetiva para a humanização. Não sabemos; e decerto há algo de terrível em duvidarmos se o estudo e o prazer que um homem encontra em Shakespeare o torna menos capaz de organizar um campo de concentração. Recentemente, um de meus colegas, um ilustre erudito, indagou-me, com genuína perplexidade, por que alguém que tentava se estabelecer em uma faculdade de literatura inglesa precisava se referir com tanta freqüência a campos de concentração; por que eles seriam de algum modo importantes. Eles são de profunda importância, e, antes de começarmos a ensinar, temos certamente de nos perguntar: as ciências humanas são humanas, e, caso afirmativo, por que fracassaram diante do holocausto?

É pelo menos possível que nossa emoção diante da palavra escrita, diante do detalhe do texto remoto, diante da vida do poeta há muito morto, embote nosso senso de realidade e necessidade presentes. Lembramos a prece de Auden no túmulo de Henry James: "Por não ter fim a vaidade de nossa vocação: intercede pela traição de todos os letrados". Por isso ser assim, nossas esperanças deveriam ser inseguras, porém tenazes, e nossas pretensões à pertinência modestas, contudo sempre reclamadas com premência. Acredito que a grande literatura *esteja* impregnada da pouca ou muita graça que o homem secular ganhou com sua experiência, e de muitos dos resultados da verdade experiente a sua disposição. Mas àqueles que disputam, àqueles que questionam a pertinência de minha vocação, é preciso mais do que nunca que eu lhes dê uma orientação escrupulosa. Em resumo, devo estar, a qualquer momento, pronto para responder a eles e a mim mesmo a pergunta: O que estou tentando fazer? Onde fracassou? Será que tem alguma probabilidade de êxito?

Se não tornarmos responsáveis os estudos humanísticos, ou seja, se não distinguirmos, na distribuição de nosso tempo e interesses, aquilo que é basicamente de significado histórico ou local daquilo que tem em si a urgência da vida ininterrupta, então a ciência porá em prática, de fato, sua pretensão. A ciência pode ser neutra. Aí está tanto seu esplendor como sua limitação, e trata-se de uma limitação que torna a ciência, em última análise, quase trivial. A ciência não pode nos dizer o que acarretou a barbárie da situação moderna. Não pode nos dizer de que modo salvar nosso modo de vida, embora tenha tornado mais precisa a ameaça imediata a ele. Uma grande descoberta da física ou da bioquímica pode ser neutra. Um humanismo neutro ou é um artifício pedante ou um prólogo ao desumano. Não sei colocar essa idéia de forma mais exata ou por meio de uma fórmula sucinta. É uma questão de seriedade e de risco emocional, um reconhecimento de que o ensino da literatura, caso seja viável, é algo de extraordinária complexidade e perigo, é saber que detemos nas mãos a força vital de outro ser humano. Um exemplo negativo suponho que signifique que não se deveria publicar trezentas páginas sobre um escritor do século XVI ou XVII sem expressar alguma opinião quanto ao fato de valer a pena lê-lo hoje ou não. Ou, no dizer memorável de Kierkegaard: "Não vale a pena lembrar um passado que não pode se tornar presente".

Ensinar literatura como se fosse uma espécie de ofício elegante, de rotina profissional, é fazer pior do que ensinar mal. Ensiná-la como se o texto crítico fosse mais importante, mais lucrativo do que o poema, como se o resumo para o exame importasse mais do que a aventura da descoberta particular, da digressão apaixonada, é pior do que tudo. Kierkegaard fez uma cruel distinção, mas faríamos mais mal de não lembrá-la ao entrarmos em uma sala para fazer uma preleção sobre Shakespeare, Coleridge ou Yeats: "Há duas maneiras", disse ele, "uma é sofrer; a outra é tornar-se um professor do fato de que outra pessoa sofre".

No *Practical Criticism*, de I. A. Richards, encontramos o seguinte: "A questão da crença ou descrença, no sentido intelectual, nunca surge quando estamos lendo bem. Se infelizmente surge, seja por culpa do poeta, seja por nossa própria, deixamos naquele momento de ler e tornamo-nos astrônomos, teólogos ou moralistas, pessoas dedicadas a um tipo de atividade bem diferente". Nossa resposta a essa afirmação deveria ser: "Não, tornamo-nos homens. Ler grandes obras literárias como se elas não tivessem um propósito premente para nós, conseguir ter uma aparência tranqüila no dia seguinte à leitura do canto LXXXI de Pound, é fazer pouco mais do que registrar anotações em um catálogo de bibliotecário. Aos vinte anos, Kafka escreveu em uma carta: "Se o livro que lemos não nos desperta como se fosse um punho nos martelando o crânio, para que lê-lo então? Para que nos faça feliz? Meu Deus, também seríamos felizes se não tivéssemos livros, e livros que nos façam felizes poderíamos, se necessário, escrevê-los nós mesmos. Mas o que temos de ter são aqueles livros que se abatem sobre nós como o infortúnio, e nos causam profunda perturbação, como a morte de alguém a quem amamos mais do que a nós mesmos, como o suicídio. Um livro deve ser uma picareta a quebrar o mar congelado em nosso interior".

Os estudantes de literatura inglesa, de qualquer literatura, devem indagar dos que os ensinam, como devem indagar de si mesmos, se sabem, e não só para si mesmos, o que Kafka queria dizer.

PALAVRAS DA NOITE[1]

Existe alguma pornografia na ficção científica? Digo, algo *novo*, uma invenção de nova experiência sexual por parte da imaginação humana? A ficção científica altera a seu bel-prazer as coordenadas de espaço e de tempo; pode antepor o efeito à causa; move-se segundo uma lógica de total potencialidade — "tudo o que pode ser imaginado pode acontecer". Mas terá acrescentado um único item ao repertório do erótico? Suponho que, em um próximo lançamento, o herói e explorador terrestre participará de mútua masturbação com uma bizarra criatura interplanetária. Mas não há nenhuma novidade autêntica nisso. Presume-se que se possa usar qualquer coisa, desde algas marinhas até acordeões, desde meteori-

(1) A controvérsia sobre este artigo continuou durante vários meses e ainda continua. Meu conhecimento de pornografia, e meu interesse por ela, é, suponho, não maior do que a média da classe média. O que tentei enfocar foi a idéia do "despir" a linguagem, de retirar do uso privado, intensamente privilegiado ou aventureiro, o vocabulário erótico. Realmente parece-me que mal começamos a entender o empobrecimento de nossa capacidade imaginativa, a erosão que conduz a uma generalizada banalidade de nossos recursos de representação e expressão individuais e eróticas. Tal erosão é, de modo muito direto, parte da redução geral da privacidade e do estilo individual em uma civilização de consumo de massa. Onde tudo pode ser dito com um grito, cada vez menos pode ser dito em voz baixa. Também tentei levantar a questão de que relação pode haver entre a desumanização do indivíduo na pornografia e a nudez e o anonimato do indivíduo em um estado totalitário (o campo de concentração como a epítome lógica desse estado). Tanto a pornografia como o totalitarismo me parecem estabelecer relações de poder que necessariamente devem violar a privacidade.

Embora a discussão que se seguiu à publicação tenha sido acalorada, nenhum desses pontos foram, no meu entender, completamente entendidos ou confrontados.

tos até pedra-pomes lunar. Um monstro galático não representaria uma diferença essencial para o ato. Não ampliaria, em um sentido real, a extensão de nosso ser sexual.

Este aspecto é crucial. Apesar de todo o palavreado lírico ou obcecado sobre as incontáveis variedades e dinâmica do sexo, a soma real de possíveis gestos, consumações e concepções é de uma drástica limitação. Existem provavelmente mais comidas, mais eventualidades não descobertas de prazer gastronômico ou repulsa do que as invenções sexuais existentes desde que a imperatriz Teodora resolveu "satisfazer todos os orifícios amorosos do corpo humano de modo completo e simultâneo". Simplesmente não existem tantos orifícios assim. A mecânica do orgasmo implica exaustão bastante rápida e intervalos freqüentes. O sistema nervoso está organizado de tal modo que reações a estímulos simultâneos em diferentes pontos do corpo tendem a produzir uma única, e algo indistinta, sensação. A noção (fundamental em Sade e em grande parte da arte pornográfica) de que o êxtase pode ser redobrado, se a pessoa se entregar ao coito ao mesmo tempo que está sendo habilmente sodomizada, é pura bobagem. Em resumo: considerando a natureza fisiológica e nervosa do corpo humano, a quantidade de maneiras como se pode alcançar ou controlar o orgasmo, a totalidade de modalidades de relação sexual é fundamentalmente finita. A matemática do sexo pára nas proximidades do *soixante-neuf*; não há séries transcendentais.

Esta é a lógica por trás de *120 dias*. Com o pedante frenesi de um homem tentando reduzir *pi* a seu último decimal, Sade empenhou-se em imaginar e apresentar a soma total de combinações eróticas e variantes. Ele descreveu um pequeno grupo de corpos humanos e tentou narrar todas as modalidades de prazer e dor sexuais às quais poderiam ser submetidos. As variáveis são surpreendentemente poucas. Uma vez que todas as posições do corpo foram tentadas — a lei da gravidade interfere de fato —, uma vez que o número máximo de zonas erógenas do número máximo de participantes foi posto em contato abrasivo, fricativo ou intrusivo, pouco resta a fazer ou imaginar. Pode se chicotear ou ser chicoteado; pode se comer excremento ou beber urina; a boca e as partes pudendas podem se encontrar nesta ou naquela troca. Depois disso vêm a luz cinzenta da manhã e a azeda admissão de que as coisas permaneceram de modo geral as mesmas, desde que o homem viu pela primeira vez a cabra e a mulher.

Esta é a óbvia e necessária razão para a inescapável monotonia dos escritos pornográficos, para o fato bem conhecido de todos os habituais freqüentadores das livrarias da Charing Cross Road, ou pré-gaulistas, de que livros obscenos são, em sua mesmice, irritantes. Os adornos mudam. Um dia foi a babá vitoriana com botinas de cano alto a vergastar o patrão, ou o vigário a espiar por uma fresta do banheiro dos meninos. A Guerra Civil Espanhola produziu uma pletora de freiras estupradas, de traseiros espetados com baionetas. Hoje, comerciantes do ramo informam que há uma constante demanda de histórias de *swinging* (histórias de troca de casais, freqüentemente em um cenário suburbano ou estância para recém-casados). Mas a impenetrável maré de puro lixo nunca variou muito. Ela opera dentro de fórmulas extremamente convencionais de sadismo de baixa qualidade, piadas a nível excremental e fantasias banais de proezas fálicas ou de receptividade feminina. A seu modo, o conteúdo é tão previsível como um manual de escoteiros.

Acima das revistas baratas — mas os limites exatos não se deixam delinear — situa-se o mundo do erotismo, dos escritos sexuais com pretensões literárias ou direitos genuínos. Esse mundo é muito maior do que se costuma pensar. Vem dos papiros literários egípcios. Em certos momentos na sociedade ocidental, a quantidade de "alta pornografia" produzida pode ter igualado, se não ultrapassado, as belas-letras comuns. Suspeito de que seja esse o caso na Alexandria dominada pelos romanos, na França durante a *Régence,* talvez em Londres na década de 1890. Grande parte dessa literatura subterrânea está fadada a desaparecer. Mas qualquer pessoa que tenha tido acesso à biblioteca de Kinsey, em Bloomington, e tenha tido a sorte de contar com o sr. John Gagnon como guia, conhece o fato profundamente revelador e surpreendente de que quase não existe um grande escritor do século XIX ou XX que não tenha, em um determinado momento de sua carreira, seja a sério ou no lado mais sério da pilhéria, produzido uma obra pornográfica. De igual modo, há notavelmente poucos pintores, do século XVIII até o pós-impressionismo, que não tenham produzido pelo menos uma série de gravuras ou esboços pornográficos. (Seria uma das definições da arte abstrata não-objeto que não pode ser pornográfica?)

É óbvio que uma certa porção desse vasto grupo de escritos tem força e importância literária. Quando um Diderot, um Crébillon *fils*, um Verlaine, um Swinburne ou um Apollinaire escrevem coisas eróticas, o resultado terá algumas das qualidades que distinguem suas obras mais populares. Figuras como Beardsley e Pierre Louÿs são menores, mas suas tendências à luxúria têm o encanto da época. Não obstante, com raríssimas exceções, a "alta pornografia" não tem importância literária superior. Simplesmente não é verdade que os armários trancados das grandes bibliotecas ou coleções particulares contenham obras-primas de poesia ou ficção que a hipocrisia e a censura privaram da luz. (Alguns desenhos do século XVIII e algumas gravuras japonesas sugerem ser diferente o caso da arte gráfica; parece haver obras de qualidade superior comumente não-encontráveis.) O que se apresenta quando se lêem alguns dos clássicos da erótica é o fato de que também eles são intensamente convencionalizados, de que seu repertório de fantasia é limitado e de que se confunde, de modo quase imperceptível, com o sonho-lixo da mera pornografia produzida em massa.

Em outras palavras: a fronteira entre, digamos, *Thérèse Philosophe* ou *Lesbia Brandon*, de um lado, e *O doce açoite* ou *Coxas de seda*, de outro, turva-se prontamente. O que diferencia o "clássico proibido" dos prazeres às escondidas em Frith Street é, essencialmente, uma questão de semântica, do nível de vocabulário e truques retóricos usados para provocar ereção. Não é fundamental. Exemplifiquemos com a empregada que se masturba em um modelo bastante recente do grande romance americano, e a outra empregada que se dedica à mesma atividade em *Seu nome era Dolly* (s.d., preço 6s.). Do ponto de vista do estímulo erótico, a diferença é de linguagem, ou, mais exatamente — já que a precisão verbal agora também aparece na alta literatura —, a diferença é de requinte narrativo. Nenhum dos dois livros introduz qualquer novidade no potencial da emoção humana; ambos contribuem para o desperdício.

Acréscimos autênticos são, com efeito, raríssimos. É muito pequena a lista de escritores que tiveram capacidade de ampliar nosso campo de consciência sexual, que deram ao jogo erótico da mente um novo enfoque, uma área de reconhecimento antes desconhecida ou deserta. Ela incluiria, penso eu, Safo, em cuja poesia o ouvido ocidental apreendeu, talvez pela primeira vez, a estridente e enervante nota da sexualidade estéril, de uma libido necessária e deliberadamente além de qualquer saciedade. Catulo parece ter acrescentado algo, embora a esta distância histórica seja quase impossível identificar aquilo que surpreendeu em sua visão, aquilo que causou um verdadeiro impacto sobre a consciência. A íntima concordância, planejada com delicadeza, entre o orgasmo e a morte na poesia e na arte barroca e metafísica enriqueceu com certeza nosso legado de excitação, como o fez antes o enfoque da virgindade. É provavelmente novo o desenvolvimento, observado em Dostoievski, Proust e Mann, das correlações entre a fraqueza nervosa, a psicopatologia do organismo e uma vulnerabilidade erótica especial. Sade e Sacher-Masoch codificaram e encontraram uma impressionante sintaxe para áreas de estímulo até então difusas ou compreendidas de modo menos explícito. Em *Lolita,* há um genuíno enriquecimento de nosso estoque comum de tentações. É como se Vladimir Nabokov tivesse trazido para nosso campo de visão o que se achava no mais recôndito recesso (em *La Rabouilleuse,* de Balzac, por exemplo) ou o que tinha sido cuidadosamente mantido como implausível por meio da deformação (*Alice no país das maravilhas*). Mas são raros tais acréscimos de percepção.

A pura verdade é que na erótica literária, assim como na grande massa de "livros obscenos", os mesmos estímulos, as mesmas distorções e fantasias se repetem com indizível monotonia. Na maioria dos textos eróticos, tal como nos sonhos eróticos do homem seguidos de polução, a imaginação gira viciosamente no interior do círculo fechado daquilo que o corpo pode sentir. Os atos mentais, quando se dá a masturbação, não se assemelham aos de uma dança; são os de um ramerrão.

O sr. Maurice Girodias retrucaria que não é esse o problema, que a interminável sucessão de fornicações, flagelações, onanismos, fantasias masoquistas e aberrações homossexuais que povoam o seu *Olympia Reader* são inseparáveis de sua excelência literária, da originalidade artística e da integridade dos livros que ele publicou pela Olympia Press, de Paris. Diria que vários dos livros que ele patrocinou, e dos quais agora selecionou passagens representativas, situam-se na vanguarda da sensibilidade moderna, que são clássicos da literatura do pós-guerra. Se se referem com tanta intensidade à experiência sexual é porque o escritor moderno reconheceu na sexualidade a última fronteira aberta, o terreno no qual seu talento deve, para ser pertinente e honesto, salientar a premência de nossa cultura. As páginas do *Reader* estão juncadas de palavras de baixo calão, de minuciosos relatos de atos sexuais íntimos e especializados, justamente porque o escritor teve de completar a campanha de liberação iniciada por Freud, porque teve de superar os tabus verbais, as hipocrisias da imaginação nas quais incorreram gerações anteriores ao aludir à mais vital e complexa parte do ser humano. "Escrever livros obscenos era uma participação necessária na luta comum contra o Mundo Quadrado [...] um gesto obrigatório."

O sr. Girodias tem alguma razão. Suas reminiscências e suas polêmicas constituem uma leitura azeda (ele tende a lamuriar-se); mas seu histórico de publicações demonstra coragem e brilhantismo. As obras de Henry Miller importam para a história da prosa e da autodefinição americanas. O *Watt*, de Samuel Beckett, foi publicado pela Olympia, assim como os escritos de Jean Genet (embora não as peças ou a melhor prosa). *Fanny Hill* e, em grau menor, *Candy* são épicos cômicos do orgasmo, livros nos quais qualquer homem em perfeito juízo encontrará prazer. O *Black Book*, de Lawrence Durrell, parece-me gozar de fama muitíssimo exagerada, mas tem seus defensores respeitáveis. O próprio Girodias provavelmente consideraria *Almoço nu* a maior prova de sua perspicácia. Não entendo assim. O livro para mim é de um tédio flagrante, iletrado e presumido até seu miolo de papel barato. Sua reputação justifica-se apenas pelo que nos diz das tendências de homossexualidade, humor barato e brutalidade da moda, que dominam a atual alfabetização "requintada". Burroughs culpa seus leitores, mas não no sentido corajoso e profético argumentado por Girodias. Não obstante, não resta qualquer dúvida sobre a genuína dedicação de Girodias ou sobre os riscos que correu.

Além disso, dois romances de sua lista *são* clássicos, livros cujo gênio ele reconheceu e aos quais seu próprio nome ficará ligado com orgulho: *Lolita* e *The Ginger Man*. É um exemplo de triste ironia — muito apropriada a toda a indústria de "livros obscenos" — que um desentendimento posterior com Nabokov agora o impeça de incluir trechos de *Lolita* em sua antologia. Para todos aqueles que conheceram Humbert Humbert pela primeira vez no *The Traveller's Companion Series*, a capa verde e os tipos um tanto afetados da Olympia Press permanecerão como parte de um dos grandes momentos da literatura contemporânea. Só isso deveria ter poupado ao sr. Girodias os contratempos legais e financeiros com os quais o vitorianismo gaulista o perseguiu até acabar com seu negócio.

Mas o que a Olympia publicou de melhor agora pode ser encontrado no balcão de qualquer *drugstore* — e isso constitui a marca da visão de Girodias. Deve julgar-se o *Olympia Reader* pelo que contém. E boa parte dele se constitui de vistosas bijuterias, "a emporcalhar a vida", com a mínima pretensão a qualidade literária ou inteligência madura.

É quase impossível ler o livro do princípio ao fim. Basta abri-lo em trechos variados e a sensação de *déjà-vu* é inevitável ("Este é um filme pornô que já vi antes"). Se uma mulher nua é torturada nas masmorras de Sade (*Justine*), durante a revolta de Espártaco (Marcus Van Heller: *Roman Orgy*), em um pervertido *château* francês (*L'Histoire d'O*) ou em uma casa árabe (*Kama Houri*, de um certo Ataullah Mordaan), não faz a mínima diferença. *Fellatio* e sodomia parecem alegrias repetitivas, seja praticados entre malandros de Paris no *Diário de um ladrão*, de Genet, entre pequenos vigaristas e ex-boxeadores (*The Gaudy Image*), seja entre jovens da nobreza à luz de gás da era eduardiana em *Teleny*, uma tolice atribuída a Oscar Wilde.

Depois de cinqüenta páginas de "bicos de seios túrgidos", "coxas abrindo-se devagarinho" e "cálidos rios" fluindo para dentro e para fora da anatomia extática, o espírito solta um grito, não porque eu seja um pobre Quadrado abafando minha libido, mas de puro e nauseado *tédio*. Mesmo fornicar não pode ser tão enfadonho assim, tão irremediavelmente previsível como tudo isso!

Sem dúvida há momentos que excitam. *Sin for Breakfast* termina com uma nota sutil e cômica de sensualidade. *The Woman Thing* usa todos os palavrões e as exatidões anatômicas com força genuína; demonstra bom ouvido para a maneira como o ardor sexual comprime e desgasta nossos usos da linguagem. Aqueles (e imagino que se inclua a maioria dos homens) que povoam suas fantasias com o tema do onanismo na mulher encontrarão um trecho vigoroso. Pode ser que haja outras preciosidades. Mas quem consegue ler aquilo tudo? A meu ver, há um momento sublime no *Reader*. Aparece em um excerto (talvez ilegítimo?) de *My Life and Loves*, de Frank Harris. Enrolando-se e desenrolando-se em diversas posições com duas ninfetas orientais nuas e sua alcoviteira britânica, de repente Harris tem a revelação de que "há na verdade evidência que prova a fraqueza de grande parte da teoria de Karl Marx. Só o boêmio pode ser livre, não o proletário". Só a imagem de Frank Harris, com todos os membros e inclinações mobilizados, a refutar repentinamente *O capital* vale o preço da entrada.

Mas na verdade não. Pois esse preço é bem mais alto do que o sr. Girodias, a srta. Mary McCarthy, o sr. Wayland Young e outros defensores da franqueza total parecem entender que seja. É um preço que atinge a fundo, não só a verdadeira liberdade do escritor, mas também as escassas reservas de sentimento e reação imaginativa de nossa sociedade.

O prefácio do *Olympia Reader* termina com uma nota de triunfo:

> A censura moral foi um legado do passado, originário de séculos de domínio do clero cristão. Agora que está praticamente terminado, podemos esperar que a literatura seja transformada pelo advento da liberdade. Não liberdade em seus aspectos negativos, mas como o meio de explorar todos os aspectos positivos da mente

humana, que estão mais ou menos relacionados com o sexo ou gerados por ele.

Essa última afirmação é quase inacreditável de tão tola. O que precisa de um exame mais sério é a afirmação sobre a liberdade, sobre uma nova e transformadora liberação da literatura através da abolição de tabus verbais e imaginativos.

Desde o caso de *Lady Chatterley* e do fracasso de inúmeras tentativas de suprimir livros de Henry Miller, as comportas se abriram. Sade, as elaborações homossexuais de Genet e de Burroughs, *Candy*, *Sexus*, *L'Histoire d'O* são encontrados sem problemas. Nenhuma censura se arriscaria a tornar-se ridícula desafiando o erotismo sádico, as minúcias da sodomia (com cheiro e tudo) que adornam o *Sonho americano*, de Mailer. Isso é excelente. Mas vamos deixar perfeitamente claro por quê. A censura é estúpida e repulsiva por duas razões empíricas: os censores são homens iguais a nós, seus pareceres não são menos falíveis ou suscetíveis à desonestidade. Em segundo lugar, a medida não é eficiente: quem quer mesmo conseguir um livro, dá um jeito. Essa é uma forma completamente diferente de argumentar que a pornografia de fato não deturpa a mente do leitor ou incita a ações destrutivas ou criminosas. *Pode ser que sim e pode ser que não.* Simplesmente não temos suficiente evidência para afirmar uma coisa ou outra. A questão é bem mais complexa do que admitem muitos de nossos paladinos literários da liberdade total. Mas dizer que a censura não é eficiente, e que não se deveria exigir dela que fosse, *não* é dizer que houve uma liberação da literatura, que o escritor está, em qualquer sentido genuíno, mais livre.

Ao contrário. A sensibilidade do escritor é livre quando é mais humana, quando busca apreender e reproduzir a maravilhosa variedade, complexidade e resiliência da vida por meio de palavras tão escrupulosas, tão pessoais, tão repletas do mistério da comunicação humana quanto a linguagem possa oferecer. O perfeito oposto de liberdade é o lugar-comum, e nada é menos livre, mais inerte na convenção e brutalidade vazia do que um encadeamento de palavrões. A literatura só é um diálogo vivo entre escritor e leitor se o escritor demonstrar um respeito duplo: pela maturidade da imaginação de seu leitor e, de um modo muito complexo, mas essencial, pela integridade, pela independência e pela força vital das personagens que cria.

Respeito pelo leitor significa que o poeta ou o romancista convidam o consciente do leitor a colaborar com o seu no ato de apresentação. Ele não conta tudo porque sua obra não é uma cartilha para crianças ou retardados. Embora não esgote as possíveis reações dos próprios devaneios do leitor, encontra prazer no fato de que preencheremos com nossa própria vida, com recursos de memória e nossos próprios desejos, os contornos que ele traçou. Tolstoi é infinitamente mais livre, infinitamente mais excitante do que os novos eróticos quando interrompe a narrativa na porta do quarto de dormir dos Karenin, quando apenas sugere, pelo emprego do símile de um fogo que se extingue, de cinzas que esfriam na lareira, uma percepção de fracasso sexual que cada um de nós pode reviver ou preencher. George Eliot é livre e trata seus leitores como seres humanos adultos e livres ao transmitir, pela modulação do estilo e do ânimo, a verdade sobre a lua-de-mel de Casaubon em *Middlemarch*, ao nos fazer imaginar de que modo Dorothea foi violada por alguma obtusidade essencial. Essas são cenas de intensa excitação que enriquecem e tornam complexo nosso conhecimento do sexo, muito além dos idílios de lavagem vaginal do romance contemporâneo "livre". Não existe liberdade real alguma nas exatidões fisiológicas compulsivas da "alta pornografia" atual, porque não há respeito pelo leitor cuja capacidade de imaginação é considerada nula.

E não há respeito algum pela inviolabilidade da vida autônoma das personagens de um romance, por essa tenaz integridade de existência que faz um Stendhal, um Tolstoi, um Henry James caminharem com cuidado em torno de suas próprias criações. Os livros que estão sendo produzidos sob o novo código de expressão total gritam para suas personagens: dispam-se, forniquem, pratiquem este ou aquele ato de perversão sexual. Assim também gritavam os soldados da SS para homens e mulheres vivos em fila. As atitudes, como um todo, não são, creio eu, totalmente diferentes. Pode haver afinidades mais profundas do que nós no momento entendemos entre a "liberdade total" da imaginação erótica não-censurada e a liberdade total do sádico. Talvez não seja coincidência que essas duas liberdades tenham surgido com estreita proximidade histórica. Ambas são exercidas à custa da humanidade de outra pessoa, do direito mais precioso de outrem — o direito a uma vida privada para seus sentimentos.

Esse é o mais perigoso aspecto de todos. Os historiadores futuros talvez venham a caracterizar a atual era no Ocidente como uma era de ataque em massa à privacidade humana, aos processos delicados com os quais tentamos tornar nosso "eu" singular, para ouvir o eco de nosso ser específico. Esse ataque está sendo impelido pela própria condição de uma tecnocracia urbana de massa, pelas necessárias uniformidades de nossas escolhas econômicas e políticas, a nova mídia eletrônica de comunicação e persuasão, pela crescente exposição de nossos pensamentos e ações às intrusões e aos controles sociológicos, psicológicos e materiais. Cada vez mais, chegamos a conhecer a verdadeira privacidade, o verdadeiro espaço no qual pôr à prova nossa sensibilidade, apenas em condições extremas: esgotamento nervoso, vício, fracasso econômico. Daí a assustadora monotonia e *publicidade* — no sentido completo da palavra — de tantas vidas externamente prósperas. Daí, também, a necessidade de estímulos nervosos de uma brutalidade e autoridade técnicas sem precedentes.

As relações sexuais são, ou deveriam ser, uma das fortalezas da privacidade, o lugar noturno onde nos deve ser permitido reunir os elementos fragmentados e acossados de nosso consciente em uma espécie de ordem e repouso. É na experiência sexual que um ser humano sozinho, e dois seres humanos nessa tentativa de total comunicação que também é comunhão, pode descobrir a propensão singular de sua identidade; que podemos encontrar por nós mesmos, através de um esforço imperfeito e de repetidos fracassos, as palavras, os gestos, as imagens mentais que fazem o sangue correr mais rápido nas veias. Nessa obscuridade e nesse milagre sempre renovados, tanto o tatear como a luz devem ser nossos.

Os novos pornógrafos subvertem esta última e vital privacidade; eles imaginam por nós. Retiram as palavras que eram da noite e gritam-nas por sobre os telhados, esvaziando-as. As imagens de quando fazemos amor e os balbucios de que nos servimos na intimidade já vêm embalados. Dos rituais do namoro adolescente à recente experiência em uma universidade, em que esposas de membros da faculdade concordaram em praticar onanismo diante das câmaras dos pesquisadores, a vida sexual, especialmente nos Estados Unidos, está passando cada vez mais para o domínio público. Isso é algo profundamente torpe e aviltante, cujos efeitos sobre nossa identidade e capacidade de sentir compreendemos tão pouco como compreendemos o impacto, sobre nossos nervos, do perpétuo "suberotismo" e da sugestão sexual da publicidade moderna. A seleção natural menciona membros e funções que se atrofiam por falta de uso; a capacidade de sentir, de conhecer e de compreender a precária singularidade do ser de cada um também pode definhar em uma sociedade. E não é mero acaso (como Orwell sabia) que a padronização da vida sexual, seja por licença controlada, seja por puritanismo imposto, acompanhe a política totalitária.

Assim, a atual ameaça à liberdade da literatura e à liberdade interior de nossa sociedade não é a censura ou a reticência verbal. A ameaça está no especioso desprezo que o romancista erótico tem por seus leitores, por suas personagens, e pela linguagem. Nossos sonhos são postos à venda por atacado.

Por haver palavras que não usava, situações que não representava graficamente, por exigir do leitor, não reverência, mas um eco vivo, grande parte da poesia e da ficção ocidentais foi uma escola para a imaginação, um exercício para tornar nossa consciência mais exata, mais humana. A verdadeira queixa que tenho contra o *Olympia Reader* e o gênero que incorpora não é que tantas coisas sejam enfadonhas e mal escritas. É que esses livros deixam o homem menos livre, reduzem-lhe a individualidade mais ainda do que antes; é que deixam a linguagem mais pobre, subtraem-lhe ainda mais a capacidade de chegar a um discernimento e uma excitação novos. O que eles trazem não é uma nova liberdade, mas uma nova servidão. Em nome da privacidade humana, basta!

O GÊNERO PITAGÓRICO

Uma conjetura em honra de Ernst Bloch

Idosos lêem poucos romances. Histórias da República de Veneza, tratados de botânica, memórias, estudos políticos ou metafísicos; livros nos quais o conteúdo e a matéria da vida são discutidos diretamente. Mas poucos romances, ou apenas aqueles "clássicos", que entraram por força do tempo ou da autoridade da imaginação na aura da verdade, do registro histórico. Livros como os de Stendhal e Tolstoi, que se dirigem a nós mais com a voz da história do que através da ordem individual e contingente da invenção ficcional. Talvez os idosos, por terem menos tempo, tenham se tornado mestres em taxinomia, buscando a excitação e a economia da ordem, a rica parcimônia da afirmação documentária, o núcleo do fato. Como se os romances fossem, em um sentido importante, desinteressantes e um desperdício.

A proposta (ou, como diria Ernst Bloch, a "categoria") de desperdício é pertinente. Um puritanismo solapador aflige a história da ficção: a idéia — aventada primeiro pela rejeição calvinista de toda a licença de sentimentos, depois pela ênfase burguesa na utilidade e na parcimônia do compromisso emocional — de que ficção não era algo adulto ou sério; de que a leitura de romances era usar o tempo de maneira antieconômica e, em última análise, insidiosa. Talvez mais do que qualquer outro gênero literário, o moderno romance em prosa desenvolveu-se num contexto de analogias aviltantes: de um lado, a história para crianças, o *roman rose*, de outro, o imenso caudal de ficção-lixo, erótica, melodramática ou apenas sentimental. Daí o apelo insistente que Flaubert, Turguêniev e Henry James fizeram, tanto explicitamente como pelo exemplo de escrupuloso virtuosismo, de que a ficção é uma modalidade de máxima seriedade, de que exige de seus leitores uma atividade da inteligência e da sensibilidade tão plena, tão madura como é necessária para qualquer outra forma literária elevada. Um apelo urgentíssimo, pois contra ele pesa em tantos romancistas — Hawthorne, Tolstoi, Zola, Kafka — a antiga indagação não-silenciada: será a ficção um empreendimento sério *mesmo*? Uma pessoa não deveria usar seu talento, seus recursos de linguagem e percepção para uma crítica mais aberta da vida (a arte é, mesmo em seu grau mais formal, uma crítica de valores, uma contraproposta à vida em nome de uma possibilidade mais livre e profunda)?

O poder de convicção desse desafio, o fato de que tantos romancistas o experimentaram com desconforto, pode explicar a concepção realista e as ambições particulares da ficção de Balzac a Joyce — o breve século do grande romance. Como que consciente de que o ato de ficção era, em um sentido literal, excêntrico para o historicismo e o positivismo dominantes da época moderna, o romance procurou tornar-se mestre e inventário da síntese da vida. Importante para a *commedia* secular de Balzac, para a exaustiva mitologia da Inglaterra urbana e rural de Dickens, para os catálogos do real de Zola, para Joyce, é o ideal do registro abrangente, da organização da totalidade dos dados sociais e psicológicos dentro de uma estrutura ficcional. *Nihil humani alienum*: impelido por uma forte energia de observação, o romance realista estendeu-se para absorver cada nova qualidade e *locus* de experiência. De Scott e Manzoni até os modernos, a ficção histórica tem tentado fazer do passado um presente animado (como o fizeram os pintores históricos, decoradores góticos e cenógrafos da época realista burguesa). A ficção científica tem tentado projetar mapas racionais do futuro. Jules Verne e H. G. Wells são naturalistas que fazem explorações nesse sentido. Entre o passado e o futuro situa-se a zona da totalidade presente, cada uma das categorias respectivas — econômica, sexual, política, privada, tecnológica, ideológica, religiosa — em determinado momento tornou-se objeto de representação ficcional. Finalmente, e como culminação lógica, a magnitude de dados disponíveis, a repleta trama de fato e experiência, tornou-se ela própria o assunto, o mito central do romance. É isso o que ocorre na obra de Proust e em *Ulisses*, a imaginação a rodear, saciada e vitoriosa, a súmula, o supra-sumo da civilização européia.

A saciedade trouxe uma reação natural. Os poucos romances que têm importância depois de Joyce, que exploram novas possibilidades no gênero ou educam novas ressonâncias no leitor, são notáveis por sua redução de enfoque, por sua determinação implícita de abordar a realidade com desconfiança. Tal como Klee,

Kafka move-se sempre à espreita, como se não pudesse confiar em algo ser sólido ou ao alcance de invocação racional, como se um constante tremor de terra estivesse acontecendo debaixo dos pés. Esta passagem de William Empson

> Horas antes da aurora fomos despertados pelo tremor.
> Minha casa ficava num penhasco. A coisa podia depor
> Das estantes pilhas de livros, romper fileiras de garrafas*

quase poderia ser a divisa da nova situação. *Der Tod des Vergil*, de Broch, a única ficção a aprofundar-se ainda mais além de Joyce, concentra seus fantásticos meios de realização e expressão em um único ponto que se extingue, o instante da passagem para a morte, da momentânea transição para aquilo que não pode ser narrado porque está a um sopro além da linguagem. *Doktor Faustus*, de Mann, é um ponto crítico, não só porque discute, por implicação sutil e trágica, a superioridade da música, com suas modalidades polifônicas e autonomia de suportes realistas, sobre a linguagem e a narrativa verbal, mas também porque demonstra de que modo a forma clássica e as pretensões do romance são inseparáveis do preconceito de uma cultura humanística de classe média, de que modo sua ruína é partilhada. (Assim, não é por acaso que a crítica da revolução comunista feita essencialmente a partir dos valores do passado humanista seja um romance, *Doutor Jivago*, enquanto a crítica, em nome do futuro, expressa a partir de um idioma coletivo, é o verso lírico dos novos poetas jovens.)

Diante disso, pode dizer-se, de forma simples, que *há* uma crise do romance. De modo geral, conhecem-se os desmentidos, a afirmação de que bons romances estão sendo escritos, de que todo gênero literário importante sempre foi acusado de decadência, de que nem os escritores nem os leitores de ficção notam qualquer situação ameaçadora. A isso responde-se: sim, mas. De cada lado do espectro, seja nas autenticidades monótonas e histéricas da ficção-reportagem, a rendição dos olhos à cegueira da câmara, seja no *nouveau roman*, com seu naturalismo fetichista e neutralidade moral, a sensação de confusão é perceptível. Também é significativa nas finanças lunáticas do comércio e da ficção. Em uma estimativa grosseira, cerca de dez romances são publicados a cada dia na Europa e nos Estados Unidos. Destes, a parte mais volumosa do *iceberg* é lixo efêmero que se prevê logo submergirá. A ponta são os romances

(*) Hours before dawn we were woken by the quake./ My house was on a cliff. The thing could take/ Bookloads off shelves, break bottles in a row.

supostamente sérios: esses concorrem a uma loteria, em uma corrida para alcançar o sucesso, da qual só uma porção mínima pode sobreviver. Tendo meia dúzia de novas obras de ficção "séria" para criticar por semana, o crítico faz um trabalho superficial que acompanha a moda do momento. Com freqüência, o sucesso ou o fracasso é uma questão de mera probabilidade. Mas o fracasso é irremediável. A lei de mercado é tal que o romance que não mereceu boa crítica, ou passou despercebido, desaparece dos anúncios do editor e das estantes e balcões das livrarias em um prazo de quinze ou vinte dias. Mais tarde será vendido como saldo ou por quilo para a fabricação de papel. A saturação está, naturalmente, muito próxima. É significativo que, nos últimos cinco anos, as estatísticas de livros novos publicados e vendidos na Inglaterra (onde os dados são mais confiáveis) mostrem um claro declínio da ficção, uma mudança de direção do público letrado para a história, biografia, ciência e debates.

Isso, porém, são as circunstâncias exteriores.

O romance está sendo minado de dois modos. Primeiro, pela alteração da natureza, da disponibilidade à ordem imaginativa, daquela realidade social e psicológica na qual os romancistas encontravam seu assunto principal. *Ulisses* é provavelmente a última tentativa coerente de um *summa mundi*. A própria saga de Faulkner é intencionalmente provinciana, sagazmente distanciada do ambiente e da trama principais dos temas contemporâneos. O ritmo e a complexidade da experiência humana na sociedade urbana tecnológica multiplicaram-se enormemente durante os últimos quarenta anos. O que Goethe previu no Prólogo de *Faust*, o que Wordsworth temia no Prefácio das *Lyrical Ballads* e no soneto de 1846 publicado no "Illustrated Books and Newspapers", tornou-se lugar-comum: a função dramática e "totalizadora" dos acontecimentos políticos e econômicos modernos, a autoridade gráfica e a rapidez com que desferem um golpe certeiro em nossos nervos e cérebros por meio da reprodução instantânea, e o "jornalismo" desgastante de nossa existência reduziram em muito o frescor, o discernimento de nossa reação imaginativa. No esforço de excitar e prender nosso interesse, o romance agora tem de concorrer com veículos de representação dramática muito mais "autênticos", muito mais fáceis de serem assimilados por nossa sensibilidade cada vez mais indolente e inerte. Para concorrer com as estridentes alternativas da televisão e do cinema, da fotografia e do vídeo, o romance teve de encontrar novas áreas de choque emocional (ou, para ser mais exato, o romance sério teve de escolher tópicos anteriormente explorados pela ficção-lixo). Daí o sadismo e o erotismo compulsivos de tantos romances atuais.

Mais importante, em vez de dominar o *background* documentário, de selecionar e reorganizar para seu próprio propósito artístico e crítico a multiplicidade de material de nossa vida, o romancista tornou-se uma testemunha acossada. Não é senhor, mas servo de suas observações; a transição pode ser detectada em Zola. O grande volume atual de ficção é reportagem — menos convincente, menos aguda, menos capaz de fixar-se na memória do que as obras atuais de história, de biografia, de narrativa social e política. Por uma lógica absurda, se bem que inatacável, as revistas de grande circulação, que oferecem folhetins sentimentais ou relatos de um terror maquinado, denominam-se agora "Ficção Autêntica".

A mudança no sabor da vida, o poder dos veículos de comunicação que controlam e transmitem esse sabor — pois, para a maioria das pessoas em uma cultura urbana de comunicação de massa, o mundo parece e é sentido agora como o jornal ou a televisão decidem apresentá-lo — e afetam o romance de um segundo modo importante.

Os gêneros literários têm seu específico contexto econômico e social. Não podemos separar o épico heróico do caráter particular de um pré-feudalismo aristocrático de clãs, assim como não podemos separar o teatro de Racine e de Molière da complexa postura do absolutismo e de uma ascendente classe média na França do século XVII. Agora, como se sabe, a ascensão e primazia do romance em prosa está intimamente entrelaçada com a ascensão da burguesia pós-revolucionária. No enfoque moral e psicológico, na tecnologia de sua produção e distribuição, nos hábitos de privacidade doméstica, lazer e leitura que exigia de seu público, o romance coincide exatamente com a grande era da burguesia industrial e mercantil. *Floruit* 1830-1930, de Balzac a Proust e Joyce. É óbvio que essa era terminou, devastada por duas guerras mundiais e pelo declínio da supremacia econômica da Europa. As novas formas da história — coletiva, de mistura racial porém antagonística, de extrema mobilidade, de orientação científica — são agora discerníveis, embora ainda seja difícil avaliar sua qualidade e peso totais. A pessoa letrada da classe média, que lê um romance que comprou e para o qual tem uma biblioteca, em um lugar sossegado de sua própria casa ou apartamento (sendo o silêncio uma função do tamanho), encarna um conjunto de privilégios econômicos, estabilidades, garantias psicológicas e gostos deliberadamente cultivados dos quais Thomas Mann foi o último e perfeito representante e irônico orador. Por essa razão o livro brochado em seu atual formato é um significativo fenômeno transicional. Realiza tanto os triunfos como as ilusões da nova instrução pós-burguesa. Traz até um vasto público, freqüentemente de posses limitadas, o potencial da alta literatura. Sua forma física, no entanto, é de um efêmero inerente; não se dirige a uma biblioteca de coleção particular; o custo baixo, os atrativos visuais e a facilidade de aquisição talvez tenham criado uma situação em que muito mais livros são comprados mas não lidos na mesma proporção. Acima de tudo, a experiência literária é pré-embalada tanto quanto tantas outras coisas em nossas vidas tecnológicas. Os livros brochados não compelem uma pessoa a fazer suas próprias descobertas, a entrar naquele diálogo pessoal com um escritor que surge quando se trata de um conjunto de obras completas, quando os esquecidos ou menos talentosos têm seu lugar qualificado junto aos clássicos. Uma certa quantidade de poeira e de dificuldade em encontrar são parte de uma alfabetização genuína, daquilo que descobrimos com nossos próprios terminais nervosos. Recentemente, paguei três libras por doze volumes de George Eliot em perfeito estado. O livreiro comentou que estavam lá havia muito, intocados, enquanto uma edição de capa mole bastante cara de um determinado romance, com prefácio e capa segundo os últimos ditames da moda, havia sido vendida rapidamente. Mas para ser lida? Ou para fazer parte do papel de parede de cores vivas e dos objetos de *status* nas coelheiras onde tantos de nós passamos nossa vida de uma falsa alegria?

O que virá depois do romance? Tentei sugerir em outra parte que, na era dos meios eletrônicos e principalmente visuais de expressão e entre as novas sociedades coletivas que surgem agora, o drama — e em especial o tipo de drama aberto à participação do público e de sua crítica — tem um grande futuro. Mais do que qualquer outro gênero, o teatro pode organizar, explorar e simbolizar a consciência de uma comunidade em desenvolvimento. E pode, de maneira muito precisa, estimular em seu público a transição de hábitos pré-letrados de representação para letrados, combinando, dentro de seu conjunto flexível, todos os idiomas, desde a dança, a mímica e a música até códigos verbais de alta estilização.

Na cultura ocidental, porém, com seu caráter urbano e tecnológico, o gênero transicional representativo parece ser uma espécie de poética documentária ou "pós-ficção".

Quando uma forma literária importante entra em declínio, suas energias e instigações não são dispersadas de todo ou com rapidez. Elas animam as novas modalidades. Daí as realizações do épico heróico (e mesmo a *Ilíada* e a *Odisséia* foram casos tardios que resumiam energias anteriores) transportadas com grande vigor para a linguagem, os usos do mito e a postura heróica da tragédia grega. Na confiança crescente do romance, em sua articulação de ânimo, meio e tom, notamos o legado do drama decadente. Congreve e Sheridan não tiveram sucessores adequados no palco inglês; mas seu controle do diálogo e da crise privada tem um papel essencial na arte de Jane Austen. Embora ele próprio já não seja mais um veículo muito interessante, o romance desenvolveu e pôs à disposição de outras modalidades literárias uma grande gama de ideais e recursos técnicos. Podemos vê-los agora em funcionamento em todas as variedades da não-ficção.

Nas biografias e escritos históricos modernos, há uma grande medida de colaboração, quase que se poderia dizer conluio, entre o elemento factual e uma retórica específica de apresentação vívida. Ambiente pitoresco, psicologia dramática, diálogo imaginário — artifícios derivados do romance — são postos a serviço do arquivo. O problema não é de agilidade estilística, mas das inevitáveis manipulações que o idioma e a psicologia do romance trazem para a evidência histórica. A sociologia, em especial em suas versões influentes mais populares, apóia-se bastante na solidez e nas personificações dramáticas da ficção. A força latente do ideal ficcional pode ser vista mesmo nos mais "objetivos" e neutros arranjos de dados sociológicos. *The Children of Sanchez*, de Oscar Lewis, é sem dúvida uma seleção honesta de fitas gravadas; mas uma vez reunidas e, em um sentido literal, "ouvidas" por um determinado ouvinte, a crueza da vida assume a ordem cumulativa de um romance.

Nesse gênero característico contemporâneo, que poderia ser chamado de "alto jornalismo", técnicas herdadas do romance representam um papel decisivo. O olho do repórter social e político é o herdeiro direto do olho do romancista. Daí a óbvia estilização, o ilusório verniz dramático ou sentimental por cima de tanta coisa que se faz passar por testemunho fiel. Grande parte da interpretação e do registro que nos é oferecida das causas das ações políticas, do comportamento das pessoas ilustres, deriva das convenções dramáticas do romance realista, convenções agora desgastadas a ponto de terem se tornado lugares-comuns.

A promessa de vivacidade, emoção organizada e discurso direto que nos faz o romance também é honrada em grande quantidade de escritos atuais sobre as ciências. O nosso período é brilhante em didatismo, em livros que nos ensinam sobre as profundezas do mar, sobre a estrela-rádio, ou microbiologia ou arqueologia. Fazem isso em uma prosa despojada, dotada de estilo, e com uma atitude de sentimento que pode ser comparada aos usos dramáticos ou poéticos do conhecimento e da documentação na ficção. Mais uma vez, nesse caso, Thomas Mann é o mestre da transição: a musicologia em *Doktor Faustus*, a morfologia, a botânica e a cosmologia, apresentadas de maneira tão elegante em *Felix Krull*, vão além da incorporação de matéria técnica e "abstrata" no corpo do romance clássico. São modelos preliminares de um novo virtuosismo na exposição de informação especializada e científica para o leigo.

Em resumo: existe neste momento, na cultura ocidental, uma enorme quantidade de obras de não-ficção cujas qualidades particulares de vivacidade, de ritmo dramático e apelo psicológico derivam do fato de que têm, em sua retaguarda, a época máxima do romance. Nas palavras de De Quincey, já não é mais nítida ou óbvia a distinção entre a "literatura do conhecimento" e a "literatura do poder"; sempre que possível, e com freqüência sem considerar seus compromissos teóricos ou morais, o conhecimento vale-se do poder. (Ao pensar-se no período de *haute vulgarisation* que precede a Revolução Francesa, pergunta-se se tais períodos — uma sociedade a fazer total inventário de suas habilidades — são predecessores lógicos da crise política e social. As sociedades colhem antes da tempestade?)

No entanto, embora o "documentário lírico" seja no momento a modalidade dominante, no sentido de que concentra a maior parte da melhor prosa corrente e a cada ano se apossa de maior número de leitores de ficção séria, não é um gênero muito importante. Não pode ir muito além de si, exceto fazendo acréscimos inverídicos ao fato ou dele extraindo mais do que ele tem. Além disso, precisamente onde é honesta com a atual situação da política, da ciência ou dos estudos históricos, esta "literatura do conhecimento" tem obsolescência planejada, uma vez que os fatos mudam quase no momento em que são apresentados. Não se tira o valor da eloqüente acolhida dada ao leitor em geral pela ciência, pela história, pela sociologia e por todas as técnicas cujo contorno agora temos de conhecer para podermos seguir adiante. Mas a vida essencial da forma literária tem canais mais subterrâneos e obstinados.

Nossa cultura viu a ascensão e a decadência da poesia épica e do drama "elevado"; viu a poesia afastar-se de uma função central mnemônica ou argumentativa na sociedade; no momento, é testemunha da desistência de um propósito essencial por parte do romance. Mas há outras possibilidades de forma, outros moldes de expressão a operar de maneira vaga. Na desordem de nossa situação — uma desordem agravada pela aparente coerência do *kitsch* —, novas modalidades de manifestação e novas gramáticas ou poéticas para o discernimento estão se tornando visíveis. São tentativas, e isoladas. Mas existem, tal como aqueles bolsões de energia radiante em torno dos quais se afirma que a matéria se reúne no espaço em turbulência. Existem, ainda que em alguns livros assaz solitários e pouco entendidos.

Não é a lista em si que importa. Qualquer um pode ampliá-la ou reduzi-la sob o impulso de seu próprio reconhecimento. É o fator comum nessas obras — a língua estendendo-se em direção a novas relações (o que chamamos de lógica) e, em um sentido mais amplo, a uma nova sintaxe com a qual atrair a realidade para o interior da momentânea mas viva ordem das palavras. Há livros, embora não muitos, nos quais as antigas divisões entre prosa e poesia, entre voz dramática e narrativa, entre imaginário e documentário, são completamente impertinentes ou falsas. Do mesmo modo que critérios de verossimilhança convencional e de perspectiva comum estavam começando a ficar impertinentes para o novo enfoque do impressionismo. Começando no fim do século XVIII e princípio do XIX, apareceram livros que não permitem uma resposta imediata à questão: que espécie de literatura sou eu, a que gênero pertenço? Palavras tão organizadas — temos tendência a esquecer o imperativo da vida nessa palavra — que sua forma expressiva só é integral para si mesmas, elas modificam, pelo simples fato de existirem, nosso senso de como o significado pode ser comunicado.

Blake seria pertinente: por causa de sua raiva contra formas estabelecidas, por causa da redisposição da manifestação que fez em toda a espécie de espaços pessoais e complexos, em parte aforismo, em parte prosa cantada, em parte poesia épica tão impetuosa e de ênfase tão incerta que os parágrafos atingem um efeito de poesia-prosa ou *prose libre*. Também por causa de seus usos da arte, não para ilustrar ou comentar à margem, mas como um ativo parceiro da linguagem na composição íntima de uma afirmação total. Os desenhos de Blake estão atrelados ao poema ou arremetem contra o obstinado fulgor da visão não-dita. O fato de serem incompletos, a fluidez da linha que transcende a moldura, é como a imperfeição de muitos dos textos visionários de Blake. Quando a ilustração e a palavra vêm juntas, elas se reagrupam em uma sugestão dinâmica de novos significados e novas relações. Já se disse que o fracasso de Blake, deixar a intensa autoridade para mergulhar na singularidade e no caos, deriva da falta de um eco responsável, da ausência em sua sociedade de adequada "colaboração social". Assim, muito cedo ele deixou de publicar coisas em sentido sério. Mas parte do motivo disso talvez seja mais radical. Como Mallarmé, mas com uma necessidade mais genuína, Blake esforçava-se por chegar a uma nova forma de livro, a novas interações de tipografia e sintaxe, de linguagem e de espaço, de meios gráficos e de códigos verbais. Isso fica evidente no *Descriptive Catalogue*, de 1809, ou no *Laocoon Group* (gravado por volta de 1820), com seu uso de hebraico, grego e inglês, o arranjo de grupos aforísticos em vários pontos da composição, a bordadura de frases lapidares. Sei que existem precedentes no século XVIII e análogos contemporâneos a esse tipo de estratagema pictórico-poético; mas Blake continua vivo.

Kierkegaard é sem dúvida importante nesse aspecto. Cada um dos fragmentos que ele destacou do discurso maravilhosamente inquebrantável de sua mente, o que Donne chamaria de "esse diálogo de um", leva a marca de um desígnio essencial, secreto, porém coerente, de uma lógica e arquitetura de forma literária tão apropriada e flexível que poderia conter e expressar as grandes forças de dúvida e renovação na meditação de Kierkegaard. Ele não atingiu ou publicou (tornou público) tal desígnio; talvez só o tenha visto, ele próprio, a intervalos. Mas *Ou/Ou*, a dramática espiral das parábolas em *Temor e tremor*, a síntese de lirismo íntimo e dialética filosófica, de dor e de lógica nos livros de Kierkegaard comunicam (como também o fazem as incompletudes, os possíveis diferentes alinhamentos das *Pensées* de Pascal) o impacto de uma nova forma. Depois de Kierkegaard, as convenções do argumento filosófico são tão "abertas", tão sujeitas a revisão como o são as formas das árvores depois de Van Gogh.

Uma necessidade de tornar toda expressão sem precedentes, tão aguda que terminou no inevitável silêncio, governa as formas de Nietzsche. No estilo de Nietzsche, no aspecto experimental de seus trabalhos sucessivos, a pressão de novos sentimentos e exigências filosóficas sobre as modalidades tradicionais de apresentação é constante. Se se tentar rearranjar os segmentos aforísticos de *Morgenröte* [Aurora] ou *Além do bem e do mal*, uma força da posição necessária se afirma. As descontinuidades, que mantêm o leitor alerta e vulnerável, entrosam-se numa lógica implícita, como limalha de ferro por sobre um ímã oculto. *Zaratustra* é, em um sentido, quase antiquado: rapsódicas cadências orientalizantes, a postura básica, podem ser encontradas por todo o século, desde Ossian até Whitman e Renan. Mas, em outro sentido, a obra é profundamente original. Proclama, nas palavras do famoso dístico de Ungaretti: "*M'illumino d'immenso*". Torna musical o argumento filosófico. Tem uma textura polifônica na qual estilos diferentes e modalidades literárias prosseguem juntos, quase que simultaneamente. Ocorrem grandes fugas de pensamento que levam ao efeito especial da resolução musical — energia irreconciliada dentro do repouso. Este uso da música, não pela sonoridade externa ou artifícios de ritmo, mas como modelo para as ações da mente dentro da linguagem — como uma linguagem principal prestando assistência para tornar a consciência do escritor, em um sentido fundamental, bilíngüe —, é vital, tanto para Kierkegaard como para Nietzsche (sendo este último, de fato, músico). Precisamente como linha e cor são vitais para a sintaxe poética de Blake.

Em resumo: toda vez que a estrutura literária se esforçar para alcançar novas potencialidades, toda vez que as velhas categorias forem desafiadas por compulsão genuína, o escritor irá buscar uma das demais gramáticas principais da percepção humana — a arte, a música ou, mais recentemente, a matemática.

Há outros exemplos de forma nascente, de estilo anárquico, encaminhando-se para uma nova disciplina, que merecem exame. Péguy é uma figura de menor importância e um provocador da língua. Mas a tentativa que faz para diminuir o ritmo natural do francês, para dar à prosa de *Notre jeunesse* e *Victor-Marie comte Hugo* uma marcha grave e erosiva, como lava, é mais do que retórica. Péguy queria tornar a lógica da persuasão visceral e invocatória, como não era desde antes de Descartes. A prova emerge da veemência da reafirmação, cada insistência descrevendo uma espiral de volta a sua premissa. Seus ensaios e livros não são iguais a nenhum outro; feras lentas que trilham a mente.

Karl Kraus era, como Péguy, um panfletista, um homem que extraía eloqüência do acontecimento jornalístico. Mas *Die letzten Tage der Menschheit* [Os últimos dias da humanidade] é mais do que isso. Em parte drama monumental, em parte diálogo filosófico, em parte folhetim lírico, declara uma crise de desequilíbrio entre os gêneros literários tradicionais e a voz e a qualidade da época histórica. Diz, com sua maneira peculiarmente extravagante, que nem o drama poético ou realista, nem o ensaio nem o romance estão à altura. Que suas formas estabelecidas são desmentidas pela informe ferocidade das realidades políticas e sociais. Há em Kraus uma tentativa de realizar uma "forma total", um *Gesamtsprachwerk*, embora lhe faltassem invenção e capacidade negativa necessárias para sustentá-la.

Essas talvez estivessem presentes em Walter Benjamin, não tivesse ele morrido cedo, depois de uma vida demasiado atormentada pela previsão. Os ensaios de Benjamin, com sua determinação de fazer da crítica literária uma forma quase lírica, um espelho a criar imagens, pertencem a nosso tema. Como também o *Vexierbilder und Miniaturen*, e o ensaio sobre Paris, instigado pelos *Tableaux de Paris*, de Baudelaire, cujo molde é uma mimese da cidade, bairro após bairro com repentinas avenidas ou becos tortuosos entre eles. Em um de seus primeiros ensaios, Benjamin falou sobre a necessária opacidade da linguagem, da dificuldade que confronta o escritor, porque cada linguagem só comunica a si mesma, só sua própria essência. Assim, o escritor que tem algo de novo a sentir e dizer deve conseguir seu próprio discurso à revelia ou por uma posição oblíqua ao conjunto convencional de palavras, sinais, gramáticas. Caso contrário, como *ele* será ouvido?

Essa recusa em aceitar a suficiência das formas literárias estabelecidas, esse desejo de fazer de cada livro um gênero livre, contudo necessário, e de fazer com que a pressão do "discurso" musical e matemático influencie o estilo literário, é a base da obra de Broch. É uma realização tão rica e heterogênea que não se pode tratar dela de modo sumário. Em *Die Schlafwandler* [Os sonâmbulos], por exemplo, encontramos uma conjunção de ficção e ensaio filosófico. Em *Die Schuldlosen* [Os inocentes], vemos não só uma corroboração de poesia e novela, mas também uma trama ficcional construída em torno de um eixo musical (*Don Giovanni*, de Mozart, destina-se a dar à narrativa sua forma implícita). *Der Tod des Vergil* é composta na forma de um quarteto de cordas, a prosa dos diferentes trechos imitativa do ânimo e dos ritmos de movimentos musicais correspondentes. Em Broch, o experimento técnico brotou, como deve ser quando não é frívolo, da necessidade de encontrar símbolos ou formas adequadas à dor ou raiva do choque profético do intelecto a explorar. Próximo do fim da vida, Broch inclinou-se mais e mais para a matemática e para o silêncio (sendo a matemática, de certo modo, a linguagem do silêncio).

Isso não é por acaso. Toda a tradição radical experimental a que me venho referindo traz em seu bojo um potencial de silêncio, a possibilidade reconhecida de que a literatura seja insuficiente. Talvez nossa cultura tenha se tornado esbanjadora de palavras. Talvez tenha vulgarizado ou gasto o que de garantia de percepção e valor luminoso um dia contiveram. Essa idéia é insinuada na distinção entre culturas loquazes e lacônicas traçada por Lévi-Strauss em sua *Anthropologie structurale.* A questão é posta de maneira ainda mais marcante em *Le Cru et le cuit,* um livro que afirma ser a música superior à língua, por ser tanto inteligível como intraduzível, e que se organiza em padrões musicais — aberturas, temas e variações, cantatas, interlúdio sinfônico.

Sempre que se aproxima dos limites da forma expressiva, a literatura chega à praia do silêncio. Nada há de místico nisso. Somente a constatação de que o poeta e o filósofo, ao investirem a linguagem de máxima precisão e iluminação, tornam-se cônscios, e também ao leitor, de outras dimensões que não podem ser circunscritas por palavras. Para Broch, essa é uma maneira de dizer que a morte tem outra linguagem. Atingida por meio da filosofia lingüística e da lógica formal (a lógica é uma das prosódias da mente, uma das maneiras como investiga o mundo), a linha divisória é de Wittgenstein: "Deve-se calar sobre aquilo de que não se pode falar".

O *Tractatus* é um exemplo gráfico da espécie de livro, das formas e movimentos do espírito que estou tentando definir. É construído de aforismos e números, como que pedindo emprestado a outro tipo de certeza. Faz de sua própria sintaxe e idioma um objeto de dúvida e de rigorosa apreciação. Wittgenstein tem a capacidade de um poeta de fazer com que cada palavra pareça nova e cheia de vitalidade inexplorada e possivelmente destrutiva. Em diversos trechos, o *Tractatus,* com sua economia de imagem e efeitos tipográficos, é lido quase como um poema. E como os *Sonetos a Orfeu,* do qual é contemporâneo próximo, recomenda-nos o silêncio.

Se tomarmos todos esses elementos juntos — a determinação de tornar o estilo e o gênero únicos para a ocasião particular, a proximidade da música e da matemática na maneira como o escritor sente o seu próprio veículo, uma implicação, brotada diretamente da linguagem, de que estamos perto do silêncio (pode chamá-la de um núcleo de mágica) — um nome poderá ser sugerido, uma metáfora com a qual manter esses livros diferentes em foco. As relações entre coisas são compreendidas por completo somente quando a classe à qual pertencem foi reconhecida. Assim, podemos vir a considerar essa série aparentemente descontínua e idiossincrática, que começa nas proximidades de Blake e Kierkegaard e continua até Wittgenstein, como parte de uma nova forma. Eu a denominaria "gênero pitagórico".

Não só em razão de sua música e números, de sua poética metafísica e meditação freqüente sobre o silêncio e a morte, mas também porque a filosofia pré-socrática — ou o que entendemos da sempre dúbia e, portanto, vital ordem dos fragmentos — relembra uma época em que a forma literária era um ato de mágica, um exorcismo do caos antigo. Uma época na qual a metafísica e a mineralogia falavam em verso e as palavras tinham a força compulsiva da dança. Os livros que citei são como centelhas do fogo de Heráclito.

Pitágoras e Heráclito aparecem com freqüência em *Das Prinzip Hoffnung* [O princípio da esperança]. E o que eu disse pode ser considerado como uma nota de rodapé de um dos aspectos da obra de Ernst Bloch. Quis sugerir que ele talvez seja o maior escritor vivo do gênero pitagórico.

É óbvia a importância de Ernst Bloch para o historiador de marxismo utópico, para o epistemólogo e estudioso de lei natural, para o *Kulturphilosoph* e historiador do pensamento judeu-alemão do século XX. Mas uma rica parcela de sua realização refere-se ao crítico literário e ao estudante da linguagem. Já desde os ensaios de 1912-17 e *Thomas Münzer*, Bloch torna o ato de escrever um feito particularmente individual e urgente. Embora sob forte influência do expressionismo, a prosa anterior de Bloch tem sua própria abrupta insistência lírica. No estilo maduro de Bloch, há páginas que podemos colocar ao lado das de Hölderlin e Nietzsche por seu brilho sutil. Como poucos outros mestres do alemão, ele rompeu as normas, geralmente pesadas e espessas, da sintaxe alemã.

Das Prinzip Hoffnung não se assemelha a qualquer outro livro. Não há designação imediata para sua forma e tom, para seu fantástico alcance e lógica metafórica. Na primeira página, encontramos número e espaço (o equivalente tipográfico do silêncio), cabeçalhos cheios de abrupto mistério e três parágrafos em prosa, cada um mais longo do que o anterior em um padrão estrófico. A página afirma uma necessidade sem precedentes e a determinação de expressá-la com voz singular. A primeira sentença é colocada em letras grandes como uma alba para a mente que parte em sua grande viagem: "Começamos vazios". Essa é a senha da forma pitagórica. O livro que começarmos amanhã deverá ser como se nunca tivesse existido nenhum outro; inevitável e sem precedentes como o sol de cada manhã.

SEGUNDA PARTE

UMA ESPÉCIE DE SOBREVIVENTE

Para Elie Wiesel

Não literalmente. Devido à previdência de meu pai (já demonstrada ao sair de Viena em 1924), vim para os Estados Unidos em janeiro de 1940, durante a pretensa guerra. Partimos da França, onde eu nascera e fora criado, em segurança. Assim, aconteceu que eu não estava lá quando se fez a chamada. Não fiquei de pé na praça pública com as outras crianças, aquelas com quem tinha crescido. Ou vi meu pai e minha mãe desaparecerem quando escancararam as portas do trem. Mas, em outro sentido, sou um sobrevivente, e não intacto. Se muitas vezes perco contato com minha própria geração, se aquilo que me persegue e controla minhas maneiras de sentir impressiona muitos daqueles com quem eu deveria ter intimidade e trabalhar em meu mundo atual como sendo algo remoto, sinistro e artificial, é porque o negro mistério do que me aconteceu na Europa é indivisível de minha própria identidade. Exatamente porque eu não estava lá, porque um acaso da sorte riscou meu nome da lista.

Muitas vezes as crianças iam sozinhas ou davam a mão para estranhos. Às vezes, os pais as viam passar e não ousavam lhes pronunciar os nomes. E elas iam, é claro, não por algo que tivessem feito ou dito, mas porque seus pais tinham existido antes delas. O crime de serem filhos de alguém. Durante o período nazista, desconhecia absolvição, não tinha fim. Terá agora? Em algum lugar, a determinação de matar judeus, de persegui-los até os confins da Terra apenas porque eles *existem*, está sempre viva. Em circunstâncias normais, o propósito está abafado ou aparece em espasmos triviais — a obscenidade borrada na porta de entrada, o tijolo quebrando a vitrine da loja. Mas existem, mesmo agora, lugares onde a intenção assassina pode agravar-se: na URSS, em partes da África do Norte, em certos países da América Latina. Onde amanhã? Então, por um momento, quando vejo meus filhos na sala, ou imagino ouvi-los respirar no silêncio da casa, fico com medo. Porque coloquei em suas costas um fardo de ódio antigo e açulei a selvageria em seu rastro. Porque pode ser que eu não seja capaz de fazer mais do que os pais das crianças mortas fizeram para protegê-las.

Esse medo está situado no âmago do modo em que eu penso em mim como judeu. Ter sido judeu europeu na primeira metade do século XX era proferir uma sentença contra os próprios filhos, forçar sobre eles uma condição quase que além da compreensão racional. E que pode voltar. Tenho que pensar isso — é a cláusula vital — até onde a lembrança puder alcançar. Porque nós, judeus, caminhamos mais perto de nossos filhos do que os outros homens; por mais que tentem, não podem livrar-se de nossa sombra.

Essa é minha autodefinição. Minha, porque não posso falar por nenhum outro judeu. Todos nós temos obviamente algo em comum. De fato, tendemos a reconhecer um ao outro onde quer que nos encontremos, quase que a um relance, por algum truque comum de sentimento, pelas trevas que trazemos conosco. Mas cada um de nós tem de forjar isso por si mesmo. Esse é o verdadeiro sentido da Diáspora, da dispersão por toda parte e o definhar da crença.

Para o ortodoxo, minha definição deve parecer desesperada e superficial. Comunidades inteiras permaneceram intimamente ligadas até o fim. Houve crianças que não gritaram, mas disseram *Shema Yisroel* e mantiveram os olhos bem abertos, pois o reino Dele estava apenas um passo adiante do fosso da morte (não tantas como se diz às vezes, mas *houve*). Para a pessoa de crença forte, a tortura e o massacre de seis milhões é um capítulo — e apenas um — no diálogo milenar entre Deus e o povo de Sua terrível escolha. Embora falte ao judaísmo uma escatologia dogmática (deixa ao indivíduo o imaginar da transcendência), o ortodoxo pode meditar sobre os campos como uma ante-sala da casa de Deus, um quase intolerável, porém manifesto, mistério de Sua vontade. Quando ensina aos filhos as preces e os ritos (meu próprio acesso a eles foi através da história, não da fé atual), quando eles cantam ao lado dele nas festas importantes, o judeu religioso olha para eles não com medo, não como reféns que carregam a sentença do amor dele, mas com orgulho e regozijo. Através deles, o pão continuará a ser bento e o vinho, santificado. Estão vivos não por um lapso burocrático de uma repartição da Gestapo, mas porque eles, tanto quanto os mortos, são parte da verdade de Deus. Sem eles, a história ficaria vazia. O judeu ortodoxo define-se (o que eu não posso fazer) na vida rica de sua prece, de uma herança tanto trágica como resplandecente. Ele colhe o eco vivo de seu próprio ser nas vozes de sua comunidade e na santidade da palavra. Seus filhos são como a noite transformada em canção.

O judeu ortodoxo negaria a mim, não só o direito de falar por ele, mostrando minha falta de conhecimento e de comunhão; diria: "Você não é como nós, você é um judeu por fora, só no nome". Exatamente. Mas os nazistas fizeram do simples nome uma causa necessária e suficiente. Não perguntaram se já se tinha ido algum dia à sinagoga, se os filhos sabiam alguma coisa de hebraico. O anti-semita não é teólogo; mas sua definição inclui tudo. Assim teríamos todos ido juntos, o ortodoxo e eu. E os dentes de ouro teriam sido tirados de nossas bocas mortas, houvesse ou não canção.

Duas passagens do Êxodo ajudam a mente a entender atrocidade. Talvez sejam erros de tradução ou fragmentos arcaicos interpolados no texto canônico. Mas auxiliam-me, como também a poesia e a metáfora, ao darem lógica imaginativa à sombria possibilidade. Êxodo 4:24 conta como Deus quis matar Moisés: "E aconteceu no caminho para a estalagem que o Senhor o encontrou e o quis matar". Suponho que isso queira dizer que Deus sofre acessos de exasperação assassina contra os judeus, contra um povo que fez Dele uma parte responsável da história e da coragem da condição humana. Ele pode não ter querido envolver-se; o povo talvez O tenha escolhido, no oásis de Kadesh, e O tenha investido com as tarefas da justiça e da justa ira. Pode ter sido o judeu quem O tenha puxado pela roupa, insistindo em contato e diálogo. Talvez antes que Deus ou o homem vivo estivessem prontos para a proximidade. Assim como no casamento, ou no vínculo entre pai e filho, existem momentos quando o amor se transforma em algo muito parecido com ele, puro ódio.

O segundo texto é do Êxodo 33:22-23. Moisés está outra vez no Sinai, pedindo novas tábuas (sempre O importunamos, exigindo justiça e razão uma segunda vez). Segue-se então uma estranha cerimônia de reconhecimento: "E acontecerá que, quando passar minha glória, te porei numa fenda da rocha, e te cobrirei com minha mão, até que eu haja passado; e, havendo eu tirado a minha mão, tu me verás pelas costas: mas a minha face não se verá". Essa pode ser a chave decisiva: Deus pode virar as costas. Pode haver minutos ou milênios — o nosso tempo será o Dele? — durante os quais Ele não vê o homem, durante os quais Ele esteja virado *para o outro lado*. Por quê? Talvez porque, por um minúsculo e hediondo erro de planejamento, o universo seja grande demais para a Sua vigilância, porque em algum lugar exista um milionésimo de centímetro, basta esse tamanho, fora de sua linha de visão. Então Ele tem de se virar para olhar ali também. Quando as costas de Deus estão viradas para o homem, a história é Belsen.

Se o judeu ortodoxo não admite a minha definição, ou este uso da palavra sagrada como metáfora e paradoxo, tampouco a admitem o sionista e o israelita. Não negam a catástrofe, mas sabem que produziu frutos esplêndidos. Surgiu do horror uma nova oportunidade. O Estado de Israel é, inegavelmente, uma parte da herança do assassínio em massa pelos alemães. A esperança e a determinação de agir brotam da capacidade da mente humana de esquecer, do instinto para o necessário esquecimento. O judeu israelita não pode olhar para trás com muita freqüência; seus sonhos devem ser, não da noite, mas do dia, os sonhos prospectivos. Que os mortos enterrem as pilhas de mortos. A história dele não é a deles; apenas principia. Para alguém como eu, o judeu israelita diria talvez: "Por que você não está aqui? Se receia pela vida de seus filhos, por que não os manda para cá e deixa que cresçam entre sua própria gente? Por que sobrecarregá-los com a sua lembrança, talvez literária, talvez masoquista, do desastre? Esse é seu futuro. Têm direito a ele. Precisamos de todos os cérebros e músculos que possamos conseguir. Não estamos trabalhando só para nós. Não existe um judeu no mundo que não ande com a cabeça mais erguida por causa do que fizemos aqui, porque Israel existe".

É óbvio que isso é verdade. A situação social do judeu em toda parte modificou-se um pouco, a imagem que tem de si mesmo já tem as costas empertigadas, porque Israel mostrou que os judeus podem manipular armas modernas, podem pilotar aviões a jato e transformar o deserto em pomar. Quando lhe atiram pedras na Argentina ou sofre zombarias em Kiev, a criança judia sabe que existe um rincão na Terra onde ela é senhor, onde a arma é sua. Se Israel fosse destruída, nenhum judeu escaparia incólume. O choque do fracasso, a necessidade e a perseguição dos que estivessem buscando refúgio, se espalhariam para implicar até mesmo o mais indiferente, o mais anti-sionista.

Então, por que não? Por que não deixarmos os vários países onde ainda vivemos, parece-me, como hóspedes mais ou menos tolerados? Muitos judeus russos iriam, se pudessem. Os judeus do norte da África estão fazendo isso, mesmo à custa da penúria. Os judeus da África do Sul talvez muito em breve sejam forçados a tomar a mesma resolução. Então por que eu não vou, eu que tenho liberdade, cujos filhos podem crescer longe do rastro do passado desumano? Não sei se há uma boa resposta. Mas há uma razão.

Se o modo como penso em meu judaísmo parecer inaceitável ou estéril para o ortodoxo e para o israelita, também parecerá remoto e dramatizado demais para a maioria dos judeus americanos. A idéia de que os judeus em toda parte foram mutilados pela catástrofe européia, de que o massacre deixou desequilibrados a todos que sobreviveram (mesmo que não estivessem nem um pouco próximos da cena real), como acontece quando se perde um braço ou uma perna, é uma idéia que os judeus americanos podem entender em um sentido intelectual. Não acho, porém, que tenha importância pessoal imediata. A relação do judeu americano com a história recente é diferente, de forma sutil e radical, da relação do judeu europeu. Por sua própria finalidade, o holocausto justificou todo impulso anterior de imigração. Ficou demonstrado, de modo terrível, que todos os que haviam deixado a Europa para estabelecer novas comunidades judaicas na América tinham razão. O soldado judeu que foi para a Europa de seus pais chegou mais bem armado, mais eficiente tecnologicamente do que seu inimigo assassino. Os poucos judeus que encontrou vivos saíram de um mundo medonho mas espectral, como um pesadelo numa língua estrangeira. Nos Estados Unidos, os pais judeus ficam escutando os filhos chegarem em casa; mas é para ter certeza de que o carro está na garagem, não porque haja uma turba lá fora. Não pode acontecer em Scarsdale.

Não tenho certeza, não por completo (é aí precisamente que sou um estranho). A maioria dos judeus americanos tem consciência do anti-semitismo em áreas especializadas da vida — o clube, o balneário de férias, o bairro residencial, a associação profissional. Mas, em termos comparativos, tende a ser tênue, talvez porque os Estados Unidos, ao contrário da Europa e da Rússia, não tenham uma história de culpa com relação ao judeu. O tamanho e a riqueza humana da comunidade judaica americana são tais, além disso, que um judeu nem precisa sair de sua própria esfera para gozar da vida americana no que tem de melhor e de mais livre. Entretanto, o principal dinamismo da vida americana é uma conformidade da classe média média e da classe média baixa, um consenso de gosto e de ideal que se impõe. Quase que por definição, o judeu é um obstáculo no caminho da coerência uniforme. A tensão econômica, política ou social tende a tornar essa latente disparidade — o hostil reconhecimento e a recíproca consciência da "diferença" — mais aguda. Uma depressão ou um drástico aumento de desemprego isolaria a condição social do judeu, focalizando ressentimentos em sua prosperidade e na ostentação com que a prosperidade se mostra em certos aspectos da vida judaica. A luta pelos direitos dos negros, que vem dominando uma parte tão grande da vida americana, tem óbvia influência. Entre os negros das cidades, o anti-semitismo é muitas vezes declarado e violento. Pode ser usado pelo negro como base de aliança temporária com outros elementos desprivilegiados ou descontentes da comunidade branca. Para além dessas possibilidades, estende-se o panorama maior: o fortalecimento do consenso, a crescente concentração dos valores americanos em um nacionalismo padronizado moralístico.

Concordo que o anti-semitismo americano vai permanecer brando e não manifesto. Enquanto a economia continuar em expansão e o conflito racial puder ser mantido dentro de limites toleráveis. Enquanto Israel for viável e puder oferecer refúgio. Essa é provavelmente a condição básica. O apoio dado a Israel pela comunidade judaico-americana é ao mesmo tempo de profunda generosidade e profundo interesse próprio. Se uma nova leva de imigração ocorresse, se o judeu russo ou tunisiano viesse bater à porta dos Estados Unidos, a condição social dos judeus americanos seria afetada de imediato.

Essas complexas salvaguardas e condições de aceitação podem desabar. Os Estados Unidos não estão mais imunes ao contágio do anti-semitismo do que qualquer outra sociedade nacionalista, confessamente cristã. Em uma crise de ressentimento ou de exclusão, mesmo os mais assimilados seriam empurrados de volta para nosso antigo legado de medo. Embora ele talvez já tivesse esquecido e adotado a crença unitária (um abrigo tipicamente meio-termo), os vizinhos do sr. Harrison iriam lembrá-lo de que seu pai se chamava Horowitz. Negar isso é afirmar que, nos Estados Unidos, o caráter humano e as forças históricas sofreram uma milagrosa mudança — uma alegação utópica que o próprio desenvolvimento da vida americana no século XX já refutou mais de uma vez.

Não obstante, a idéia que tenho do judeu como um homem que olha para os filhos com uma lembrança temível de estar à mercê dos acontecimentos e um pressentimento da possibilidade de um futuro sanguinário é uma idéia muito pessoal e isolada. Não tem relação com muita coisa viva e esperançosa hoje. Mas também não é inteiramente negativa. Minha intenção é incluir nela mais do que o simples precedente da devastação. Aquilo que foi destruído — a grande massa de vida tão ridicularizada, tão acossada até o esquecimento que mesmo os nomes desapareceram e a oração pelos mortos não encontra onde se apoiar com exatidão — encarnava um gênio especial, uma qualidade de inteligência e de sentimento que nenhuma das principais comunidades judaicas hoje ainda existentes preservou ou recapturou. Por sentir essa específica herança urgente em meus próprios reflexos, no trabalho que tento fazer, sou uma espécie de sobrevivente.

No que tange ao pensamento e às realizações *seculares*, o período da história judaica que terminou em Auschwitz superou até a era brilhante da coexistência na Espanha islâmica. Durante cerca de um século, desde a emancipação dos guetos pela Revolução Francesa e por Napoleão até a época de Hitler, os judeus participaram do apogeu moral, intelectual e artístico da Europa burguesa. O longo isolamento no gueto, o humor e a percepção nervosa aguçados no esmeril da perseguição tinham acumulado grandes reservas de consciência. Liberada à luz, uma certa elite judaica, e o círculo mais amplo da classe média que se orgulhava e se interessava por seus feitos, acelerou e complicou toda a configuração do pensamento ocidental. A cada área trouxeram concepções radicais; mais especificamente, os judeus mais talentosos reapossaram-se de certos elementos cruciais da civilização européia clássica a fim de torná-los novos e problemáticos. Tudo isso é bem conhecido; assim como é a inevitável observação de que o teor de modernidade, os moldes de conhecimento e de indagação segundo os quais ordenamos nossas vidas são, em grande parte, obra de Marx, Freud e Einstein.

O que é muito mais difícil de demonstrar, embora para mim pareça inegável, é até que ponto uma herança comum de emancipação bastante recente, um ângulo particular de sentimento racional — especializado na origem, mas alargando-se até tornar-se a nota característica moderna —, permeia sua índole distinta e individual. Em todos os três, distinguimos um impulso dominante para a lógica visionária, para a imaginação do abstrato, como se o banimento prolongado do judeu oriental e europeu das ações materiais tivesse emprestado ao pensamento uma autonomia dramática. A insinuação de uma energia da imaginação, ao mesmo tempo sensorial e abstrata, a liberação da sensibilidade judaica para um mundo perigosamente novo, não tolhido pela reverência, está igualmente operando nas subversões de Schoenberg e de Kafka, e na matemática de Cantor. Relaciona o *Tractatus* de Wittgenstein com o de Spinoza.

Sem a contribuição dos judeus, entre 1830 e 1930, a cultura ocidental seria obviamente diferente e menor. Ao mesmo tempo, é claro, foi o choque dele com os valores europeus estabelecidos com as modalidades clássicas de arte e de argumento que compeliu o judeu emancipado a definir seu âmbito e sua identidade. Nessa colisão, na tentativa de alcançar estatura em um meio essencialmente tomado de empréstimo, o judeu convertido ou meio-judeu, o judeu cuja relação para com seu próprio passado se tornou secreta ou antagônica — Heine, Bergson, Hofmannsthal, Proust —, desempenhou um papel de especial sutileza e criatividade.

Aqueles que ajudaram a definir esse *humanismo da Europa central* (cada um dos três termos tem sua carga completa de implicação e significado), e dele participaram, exibiam traços característicos, hábitos característicos de gosto e de reconhecimento. Tinham grande facilidade para línguas. Heine é o primeiro, talvez o único grande poeta que é difícil de situar em uma única sensibilidade lingüística. Os hábitos de referência dessa geração judaica européia apontam, com freqüência, para os clássicos gregos e latinos; mas estes eram vistos segundo o enfoque especial de Winckelmann, Lessing e Goethe. Um sentido quase axiomático da estatura transcendente de Goethe, da incrível maturidade e humanidade de sua arte, colore todo o iluminismo judaico-europeu e continua marcando seus poucos sobreviventes (o texto de Goethe *Sobre a natureza* levou Freud a abandonar seu interesse anterior pelo direito e a dedicar-se ao estudo das ciências biológicas). A burguesia judaica centro-européia estava familiarizada, freqüentemente, com as peças de Shakespeare e achava, com razão, que a representação do drama shakespeariano (quase sempre representado e posto em cena por judeus) em Viena, Munique ou Berlim estava mais do que à altura do que podia ser encontrado na Inglaterra. Lia Balzac e Stendhal (vale lembrar o estudo pioneiro de Leon Blum sobre Beyle), Tolstoi, Ibsen e Zola. Mas, com freqüência, os lia em um contexto especial, quase que exaltado. Os judeus que receberam bem o drama escandinavo e o romance russo tinham tendência a ver, no novo realismo e iconoclasmo da literatura, parte da liberação geral do espírito. Zola não era somente o explorador de realidades eróticas e econômicas, como o eram Freud, Weininger ou Marx: era o paladino de Dreyfus.

O relacionamento da consciência judaica com Wagner foi apaixonado, embora perturbado. Vemos exemplos tardios dessa dualidade na musicologia de Adorno e na ficção de Werfel. Reconhecia em Wagner o radicalismo e as táticas histriônicas de um ilustre intruso. Detectou no anti-semitismo de Wagner uma nota estranha e íntima, e deu ouvidos, vez por outra, ao mito obstinado de que Wagner era ele próprio de ascendência judia. Sendo novo nas artes plásticas, portanto totalmente livre e empírico em suas reações, o gosto judeu, no papel de *marchand*, patrono e crítico, apoiou o impressionismo e a chama do moderno. Com Reinhardt e Piscator, renovou o teatro; com Gustav Mahler, as relações entre a música séria e a sociedade. Em seu período áureo, entre 1870 e 1914, depois de novo na década de 1920, o fermento judeu deu a Praga e a Berlim, a Viena e a Paris, uma vitalidade específica de sentimento e de expressão, uma atmosfera ao mesmo tempo quintessencialmente européia e "descentrada". A nuança de espírito é ironizada de modo delicado e tornada memorável no hedonismo inquieto, na urbanidade erudita do Swann de Proust.

Quase nada disso sobrevive. Isso é o que torna minha quase involuntária identificação com ela, uma condição tão cheia de sombras. Os judeus europeus e sua *inteligentsia* foram apanhados entre duas vagas assassinas, o nazismo e o stalinismo. A implicação do judeu europeu e russo no marxismo tinha causas naturais. Como tem sido dito muitas vezes, o sonho de um milênio secular — que ainda está vivo com Georg Lukács e o mestre historiador da esperança, Ernst Bloch — relaciona a utopia social do comunismo com a tradição messiânica. Tanto para o judeu como para o comunista, a história é um cenário de humanização gradual, uma tentativa imensamente difícil do homem de tornar-se homem. Em ambas as maneiras de sentir, existe uma obsessão com a autoridade profética da lei moral ou histórica, com a interpretação correta das revelações canônicas. Mas desde Eduard Bernstein até Trotski, de Isaac Babel a Pasternak, o envolvimento da personalidade judaica no comunismo e na revolução russa segue um traçado irônico. Quase que sem exceção, termina em dissensão ou heresia — naquela heresia que alega ser ortodoxa porque busca restaurar o sentido atraiçoado de Marx (o marxista polonês Adam Schaff seria um exemplo contemporâneo desse "revisionismo talmúdico"). À medida que o stalinismo transformou-se em nacionalismo e tecnocracia — a nova Rússia da classe média gerencial teve suas origens precisas no período stalinista —, a *inteligentsia* revolucionária foi mandada para o paredão. O judeu marxista, o trotskista, o simpatizante socialista, ficaram presos nas ruínas da utopia. O judeu que se filiara ao comunismo para lutar contra os nazistas e o judeu comunista que tinha rompido com o partido depois dos expurgos caíram nas malhas do pacto Hitler-Stálin.

Em um dos episódios mais vis da história moderna, a milícia e a polícia da pacificação européia e do totalitarismo europeu colaboraram na entrega dos judeus. Os franceses entregaram à Gestapo aqueles que haviam fugido da Espanha e da Alemanha. Himmler e o GPU trocaram judeus anti-stalinistas por judeus antinazistas para mais tortura e eliminação. Pensa-se em Walter Benjamin — um dos representantes mais brilhantes do humanismo radical — cometendo suicídio antes que os guardas franceses ou espanhóis da fronteira o entregassem às tropas invasoras da SS; em Buber-Neumann, cuja viúva foi perseguida quase até a morte por quatro stalinistas *dentro* de um campo de concentração nazista; em dezenas de outros encurralados entre o caçador nazista e o stalinista (as memórias de Victor Serge terminam com a lista de tantas e tão horríveis mortes). E esse acordo e permuta bestiais na fronteira tornaram eloqüente a decisão de perseguir o judeu até expulsá-lo da história européia. Mas também a peculiar dignidade de seu tormento. Talvez possamos definir-nos assim: *os judeus são um povo ao qual a barbárie totalitária tem de escolher para odiar.*

Um certo número escapou. É fácil demonstrar que muito trabalho importante nos meios acadêmicos americanos, no período de 1934 até cerca de 1955, nas artes, nas ciências exatas e sociais, é a sobrevida da renascença centro-européia e incorporou o talento do refugiado. Mas o elenco especial de inteligência judaico-americana em terreno nativo que encontrei pela primeira vez na Universidade de Chicago, em fins da década de 40, e que hoje representa um papel de tão óbvia importância na vida intelectual e artística americana, é algo muito diferente. Pouco há da noção de estilo e ilustração humanista de Karl Kraus, por exemplo, na *Partisan Review.* Kraus é fundamental. Pergunte a alguém se ouviu falar dele ou leu *Literatur und Lüge* [Literatura e mentiras]. Caso afirmativo, essa pessoa é provavelmente um dos sobreviventes.

Em Kraus, como em Kafka e Hermann Broch, há uma premonição e uma finalidade mortais. Broch, que para mim parece ser o romancista europeu mais importante depois de Joyce e de Mann, é uma figura definidora. Sua *Der Tod des Vergil,* seus ensaios filosóficos, são um epílogo do humanismo. Focalizam o feito que deveria dominar nossas vidas racionais, dentro dos limites em que ainda as conduzimos, que deveria constantemente confundir nossa percepção do "eu" — a virada da civilização para o assassínio em massa. Como certas parábolas de Kafka e a epistemologia dos primeiros escritos de Wittgenstein, a arte de Broch chega perto do limite do silêncio necessário. Indaga se o discurso, se as formas de julgamento moral e imaginação que a tradição judaico-helênica alicerça na autoridade da palavra são viáveis em face do desumano. O verso do poeta não será um insulto para com o grito lancinante? Broch morreu na América em uma estranha e vital solidão, emprestando voz a uma civilização, a uma herança do empenho humanista já condenada à morte.

O humanismo do judeu europeu jaz em cinzas literais. No timbre dos sobreviventes — Hannah Arendt, Ernst Bloch, T. W. Adorno, Erich Kahler, Lévi-Strauss —, cujos interesses e compromissos, é claro, são diversos, poderá ser ouvida uma nota comum como que de desolação. Contudo, são essas vozes que me parecem contemporâneas, cujo trabalho e contexto de referência são indispensáveis para uma compreensão das raízes filosóficas, políticas e estéticas do desumano; do paradoxo de que a barbárie tenha surgido, de um certo modo íntimo e talvez necessário, do coração mesmo e cenário da civilização humanística. Se assim é, por que tentamos ensinar, escrever, defender a alfabetização? Essa pergunta, e não conheço outra tão urgente, ou os termos em que é colocada, provavelmente faz o indagador ficar trinta anos deslocado no tempo — para qualquer dos lados do presente.

Como também é o caso de outras perguntas, cada vez mais abafadas e fora de foco. Não podem, no entanto, ficar sem resposta, se é que vamos discutir os valores e possibilidades de nossa cultura. Refiro-me à cumplicidade geral no massacre. Houve magníficas exceções (na Dinamarca, Noruega, Bulgária), mas o relato é sórdido e grande parte dele continua sendo um feio enigma. Em uma época em que 9 mil judeus estavam sendo exterminados *por dia*, nem a Real Força Aérea da Grã-Bretanha nem a Força Aérea Americana bombardearam os fornos ou tentaram abrir os campos (como fizeram os Mosquitos, em vôos baixos, em uma prisão na França para libertar agentes dos maquis). Embora as resistências judaica e polonesa fizessem desesperadas súplicas, embora a burocracia alemã não fizesse segredo do fato de que a "solução final" dependia de transporte ferroviário, as linhas férreas para Belsen e Auschwitz não foram bombardeadas. Por quê? A pergunta foi feita a Churchill e a Harris. Recebeu resposta adequada? Quando a *Wehrmacht* e a *Waffen*-SS invadiram a Rússia, o serviço secreto soviético logo observou o extermínio em massa de judeus. Stálin proibiu qualquer veiculação pública do fato. Outra vez aqui as razões são obscuras. Ele pode não ter querido o ressurgimento de uma consciência judia separada; pode ter receado referência implícita a sua própria política anti-semita. Qualquer que tenha sido a causa, muitos judeus que poderiam ter fugido para leste ficaram para trás, por ignorarem isso. Mais tarde, na Ucrânia, bandos locais ajudaram os alemães a arrebanhar aqueles que se haviam escondido nos porões e na floresta.

Pergunto-me o que teria acontecido se Hitler tivesse se conformado às regras do jogo depois de Munique, se tivesse dito apenas: "Não darei um passo para fora do Reich desde que possa ter carta branca dentro de minhas fronteiras". Dachau, Buchenwald e Theresienstadt teriam funcionado no meio da civilização européia do século XX até que o último judeu à mão fosse transformado em sabão. Teriam sido pronunciadas palavras corajosas em Trafalgar Square e em Carnegie Hall para um público cada vez menor e mais entediado. A sociedade talvez boicotasse, de vez em quando, os vinhos alemães. Mas nenhuma potência estrangeira teria entrado em ação. Turistas teriam povoado os *Autobahn* e os balneários do Reich, passando perto, mas não perto demais, dos campos de extermínio, como hoje em dia passamos perto das prisões portuguesas ou das ilhas-penitenciárias gregas. Teria havido inúmeras figuras ilustres e jornalistas a nos garantir que os boatos eram exagerados, que Dachau tinha lindos passeios. E a Cruz Vermelha teria mandado pacotes de Natal.

Em um murmúrio, o judeu pergunta a seu vizinho não-judeu: "Se você soubesse, teria proclamado diante de Deus e dos homens que essa coisa hedionda tinha que parar? Teria feito alguma tentativa para tirar meus filhos de lá? Ou teria planejado uma excursão para esquiar em Garmisch?". O judeu é uma recriminação viva.

O homem é cúmplice daquilo que o deixa indiferente. É este fato que deve, no meu entender, tornar o judeu desconfiado dentro da cultura ocidental, que deve levá-lo a reexaminar ideais e tradições históricas que, na Europa com certeza, tinham congregado o melhor das esperanças e do gênero deste. A mansão da civilização provou não ser um refúgio.

Mas, para falar a verdade, nunca tive muita certeza a respeito de mansões. Forçosamente, o judeu tem sido com freqüência nômade e hóspede. Pode comprar um antigo presbitério e plantar um jardim. Um sôfrego pastoralismo é parte marcante da tentativa de muitos judeus americanos intelectuais e da classe média de assimilar-se no cenário anglo-saxônico. Mas eu me pergunto se é a mesma coisa. As bonecas no sótão não foram nossas; os fantasmas têm jeito de terem sido alugados. De modo característico, Marx,

Freud, Einstein acabam seus dias longe de sua terra natal, no exílio ou asilo. O judeu está fixo não a um lugar, mas a uma época, a seu senso altamente desenvolvido de história como contexto pessoal. Seis mil anos de consciência de si mesmo é uma pátria.

Penso que o travo de estranheza e habitação temporária passa para a língua, embora, mais uma vez, minha experiência seja obviamente diferente da experiência do judeu americano nativo. Os judeus europeus aprendem línguas com rapidez; freqüentemente, eram obrigados a fazê-lo durante suas peregrinações. Mas um "sentir-se em casa" final talvez nos escape, essa inconsciente e imemorial intimidade que uma pessoa tem com sua língua, assim como tem com a pedra, a terra e o pó da sua terra natal. Daí decorrem as estratégias particulares dos dois maiores escritores judeus. O alemão de Heine, como Adorno observou, é um idioma europeu, de um personalismo brilhante, no qual seu conhecimento fluente de francês exerceu constante pressão. Kafka escrevia alemão como se fosse todo osso, como se nada da textura envolvente do coloquialismo e da nuança histórica e regional lhe tivesse sido permitido. Usava cada palavra como se tivesse feito um empréstimo por ela a juros altos. Muitos grandes atores são ou foram judeus. A linguagem passa *através* deles e eles a moldam quase que bem demais, como um tesouro adquirido, não inalienável. Isto talvez seja pertinente também com relação à excelência dos judeus na música, na física e na matemática, cujas linguagens são internacionais e constituem códigos de pura denotação.

O judeu europeu não queria permanecer como hóspede. Esforçou-se, como também nos Estados Unidos, para lançar raízes. Deu provas exaustivas e até macabras de sua lealdade. Em 1933-34, veteranos judeus da Primeira Grande Guerra garantiram a *Herr* Hitler seu patriotismo, sua devoção ao ideal alemão. Pouco depois, mesmo os mutilados e os condecorados foram arrastados para os campos. Em 1940, quando Vichy cassou os direitos dos judeus franceses, veteranos de Verdun, detentores da *médaille militaire*, homens cujas famílias tinham vivido na França desde o começo do século XIX, foram perseguidos e considerados apátridas. Na União Soviética, um judeu consta como tal em sua carteira de identidade. Será tolice ou histeria supor que, por mais que se esforce, o judeu está sentado perto da porta, em um Estado não-judeu? Onde, inevitavelmente, desperta desconfiança.

De Dreyfus a Oppenheimer, toda manifestação de nacionalismo, de histeria patriótica, concentrou as suspeitas no judeu. Provavelmente, tais estatísticas não têm um significado real, mas pode muito bem ser que a proporção de judeus implicados de fato em deslealdade ideológica ou científica tenha sido alta. Talvez porque fossem vulneráveis à chantagem e ameaças anônimas, porque são intermediários naturais com uma experiência de séculos na exportação e importação de idéias. Mas principalmente, imagino, porque são párias cujo senso de nacionalidade foi tornado crítico e inseguro. Para um homem que poderá estar amanhã em fuga desesperada para fora da fronteira de seu próprio país, cujo túmulo poderá ser revirado por uma escavadeira e coberto de lixo, o Estado é um refúgio ambíguo. A cidadania torna-se, não um direito inalienável, um sacramento de *Blut und Boden*, mas um contrato que ele terá de renegociar com cautela com cada anfitrião.

A falta de raízes do judeu, o "cosmopolitanismo" denunciado por Hitler, por Stálin, por Mosley, por todo desordeiro de direita, é historicamente uma condição imposta. O judeu não encontra conforto ao "acocorar-se no peitoril da janela" (na frase cortês de T. S. Eliot). Preferiria ter nascido *echt Deutsch* ou *Français de vieille souche* ou *Minuteman*, a "Vienense Semita de Chicago". Na maioria dos casos, não teve escolha. Mas apesar de sua condição ser de extremo desconforto, não é, se a aceitarmos, desprovida de um significado maior.

O nacionalismo é a peçonha de nossa era. Levou a Europa à beira da ruína. Impele as novas nações da Ásia e da África como lemingues enlouquecidos. Ao proclamar-se ganês, nicaragüense, maltês, o homem se poupa vexames. Não precisa deslindar quem é, onde fica sua humanidade. Torna-se membro de um bando armado e coerente. Todo impulso de massa na política moderna, todo plano totalitário, alimenta-se do nacionalismo, da droga do ódio que faz com que os seres humanos arreganhem os dentes por sobre um muro, ou a dez metros de distância de terra de ninguém. Mesmo que seja contra sua afligida vontade, contra seu cansaço, o judeu — ou alguns judeus, pelo menos — talvez tenha um papel exemplar. *O de mostrar que, enquanto as árvores têm raízes, os homens têm pernas e são hóspedes uns dos outros.* Para que o potencial de civilização não seja destruído, teremos que desenvolver lealdades mais complexas e mais provisórias. Como Sócrates ensinou, existem traições necessárias para tornar a cidade mais livre e mais aberta para o homem. Mesmo uma Grande Sociedade é uma coisa limitada e efêmera comparada à atividade liberta da mente e à anárquica disciplina de seus sonhos.

Quando um judeu se opõe à ferocidade paroquial na qual o nacionalismo de maneira tão fácil (e inevitável) degenera, ele está pagando uma dívida antiga. Por uma das ironias cruéis e profundas da história, o conceito de um povo eleito, de uma nação exaltada acima de todas as outras por um destino especial, nasceu em Israel. No vocabulário do nazismo, havia elementos de uma vingativa paródia da pretensão judaica. O tema teológico de um povo eleito no Sinai é repetido na pretensão da raça superior e de seu quiliástico território. Assim havia, no obcecado relacionamento do nazista com o judeu, um minúsculo, mas temível, grão de lógica.

No entanto, se o veneno é, na parte antiga, judeu, talvez seja também o antídoto, o humanismo radical que vê o homem no caminho de tornar-se um homem. É aí que Marx é mais profundamente judeu (ao mesmo tempo em que defende a dissolução da identidade judaica). Ele acreditava que a classe e o *status* econômico não conheciam fronteiras, que a miséria tinha cidadania comum. Postulava que o processo revolucionário iria abolir as distinções e antagonismos nacionais, como a tecnologia industrial tinha quase erodido a autonomia regional. Toda a utopia e dialética da história socialista está baseada numa premissa internacional.

Marx estava errado; nesse ponto, como em outros, seu pensamento foi romântico demais, bom demais a respeito dos homens. O nacionalismo tem sido a causa principal e o beneficiário de duas guerras mundiais. Os trabalhadores do mundo não se uniram; atiraram-se à garganta uns dos outros. Até mesmo mendigos enrolam-se em bandeiras. Foi o patriotismo russo, o ultraje da consciência nacional, não a visão do socialismo e da solidariedade de classes, que tornou possível à União Soviética sobreviver em 1941. Na Europa oriental, o socialismo estatal tem deixado acirradas as rivalidades nacionais arcaicas. Mil milhas de estepe siberiana desértica podem vir a importar mais para a URSS e China do que todo o edifício da fraternidade comunista.

Mas, embora Marx estivesse errado, embora o ideal de uma sociedade não nacional pareça zombeteiramente remoto, não existe em última análise outra alternativa para a autodestruição. A Terra está ficando populosa demais, acossada demais pelo espectro da fome, para desperdiçar o solo com arame farpado. Onde puder sobreviver como hóspede, onde puder reexaminar as relações entre a consciência e o compromisso, tornando sua prática da lealdade nacional escrupulosa, porém também cética e humana, o judeu poderá atuar como um valioso irritante. O chauvinista rosnará em seus calcanhares. Mas é da natureza da caça que os que são caçados estejam adiante da turba.

É por isso que, até o momento, eu não pude aceitar a idéia de viver em Israel. O Estado de Israel é, em certo sentido, um triste milagre. O programa sionista de Herzl carregava as marcas óbvias do crescente nacionalismo de fins do século XIX. Nascido da desumanidade e da iminência do massacre, Israel teve de se transformar em um punho cerrado. Não existe alguém com sentimento nacional mais tenso do que um israelita. Tem de ser para que seu pedaço de chão possa sobreviver à matilha a suas portas. O chauvinismo é quase que uma condição essencial da vida. Mas, embora a força de Israel penetre fundo a consciência de todo judeu, embora a sobrevivência do povo judeu possa depender dele, o Estado com armas na mão é uma relíquia amarga, um absurdo no século da superpopulação. E é alheio a alguns dos elementos mais radicais, mais humanos do espírito judeu.

Assim, alguns poucos podem querer ficar ao relento, fora do santuário do nacionalismo — muito embora seja, por fim, o deles próprios. Um homem não precisa ser enterrado em Israel. Highgate, Golders Green ou o vento também servem.

Se um dia meus filhos lerem isto, e se a boa sorte tiver prevalecido, talvez pareça tão remoto para eles como para grande número de meus contemporâneos. Se as coisas derem errado, talvez os ajude a lembrar que, em algum lugar, a estupidez e a barbárie já os escolheram como alvo. Essa é sua herança. Mais antiga, mais inalienável do que qualquer título de nobreza.

O MILAGRE VAZIO[1]

De acordo: a Alemanha do pós-guerra é um milagre. Mas é um milagre muito estranho. Na superfície, há um esplêndido frenesi de vida; mas, no fundo, há uma estranha quietude. Vá lá: desvie o olhar por um momento das maravilhosas linhas de produção; feche os ouvidos por um instante ao ronco dos motores.

O que morreu foi a língua alemã. Abra os jornais diários, as revistas, a torrente de livros populares e eruditos despejados pelas novas impressoras; assista a uma nova peça teatral; ouça a língua como é falada no rádio ou no Bundestag. Não é mais a língua de Goethe, Heine e Nietzsche. Nem mesmo a de Thomas Mann. Algo de imensamente destrutivo aconteceu a ela. Ela faz barulho. Até mesmo comunica, porém não cria nenhum sentido de comunhão.

(1) Este ensaio desencadeou muito ressentimento e ira, e isso é compreensível. Até hoje, ele é discutido e citado erroneamente na Alemanha. A publicação *Sprache im Technischen Zeitalter* dedicou um número especial ao debate, e a controvérsia acirrou-se de novo durante a reunião, realizada nos Estados Unidos na primavera de 1966, dos escritores alemães conhecidos como *Gruppe 47*. Os acadêmicos adotaram uma opinião especialmente hostil ao caso.

Decidi republicar "O milagre vazio" neste livro porque acredito ser crucial a questão das relações entre a linguagem e a desumanidade política; e porque acredito que ela pode ser notada com específica e trágica urgência no caso do uso da língua alemã durante o período nazista e das acrobacias do olvido que se seguiram à queda do nazismo. De Maistre e George Orwell escreveram sobre a política da linguagem, sobre como a palavra pode perder seus significados humanos sob a pressão da brutalidade e da falsidade políticas. Até agora, mal começamos a aplicar os raciocínios deles à própria história da linguagem e do sentimento. Aqui quase tudo ainda está por ser feito.

As línguas são organismos vivos. Infinitamente complexas, mas ainda assim organismos. Têm dentro de si uma certa força vital e certos poderes de absorção e de crescimento. Mas elas podem apodrecer e até morrer.

Uma língua mostra que traz dentro de si o germe da dissolução de várias maneiras. Atividades mentais que um dia foram espontâneas tornam-se mecânicas, hábitos cristalizados (metáforas mortas, símiles vulgares, *slogans*). As palavras ficam mais compridas e mais ambíguas. Em lugar de estilo, surge a retórica. Em lugar de uso comum preciso, surge o jargão. Os vocábulos estrangeiros e palavras emprestadas deixam de ser absorvidos na corrente sangüínea da língua nativa. São apenas engolidos e permanecem como uma intrusão alienígena. Todas essas falhas técnicas somam-se à falha essencial: a linguagem deixa de estimular o pensamento, e apenas o confunde. Em vez de carregar cada expressão com a maior energia e ausência de rodeios disponível, afrouxa e dispersa a intensidade de sentimento. A língua não é mais uma aventura (e uma língua viva é a maior aventura de que o cérebro humano é capaz). Em suma, a língua não é mais vivida; é apenas falada.

Ao republicar este ensaio, faço-o também porque acredito na validade de sua linha ou argumento geral. Quando o escrevi, não conhecia o notável livro de Victor Klemperer: *Aus dem Notizbuch eines Philologen*, publicado em Berlim Oriental em 1946 (agora reeditado por Joseph Melzer Verlag, Darmstadt, com o título: *Die unbewältigte Sprache*). De modo muito mais detalhado do que eu, Klemperer, um lingüista profissional, traça a submissão do alemão ao jargão nazista e os antecedentes lingüístico-históricos dessa submissão. Em 1957, foi lançado um pequeno léxico preliminar do alemão nazista: *Aus dem Wörterbuch des Unmenschen*, compilado por Sternberg, Storz and Süskind. Em 1964, sugestões feitas por mim para estudo mais detalhado foram aproveitadas em *Vom "Abstammungsnachweis" zum "Zuchtwart"*, de Cornelia Berning. Dolf Sternberger retornou à questão em seu ensaio sobre *"Mas/Stäbe der Sprachkritik"* em *Kriterien* (Frankfurt, 1965). Em *Der Stellvertreter*, de Hochhuth, especialmente nas cenas que tratam de Eichmann e de seus associados, o alemão nazista é registrado de forma precisa e nauseante. O mesmo se aplica a *O interrogatório*, de Peter Weiss, e, conforme tento demonstrar nas "Notas sobre Günter Grass", que se segue a este ensaio, no *Hundejahre*.

Além disso, nos últimos dez anos, abriu-se um novo capítulo na complexa história da língua alemã e de suas articulações da realidade política. A Alemanha Oriental está outra vez desenvolvendo aquela gramática de mentiras, de simplificações totalitárias, que foi levada a um grau tão alto de eficiência durante o período nazista. Podem-se construir muros dividindo uma cidade ao meio, mas também isolando as palavras de seu conteúdo humano.

Essa condição pode durar muito tempo (basta observar como o latim permaneceu em uso muito depois das fontes de vida na civilização romana terem secado). Mas onde aconteceu, algo essencial a uma civilização não conseguirá se recuperar. E aconteceu na Alemanha. É por isso que no centro do milagre da ressurreição material da Alemanha há uma morte do espírito tão profunda, uma sensação tão inescapável de trivialidade e de dissimulação.

O que terá trazido a morte para a língua alemã? Esse é um trecho fascinante e complicado da história. Começa com o fato paradoxal de que o alemão estava mais vivo antes de existir um Estado alemão unificado. O gênio poético de Lutero, Goethe, Schiller, Kleist, Heine e, em parte, de Nietzsche é anterior ao estabelecimento da nação alemã. Os mestres da prosa e da poesia alemãs eram homens independentes do dinamismo da consciência nacional prussiano-germânica da Alemanha moderna em 1870. Eram, como Goethe, cidadãos da Europa, morando em principados insignificantes demais para instigar as emoções do nacionalismo. Ou, como Heine e Nietzsche, escreveram de fora da Alemanha. E isso continua verdadeiro com respeito à melhor literatura alemã, mesmo em épocas recentes. Kafka escreveu em Praga, Rilke em Praga, Paris e Duíno.

A língua e a literatura oficiais da Alemanha de Bismarck já traziam em si os elementos da dissolução. Foi o período áureo dos historiadores militantes, dos filólogos e dos metafísicos incompreensíveis. Esses mandarins do novo império prussiano produziram aquela temível combinação de engenhosidade gramatical e de ausência de humor que tornaram a palavra "germânico" equivalente de um peso morto. Aqueles que escaparam à prussianização da linguagem foram os rebeldes e os exilados, como aqueles judeus que fundaram uma brilhante tradição jornalística, ou Nietzsche que escrevia de fora.

Pois ao academicismo e à solenidade do alemão, conforme escrito pelos pilares do saber e da sociedade entre 1870 e a Primeira Guerra Mundial, o regime imperial acrescentava suas próprias dádivas de pompa e mistificação. O "estilo de Potsdam" usado nas chancelarias e na burocracia do novo império era uma mistura de grosseria ("o linguajar genuíno dos soldados") e altos vôos de grandeza romântica (a nota wagneriana). Desse modo, as universidades, os burocratas, o exército e a corte combinaram para incutir à força de treino na língua alemã hábitos não menos perigosos do que aqueles que incutiram no povo alemão: uma terrível fraqueza por *slogans* e lugares-comuns pomposos (*Lebensraum*, "o perigo amarelo", "as virtudes nórdicas"); uma reverência automática pela palavra comprida ou pela voz alta; um gosto fatal pelo patos sacarino (*Gemütlichkeit*) sob o qual podia se ocultar muita crueza ou fraude. Nesse treino, a escola de filologia alemã, de justo renome, representou um papel curioso e complexo. A filologia coloca as palavras em um contexto de palavras mais antigas ou relacionadas, não no contexto de propósito e conduta morais. Dá formalismo à língua, não forma. Não pode ser por mero acidente que a estrutura essencialmente filológica da educação alemã tenha produzido súditos tão leais à Prússia e ao Reich nazista. O relato mais perfeito de como a chamada para o treino na sala de aula levou à chamada dos quartéis está contido nos romances de Heinrich Mann, especialmente em *Der Untertan* [O súdito].

Quando os soldados marcharam para a guerra, em 1914, as palavras os acompanharam. Os soldados sobreviventes voltaram quatro anos depois, angustiados e derrotados. Em um sentido real, as palavras não. Permaneceram na frente de combate e construíram um muro de mito entre a mente alemã e os fatos. Soltaram a primeira daquelas grandes mentiras das quais tanto da Alemanha moderna tem se nutrido: a mentira do "golpe pelas costas". Os heróicos exércitos alemães não tinham sido derrotados, mas, sim, golpeados pelas costas por "traidores, degenerados e bolchevistas". O Tratado de Versalhes não foi uma tentativa desajeitada, por parte de uma Europa devastada, de recolher alguns dos pedaços, mas uma intriga de vingança cruel imposta à Alemanha por seus ambiciosos inimigos. A responsabilidade pela deflagração da guerra foi da Rússia, da Áustria ou das maquinações coloniais da "pérfida Inglaterra", não da Alemanha prussiana.

Muitos alemães sabiam que esses eram mitos e que papel o militarismo e a arrogância racial alemães tinham representado para a ocorrência do holocausto. Disseram isso nos cabarés políticos da década de 20, no teatro experimental de Brecht, nos escritos dos irmãos Mann, na arte gráfica de Käthe Kollwitz e George Grosz. A língua alemã reacendeu-se como não o fazia desde que os Junkers e os filólogos tinham passado a comandá-la. Foi um período brilhante, anárquico. Brecht devolveu à prosa alemã sua simplicidade luterana e Thomas Mann introduziu em seu estilo a flexível e luminosa elegância da tradição clássica e mediterrânea. Esses anos de 1920 a 1930 foram os *anni mirabiles* do moderno espírito alemão. Rilke compôs as *Elegias de Duíno* e os *Sonetos a Orfeu* em 1922, dando ao verso alemão um ritmo e uma música que não conhecia desde Hölderlin. *A montanha mágica* apareceu em 1924,

O castelo de Kafka, em 1926. *A ópera dos três vinténs* estreou em 1928, e, em 1930, o cinema alemão produziu *O anjo azul*. No mesmo ano, apareceu o primeiro volume da estranha e vasta meditação de Robert Musil sobre o declínio dos valores ocidentais, *O homem sem qualidades*. Durante essa gloriosa década, a literatura e a arte alemãs participaram daquele grande impulso da imaginação ocidental que compreendeu Faulkner, Hemingway, Joyce, Eliot, Proust, D. H. Lawrence, Picasso, Schoenberg e Stravinski.

Mas foi um breve zênite. O obscurantismo e os ódios instilados no gênio alemão desde 1870 estavam por demais arraigados. Em sua "Carta da Alemanha", incrivelmente profética, Lawrence notou como "o antigo espírito eriçado e selvagem estabeleceu-se". Viu o país dando as costas a "contato com a Europa ocidental, recuando para os desertos a leste". Brecht, Kafka e Thomas Mann não tiveram sucesso em dominar sua própria cultura, em impor a ela a sobriedade humanista de seu talento. Viram-se a princípio rotulados de excêntricos, depois foram caçados. Novos lingüistas estavam disponíveis para tornar a língua alemã uma arma política mais total e eficiente do que qualquer outra que a história tivesse conhecido e para degradar a dignidade do discurso humano ao nível de lobos uivando.

Pois devemos manter claro na mente um fato: a língua alemã não era inocente dos horrores do nazismo. Não foi só que tenha acontecido de um Hitler, de um Goebbels, de um Himmler falarem alemão. O nazismo encontrou na língua exatamente o que precisava para expressar sua selvageria. Hitler ouviu, dentro do idioma pátrio, a histeria latente, a confusão, a qualidade de transe hipnótico. Ele mergulhou certeiro para dentro da vegetação rasteira da linguagem, para dentro daquelas zonas de escuridão e de clamor que estão na infância da fala articulada e que vêm antes que as palavras se tornem suaves e provisórias ao toque da mente. Ele pressentiu no alemão uma outra música além daquela de Goethe, Heine e Mann; uma cadência áspera, metade jargão nebuloso, metade obscenidade. E, ao invés de se afastar com enojado espanto, o povo alemão devolveu, em um eco maciço, o vociferar do homem. Respondeu com um grito de milhões de gargantas e de botas a pisotear. Um Hitler teria encontrado reservatórios de veneno e de analfabetismo moral em qualquer língua. Mas, em virtude da história recente, estes não estavam em nenhum outro lugar tão prontos e tão próximos da superfície do linguajar comum. Uma língua em que se pode escrever o "Horst Wessel Lied" está pronta para dotar o inferno de um idioma pátrio. (Como poderia a palavra *"spritzen"* recuperar um significado racional após ter significado para milhões o "esguichar" do sangue judeu aos golpes de faca?)

E foi isso que aconteceu durante o Reich. Não silêncio ou evasão, mas um imenso despejar de palavras precisas e serviçais. Um dos particulares horrores da era nazista foi que tudo que acontecia era registrado, catalogado, historiado, anotado; que as palavras eram obrigadas a dizer coisas que boca alguma jamais deveria ter pronunciado e cuja inscrição papel algum feito pelo homem jamais deveria ter ostentado. É nauseante e quase insuportável lembrar o que foi forjado e dito, mas é preciso. Nos porões da Gestapo, taquígrafos (geralmente mulheres) anotavam com cuidado os sons de medo e agonia arrancados, cauterizados ou extraídos da voz humana. As torturas e experiências realizadas em seres vivos em Belsen e Matthausen foram registradas com exatidão. Os regulamentos que estabeleciam o número de golpes de açoite a serem distribuídos nos pelourinhos de Dachau estavam estipulados por escrito. Quando rabinos poloneses eram obrigados a esvaziar latrinas a céu aberto com as mãos e a boca, havia oficiais alemães lá para registrar o fato, para fotografá-lo e para legendar as fotografias. Quando as tropas de elite da SS separavam mães de seus filhos na entrada dos campos de extermínio, não o faziam em silêncio. Proclamavam os iminentes horrores em zombarias gritadas: *"Heida, heida, juchheisassa, Scheissjuden in den Schornstein!"*.

O indizível dito e repetido durante doze anos. O impensável anotado, classificado, arquivado para referência. Os homens que despejaram cal viva pelas aberturas dos esgotos de Varsóvia para matar os vivos e disfarçar o fedor dos mortos escreveram cartas para casa, contando isso. Falaram de ter de "liquidar os insetos". Em cartas pedindo fotos de familiares ou enviando votos de boas festas. Noite feliz, noite de paz, *Gemütlichkeit*. Uma língua usada para administrar o inferno, incorporando os hábitos do inferno a sua sintaxe. Usada para destruir o que existe no homem de homem e para restabelecer o domínio do que existe de fera. Aos poucos, as palavras perderam o significado original e adquiriram definições de pesadelo. *Jude, Pole, Russe* vieram a significar bichos de duas pernas, vermes pútridos que os bons arianos deveriam esmagar, como dizia um manual do partido, "como baratas em uma parede suja". "Solução final", *endgültige Lösung*, passou a significar a morte de seis milhões de seres humanos em câmaras de gás.

A língua foi contaminada não só por essas grandes bestialidades. Foi invocada para pôr em vigor inúmeras falsidades, para persuadir os alemães de que a guerra era justa e vitoriosa em toda parte. À medida que a derrota começou a fechar o círculo em torno do Reich dos mil anos, as mentiras engrossaram até se tornarem uma constante avalanche. A linguagem foi virada do avesso para dizer "luz" onde havia negrume e "vitória" onde havia derrota. Gottfried Benn, um dos poucos escritores decentes a permanecer na Alemanha nazista, anotou algumas das novas definições do dicionário de alemão hitleriano:

> Em dezembro de 1943, ou seja, na época em que os russos nos tinham feito recuar 1500 quilômetros, e tinham invadido nossa frente em uma dezena de lugares, um primeiro-tenente, miúdo como um beija-flor e manso como um cachorrinho, observou: "O importante é que esses porcos não estão conseguindo passar". "Passar", "recuar", "limpar", "linhas flexíveis e fluidas de combate" — que poder positivo e negativo essas palavras têm; podem blefar ou esconder. Stalingrado — um trágico acidente. A derrota dos submarinos — uma pequena e casual descoberta técnica dos britânicos. Montgomery expulsando Rommel por 4 mil quilômetros de El Alamein a Nápoles — traição do grupo de Badoglio.

E, à medida que o círculo da vingança foi se fechando em torno da Alemanha, essa avalanche de mentiras tornou-se tão espessa como uma desesperada tempestade de neve. Pelo rádio, entre os intervalos provocados pelos avisos de ataques aéreos, a voz de Goebbels assegurava ao povo alemão que "armas secretas titânicas" estavam para ser lançadas. Em um dos últimos dias do *Götterdämmerung*, Hitler saiu de seu *bunker* para passar em revista uma fileira de garotos de quinze anos, de faces macilentas, recrutados para uma derradeira defesa de Berlim. A ordem do dia falava de "voluntários" e de unidades de elite agrupadas, vitoriosas, em torno do *Führer*. O pesadelo acabou com uma mentira desavergonhada. O *Herrenvolk* foi solenemente informado de que Hitler estava nas trincheiras da linha de frente, defendendo o coração de sua capital contra as feras vermelhas. Na verdade, o bufão jazia morto com sua amante, bem fundo na segurança de seu covil de concreto.

As línguas têm grandes reservas de vida. Podem absorver grandes quantidades de histeria, analfabetismo e vulgaridade (George Orwell demonstrou como o inglês está fazendo isso hoje). Mas chega um ponto de ruptura. Uma língua ser usada para conceber, organizar e justificar Belsen; ser usada para compor especificações para câmaras de gás; ser usada para desumanizar o homem durante doze anos de calculada bestialidade. Algo acontecerá com ela. Fazer das palavras o que Hitler e Goebbels e os 100 mil *Untersturmführer* fizeram: condutoras de terror e falsidade. Algo acontecerá com as palavras. Algo das mentiras e do sadismo irá instalar-se na medula da língua. A princípio de modo imperceptível, como os venenos da radiação se infiltram silenciosos nos ossos. Mas o câncer irá surgir, e, com ele, a destruição profunda. A linguagem não irá mais crescer e se renovar. Não irá mais desempenhar, tão bem como o fazia, suas duas principais funções: o transporte da ordem humana a que chamamos lei, e a comunicação do cerne do espírito humano a que chamamos graça. Em angustiada anotação em seu diário de 1940, Klaus Mann observou que não podia mais ler livros novos alemães: "É possível que Hitler tenha poluído a linguagem de Nietzsche e de Hölderlin?". É possível.

Mas o que teria acontecido aos guardiães da linguagem, os defensores de sua consciência? O que teria acontecido aos escritores alemães? Alguns foram mortos nos campos de concentração; outros, como Walter Benjamin, mataram-se antes que a Gestapo os apanhasse para obliterar aquele pouco que existe no homem da imagem de Deus. Mas os escritores mais importantes foram para o exílio. Os melhores dramaturgos: Brecht e Zuckmayer. Os romancistas mais importantes: Thomas Mann, Werfel, Feuchtwanger, Heinrich Mann, Stefan Zweig, Hermann Broch.

O êxodo é de importância primordial se quisermos compreender o que aconteceu com a língua alemã e com a alma da qual é voz. Alguns dentre esses escritores fugiram para não morrer, por serem judeus, marxistas ou alguma outra forma de "vermes indesejáveis". Mas muitos poderiam ter ficado como hóspedes arianos honrados pelo regime. Os nazistas estavam mais do que ansiosos para garantir o brilho da presença de Thomas Mann e o prestígio que a simples presença teria conferido à vida cultural do Reich. Mas Mann não quis ficar. E o motivo foi porque ele sabia exatamente o que estava sendo feito com a língua alemã e achava que só no exílio essa língua poderia escapar à ruína final. Quando ele emigrou, os acadêmicos sicofânticos da Universidade de Bonn retiraram-lhe o doutorado honorário. Em sua famosa carta aberta ao reitor, Mann explicou que um homem que usava o alemão para comunicar a verdade ou os valores humanos não podia permanecer no Reich de Hitler:

> É grande o mistério da língua; a respontabilidade pela língua e por sua pureza é de uma espécie simbólica e espiritual; essa responsabilidade não tem apenas um sentido estético. A responsabilidade pela língua é, em essência, uma responsabilidade humana. [. . .] Um escritor alemão, tornado responsável pelo uso habitual da língua, deve permanecer em silêncio, em completo silêncio, em

face de todo o mal irreparável que tem sido cometido diariamente, e que está sendo cometido em meu país, contra o corpo, a alma e o espírito, contra a justiça e a verdade, contra homens e o homem?

Mann tinha razão, é claro. Mas o preço de tal integridade é alto para um escritor.

Os escritores alemães sofreram diferentes graus de privações e reagiram de maneiras diferentes. Muito poucos tiveram a sorte de encontrar asilo na Suíça, onde podiam permanecer dentro da corrente viva de sua própria língua. Outros, como Werfel, Feuchtwanger e Heinrich Mann, estabeleceram-se uns perto dos outros ou formaram ilhas de sua língua natal em sua nova pátria. Stefan Zweig, após chegar em segurança na América Latina, tentou continuar com seu ofício. Mas o desespero o dominou. Ele estava convencido de que os nazistas transformariam o alemão em um palavreado desumano. Não pôde vislumbrar um futuro para um homem dedicado à integridade das letras alemãs e matou-se. Outros pararam de escrever por completo. Só os muito fortes ou os mais talentosos conseguiram transformar sua cruel condição em arte.

Perseguido pelos nazistas de refúgio em refúgio, Brecht fez de cada uma de suas novas peças uma brilhante ação de retaguarda. *Mãe Coragem* foi produzida pela primeira vez em Zurique na sombria primavera de 1941. Quanto mais era caçado, mais límpido e forte tornava-se o alemão de Brecht. A linguagem parecia ser a de uma cartilha que soletrasse o bê-a-bá da verdade. Sem dúvida, Brecht foi ajudado por sua convicção política. Sendo marxista, sentia-se como cidadão de uma comunidade maior que a Alemanha e um participante na marcha avançada da história. Estava preparado para aceitar a profanação e a devastação da herança alemã como um necessário e trágico prelúdio para a fundação de uma nova sociedade. Em seu tratado "Cinco dificuldades encontradas ao escrever a verdade", Brecht imaginou uma nova língua alemã, capaz de fazer coincidir a palavra com o fato e o fato com a dignidade do homem.

Outro escritor que fez do exílio um enriquecimento foi Hermann Broch. *Der Tod des Vergil* não é apenas um dos romances mais importantes que a literatura européia produziu desde Joyce e Proust; é um tratamento específico da trágica condição do homem de palavras em uma era de força bruta. O romance gira em torno da decisão de Virgílio, à morte, de destruir o manuscrito da *Eneida*. Ele compreende nesse momento que a beleza e a verdade da linguagem são inadequadas para lidar com o sofrimento humano e o avanço da barbárie. O homem tem de encontrar uma poesia mais imediata e mais útil para o homem do que a poesia de palavras: uma poesia de ação. Além do mais, Broch levou a gramática e o discurso para além de seus domínios tradicionais, como se estes tivessem ficado pequenos demais para conter o peso da mágoa e da percepção imposto a um escritor pela desumanidade de nossos tempos. Ao aproximar-se do fim de sua vida bastante solitária (morreu em New Haven, quase desconhecido), achava, com convicção crescente, que a comunicação talvez pudesse ser encontrada em outras modalidades que não a linguagem, talvez na matemática.

De todos os exilados, Thomas Mann teve a melhor sorte. Sempre fora um cidadão do mundo, receptivo ao gênio de outras linguagens e culturas. Na última parte do ciclo de *José*, entraram no estilo de Mann certas tonalidades do inglês, a língua em meio à qual ele agora vivia. O alemão continua sendo o do mestre, mas de vez em quando uma luz alheia brilha através dele. Em *Doktor Faustus*, Mann voltou-se diretamente para a ruína do espírito alemão. O romance é moldado pelo contraste entre a linguagem do narrador e os acontecimentos que ele relata. A linguagem é do humanista clássico, um tanto laboriosa e antiquada, mas sempre aberta às vozes da razão, do ceticismo e da tolerância. A história da vida de Leverkühn, por outro lado, é uma parábola da irracionalidade e do desastre. A tragédia pessoal de Leverkühn prefigura a insanidade maior do povo alemão. Ao mesmo tempo que o narrador deixa registrado seu testemunho pedante mas humano da destruição desenfreada de um homem de gênio, o Reich é visto mergulhando em sangrento caos. Em *Doktor Faustus*, há também uma inequívoca reflexão sobre os papéis da linguagem e da música na alma alemã. Mann parece estar dizendo que as energias mais profundas da alma alemã sempre foram expressas antes na música que em palavras. E a história de Adrian Leverkühn sugere que esse é um fato carregado de perigo. Pois na música há possibilidades de completo irracionalismo e hipnose. Desacostumados a encontrar na linguagem um padrão final de significado, os alemães estavam prontos para o jargão subumano do nazismo. E por trás do jargão, soavam os grandes acordes sombrios do êxtase wagneriano. Em *O santo pecador*, uma de suas últimas obras, Mann retornou ao problema da língua alemã por meio da paródia e do pastiche. A história é escrita em uma elaborada imitação do alemão medieval, como que para removê-la tão longe quanto possível do alemão do presente.

Contudo, apesar de todas as suas realizações, os escritores alemães no exílio não puderam proteger sua herança da autodestruição. Ao deixarem a Alemanha, podiam proteger sua própria integridade. Testemunharam os primórdios da catástrofe, não seu desenrolar completo. Como escreveu um dos que ficaram para trás: "Vocês não pagaram com o preço de sua própria dignidade. Então como podem comunicar-se com aqueles que o fizeram?". Os livros que Mann, Hesse e Broch escreveram na Suíça, na Califórnia ou em Princeton são lidos hoje na Alemanha, mas principalmente como prova valiosa de que um mundo privilegiado tinha continuado a existir "em outros lugares", fora do alcance de Hitler.

Então, como ficam aqueles escritores que permaneceram? Alguns tornaram-se lacaios no bordel oficial da "cultura ariana", o *Reichsschrifttumskammer.* Outros tergiversaram até perderem a faculdade de dizer algo de claro ou significativo até para si mesmos. Klaus Mann faz um breve esboço de como Gerhart Hauptmann, o velho leão do realismo, enfrentou as novas realidades:

> Hitler... afinal de contas... Meus caros amigos!... nada de ressentimentos!... Vamos tentar ser... Não, por favor, permitam-me... objetivos... Posso encher meu copo outra vez? Este champanhe... notável, sem dúvida — o homem Hitler, quero dizer... O champanhe também, aliás... Um desenvolvimento dos mais extraordinários... A juventude alemã... Cerca de sete milhões de votos... Como dizia com freqüência a meus amigos judeus... Esses alemães... uma nação incalculável... muito misteriosa mesmo... impulsos cósmicos... Goethe... A Saga de Nibelungen... Hitler, de uma certa forma, expressa... Como tentei explicar para meus amigos judeus... tendências dinâmicas... elementares, irresistíveis...

Alguns, como Gottfried Benn e Ernst Jünger, buscaram refúgio no que Benn denominou a "forma aristocrática de emigração". Alistaram-se no exército alemão, pensando que poderiam escapar à maré de poluição e servir a seu país segundo a "maneira antiga e honrada" do corpo de oficiais. Jünger escreveu um relato da campanha vitoriosa na França. É um livrinho lírico e elegante, intitulado *Gärten und Strassen* [Jardins e ruas]. Sem nenhum toque de grosseria. Um oficial do estilo antigo cuidando como um pai de seus prisioneiros franceses e mantendo relações "corretas" e até graciosas com seus novos súditos. Atrás de sua viatura oficial, vêm os caminhões da Gestapo e as tropas de elite recém-chegadas de Varsóvia. Jünger não menciona nenhuma dessas coisas desagradáveis. Ele escreve sobre jardins.

Benn viu as coisas com mais clareza e retirou-se primeiro para a obscuridade de estilo e depois para o silêncio. Mas sua simples presença na Alemanha nazista pareceu destruir seu controle sobre a realidade. Após a guerra, pôs no papel algumas de suas lembranças daquele período de trevas. Entre elas, encontramos uma sentença inacreditável. Falando das pressões exercidas sobre ele pelo regime, Benn diz: "Passo a descrever o que se segue não por ressentimento contra o nacional-socialismo. Ele agora foi derrubado e eu não sou daqueles que arrastam no pó o corpo de Heitor". A imaginação baqueia ante a enorme confusão necessária para levar um escritor decente a escrever isso. Usando um velho lugar-comum acadêmico, ele transforma o nazismo no equivalente do mais nobre dos heróis homéricos. Por estar morta, a linguagem lança mão de mentiras.

Um grupo pequeno de escritores permaneceu na Alemanha para oferecer uma resistência secreta. Um desses poucos foi Ernst Wiechert. Ele passou algum tempo em Buchenwald e ficou em isolamento parcial durante toda a guerra. O que escrevia, enterrava no jardim. Permaneceu lá em constante perigo, pois achava que a Alemanha não deveria ser deixada perecer em um sofrimento calado. Permaneceu para que um homem honesto registrasse para aqueles que tinham fugido e para aqueles que talvez sobrevivessem como tinha sido. Em *Der Totenwald* [A floresta dos mortos], faz um breve e tranqüilo relato do que viu no campo de concentração. Tranqüilo porque queria que o horror dos fatos gritasse na nudez da verdade. Viu judeus sendo torturados até a morte sob vastos pesos de pedra ou madeira (eram açoitados cada vez que paravam para respirar até caírem mortos). Quando o braço de Wiechert abriu-se em feridas purulentas, deram-lhe uma atadura e ele sobreviveu. O oficial médico do campo não tocava judeus ou ciganos mesmo com luvas "para que o cheiro da carne deles não o contaminasse". Então eles morriam, gritando com gangrena ou caçados pelos cães policiais. Wiechert viu e lembrou. Terminada a guerra, desenterrou o manuscrito do jardim, e, em 1948, publicou-o. Mas já era tarde demais.

Nos três anos que se seguiram logo após o fim da guerra, muitos alemães tentaram chegar a uma compreensão realista dos acontecimentos da era de Hitler. À sombra das ruínas e da miséria econômica, eles consideraram o mal monstruoso que o nazismo desencadeara sobre eles e sobre o mundo. Longas filas de homens e mulheres passaram ao lado das pilhas de ossos nos campos de extermínio. Soldados que retornaram admitiram alguma coisa sobre a ocupação da Noruega ou da Polônia, da França ou da Iugoslávia — o fuzilamento em massa de reféns, a tortura, a pilhagem.

As igrejas fizeram ouvir sua voz. Foi um período de escrutínio moral e de dor. Diziam-se palavras que não haviam sido pronunciadas durante doze anos. Mas foi muito breve o momento da verdade.

A virada parece ter vindo em 1948. Com o estabelecimento do novo Deutschmark, a Alemanha começou uma miraculosa ascensão para um renovado poderio econômico. O país intoxicou-se, literalmente, com trabalho árduo. Foram os anos em que os homens passavam metade da noite em suas fábricas reconstruídas, porque suas casas ainda não eram habitáveis. E com esse impulso para o alto de energia material, veio um novo mito. Milhões de alemães começaram a dizer a si mesmos e a qualquer estrangeiro ingênuo o bastante para escutar que o passado, na verdade, não tinha acontecido, que os horrores tinham sido grandemente exagerados pela propaganda aliada e por jornalistas sensacionalistas. Sim, alguns campos de concentração haviam existido, e *dizia-se* que inúmeros judeus e outros infelizes tinham sido exterminados. "Mas não seis milhões, *lieber Freund*, nem nada parecido com isso. É só propaganda, sabe." Sem dúvida, registraram-se algumas lamentáveis brutalidades por parte de unidades da SS e da SA em território estrangeiro. "Mas esses sujeitos eram *Lumpenhunde*, desordeiros de classe baixa. O exército regular não fez nada disso. Não o nosso honrado exército alemão. E, realmente, na frente oriental, nossos rapazes não estavam se defrontando com seres humanos normais. Os russos são cães raivosos, *lieber Freund*, cães raivosos! E que me diz do bombardeio de Dresden?" Em todo lugar da Alemanha por onde se viajasse, ouviam-se argumentos como esses. Os próprios alemães começaram a acreditar neles com fervor. O pior, no entanto, ainda estava por vir.

Alemães de todas as condições sociais começaram a declarar que não tinham tomado conhecimento das atrocidades do regime nazista. "Não sabíamos o que estava acontecendo. Ninguém nos contou sobre Dachau, Belsen ou Auschwitz. Como iríamos descobrir? Não ponham a culpa em nós." É óbvio que se torna difícil desmentir essa alegação de ignorância. *Houve* inúmeros alemães que só tinham uma vaga idéia do que podia estar acontecendo fora de seu quintal. Os distritos rurais e as comunidades menores e mais remotas só foram conhecer a realidade nos últimos meses da guerra, quando a luta chegou mesmo perto deles. Mas um imenso número sabia *sim*. Wiechert descreve sua longa viagem para Buchenwald nos dias idílicos, por comparação, de 1938. Ele conta como pessoas se aglomeravam nas várias paradas para insultar e cuspir nos judeus e nos prisioneiros políticos acorrentados dentro do vagão da Gestapo. Quando os trens da morte começaram a rodar pela Alemanha durante a guerra, a atmosfera ficou carregada dos sons e do cheiro fétido da agonia. Os trens esperavam em desvios em Munique antes de irem para Dachau, a pouca distância dali. Dentro dos vagões lacrados, homens, mulheres e crianças enlouqueciam de medo e sede. Gritavam por ar e água. Gritavam a noite inteira. As pessoas em Munique ouviam e contavam aos outros. A caminho de Belsen, um trem parou em algum lugar do sul da Alemanha. Os prisioneiros foram postos a correr de cá para lá na plataforma e um homem da Gestapo soltou seu cão atrás deles, gritando: "Homem, pegue esses cães!". Um grupo de alemães estava por ali, apreciando o espetáculo. Inúmeros outros casos foram registrados.

A maioria dos alemães provavelmente não conhecia os detalhes reais do genocídio. Talvez não tenham sabido a respeito da mecânica das câmaras de gás (um historiador oficial nazista denominou-as "o ânus do mundo"). Mas quando os vizinhos da casa ao lado eram levados durante a noite, ou quando os judeus, portando a estrela amarela costurada no casaco, eram impedidos de entrar nos abrigos antiaéreos e obrigados a ficar encolhidos nas ruas desabrigadas e em chamas, só um cego idiota não teria sabido.

Contudo, o mito cumpriu sua função. É verdade que platéias alemãs ficaram emocionadas, não faz muito tempo, pela encenação de *O diário de Anne Frank*. Mas mesmo o terror do *Diário* foi um lembrete excepcional. E não mostra o que aconteceu a Anne *dentro* do campo. O mercado é fraco para coisas assim na Alemanha. Esqueça o passado. Trabalhe. Prospere. A nova Alemanha pertence ao futuro. Indagados recentemente sobre o significado do nome Hitler para eles, escolares alemães responderam que ele era um homem que havia construído os *Autobahnen* [auto-estradas] e acabado com o desemprego. Tinham ouvido dizer que ele era um homem mau? Sim, mas não sabiam bem por quê. Os professores que tentaram lhes contar a história do período nazista tinham sido advertidos por círculos oficiais de que tais assuntos eram inadequados para crianças. Alguns poucos que insistiram tinham sido transferidos ou sofrido pressões violentas por parte dos pais e de colegas. Por que ficar desenterrando o passado?

Aqui e ali, de fato, velhos conhecidos estão de volta. Nas cadeiras dos tribunais, estão sentados alguns dos juízes que fizeram cumprir as leis sangrentas de Hitler. Em muitas cátedras de professores, estão sentados docentes que receberam a primeira promoção quando seus professores judeus ou socialistas foram mortos. Em diversas universidades alemãs e austríacas, os valentões se pavoneiam de novo com seus bonés, fitas, cicatrizes de duelo e ideais "germânicos puros". "Esqueçamos" é a ladainha da nova era alemã. Mesmo aqueles que não conseguem, instam os outros a fazê-lo. Uma das raras obras de alta literatura a se preocupar com todo o horror do passado é *Das Brandopfer* [O holocausto], de Albrecht Goes. Quando um oficial da Gestapo diz a uma mulher judia que não terá tempo de ter seu bebê lá para onde vai, ela deixa o carrinho de bebê para a esposa de um comerciante ariano decente. No dia seguinte, é deportada para as câmaras. O carrinho vazio faz a narradora compreender todo o significado do que está sendo cometido. Ela decide dar sua própria vida como uma oferenda ardente para Deus. É uma história soberba. No início, porém, Goes hesita sobre se deve contá-la. "As pessoas esqueceram. E é necessário o esquecimento, pois como poderia alguém viver sem ter esquecido?" Melhor, talvez.

Tudo se esquece. Mas não uma linguagem. Depois de injetada com falsidades, só a verdade mais drástica pode purificá-la. Ao invés disso, a história do pós-guerra da língua alemã tem sido de dissimulação e de deliberado esquecimento. A lembrança de horrores passados tem sido em grande parte extirpada. Mas a um preço alto. E a literatura alemã o está pagando neste momento. Há jovens escritores talentosos e alguns poetas menores de algum mérito. Mas a maior parte do que está sendo publicado como literatura séria é trivial e sem valor. Não contém em si a chama da vida. Compare-se o melhor do jornalismo atual com um número qualquer do *Frankfurter Zeitung* anterior a Hitler; às vezes é difícil acreditar que ambos estejam escritos em alemão.

Isso não significa que o gênio alemão esteja mudo. Existe uma brilhante vida musical, e não há outro lugar no mundo onde a música experimental moderna tenha uma platéia mais interessada. Há, de novo, uma onda de atividade na matemática e nas ciências naturais. Mas a música e a matemática são "linguagens" outras que não a linguagem. Mais puras, talvez: menos enxovalhadas por implicações do passado; mais capazes, é possível, de lidar com a nova era da automação e do controle eletrônico. Mas não são a linguagem. E até agora, na história, é a linguagem que tem sido o receptáculo da graça humana e o veículo principal da civilização.

NOTAS SOBRE GÜNTER GRASS

Günter Grass é uma indústria: 300 mil exemplares de *O tambor* vendidos na Alemanha; mais de 60 mil na França; a edição americana em capa dura ultrapassou 90 mil, e bem mais de 100 mil na edição brochada. Na Inglaterra, a vinheta do homenzinho com o demoníaco tambor tornou-se um símbolo de editora. Agora, quase não existe uma vitrine de livraria na Europa onde o cão negro do segundo importante romance de Grass, *Hundejahre* [Anos de cão], não esteja mostrando a língua vermelha e fálica. Mas o mais importante não é o enorme sucesso de Grass, nem o fato de ele ter colocado a literatura alemã de volta no mercado. É o poder que essa voz gritada tem de abafar o canto de sereia do esquecimento plácido, de fazer — como nenhum outro antes — os alemães encararem seu monstruoso passado.

Uma sombria fantasia está à espreita no seio de *Hundejahre.* A fábula gira em torno da irmandade de sangue e amor-ódio do nazista e do judeu. Walter Matern, o homem da SA; Eduard Amsel, o judeu; irmãos na pele e na alma, sombras gêmeas em uma estranha e feroz parábola sobre como a Alemanha mergulhou na escuridão.

A neurótica conjetura de algum relacionamento secreto e predestinado entre nazista e judeu, de uma oculta fraternidade ou mútua fascinação mais profunda do que a demonstração externa de aversão e de destruição, reaparece tenaz. Podemos encontrá-la na suspeita, defendida com grau variável de *finesse* histórica, de que o nazismo derivou do judaísmo seu dogma da "raça eleita" e de um milenar e messiânico nacionalismo. Emerge na macabra análise que Hannah Arendt fez do "sionismo" de Eichmann e na persistente crença ou alegação de que certos nazistas eminentes —

Heydrich, Rosenberg, o próprio Hitler — tinham traços de ascendência judia.

Essa insinuação alimenta-se de duas fontes com raízes profundas. O masoquismo judaico, às vezes, inclina-se para a idéia de que havia uma base lógica oculta para a catástrofe, uma refutação selvagem, mas de certo modo natural, às altivas esperanças nutridas pela assimilação dos judeus na cultura alemã. O alemão, ou um estrangeiro, por outro lado, rende-se à obscura noção de que os judeus-alemães desencadearam de algum modo o vendaval sobre si mesmos, de que as tentações que ofereciam à bestialidade eram sutis e íntimas demais para que se resistisse a elas. Um processo tão completo de reconhecimento e extermínio deve ter envolvido uma cumplicidade oculta entre torturador e vítima. Pois todos os homens matam o judeu que amam.

Dois garotos brincam e sonham na relva e nos baixios do Vístula, nos alagados planos da fronteira polonesa e nas redondezas de Danzig, que Grass tornou seus de maneira singular. Matern, o rangedor de dentes, filho do moleiro; Amsel, o meio-judeu (ou será mais do que meio, quem sabe?). A malta de garotos da escola se açula contra Amsel; ele é um gorducho com língua de gralha e eles o enchem de socos. Matern torna-se seu forte escudo. Quando está por perto, ninguém esmurra Amsel ou grita *kike*! O gorducho dá um canivete para Matern. Mas o rio tem um estranho remanso, e um dia, não encontrando uma pedra à mão, Matern atira lá dentro o canivete. E daí? Era só um canivete de bazar, barato, e Edi Amsel é um garoto esperto. Basta ter uma trouxa de farrapos, algumas aparas de madeira e restos de arame. Quando menos se espera, está pronto um espantalho (em alemão, *Vogelscheuche* tem conotações lúbricas). Não são espantalhos comuns. São parecidos com pessoas da vizinhança e os pássaros ficam volteando por cima deles em bandos assustados. É só colocar umas engrenagens em suas tripas de palha e eles começarão a andar.

Matern também não é tolo. Faz uma tentativa com os comunistas e acha a cerveja aguada. Lá no clube, todos os rapazes estão virando fascistas. E são simpáticos quanto a isso: "Preferimos ter um vermelho arrependido do que uma dúzia de burgueses peidorrentos". Matern adere. Por que não? E lá está aquele biruta do Amsel pedinchando todos os uniformes da SA não mais em uso que Matern possa arrebanhar, pedindo todos os bonés e camisas marrons rasgados na última arruaça de rua. Ele os coloca em seus espantalhos e os homens vazios, os homens empalhados, põem-se a marchar. Com passo de ganso, olhos voltados para a direita, braços estendidos. Como se fossem uma legião.

Há neve no quintal de Amsel. Um dia, algo estranho acontece. Um bando de rapazes da SA, com máscaras no rosto, pula de mansinho a cerca. O jacó é espancado até virar uma massa sangrenta. Então o rolam na neve; Amsel, o boneco de neve, ficou sem dentes na boca. Nem um. Quem eram os desordeiros? Jochen Sawatzki, Paul Hoppe, Willy Eggers. ... Nomes que se estendem da Pomerânia até a Renânia e a Bavária. Alfons Bublitz, Otto Warnke... Continua contando. Oito nomes. Mas havia nove rapazes. É tudo tão complicado e faz tanto tempo. Como um sonho mau ou um acesso de náusea. Não se pode esperar que uma pessoa se lembre de tudo. A neve era uma espessa camada e havia 32 dentes nela. E dezoito punhos a martelar Amsel até ficar uma massa sangrenta. Oito bons nomes alemães. Falta um. Ainda.

Assim Matern decide descobrir. A guerra terminou e o Reich dos mil anos jaz em escombros fedorentos. Mas em meio aos grafitos no mictório masculino da estação de trens de Colônia, Matern vê o nome e endereço do amigo Sawatzki. Encontra outros nomes. Vagando para o norte e para o sul pela paisagem lunar de detritos e derrota, localiza um por um. Pede a verdade e a justiça. Onde estava você quando o louco demagogo conduziu-nos para o grande mar marrom? Onde estava você quando eles rolaram meu amigo Edi Amsel até ficar uma bola de neve sangrenta e limparam as botas em seu rosto?

Matern não está sozinho. Viaja com um grande pastor alemão. Prinz é o cão de Hitler. Escapou do último reduto do Führer, do *bunker* de morte de Berlim. Perdido no leste, encontra Matern, que vem saindo de um campo de prisioneiros de guerra. Então ficam inseparáveis. Enquanto Matern contamina as esposas e as filhas de seus antigos companheiros com doença venérea — é estranho como pequenos corpos entram na corrente sangüínea alemã e a deixam toda febril e agitada —, Prinz engorda. Mas agora seu nome é Pluto. Cachorro bom; tome um biscoito; seja um cachorro de Disney.

Matern torna-se um ídolo do rádio. Um dia, concorda em ser entrevistado por um grupo de jovens impetuosos e bem asseados. Mas alguma companhia lunática andou vendendo óculos para eles. A gente põe os óculos e começa a ver a mamãe e o papai em uma estranha luz marrom. Vê-os fazendo toda espécie de coisas surpreendentes — arrebentando vitrines de lojas, berrando como macacos no cio, fazendo velhos assustados limpar latrinas com as barbas. Esse é você, papai? Assim os espertos jovenzinhos perguntam a Matern: quem são aqueles nove malfeitores que estão pulando a cerca do jardim? *Herr* Walter Matern, amigo dos judeus, antinazista de primeira categoria, vai transmitir pelo rádio os nomes deles para a nação arrependida. Oito nomes.

Aí ele começa a correr. Para leste. Para a outra Alemanha do outro lado do muro silencioso. Deixa Pluto amarrado em segurança na estação ferroviária de Colônia. O trem é macio e rápido. Os alemães são peritos em fazer os trens correr através da Europa. Mas há um cachorro acompanhando aos saltos os trilhos, mais rápido do que uma locomotiva diesel. E bem na fronteira, uma sombra adianta-se das sombras. Um velho amigo. Tem um canivete. E quando Matern o joga no canal de Berlim, ele nem se importa. Canais podem ser dragados. Mas certas coisas nunca podem ser perdidas, nunca podem ser jogadas fora. Canivetes, por exemplo.

A história termina com uma grotesca *Walpurgisnacht*, uma descida a uma mina de potassa que também é a ante-sala do inferno. Agora sabemos o que estávamos sabendo o tempo todo. Que Walter Matern amava Eduard Amsel tanto que tinha que pôr as mãos no próprio coração dele, e ver seus trinta e dois dentes na neve. Que quando o homem certo assobia, os pastores alemães são os cães do inferno.

Tal resumo não é apenas inadequado (há uma meia dúzia de romances comprimidos dentro desse único monstro bojudo), mas faz o livro soar mais compacto, mais persuasivo do que é. Antes de chegar na *Materníade* — o épico burlesco das buscas vingativas de Matern —, o leitor tem que chafurdar por um pântano de alegoria e digressão. A parte central, umas trezentas páginas, é disposta em forma de cartas (por momentos, uma paródia do *Wahlverwandschaften* [Afinidades eletivas] de Goethe). Através delas, vislumbramos os destinos caóticos de Matern, de Amsel (que sobrevive ao período nazista sob um nome falso) e de inúmeras personagens menores.

Há várias fusões. Prinz-Pluto descende de um extenso *pedigree* começando com Perkum, um caçador de lobos. A história de seus antepassados está entrelaçada com a dos Matern. Os dois garotos brincaram com o cão Senta nos baixios do rio. O bosque de bétulas, onde as crianças se ocupavam e ficavam ouvindo as corujas, parece fundir-se e escurecer para dentro de outros bosques (*Birken-Buchen** — coloca-se uma sílaba mais em uma árvore alemã e o

(*) *Birken*: bétula; *Buchen*: faia. *Buchenwal*: faial e também o nome do campo de concentração (do alemão). (N. T.)

que é que fica?). Mas embora Grass planeje e enrede com estimulante entusiasmo, o livro tende a não ser coeso. O que fica é a afirmação geral de caos e o brilhantismo de episódios discretos. Os primeiros capítulos da infância e do rio, com sua cadência emaranhada e pesada, são uma extraordinária façanha. Grass envolve-se na totalidade visceral das crianças. Ele vê como elas, em lentos despertares e lampejos abruptos. Como *O tambor*, *Hundejahre* transmite a impressão de que existe na força de Grass um traço deliberado de infantilismo, a maneira direta, desinibida e brutal de sentir de uma criança.

A descrição de um ataque em grupo de SA em uma cervejaria é inesquecível. Grass traz à luz as raízes banais da bestialidade nazista. Vemos a vulgaridade enfumaçada e confiada das maneiras da classe média baixa alemã, a cinza molhada do charuto, e a palmada nas nádegas que se tornam, por uma súbita guinada de histeria, na fúria ofegante dos matadores. Chega-se a entender como a mera grosseria dos prazeres alemães — as lingüiças estourando da pele e os penicos com desenhos de flores, os aquecedores de cerveja e os homens gordos de calções de couro apertados — era o terreno ideal para a fermentação sádico-sentimental do nazismo. De novo, tem-se a sensação de que Grass permitiu uma certa liberdade de vulgaridade a si mesmo, a seu talento. É isso que dá a seu mergulho na mente e na voz de Sawatzki e seus rapazes sua verdade nauseante. Somente no esquecido romance de Rudolf Nassauer, *O arruaceiro*, há algo que penetre tão fundo.

Grass é impiedoso com a Alemanha do pós-guerra, com o milagre de amnésia e esperteza com que os alemães ocidentais descartaram o passado e saíram guiando seus Volkswagen rumo à nova aurora. Reproduz, com mortífera exatidão, os floreios das frases e dos gestos, os silêncios privados e os lugares-comuns públicos, através dos quais a Alemanha de Adenauer convenceu-se, a seus filhos e a grande parte do mundo, de que todas aquelas coisas terríveis não haviam acontecido de fato, de que "os números são muito exagerados" ou de que ninguém sob os telhados vermelhos de Bad Pumpleheim sabia realmente *nada* do que estava acontecendo na floresta a cinco quilômetros de distância. Várias casas boas e vilas, *de fato*, foram postas no mercado naqueles anos (Lieschen e eu e o pequeno Wolfram estamos morando numa neste momento, aliás). Mas vocês sabem como são os judeus — sempre de partida para Sorrento ou para a América do Sul. O *Führer*? Bom, para falar a verdade, nunca o vi. Mas vi o cachorro dele uma vez. *Cachorro bonzinho.* Um biscoito, por favor.

Grass isola o momento da inverdade. Nos três anos de desolação de 1945 a 1948, existiu uma oportunidade real para os alemães encararem o que tinham feito. "A Alemanha nunca tinha sido tão bela. Nunca fora tão saudável. Nunca haviam existido rostos humanos mais expressivos na Alemanha do que na época das 1032 calorias. Mas quando a pequena balsa de Mulheim estava atracando, Inge Sawatzki disse: 'Agora logo vamos ter o dinheiro novo'."

Com a reforma monetária de 1948, e a brilhante recuperação da potência econômica alemã (nos próprios monopólios e usinas de aço onde o trabalho escravo havia sido explorado até a morte, pouco tempo antes), o passo foi declarado irrelevante. A prosperidade é um detergente irresistível: elimina a antiga escuridão e os antigos cheiros da casa. Grass capturou toda a atmosfera: as evasões e as mentiras deslavadas, o cinismo dos homenzinhos engordados no estrume dos mortos, e as indagações nervosas dos jovens. A sombra de Amsel (ou será o próprio homem?) está cheia de admiração genuína pelo gênio alemão. Olhe para toda essa boa gente "cozinhando sua sopinha de ervilhas em cima de uma chama de gás azul e nem se dando conta". Por que deveriam? O que há de errado com o uso do gás?

Em 8 de maio de 1945, Prinz chega às margens do Elba. Deveria ir para leste ou oeste? Depois de experiente farejar, o cão de Hitler decide que o oeste é o lugar certo para ele. Nessa fábula central, a Alemanha de Adenauer tem seu zombeteiro epitáfio.

Hundejahre confirma o que já era patente em *O tambor* e *Katz und Maus* [Gato e rato]. Grass é o escritor mais forte, mais inventivo a emergir na Alemanha desde 1945. Ele pisa com força como um gigante turbulento sobre uma literatura com freqüência marcada por exíguos volumes de lirismo sussurrado. A energia de seus artifícios, a escala em que trabalha são fantásticas. Lembra um *action painter* lutando, dançando sobre uma enorme tela, depois rolando sobre a pintura em uma lógica final de projeto.

A fonte específica de energia está na linguagem. *Hundejahre* vai demonstrar ser de formidável dificuldade de tradução (até mesmo o título não tem equivalente exato). Nessas setecentas páginas, Grass toca um instrumento verbal de incrível virtuosismo. Longos trechos de dialeto báltico alternam-se com paródias de jargão hitleriano. Grass acumula palavras em algaravia solene ou as estilhaça em alusões e obscenidades inesperadas. Tem um gosto compulsivo por listas de palavras, por catálogos de termos raros ou técnicos (aí é que mais se assemelha a Rabelais). Há páginas inteiras de dicionários de geologia, agricultura, engenharia mecânica, balé. A própria língua, com seus poderes de histeria e sigilo, com suas partes privadas e compostura oficial, torna-se a presença principal, o cerne vivo desse negro conto de fadas.

Perguntei, no ensaio anterior, se a língua alemã tinha sobrevivido à era de Hitler, se as palavras envenenadas por Goebbels e utilizadas para regulamentar e justificar Belsen poderiam algum dia servir de novo às necessidades da verdade moral e da percepção poética. *O tambor* apareceu em 1959, e há muitos a proclamarem que a literatura alemã renasceu das cinzas, que a linguagem está intacta. Não tenho tanta certeza.

Grass entendeu que nenhum escritor alemão depois do holocausto poderia aceitar a língua por seu valor nominal. Fora o discurso do inferno. Então ele se pôs a rasgar e derreter; despejou palavras, dialetos, frases, lugares-comuns, *slogans*, trocadilhos e citações no cadinho. Saíram como lava ardente. A prosa de Grass tem uma energia torrencial e viscosa; está cheia de escombros e fragmentos acres. Marca e machuca a paisagem deixando bizarras e eloqüentes formas. Com freqüência, a própria língua é o assunto de sua fantasia abrasiva.

Assim uma das partes mais espantosas de *Hundejahre* é um pastiche mortífero do jargão metafísico de Heidegger. Grass sabe do mal que as arrogantes obscuridades do discurso filosófico alemão fizeram à mente alemã, a sua habilidade de pensar ou falar com clareza. É como se Grass tivesse agarrado o dicionário de alemão pelo pescoço e estivesse tentando esganar a falsidade e a hipocrisia para arrancá-las das palavras velhas, tentando purificá-las por meio do riso e de inconveniências para torná-las novas. Portanto, freqüentemente, sua prolixidade descontrolada, suas sentenças-leviatãs e inventários de palavras não refletem confiança no meio; falam de raiva e nojo; de um pedreiro quebrando pedra que é traiçoeira ou cheia de veios espúrios. Além disso, no fim, sua obcecada exuberância solapa a forma e a realidade do trabalho. Grass é quase sempre extenso demais, quase sempre estridente demais. As brutalidades espalhafatosas que ele satiriza contaminam sua própria arte.

Essa mesma arte é curiosamente antiquada. O plano formal do livro, seu constante apoio em *montage*, em *fade-outs* e nas simultaneidades de acontecimentos públicos e privados são moldados de perto em *U.S.A.* O caso de Grass é um dentre vários a sugerir que não foi Hemingway, mas Dos Passos, a principal influência americana do século XX. *Hundejahre* também tem influência de Joyce. É difícil imaginar o monólogo interior ininterrupto e o uso de associação verbal para manter a narrativa em movimento sem o molde de *Ulisses*. Por fim, existe a voz bem próxima de Thomas Wolfe. Os romances de Grass têm o volume e a veemência desordenada de Wolfe. *Of Time and the River* refigura, por seu título e pelo recurso ao fluxo de lembrança lírica, toda a parte da abertura de *Hundejahre*.

Onde Grass une a tradição da ficção alemã, não é o modernismo e a originalidade de Broch e Musil que contam, mas o "expressionismo de Dos Passos" do final da década de 1920. Do ponto de vista técnico, *Hundejahre* e *O tambor* partem de onde parou *Berlin Alexanderplatz* (1929), de Döblin.

Isso ocorre, em parte, porque Grass é decididamente um "não-literário", porque lida com convenções literárias com a despreocupada ingenuidade de um artesão. Ele chegou à linguagem vindo da pintura e da escultura. É indiferente aos argumentos e expectativas bem tecidas da moderna teoria literária. Toda a sua abordagem é essencialmente manual. Mas há uma segunda razão. O totalitarismo gera a mentalidade tacanha. Os nazistas extirparam a sensibilidade alemã de quase tudo que estava vivo e radical na arte moderna. Grass parte de onde a literatura alemã se calou na década de 1930 (do mesmo modo que os poetas soviéticos agora estão "descobrindo" o surrealismo ou Cocteau). Seu andamento pesado e o sabor obsoleto de suas ousadias são parte do preço que a literatura alemã tem de pagar por seus anos de isolamento.

Mas não importa. Em seus dois principais romances, Grass teve a coragem e a indispensável falta de tato para evocar o passado. Por força de seu macabro e freqüentemente obsceno humor, ele esfregou o nariz de seus leitores na grande imundície, no vômito de seu tempo. Como nenhum outro escritor, ele zombou e subverteu o manso esquecimento, a auto-absolvição que estão subjacentes à ressurgência material da Alemanha. Muito da consciência ativa da Alemanha de Krupp e das cervejarias de Munique está sob a irreverente custódia desse homem.

K

Franz Kafka morreu em 1924, após publicar algumas novelas e fragmentos. Para um círculo de amigos — Max Brod, Franz Werfel, Felix Weltsch, Gustav Janouch — sua lembrança ficou gravada a fundo. Sua ironia tímida, enigmática, a inquisitiva inocência de sua fala e de seu jeito tinham lançado um encanto. Mas em geral a palavra *kavka* nada mais significava que gralha. Menos de vinte anos mais tarde, quando o próprio Kafka estaria com cinqüenta e tantos anos, Auden podia escrever, sem procurar provocar paradoxo ou choque: "Se fosse necessário nomear um autor que chegue mais perto de ter a mesma espécie de relação com nossa época que Dante, Shakespeare e Goethe tiveram com a deles, Kafka é o primeiro em quem se pensaria". E, do ponto estratégico de sua certeza dogmática e prodigioso trabalho, Claudel disse: "Além de Racine, que é para mim o maior escritor, existe um outro — Franz Kafka".

Em torno de um homem que, durante a vida, publicou meia dúzia de novelas e esboços, cresceu uma imensa literatura. A *Franz Kafka: Eine Bibliographie* (Munique, 1958), de Rudolf Hemmerle, que já inclui cerca de 1300 obras de crítica e exegese, é preciso acrescentar a valiosa lista de "Biography and Criticism" em *Franz Kafka Today* (Madison: University of Wisconsin Press, 1959), *Die Kafka-Literatur*, de Harry Järv, e a relação de artigos e estudos mais recentes em *Franz Kafka: Parable and Paradox*, de Heinz Politzer. O catálogo de Järv cobre cerca de quatrocentas páginas e demonstra que, do Brasil ao Japão, é difícil encontrar uma língua importante de cultura literária sem uma tradução de Kafka e comentários. A União Soviética revela-se uma significativa exceção. Ao voltar a seu país da Europa ocidental, Victor Nekrassov, uma das vozes mais amadurecidas entre os escritores russos mais jovens, declarou que nada o envergonhara mais, ou fora mais revelador do provincianismo soviético, do que o fato de não ter ouvido falar antes em Kafka. O próprio nome tornou-se uma senha para a mansão do alfabetismo.

Para alguns dos primeiros admiradores de Kafka, há algo de desagradável nesse tumulto de vozes críticas. Eles desprezam a dispersão através do renome de um reconhecimento e de um tesouro um dia partilhado por alguns entusiastas. Em seu altivo ensaio, sobre "A fama de Franz Kafka", Walter Muschg, ele mesmo um mestre do recolhimento, lamenta que "nem mesmo um poeta tão solitário como Kafka possa evitar ser distorcido até se tornar uma fantástica sombra no muro do tempo". Por meio da publicação póstuma que Max Brod fez dos três romances (dois deles claramente incompletos), uma publicação realizada contra a vontade expressa de Kafka, os valores e as intimidades cabalísticos da arte de Kafka foram transformados em terreno comum. Para aqueles que lembram da estranha e reticente radiância do homem, a imagem presente é tanto exagerada como embaçada. Os refletores trazem sua escuridão.

O próprio Kafka deu apoio àqueles que vêem em sua obra uma realização essencialmente privada e fragmentada: "Max Brod, Felix Weltsch, todos os meus amigos, apossam-se de alguma coisa que eu tenha escrito, e depois surpreendem-me com um contrato de editora assinado e selado. Não quero causar-lhes embaraços, e assim, no fim, acabam sendo publicadas coisas que, na verdade, não passavam de esboços ou distrações particulares. Vestígios privados de minha fraqueza humana são impressos e até vendidos, porque meus amigos, com Max Brod à frente, decidiram transformá-los em literatura, e porque não sou forte o bastante para destruir esses testemunhos (*Zeugnisse*) de minha solidão". Mas imediatamente, na típica subversão e qualificação do que queria dizer, Kafka acrescentou: "O que eu disse aqui é, naturalmente, um exagero".

Não podemos agir hoje como se o peso de Kafka estivesse contido nas primeiras novelas e trechos de prosa expressionista. *O processo* (1925), *O castelo* (1926), *América* (1927) e os contos publicados em 1931 deram à imaginação moderna algumas de suas principais formas de percepção e identidade. Nos termos da parábola de Kafka, temos de nos assegurar de que as "muralhas da China" da crítica não aprisionem nosso trabalho, de que o mensageiro possa passar pelos portais do comentário. As privacidades originais, o senso de posse do iniciado, são irrecuperáveis. Nem se deveria obscurecer o fato essencial: Kafka projeta uma sombra tão grande, é objeto de um empreendimento crítico tão cerrado porque, e só por isso, o labirinto de seus significados abre-se por suas saídas secretas e difíceis para os elevados caminhos da sensibilidade moderna, para o que é mais urgente e pertinente em nossa condição. Seria absurdo negar a qualidade profundamente pessoal do labirinto de Kafka; mas, por estar maravilhosamente no centro, compele a muitas abordagens, muitos processos de percepção. Essa é a força da alegação de Auden. O contraste entre a generalidade de afirmação e de forma clássica em Dante ou Goethe e a modalidade disfarçada e idiossincrática de Kafka denota o caráter da época. Ouvimos um eco moldador de nosso discurso em um código repleto de silêncio e desesperançoso paradoxo.

Análises políticas de Kafka são, com freqüência, ingênuas; deixam de discriminar entre o partidário e o profético. Contudo, com o transcorrer do tempo, tornou-se óbvio que grande parte do "transrealismo" de Kafka, seu enquadramento da realidade fora de foco para produzir a economia e lógica da alucinação, deriva de uma precisa e irônica observância de circunstâncias históricas locais. Por trás das exatidões de pesadelo dos cenários de Kafka, jaz a topografia de Praga e do império austro-húngaro em declínio. Praga, com seu legado de costumes cabalísticos e astrológicos, a condensação de sombra e de torre, é inseparável da paisagem das parábolas e ficções. Kafka tinha um senso agudo dos recursos simbólicos acumulados a seu redor durante o inverno de 1916-17, viveu no Zlatá ulička, a rua do Ouro dos alquimistas do Imperador, e não há necessidade de negar as associações entre o castelo na colina de Hradčany e o do romance. Os fantasmas de Kafka tinham sólidas raízes locais.

Além disso, como afirmou Georg Lukács, nas invenções de Kafka existem traços específicos de crítica social. Sua visão da esperança radical era sombria; por trás da marcha da revolução proletária, viu o inevitável proveito do tirano e do demagogo. Mas o fato de Kafka ter estudado direito, e sua preocupação profissional com acidentes e compensação industriais, dava-lhe uma visão nítida das relações de classes e das realidades econômicas. O pivô de *O processo* é a descrição de uma burocracia malévola mas, em última análise, impotente. Com seus presságios *à la Casa soturna*, o romance é um mito demoníaco de rotina burocrática. *O castelo* é mais do que uma amarga alegoria do feudalismo burocrático austro-húngaro; mas essa alegoria está implícita. E como Politzer demonstra, a percepção da máquina industrial como uma força destrutiva e má, no sentido abstrato, perseguia Kafka e encontrou terrível realização em *Na colônia penal*. Kafka foi o herdeiro não só da maestria da distorção emblemática de Dickens mas também de sua ira contra os sádicos anonimatos da linha de montagem e da repartição pública.

A verdadeira política de Kafka, entretanto, e sua passagem do real para o mais real estão mais fundo. Ele era, em um sentido literal, um profeta. Esse é um caso ao qual o vocabulário da crítica moderna, com sua cautela e presunções seculares, tem acesso imperfeito. Mas o fato chave sobre Kafka é que ele estava possuído por uma medonha premonição, que ele via, até o ponto de exato detalhe, o horror se avolumando. *O processo* exibe o modelo clássico do estado de terror. Prefigura o sadismo furtivo, a histeria que o totalitarismo insinua na vida privada e sexual, o tédio anônimo dos assassinos. Desde que Kafka escreveu, foi ouvida na noite a batida em inúmeras portas, e o nome daqueles que foram arrastados para morrer "como um cão!" é legião. Kafka profetizou as verdadeiras formas desse desastre do humanismo ocidental que Nietzsche e Kierkegaard tinham vislumbrado como uma escuridão indistinta no horizonte.

Servindo-se de uma insinuação feita por Dostoievski em *Notas do subterrâneo*, Kafka retratou a redução do homem a um inseto atormentado. A metamorfose de Gregor Samsa, entendida por aqueles que primeiro ouviram a história como um sonho monstruoso, viria a ser o destino literal de milhões de seres humanos. A própria palavra para insetos, *Ungeziefer*, é um lance de trágica clarividência; foi assim que os nazistas vieram a denominar as vítimas do gás. *Na colônia penal* preconiza não só a tecnologia das fábricas da morte, mas aquele paradoxo especial do regime totalitário moderno — a sutil, obscena colaboração entre a vítima e o torturador. Nada do que se escreveu sobre as raízes íntimas do nazismo é comparável, em percepção exata, à imagem de Kafka do algoz a mergulhar com ímpeto suicida nas engrenagens da máquina de tortura.

A visão-pesadelo de Kafka pode muito bem ter se originado de dor íntima e neurose. Mas isso não diminui sua importância singular, a prova que dá de o grande artista ser dotado de antenas que ultrapassam o limiar do presente e tornam visível a escuridão. A fantasia transformada em fato concreto. Membros próximos da família de Kafka pereceram nas câmaras de gás; Milena e a srta. Grete B. (que talvez tenha tido o filho de Kafka) morreram em campos de concentração. O mundo do judaísmo da Europa oriental e central, com o qual o gênio de Kafka tem tão grande familiaridade, foi espalhado em cinzas.

Não menos do que os profetas que clamavam contra a carga da revelação, Kafka foi perseguido por específicas intimações do desumano. Ele observou no homem o renascer do bestial. Os muros da antiga cidade da ordem tinham se tornado carregados de maus presságios da sombra de devastação próxima. De modo críptico, ele comentou com Gustav Janouch que "o marquês de Sade é o verdadeiro patrono de nossa época". Kafka deparou-se com Buchenwald no bosque de faias. E, para além deste, não discerniu uma necessária promessa de graça. Politzer conclui de *Na colônia penal*: "O verdadeiro herói da história, o 'peculiar artefato de maquinismo', sobrevive a despeito de sua ruína, inconquistado e inconquistável. Kafka não descobriu um fim para as visões de horror que o perseguiam". Ou nas palavras de Kafka, em um aforismo escrito em 1920: "Alguns negam a miséria apontando para o sol, ele nega o sol apontando para a miséria".

Essa negação do sol está implícita na opinião ambígua de Kafka a respeito da literatura e de seus próprios escritos. Sua desconfiança evoca o tema do Antigo Testamento sobre os tartamudos atormentados da mensagem de Deus, dos videntes buscando ocultar-se da presença e das exigências da palavra. Em 1921, ele falou com Brod a respeito da "impossibilidade de não escrever, a impossibilidade de escrever em alemão, a impossibilidade de escrever de forma diferente. Quase se pode acrescentar uma quarta impossibilidade: a impossibilidade de escrever". Esta quarta impossibilidade provou ser a suprema tentação. Politzer analisa, com tato de mestre, a intrincada observância que Kafka fez de seu legado. "Todas estas coisas, sem exceção, deverão ser queimadas, e eu lhes peço que façam isso tão logo seja possível." Brod retrucou: "Deixe-me dizer-lhe desde já que não cumprirei seu desejo". Kafka manteve Brod como seu inventariante, contudo reiterou o pedido de que tudo, a não ser as poucas obras publicadas dele, deveria ser destruído. Até mesmo as obras publicadas foram ambiguamente condenadas: "Se desaparecessem por completo, isso corresponderia a meus verdadeiros desejos. Só que, como existem mesmo, não quero impedir ninguém que deseje lhes dar tal destino".

Politzer argumenta que o ideal de Kafka de perfeição formal e estilística era tão rigoroso que não admitia nenhuma transigência. Os romances e as novelas incompletos estavam imperfeitos e, portanto, deveriam desaparecer. Entretanto, ao mesmo tempo, o ato de escrever fora para Kafka a única via de escape da esterilidade e do confinamento que sofrera em sua vida pessoal. Ele buscava, como paradoxo irreconciliável, "uma liberdade para além de todas as palavras, uma liberdade *de romper com* as palavras", que só poderia ser atingida através da literatura. "Existe uma meta, mas não o caminho", escreveu Kafka; "o que denominamos de caminho é hesitação." Em uma das mais esclarecidas análises até hoje feitas de "Josefina, a cantora, ou o povo dos camundongos" (uma das lendas profundamente veladas de Kafka), Politzer expõe o equívoco sobre o silêncio necessário do artista. O narrador não tem certeza: "Será o canto dela que nos seduz, ou será antes a solene quietude em torno de seu frágil fio de voz?".

Mas podemos ir mais além. Kafka conhecia o aviso de Kierkegaard: "Um indivíduo não pode ajudar ou salvar uma época, somente pode expressar que é uma época perdida". Ele viu o advento da era do desumano e desenhou suas intoleráveis feições. Mas a tentação do silêncio, a convicção de que, na presença de certas realidades, a arte é trivial ou impertinente, rondava por perto. O mundo de Auschwitz jaz fora do discurso como jaz fora da razão. Falar do *indizível* é arriscar a sobrevivência da linguagem como criadora e portadora da verdade humana e racional. Palavras saturadas de mentiras ou atrocidade não resumem a vida com facilidade. Essa preocupação não foi só de Kafka. O medo da erosão do *Logos*, da preponderância da letra sobre o espírito, é forte em *Brief des Lord Chandos* [Carta do *lord* Chandos], de Hofmannsthal, e na polêmica de Karl Kraus. O *Tractatus*, de Wittgenstein, e *Der Tod des Vergil*, de Broch (que podem ser lidos, em parte, como uma glosa sobre o dilema de Kafka), estão imbuídos da autoridade do silêncio.

Em Kafka, a questão do silêncio é posta da maneira mais radical. É isso que lhe dá o lugar exemplar na literatura moderna. O poeta deveria parar? Em uma época em que os homens são obrigados a chiar e guinchar seus sofrimentos como besouros e ratos, será o discurso letrado, de todas as coisas a mais humana, ainda possível? Kafka sabia que no início havia o Verbo; ele nos pergunta: e quanto ao fim?

É nesse ponto que o judaísmo de Kafka apresenta a imediata importância. Muitos aspectos desse judaísmo foram explorados por críticos e biógrafos. Pouco mais precisa ser dito a respeito da dívida de Kafka para com as tradições gnósticas e hassidianas, a respeito de seu vivo, ainda que esporádico, interesse pelo sionismo, sobre a incômoda nostalgia das coesões emocionais da comunidade judaica do leste que o fizeram dizer a Janouch: "Eu gostaria de correr até os judeus pobres do gueto, beijar a barra de suas roupas e nada dizer. Eu ficaria totalmente feliz se eles tolerassem em silêncio minha proximidade". É bem conhecida a orgulhosa e profética afirmativa de Kafka de que aqueles que "golpeiam o judeu matam o homem" (*Man schlägt den Juden und erschlägt den Menschen*). Mas a tarefa mais difícil está por ser feita: a colocação da realização e dos silêncios de Kafka no contexto da relação da sensibilidade judaica com as línguas e literatura da Europa.

O estudo de Politzer é uma indispensável introdução. Embora seja parco no tratamento do remoído problema das origens do estilo de Kafka (Robert Walser é mencionado só uma vez), vai mais longe do que qualquer outra investigação anterior na demonstração da escrupulosa habilidade e recursos técnicos de Kafka. Nenhuma análise responsável de Kafka pode ignorar o que seu autor discute sobre a disposição dos romances, sobre os sucessivos estágios de composição e sobre os hábitos de trabalho de Kafka. Este hábil e paciente estudo trouxe para um merecido destaque o *métier* de Kafka.

Mas a apreciação de Politzer carece de persistência crítica e filosófica; não vai até o âmago. A situação lingüística de Kafka era precária. A condição da minoria judaica de fala alemã em Praga forçava a um característico senso de isolamento e complexidade labiríntica. O alemão de Kafka doía nos ouvidos tchecos; com freqüência, ele sentia-se culpado por não estar usando seu talento em prol da renascença da literatura e da consciência nacional tchecas, e essa culpa é pungente no encontro com Milena. Entretanto, ao mesmo tempo, seu judaísmo afrontava a crescente pressão do nacionalismo alemão. Kafka observou, com certa ironia, que o alemão falado por estudantes e homens de negócios que vinham da Alemanha para Praga era estranho ao seu, era inevitavelmente "a língua de inimigos". Ao renunciar ao meio tcheco e ao falar alemão, a classe média judaica tinha esperança de afirmar sua emancipação, sua associação a valores liberais europeus. Kafka pressentiu que tal esperança era vã.

Para além da circunstância de local, estava o ponto crucial mais geral. O judeu europeu tinha chegado atrasado à literatura secular, ao reino de "mentiras verdadeiras" que é a poesia e a ficção. Por toda parte, encontrava línguas surgidas de realidades históricas e hábitos de visão estranhos aos seus. Mesmo as palavras pertenciam à herança da cristandade eslava ou latina, como também as altas posições de poder e de prestígio. Quando renunciava ao hebraico e passava, através do *Jüdisch-Deutsch*, para o uso dos vernáculos europeus, a sensibilidade do judeu do leste tinha de adotar a farda e a luva de seus opressores. Línguas codificam reflexos imemoriais e nuanças de sentimentos, recordações de ação que transcendem a memória individual, contornos de experiência comunal tão sutilmente decisivos como os contornos de céu e terra dentro dos quais uma civilização se aprimora. Um estranho pode dominar uma língua como um cavaleiro domina sua montaria; é raro que venha a tornar-se um só com seu movimento indefinido e subcutâneo. Schoenberg desenvolveu uma nova sintaxe, uma convenção de assertiva não violada por uso estranho ou anterior. Os escritores judeus do período romântico e do século XX eram menos radicais. Esforçaram-se por fundir o gênio de seu legado, a singularidade de sua condição social e histórica, a um idioma de empréstimo.

A relação entre o escritor judeu e a língua alemã era especialmente tensa e problemática, como se contivesse os pressentimentos da subseqüente catástrofe. Como T. W. Adorno diz, falando de Heine: "A fluência e a clareza que Heine tirou do linguajar corrente é o exato oposto do 'à vontade' nativo (*Geborgenheit*) de uma língua. Somente quem não está verdadeiramente à vontade com uma língua pode usá-la como um instrumento". A anotação do diário de Kafka, no dia 24 de outubro de 1911, presta trágico testemunho da alienação que ele sentia em seu próprio idioma:

> Ontem me ocorreu que nem sempre amei minha mãe como ela merecia e como eu poderia ter feito, só porque a língua alemã o impedia. A mãe judia não é uma *"Mutter"*, chamá-la de *"Mutter"* torna-a um pouco cômica [. . .] para o judeu, *"Mutter"* é especificamente alemão, inconscientemente tem uma conotação de esplendor cristão, frieza cristã também, portanto a mulher judia que é chamada de *"Mutter"* torna-se não só cômica, mas estranha. [. . .] Creio que são somente as memórias do gueto que preservam a família judaica, pois a palavra *"Vater"* também não corresponde ao pai judeu.

Podemos ler o último conto de Kafka, "A toca", como uma parábola de alienação, do artista expulso de sua língua. Não importa quanto ele procure guardar-se dentro da intimidade que ele domina de sua arte, o perseguido construtor sabe que existe uma rachadura na parede, o "lado de fora" está esperando para cair em cima dele (*geborgen* e *verborgen* expressam o profundo vínculo lingüístico entre estar em segurança dentro de casa e estar escondido em segurança). Kafka estava dentro da língua alemã como um viajante está em um hotel — uma de suas imagens-chaves. A casa das palavras não era na verdade a sua.

Esse foi o impulso moldador por trás de seu estilo único, por trás da fantástica nudez e economia de seus escritos. Kafka descarnou o alemão até o osso do significado exato, descartando, sempre que possível, o contexto envolvente da ressonância histórica, regional ou metafórica. Ele extraiu das reservas da linguagem e de seus depósitos de implicações verbais acumuladas somente aquilo de que podia se apropriar estritamente para uso próprio. Colocou trocadilhos em lugares estratégicos, porque o trocadilho, ao contrário da metáfora, faz eco somente para dentro, somente para a estrutura acidental da língua em si.

O idioma de *Na colônia penal*, ou de *O artista da fome* é de milagrosa translucidez, como se a riqueza e o colorido do precedente histórico e literário do alemão tivessem sido apagados. Kafka polia as palavras como Spinoza polia lentes; uma luz certa atravessa-as sem embaçar. Mas, freqüentemente, o ar está frio e rarefeito. Na verdade, pode-se entender que Kafka reprovava a indicação de caráter judaico de que é no hebraico, e não na vestimenta emprestada de outras línguas, que uma literatura judaica lançará raízes.

O extremismo da posição literária de Kafka juntamente com a curta duração e os tormentos de sua vida pessoal tornam a estatura representativa e a centralidade de sua façanha mais notáveis. Nenhuma outra voz foi testemunha mais verdadeira da natureza de nossos tempos. Kafka observou, em 1914: "Acho a letra K ofensiva, quase repugnante, e, no entanto, eu a escrevo, ela deve fazer parte de mim". No alfabeto de sentimento e percepção do homem, essa letra agora pertence, de forma inalterável, a um homem.

MOSES UND ARON

É difícil conceber uma obra onde a música e a linguagem interagem de forma mais íntima do que em *Moses und Aron*, de Arnold Schoenberg. (O título alemão tem uma vantagem de que Schoenberg, meio por humor, meio por superstição, estava cônscio: suas doze letras são uma contraparte simbólica dos doze tons que formam um conjunto básico em composição em série.) Portanto, é impertinente escrever sobre a ópera se não se é capaz de analisar sua poderosa e intensamente original estrutura musical. Essa análise tem sido efetuada por vários musicólogos e estudiosos de Schoenberg.[1] Seria de desejar que a intrínseca dificuldade do assunto não tivesse sido agravada pela tecnicalidade de "iniciado" da abordagem que fizeram. Isso é ainda mais verdadeiro com respeito à explicação sobre a música escrita por Milton Babbit e que acompanha a única gravação disponível até o momento de *Moses und Aron* (Columbia K-31-241).

Escrevo esta nota de programa porque a grande maioria do público de Covent Garden vai estar na mesma posição que eu; não tem o treino ou o conhecimento necessários para acompanhar

(1) A mais completa discussão da obra pode ser encontrada em Karl H. Wörner: *Schoenberg's Moses and Aaron* (trad. P. Hamburger, Londres, 1963). Entre as discussões técnicas mais importantes da música estão as de Hans Keller em *The Score* (n.º 21, 1957) e de W. Zillig, em *Melos, Zeitschrift für Neue Musik* (vol. 3, 1957). Um fascinante, embora com freqüência ardiloso e desnecessariamente obscuro, exame da formação filosófica e histórica da ópera pode ser encontrado em T. W. Adorno: *Sakrales Fragment*: "Über Schoenberg's Moses und Aron" (palestra proferida em Berlim, em abril de 1963, e reproduzida nesse mesmo ano em *Quasi una fantasia*, de Adorno).

o desenrolar técnico da partitura. As exigências feitas na verdade vão, em grande parte, além daquelas necessárias para uma composição clássica, ou mesmo para a densidade orquestral de Mahler. Juntos, teremos que encontrar consolo na freqüente advertência de Schoenberg: "Nunca é demais advertir contra a supervalorização de análise, pois invariavelmente leva ao que sempre combati: a constatação de como uma coisa é *feita*; enquanto que sempre tentei promover o conhecimento do que uma coisa *é*". E lembramos a observação de Kierkegaard, no início de sua discussão sobre *Don Giovanni*: "Embora ache que a música é uma arte que exige experiência em grau máximo para justificar que uma pessoa tenha uma opinião a respeito dela, ainda assim encontro consolo [...] no paradoxo de que, mesmo na ignorância e em meros vislumbres, também há um tipo de experiência".

No caso de *Moses und Aron*, eu iria mais longe. Ela pertence àquele grupo muito pequeno de óperas que personificam um ato tão radical e abrangente de imaginação, de argumento dramático e filosófico articulado por meios poéticos e musicais, que há nela aspectos que vão muito além da análise normal de uma partitura operística. Pertence não só à história da música moderna — de um modo crítico, pois exemplifica a aplicação dos princípios de Schoenberg numa escala vasta e em parte convencional —, mas também à história do teatro moderno, da moderna teologia, da relação entre o judaísmo e a crise européia. Estes aspectos não definem ou de modo algum esgotam o significado da obra; tal significado é fundamentalmente musical. Mas uma descrição deles pode ser de valia àqueles que abordam a obra pela primeira vez e que a queiram situar em seu contexto histórico e emocional. Como outras obras de arte muito grandes e difíceis, a ópera de Schoenberg sai definitivamente dos limites de seu gênero ao mesmo tempo que confere a esse gênero uma nova e manifesta plenitude.

Em carta para Alban Berg em 16 de outubro de 1933, logo depois de fazer um retorno formal ao judaísmo, em face do anti-semitismo nazista, Schoenberg escreveu: "Como deve ter sem dúvida compreendido, minha volta à religião judaica ocorreu há muito tempo e na verdade está patenteada em algumas de minhas obras publicadas ("*Thou shalt not, thou must*"), bem como em *Moses und Aron*, que você conhece desde 1928, mas que data de pelo menos cinco anos antes; mas especialmente em meu drama *The Biblical Way*, também concebido em 1922 ou 23, no máximo".[2]

(2) Todas as citações de *Letters*, ed. por Erwin Stein (Londres, 1964).

Der Biblische Weg continua inédito; mas o que se conhece sobre ele aponta de forma clara para o tema da ópera. Descreve um sionista visionário, em cujo nome, Max Arun, talvez haja um prenúncio de Moisés e Arão, que não chega a atingir sua meta por causa da imperfeição humana. De igual importância é a outra obra mencionada por Schoenberg, a segunda das *Quatro peças* para coro misto, op. 27. Escrita em 1925, coloca em música a proibição, inclusa na lei mosaica, da confecção de imagens. "Uma imagem exige nome. [. . .] Tu acreditarás no Espírito; assim deverás fazer, ó eleito." Essa prescrição, expressa em uma prosa cadenciada que antecipa a "canção falada" da ópera, resume a idéia dramática central e o conflito de *Moses und Aron.* Mas o interesse de Schoenberg na afirmação musical do pensamento religioso e no idioma dramático do Antigo Testamento vai ainda mais longe: até *Die Jakobsleiter,* um oratório deixado incompleto em 1917.

Essa preocupação persistiu por toda a obra subseqüente de Schoenberg: no *Kol Nidre,* de 1938, na curta e angustiante cantata *Um sobrevivente de Varsóvia* (1947), no cenário do *Salmo 130* (1950), na *opus* final de Schoenberg, os inacabados *Salmos modernos.* As últimas palavras que ele pôs em música foram: "E no entanto, eu rezo como tudo que vive reza". Assim, *Moses und Aron* está relacionado, do ponto de vista temático e psicológico, a todo um conjunto de trabalhos nos quais Schoenberg tentou expressar seu conceito de identidade, de extrema individualidade, embora ao mesmo tempo profundamente judaico, seu conceito do ato de criação espiritual e do diálogo — tão inerente à música — entre a canção do homem e os silêncios de Deus. A ópera é ao mesmo tempo a *magnum opus* de Schoenberg (o que T. W. Adorno chama de seu "*Hauptwerk quand-même*") e uma composição enraizada na lógica e no desenvolvimento de todo o seu pensamento musical.

Schoenberg começou a escrever *Moses und Aron* em Berlim, em maio de 1930; concluiu o segundo ato em Barcelona, em 10 de março de 1932. Roberto Gerhard, em cujo apartamento de Barcelona Schoenberg costumava trabalhar, relata um instrutivo episódio. Schoenberg não se importava em ter amigos conversando no quarto, mesmo quando estava ocupado com a partitura de fantástica complexidade; o que não tolerava eram súbitos intervalos de silêncio. As datas de composição são, naturalmente, importantes. Por um lado, marcam a aceitação profissional conseguida a duras penas por Schoenberg como sucessor de Ferruccio Busoni na Academia Prussiana de Artes. Mas também marcam períodos de enfermidade, que levaram Schoenberg a buscar refúgio num clima do sul, e, acima de tudo, a ascensão da ameaça nazista. Um ano depois de ter completado o segundo ato, Schoenberg foi obrigado a deixar Berlim e começar uma vida no exílio.

Não viveu para terminar a ópera ou ouvir sua apresentação. Um trecho foi apresentado em forma de concerto em Darmstadt, em 2 de julho de 1951 (planos para uma produção no *Maggio Musicale* de Florença deram em nada). Schoenberg morreu menos de quinze dias depois. A primeira apresentação completa como concerto foi feita no Musikhalle em Hamburgo, sob a direção de Hans Rosbaud, em março de 1954. Em 16 de junho de 1957, Rosbaud dirigiu a estréia no palco de *Moses und Aron*, no Stadttheater, em Zurique. Seguiu-se uma montagem em Berlim sob a direção de Hermann Scherchen, em outubro de 1959. Desde essa época, poucas casas de ópera importantes da Europa ou dos Estados Unidos deixaram de expressar a esperança de produzir a obra e recuaram diante de suas formidáveis exigências.

Karl Wörner diz que *Moses und Aron* "é sem precedentes". Não é assim: como ópera, está relacionada ao *Parsifal*, de Wagner, e há antecipações orquestrais tanto em Mahler como em composições anteriores do próprio Schoenberg e em suas óperas curtas, *Erwartung* e *Die Glückliche Hand*. Mas é mais exigente, do ponto de vista técnico, do que qualquer outra ópera de importância, e a qualidade do conflito religioso-filosófico requer dos atores e do produtor um inusitado alcance de percepção e simpatia. Schoenberg usou deliberadamente um gênero saturado de valores do século XIX, de irrealidade e exibição de coisas da moda, para expressar uma seriedade máxima. Ao fazê-lo, reabriu toda a questão sobre a ópera.

O libreto está organizado inteiramente em termos de forma e desenvolvimento musical (se a música serial é precursora da música eletrônica, é a totalidade de controle que é o objetivo do compositor em cada aspecto da experiência musical). Conforme Schoenberg observou: "É somente enquanto estou compondo que o texto se torna definido, às vezes mesmo depois da composição". Não obstante, o texto de *Moses und Aron* exerce grande fascínio. Schoenberg tem um estilo característico que pode ser visto em suas pinturas e escritos teóricos tanto quanto em sua música. Trabalhava com grandes pinceladas e obtinha um efeito de claridade e energia abstrata pela omissão de qualificações ou meios-tons sintáticos. Como muitos dos textos musicais e gostos literários de Schoenberg, o libreto mostra traços de expressionismo alemão e das origens do expressionismo. De modo característico, Strindberg representa um papel: Schoenberg conhecia *Wrestling Jacob* quando planejou *Die Jakobsleiter* e estava a par do *Moses* de Strindberg quando escreveu seu próprio tratamento bem diferente do tema.

O idioma usado em *Moses und Aron* é pessoal ao máximo. Está distante dos ritmos e da tonalidade da Bíblia de Lutero. Schoenberg escreveu a Berg em 5 de agosto de 1930: "Sou da opinião de que a linguagem da Bíblia é alemão medieval, o qual, por ser obscuro para nós, deveria ser usado em sua máxima potencialidade para dar colorido; e isso é algo de que não preciso". Sobretudo, cada palavra alemã, seja no *Sprechgesang*, no canto direto ou execução coral, está ajustada, de maneira única e precisa, ao contexto musical. As palavras estão não menos *durchkomponiert* ("compostas, musicalizadas por completo") do que as notas. Isso é o que torna opiniática qualquer decisão de produzir *Moses und Aron* em inglês. Alterar as palavras — sua cadência, ênfase, tonalidades —, como tem de ser feito na tradução, é o mesmo que alterar as relações-chaves ou a orquestração em uma peça de música clássica. Além disso, não há necessidade de subverter Schoenberg desse modo: a história do *Êxodo* é conhecida por todos, e a apresentação da trama por Schoenberg é de extrema lucidez. Um breve esboço daria a um público de fala inglesa toda a ajuda de que precisa.

A relação da linguagem com a música em *Moses und Aron* é diferente da de qualquer outra ópera. O problema dessa relação, de como distribuir a ênfase entre palavra e tom musical, se o libreto ideal não deveria ser fraco exatamente para marcar a distância entre o drama em música e a peça falada, está subjacente em toda a história da ópera. Como Joseph Kerman demonstrou, foi realização problemática de Wagner e de Verdi em suas últimas obras, e dos compositores de ópera do século XX, terem dado ao libreto uma nova seriedade. Daí a marcante afinidade com a literatura moderna e com o argumento psicológico nas óperas de Janáček, Berg e Stravinski. Daí o irônico tratamento alegórico do debate entre poeta e compositor no *Capriccio* de Richard Strauss.

Mas *Moses und Aron* vai muito mais fundo. Pertence àquele grupo de obras produzidas no século XX e importantes para nossa atual estética, que têm sua própria possibilidade como tema essencial. Quero dizer que ela pergunta a si mesma — como Kafka pergunta à ficção, como Klee pergunta à forma visual — se é possível, no fim das contas, fazer aquilo, se existem modalidades de comunicação adequadas. Kierkegaard escreveu a respeito de Mozart: "A feliz característica que pertence a todo clássico, aquilo que o torna clássico e imortal, é a absoluta harmonia das duas forças, forma e conteúdo". Poder-se-ia dizer da arte moderna que o que a torna assim, e inconfundível para nossa sensibilidade, é a freqüente dissonância entre conteúdo moral e psicológico e forma tradicional. Sendo um drama da não-comunicação, da resistência primordial da percepção intuitiva ou revelada à encarnação verbal e plástica (a recusa da palavra em ser transformada em carne), *Moses und Aron* é, em um plano vital, uma ópera sobre ópera. É uma demonstração da impossibilidade de encontrar um acorde exaustivo entre linguagem e música, entre corporificação sensória e a enorme urgência e pureza do sentido pretendido. Ao fazer do conflito dramático o conflito entre o homem que fala e o homem que canta, Schoenberg defendeu até o último limite a convenção paradoxal, o compromisso com o irreal, inerente a toda ópera.

O paradoxo resolve-se em derrota, em um grande grito de necessário silêncio. Somente isso torna difícil pensar em uma ópera séria que venha depois de *Moses und Aron* ou que vá além dela. Mas isso era exatamente o problema do próprio Schoenberg como um pós-wagneriano, e como herdeiro de Mahler no que tange à moralidade artística, ainda mais do que à técnica orquestral. Como Mahler, ele se propunha a agravar, no sentido literal, a coexistência fácil, a *libertinage* entre música e público que havia na casa de ópera na virada do século e que Strauss, em que pese toda a sua integridade musical, nunca refutou. Como observa Adorno, *Moses und Aron* pode ser abordada no mesmo espírito com que se aborda uma cantata mais importante de Bach. Mas, ao contrário de Bach, é uma obra que a cada momento examina sua própria validade e meios de expressão.

O tema de um conflito acentuado entre Moisés e Arão está, naturalmente, presente no Pentateuco. Pode muito bem ser que editores clérigos subseqüentes, com sua particular associação profissional com o sacerdócio de Arão, tenham aplainado algo da evidência mais desagradável, e obscurecido as completas conseqüências mortíferas do confronto. Schoenberg fez desse arcaico e obscuro antagonismo um conflito de valores morais e pessoais máximos, de formulações ou metáforas irreconciliáveis sobre a confrontação do homem com Deus. Baseado no princípio — discernível nas raízes do drama trágico grego — de que o conflito humano fundamental é interno, de que o diálogo dramático é, em última análise, entre uma pessoa e ela mesma, Schoenberg reuniu toda a força de colisão em uma única consciência.

Esse é o drama de Moisés. Arão é uma das possibilidades (a mais sedutora, a mais humana) das traições de Moisés para consigo mesmo. Ele é a voz de Moisés quando essa voz se rende à verdade imperfeita e à música de concessão. Schoenberg observou em 1933: "Meu Moisés se parece mais — é claro que só com respeito ao aspecto exterior — com o de Michelangelo. Absolutamente não é humano". No tocante à áspera e mais que real estatura da personagem, pode ser que assim seja. Mas a pungência da ópera, seu preciso enfoque de emoção e de sofrimento, vem acima de tudo da humanidade de Moisés, daquilo que nele está dividido e inarticulado. Não é na eloqüência fortemente contida da estátua de Michelangelo que se pensa ao ouvir *Moses und Aron*, mas em *Wozzeck*, de Alban Berg (escrito pouco antes de Schoenberg começar a compor sua ópera). Moisés e Wozzeck são ambos estudos brilhantes da contradição dramática, figuras operísticas incapazes de articular com suas próprias vozes a plenitude de suas necessidades e percepções. Em ambos os casos, a música assume o comando quando a voz humana é estrangulada ou quando se refugia em desesperado silêncio.

Schoenberg admitiu para Berg: "Tudo o que escrevi tem uma certa semelhança íntima comigo". Esse é, obviamente, o caso de Moisés, e é aqui que a figura de Michelangelo, que fascinava a Freud de modo semelhante, pode ter relevância. Para qualquer judeu que inicia um grande movimento do espírito ou doutrina radical em um ambiente de profunda hostilidade, conduzindo um pequeno grupo de discípulos, alguns deles talvez recalcitrantes ou ingratos, para a terra prometida de um novo veículo metafísico ou estético, o arquétipo de Moisés teria um significado natural. Ao introduzir na música, cujo desenvolvimento e modalidades clássicas parecem encarnar a própria índole da tradição cristã e germânica, uma nova sintaxe, um ideal intransigentemente racional e aparentemente dissonante, Schoenberg estava executando um ato de grande ousadia psicológica e complexidade. Indo muito além de Mahler, estava afirmando uma presença revolucionária — para seus inimigos, uma presença estranha, judia — no mundo de Bach e de Wagner. Assim o sistema de doze semitons é relacionado, quanto à sensibilidade e ao contexto psicológico, ao radicalismo imaginativo, à "subversão" da matemática de Cantor ou da epistemologia de Wittgenstein.

Como Freud, Schoenberg via-se como um pioneiro e um professor, vilipendiado pela grande maioria de seus contemporâneos, forçado ao isolamento por seu gênio inflexível, reunindo um pequeno grupo em seu redor e marchando, no exílio, para um novo mundo de significado e possibilidade vital. No grito amargo de Moisés, de que suas lições não estão sendo entendidas, de que sua visão está sendo distorcida mesmo por aqueles que lhe são mais próximos, podem se ouvir os momentos inevitáveis de desencorajamento e ressentida solidão. E há uma analogia quase demasiado apropriada no fato de ele ter morrido no limiar da aceitação, antes de sua dimensão ter sido reconhecida de modo amplo, antes de ele poder concluir *Moses und Aron* ou ouvir a execução de algum trecho.

Exceto por um momento (I, 2, compassos 208-17) — e eu nunca compreendi exatamente por que deveria ser *nesse* ponto em especial da ópera —, Moisés não canta. Fala em um discurso muito cadenciado e formal, em voz alta e amarga contra as fluências da música e, em especial, contra o tenor arrojado de Arão. (Contudo, o tratamento parodístico profundamente dedicado da partitura vocal de Arão parece estar cheio de referências ao *bel canto* operístico tradicional e ao ideal do *Heldentenor* wagneriano.) O fato de o protagonista de uma ópera séria não cantar é um poderoso recurso teatral, ainda mais "chocante" do que o longo silêncio da Cassandra de Ésquilo ou da abrupta e solitária intervenção do mudo Pílades em *As coéforas*. Mas também é muito mais do que isso.

A incapacidade que tem Moisés de dar forma expressiva (música) a sua visão, em tornar a revelação comunicável e assim traduzir sua comunhão individual com Deus em uma comunidade de crença em Israel, é o trágico tema da ópera. A contrastante eloqüência de Arão, sua instantânea tradução (portanto, transposição) do sentido abstrato e oculto de Moisés para a forma sensória (a voz canora), condena os dois homens a um conflito irreconciliável. Moisés não pode passar sem Arão; Arão é a língua que Deus colocou dentro de sua própria boca inarticulada. Mas Arão diminui ou trai o pensamento de Moisés, aquilo nele que é revelação imediata, no ato mesmo de comunicá-lo aos outros homens. Como na filosofia de Wittgenstein, existe em *Moses und Aron* uma radical meditação sobre o silêncio, uma sondagem da separação trágica, em última análise, entre o que é apreendido e aquilo que pode ser dito. As palavras distorcem; palavras eloqüentes distorcem de modo absoluto.

Isso está implícito nas primeiras linhas da ópera, faladas por Moisés contra o fundo da abertura orquestral e o murmúrio de seis vozes solistas que representam a Sarça Ardente. O fato de Moisés falar tantas vezes simultaneamente à canção de Arão, ou de ouvirmos sua voz em conflito com a orquestra, indica o desígnio essencial de Schoenberg: as palavras de Moisés são internas, são o pensamento dele, puro e integral somente antes de ser exposto à traição da fala.

Moisés dirige-se a seu Deus como "onipresente, invisível e inconcebível". *Unvorstellbar*, o que não pode ser imaginado, concebido ou representado (*vorstellen* significa precisamente representar, imitar, dramatizar de forma concreta), é a palavra-chave da ópera. Deus é *porque* Ele é incomensurável para a imaginação humana, porque nenhuma representação simbólica de que o homem disponha pode alcançar nem mesmo a fração mais diminuta de Sua inconcebível onipresença. Saber isso, servir uma divindade tão intangível para a mimese humana, é o singular e magnífico destino que Moisés prevê para seu povo. Também é um destino terrível. Como a Voz da Sarça Ardente proclama:

> Este povo é eleito,
> Dentre todos os outros,
> para ser o povo do único Deus,
> para conhecê-Lo
> e ser inteiramente Dele;
> para submeter-se a todas as provações
> concebíveis pelo pensamento
> através de milênios.

Os dois últimos versos são de ambígua eloqüência; as palavras também podem ser interpretadas como significando: "todas as provações às quais essa idéia — de um Deus invisível e inconcebível — possa ser submetida".

Arão aparece e a incompreensão entre os dois irmãos é imediata e fatal. Arão regozija-se com a orgulhosa singularidade da missão de Israel, com a grandeza de um Deus tão mais poderoso e exigente do que todos os outros deuses (esses outros deuses continuam a ser reais para Arão). Ele exulta ao *imaginar* um Deus assim, ao encontrar palavras e símbolos poéticos com os quais torná-Lo presente para Seu povo. Contudo, ao mesmo tempo que canta, Moisés exclama: "Nenhuma imagem pode dar-lhe uma imagem do inimaginável!". E quando Arão elabora, com uma suave facilidade de ilusão espelhada na música, a noção de um Deus que irá punir e recompensar Seu povo de acordo com os merecimentos dele, Moisés proclama um Deus kierkegaardiano, que transcende de modo infinito e escandaloso qualquer sentido humano de causa e efeito:

Inconcebível por ser invisível;
por ser imensurável;
por ser duradouro;
por ser eterno;
por ser onipresente;
por ser onipotente.

A essa litania de abstração, de percepção inefável, Arão responde com a certeza jubilante de que Deus realizará maravilhas em prol de Seu povo cativo.

Ele o faz. Diante da incompreensão rebelde dos judeus, com sua necessidade de sinais visíveis da nova revelação, Moisés recolhe-se a sua própria ininteligibilidade. É o próprio Arão quem proclama a palavra e o fato. É ele quem lança o bastão de Moisés ao solo, onde se transforma em uma serpente e mostra que a mão de Moisés está coberta de lepra e, logo após, fica curada por milagre. Durante toda a última parte do ato, Moisés permanece calado. É Arão quem proclama a ruína do Faraó e o pacto da Terra Prometida. Empolgado com tal eloqüência, o povo de Israel põe-se em marcha e a música torna-se exultante com a certeza de Arão. É através dele que Deus parece estar falando.

Em um sentido, em um idioma possível, Ele está. A compreensão de Moisés sobre Deus é muito mais autêntica, muito mais profunda; mas é de uma mudez essencial ou acessível apenas a uns poucos. Sem Arão, o propósito de Deus não pode ser cumprido; através de Arão, está pervertido. Esse é o trágico paradoxo do drama, o escândalo metafísico que nasce do fato de que as categorias de Deus não são paralelas ou proporcionais às do homem.

O segundo ato gira em torno do Bezerro de Ouro. Durante a longa permanência de Moisés no Sinai, os Anciãos e o povo tinham se tornado revoltados e temerosos. A invisibilidade de Deus tornara-se uma angústia intolerável. Arão atende às vozes que clamam por uma imagem, por algo que a vista e a mão possam abarcar no ato da adoração. No palco que mergulha na escuridão, o Bezerro de Ouro emite seu brilho.

O que se segue é uma das mais espantosas peças musicais compostas no século XX. Como os analistas musicais enfatizam, é uma sinfonia em cinco movimentos com vozes solos e coros. A orquestração é tão intrincada, embora dramática em suas afirmações e sugestões, que parece incrível que Schoenberg pudesse tê-la *ouvido* inteira dentro de si, que pudesse ter sabido exatamente (se é que soube) como essas fantásticas combinações instrumentais e rítmicas iriam funcionar sem ter nunca, na verdade, ouvido uma única nota tocada. A representação do Bezerro de Ouro é de extrema exigência para com as orquestras, cantores e dançarinos. Cavalos a empinar, camelos carregados de tesouros, e Quatro Virgens Desnudas são requisitos que até mesmo o teatro mais provido de recursos terá dificuldades em satisfazer.

O que Schoenberg tinha em mente é algo bem diferente de um balé operístico comum. É uma total integração dramática de voz, movimento corporal e evolução orquestral. Mesmo os momentos mais frenéticos da orgia idólatra e sexual são planejados em termos de uma rigorosa estrutura musical de imensa sutileza. Como Schoenberg escreveu a Webern: "Eu queria deixar o mínimo possível àqueles novos déspotas da arte teatral, os produtores, e mesmo imaginar a coreografia tanto quanto eu tivesse a capacidade de fazê-lo. [. . .] Sabe que não sou grande entusiasta da dança. [. . .] De qualquer modo, até o momento, consegui conceber movimentos que, pelo menos, entrem em um diferente território de expressão que não as cabriolas do balé comum".

Mas essas "cabriolas" não são irrelevantes de todo. No tratamento que Schoenberg dá ao Bezerro de Ouro, como em tantas coisas em *Moses und Aron*, há uma reavaliação — seja direta, seja parodística — das convenções da ópera. Essas convenções serão aplicáveis às circunstâncias modernas? Quanta seriedade poderão comportar? Assim, o Bezerro de Ouro é tanto um resultado lógico como uma disfarçada sátira daquele catálogo de balés orgiásticos e danças rituais que é um dos traços distintivos da ópera séria desde *Hérodiade*, de Massenet, até *Tannhäuser*; desde *Aída* e *Sansão e Dalila* até *Parsifal* e *Salomé*. Schoenberg está perfeitamente ciente da característica dual da cena. É ao mesmo tempo de suprema seriedade e irônica em seu exaustivo uso da convenção. "No tratamento desta cena, que na verdade representa o cerne mesmo de minha idéia, eu fui até o limite, e é aí também onde minha composição é mais *operística*, como, de fato, deve ser."

Com a volta de Moisés — seu vulto indistinto e aterrorizante surge de repente no horizonte e é visto por um dos exaustos participantes do festim — o drama prossegue em ritmo rápido para o clímax. A um olhar de Moisés, o Bezerro de Ouro desaparece: "*Vai-te, oh tu, que és a imagem do fato de que aquilo que é imensurável não pode ser contido em uma imagem*". Os dois irmãos confrontam-se no palco vazio. E mais uma vez é Arão quem leva o melhor na discussão. Ele deu ao povo uma imagem para que

Israel pudesse viver e não mergulhar no desespero. Ele ama o povo e sabe que as exigências de abstração e introspecção que Moisés faz ao espírito humano estão além das forças dos homens comuns. Moisés ama uma idéia, uma visão absoluta, inflexível em sua pureza. Ele faria de Israel o vazio e atormentado receptáculo de uma presença inconcebível. Nenhum povo pode suportar tal tarefa. Mesmo as Tábuas da Lei que Moisés trouxe da montanha são apenas uma imagem, um símbolo palpável de autoridade oculta.

Aturdido, enraivecido pelo argumento de Arão, Moisés despedaça as Tábuas. Arão acusa-o de ter pouca convicção. As tribos de Israel continuarão sua marcha em direção à Terra Prometida, tenham ou não captado o sentido completo da revelação de Deus. Como que confirmando suas palavras, o Coro continua sua marcha pelo palco. É conduzido por uma coluna de fogo e Arão parte envaidecendo-se da maravilha visível de Deus.

Moisés fica sozinho. Arão estará certo? A inconcebível, inimaginável, irrepresentável realidade de Deus deve reduzir-se ao mero símbolo, ao artifício tangível do milagre? Nesse caso, tudo o que ele pensou e disse (os dois são o mesmo para Moisés) foi loucura. A própria tentativa de expressar sua visão foi um crime. A orquestra silencia enquanto os violinos, em uníssono, tocam em ordem inversa o compasso básico de doze tons. Moisés exclama: "Oh palavra, oh tu, palavra, que me faltas!" e prostra-se no solo, vencido.

Esse é um dos momentos mais emocionantes e dramáticos na história da ópera e do teatro moderno. Com sua alusão implícita ao *Logos*, à Palavra que ainda está por vir, mas que se situa além da fala, reúne em uma única ação tanto a pretensão da música em ser o idioma mais completo, o veículo de energias transcendentais, como tudo aquilo que se percebe na arte e na filosofia do século XX, no abismo entre o sentido e a comunicação. Mas a derrota de Moisés também tem uma relação mais específica, mais histórica, que pode nos ajudar a entender por que Schoenberg não completou a ópera.

As cartas de 1932 e 1933 demonstram que ele tinha firme intenção de fazê-lo. Ainda em novembro de 1948, Schoenberg escrevia: "Do que eu mais gostaria mesmo era terminar *Die Jakobsleiter* e *Moses und Aron*". O que o teria impedido?

Existem indícios de que Schoenberg encontrou dificuldades em dar ao terceiro ato um formato dramático coerente. Em 15 de março de 1933, ele escreveu para Walter Eidlitz dizendo que tinha ideado a Morte de Arão pela quarta vez, "por causa de algumas contradições quase incompreensíveis na Bíblia". Como está, o texto do terceiro ato é uma curiosa obra inacabada, ao mesmo tempo repetitiva e comovente. Mais uma vez, Moisés e Arão, agora acorrentado, expressam suas concepções opostas sobre idéia e imagem. Mas Moisés não se dirige mais de forma direta ao irmão. Ele fala ao povo judeu que se prepara para entrar no atoleiro e na transigência da história. Ele profetiza que os judeus irão prosperar apenas se permanecerem nas ermas regiões do espírito, na presença do Deus Uno e Inconcebível. Se esquecerem seu grande ato de renúncia e buscarem um refúgio comum no mundo, terão falhado e seu sofrimento será maior. A salvação está em ficar separado. O judeu é integral quando é um estranho.

Libertado de seus grilhões, Arão cai morto aos pés de Moisés. (Pergunta-se: haverá aqui uma reminiscência da morte de Hunding ao ser olhado com desprezo por Wotan?) Como não temos música para acompanhar as palavras, é difícil julgar o efeito delas. Mas o terceiro ato é essencialmente estático. Não há justificativa dramática para o triunfo de Moisés sobre um Arão prostrado. É grande a lacuna.

Mas o verdadeiro obstáculo está mais fundo. Como observa Adorno, *Moses und Aron* era "uma ação preventiva contra o aparecimento do nazismo". Mas ao mesmo tempo que Schoenberg trabalhava na partitura, o nazismo caminhava rápido em direção a seu triunfo. As palavras *Volk* e *Führer* figuram de forma proeminente na ópera; designam seus valores históricos supremos, Israel e Moisés. Então foram arrancadas das mãos de Schoenberg por um milhão de vozes a gritá-las em Nuremberg. Como poderia ele continuar a colocá-las em música? Enquanto empenhava-se na concepção do terceiro ato, em março de 1933, Schoenberg deve ter sabido que a cultura na qual ele havia forjado sua visão de uma nova música, e para cujos teatros ele concebera *Moses und Aron*, avançava para a ruína ou para o exílio — como também sua própria vida pessoal.

É isso que dá ao fim do segundo ato a extraordinária autoridade e lógica que possui. Os acontecimentos que estavam para se desenrolar na Europa seriam, literalmente, intraduzíveis em palavras, demasiado desumanos para esse ato definidor da consciência humana que é a fala. O grito desesperado de Moisés, seu mergulho no silêncio, é um reconhecimento — que também encontramos em Kafka, em Broch, em Adamov — de que as palavras nos abandonaram, de que a arte não pode estancar a barbárie nem transmitir a experiência quando esta se torna indizível. Assim, *Moses und Aron*, apesar de sua incompletude formal, é uma obra de maravilhosa finalidade. Nada mais havia para ser dito.[3]

(3) Por essa razão, parece-me que uma representação falada do terceiro ato, que o próprio Schoenberg imaginou e julgou aceitável, nada acrescenta e, na verdade, enfraquece a incrível força e beleza do fecho musical.

MORRER É UMA ARTE

Não li *The Bell Jar,** o romance que Sylvia Plath publicou sob o pseudônimo de Victoria Lucas. O restante de sua obra consiste de dois volumes de poemas: *The Colossus,* publicado pela primeira vez na Inglaterra em 1960, e *Ariel,* publicado em Londres na primavera de 1965, dois anos após sua morte, juntamente com vários poemas aparecidos pela primeira vez em *Encounter.* Alguns deles não fazem parte da coleção póstuma.

É justo dizer que nenhum grupo de poemas, desde *Deaths and Entrances,* de Dylan Thomas, causou um impacto tão forte e perturbador nos críticos e leitores ingleses como *Ariel.* Os últimos poemas de Sylvia Plath já ganharam uma aura de lenda, tanto por serem representativos de nosso atual caráter de vida emocional como inigualáveis em seu brilho implacável e áspero. Aqueles dentre os jovens que lêem poesia nova devem saber quase que de cor "Daddy", "Lady Lazarus" e "Death & Co.", e é constante a referência a Sylvia Plath quando são discutidas a poesia e as condições de sua existência atual.

O fascínio não reside apenas nos poemas. Contribuem também o suicídio de Sylvia Plath com a idade de 31 anos, em 1963, e a personalidade dessa jovem que viera de Massachusetts para estudar e morar na Inglaterra (onde se casou com Ted Hughes, ele próprio um talentoso poeta). Para aqueles que a conheciam e para o bastante ampliado círculo daqueles que ficaram eletrizados com seus últimos poemas e com sua morte súbita, ela passara a significar a franqueza e os riscos específicos da condição do poeta. Seu estilo pessoal e o preço em tormentos íntimos que ela obvia-

(*) Trad. bras. de Maria Luíza Nogueira: *A redoma de cristal.* Rio de Janeiro, Artenova, s.d. (N. E.)

mente pagou para atingir a intensidade e sinceridade de seus poemas principais revestiram-se de uma autoridade dramática própria.

Todos esses elementos dificultam a apreciação dos poemas. Com isso, quero dizer que a veemência e a intimidade da poesia são tais que constituem uma retórica de sinceridade extremamente vigorosa. Os poemas agem sobre nossos nervos com sua soberba nudez, fazendo exigências tão imediatas e insistentes que o leitor se retrai, desconcertado com as discrições e evasivas rotineiras de sua própria sensibilidade. No entanto, para criarem vida em nós, para serem mais do que peças expostas na história da tensão psicológica moderna, esses poemas têm de ser lidos com toda a inteligência e escrúpulo que pudermos mobilizar. São demasiado honestos, demasiado valiosos para serem submetidos ao mito.

Um dos poemas mais marcantes em *The Colossus*, "All the Dead Dears", fala de um esqueleto no museu de antiguidades clássicas de Cambridge:

How they grip us through thin and thick,
These barnacle dead!
This lady here's no kin
Of mine, yet kin she is: she'll suck
Blood and whistle my marrow clean
To prove it. As I think now of her head,

From the mercury-backed glass
Mother, grandmother, greatgrandmother
Reach hag hands to haul me in,
And an image looms under the fishpond surface
Where the daft father went down
With orange duck-feet winnowing his hair —*

Em pequena escala, esses versos ilustram grande parte da tática e da sintaxe do sentimento de Sylvia Plath. Os versos curtos são compassados com um controle delicado e aparentemente casual. As meias rimas, as rimas cruzadas e as aliterações dão tensão ao que, de outra forma, poderia parecer um ritmo arbitrário. A alusão a *The Duchess of Malfi* ("Quando olho o fundo do tanque de

(*) "Como nos agarram apesar de tudo,/ Esses moluscos mortos!/ Essa senhora não é minha/ Parente, contudo é: irá me sugar/ O sangue e me secar a medula/ Para prová-lo. Enquanto penso em sua cabeça,// Do vidro espelhado/ Mãe, avó, bisavó/ Estendem mãos de bruxa para me puxar,/ E uma imagem assoma sob a superfície do tanque de peixes/ Onde o pai insensato afundou/ Com pés de pato laranja esvoaçando seus cabelos." (N. E.)

peixes no jardim, penso ver algo armado com um ancinho") é bem aplicada. Os temas abordados são aqueles que organizam a maior parte da poesia de Sylvia Plath: a geração de mulheres ligadas pelo sangue e pela morte, os mortos estendendo as mãos para puxar os vivos para dentro de seu sombrio vórtice, a personagem do pai de certo modo sinistro e ineficaz, a poetisa literalmente sangrada e sugada até os ossos pela cruel e intrincada qualidade da vida sentida.

"Watercolour of Grantchester Meadows" tem um cenário e um tom explicitamente convencionais. No fecho, porém, essa versão de pastoral mergulha bruscamente em uma escuridão e uma abafada histeria:

> Droll, vegetarian, the water rat
> Saws down a reed and swims from his limber grove,
> While the students stroll or sit,
> Hands laced, in a moony indolence of love —
> Black-gowned, but unaware
> How in such mild air
> The owl shall stoop from his turret, the rat cry out.*

As vestes pretas, que são apenas a roupa comum usada pelos estudantes de Cambridge, estão colocadas de modo a alertar o leitor para o luto; o vegetariano grita sob o súbito bico do carnívoro. São identificáveis os acessórios: a lua, a água orlada de juncos, a coruja e o torreão. Fazem parte daquele estilo gótico tão constante sob a superfície da poesia lírica inglesa, e que foi fortalecido na poesia moderna por sua consonância com a mortalidade e os conceitos eróticos dos metafísicos e dos poetas jacobianos.

Essa tendência para o efeito gótico parece-me enfraquecer grande parte dos primeiros poemas de Sylvia Plath, estendendo-se até sua obra madura. Ela usou o goticismo de uma maneira pessoal, transformando os terrores formais no equivalente de autênticos choques e complexos de sentimento, mas o elemento à moda é inegável. No entanto, seus recursos eram mais variados. Dotada de uma rara intensidade e particularidade de reação nervosa — as "musas perturbadoras" tinham ficado do lado esquerdo de seu berço, "com cabeças semelhantes a ovos de cerzir" —, Sylvia Plath

(*) "Cômico, vegetariano, o rato-d'água/ Abate um junco e deixa a nado o flexível bosquete,/ Enquanto os alunos passeiam ou sentam,/ Mãos enlaçadas, em aluada indolência de amor —/ De becas pretas, mas sem perceber/ Que nesse clima ameno/ A coruja de seu torreão dará o bote, o rato gritará." (N. E.)

experimentou meios simbólicos diferentes, modalidades de concreção diferentes, com os quais buscava tornar inteligível aquilo que dentro dela soava tão estranha e claramente. É quase absurdo discutir "influências" quando se lida com uma jovem poetisa com tal sinceridade e originalidade. Mas é possível detectar os estímulos que a ajudaram a encontrar sua própria voz. Um deles é Wallace Stevens:

> Death whitens in the egg and out of it.
> I can see no colour for this whiteness.
> White: it is a complexion on the mind.*

Ou Emily Dickinson, cuja autoridade dá um encanto cheio de arestas a um poema como "Spinster":

> And round her house she set
> Such barricade of barb and check. [. . .]**

É possível identificar a tátil e neutra precisão das observações de D. H. Lawrence sobre animais e vegetais em "Medallion" e "Blue Moles". Esses poetas, juntamente com Andrew Marvell e os dramaturgos jacobianos, parecem ter tido grande importância. Mas o poema final de *Colossus*, uma coletânea em sete partes, "For a Birthday", é inconfundível. Ao menos em três seções — "Dark House", "Maenad" e "The Stones" —, Sylvia Plath escreve de um modo inteiramente pessoal. Se alguém lesse apenas os últimos seis versos, saberia — ou deveria saber — que estava implícita uma formidável compulsão e que um novo estilo amadurecido havia sido alcançado:

> Love is the bone and sinew of my curse.
> The vase, reconstructed, houses
> The elusive rose.
>
> Ten fingers shape a bowl for shadows.
> My mendings itch. There is nothing to do.
> I shall be good as new.***

(*) "Morte branqueia o dentro e o fora do ovo./ Essa brancura me impede de ver cor./ Branco: aparência da mente." (N. E.)

(**) "E em volta da casa ergueu/ Tal barricada de farpas e restrição." (N. E.)

(***) "O amor é o osso e o tendão de minha blasfêmia./ O vaso, reconstituído, acolhe/ A esquiva rosa.// Dez dedos modelam um alguidar para sombras./ Meus consertos coçam. Nada a fazer./ Ficarei nova em folha." (N. E.)

Sem dúvida, o sucesso desse poema deriva do fato de Sylvia Plath ter dominado seu tema essencial, a situação e os opostos emocionais em torno dos quais doravante iria construir grande parte de sua poesia: o corpo doentio ou lacerado, e a imperfeita, dolorosa ressurreição da psique, arrastada de volta, a contragosto, para as hipocrisias da saúde. É um tema já presente em *The Colossus* ("Two Views of a Cadaver Room"). Em um grau obsessivo, ele domina boa parte de *Ariel*. Como proclama "Lady Lazarus":

Dying
Is an art, like everything else.
I do it exceptionally well.

I do it so it feels like hell.
I do it so it feels real.
I guess you could say I've a call.*

Não é necessária qualquer intervenção biográfica para compreender que a vida de Sylvia Plath era atormentada por ataques de dor física, que ela às vezes considerava as exigências acumuladas de seus próprios nervos e de seu corpo como "um lixo para aniquilar cada década". Era perseguida pela mecânica de retalhos e remendos da carne, pelo que podia quebrar tão facilmente e depois ser consertado com habilidade tão excruciante. A enfermaria do hospital era seu lugar exemplar:

My patent leather overnight case like a black pillbox,
My husband and child smiling out of the family photo;
Their smiles catch onto my skin, little smiling hooks.**

Essa fratura, tão agudamente feminina e contemporânea, é, a meu ver, sua principal realização. Ela será avaliada e lembrada pela expressão gráfica que lhe deu. Sylvia Plath completa, em um intenso e exacerbado tom feminino, o *Life Studies*, de Robert Lowell, sem dúvida um livro de grande impacto sobre ela. Essa nova franqueza das mulheres com respeito às dores e aos labirintos de sua estrutura nervo-psicológica é tão vital para a poesia de Sylvia Plath como o é para os tratados de Simone de Beauvoir ou para as no-

(*) "Morrer/ É uma arte, como tudo o mais./ Eu o faço com maestria.// Eu o faço para ser agonia./ Eu o faço para ser real./ Pode se dizer que para mim é natural." (N. E.)

(**) "Minha maleta de verniz como caixa preta de pílulas,/ Meu marido e meu filho sorridentes na foto de família;/ Seu sorriso que se engancha em minha pele, pequenos anzóis sorridentes." (N. E.)

velas de Edna O'Brien e Brigid Brophy. As mulheres manifestam-se como nunca antes:

The womb
Rattles its pod, the moon
Discharges itself from the tree with nowhere to go.
("Childless Woman")

They have swabbed me clear of my loving associations.
Scared and bare on the green plastic-pillowed trolley. [. . .]*
("Tulips")

É difícil pensar em um precedente para o terrível fecho de "Medusa" (o poema como um todo é extraordinário):

I shall take no bite of your body,
Bottle in which I live,

Ghastly Vatican.
I am sick to death of hot salt.
Green as eunuchs, your wishes
Hiss at my sins.

Off, off, eely tentacle!
There is nothing between us.**

A ambigüidade e o duplo clarão de percepção do último verso são de uma riqueza e de uma evidência que só um grande poema pode sustentar.

A evolução observada entre os primeiros poemas e os de sua fase madura é de concreção. Os recursos góticos dos quais Sylvia Plath se servia de maneira tão fluente tornam-se singularmente pessoais e, portanto, de forte sinceridade. O que fora estilo converte-se em necessidade. É a necessidade que uma jovem de inteligência e cultura superiores tem de expressar seu ser particular, as tiranias do sangue e da glândula, do espasmo nervoso e da pele suada, a rancidez do sexo e do parto, quando a mulher ainda é obrigada a pertencer inteiramente a sua condição orgâ-

(*) "O ventre/ Sacode seu casulo, a lua/ Despede-se da árvore sem ter aonde ir." "Esfregaram-me até limpar minhas uniões amorosas./ Medrosa e nua na maca forrada com plástico verde." (N. E.)

(**) "Não tirarei pedaço algum de seu corpo,/ Frasco onde vivo.// Horrível Vaticano./ Estou farta de sal quente./ Verdes como eunucos, seus desejos/ Vaiam meus pecados.// Vai, vai, tentáculo coleante!/ Nada há entre nós." (N. E.)

nica. Onde Emily Dickinson podia fechar — na verdade, era obrigada a fechar — a porta para a desordem e as humilhações da carne, atingindo desse modo sua especial leveza áspera, Sylvia Plath "assumiu por completo sua própria condição". Só isso lhe garantiria um lugar na literatura moderna. Mas deu um passo além, assumindo um fardo que não era seu por natureza ou por necessidade.

Nascida em Boston, em 1932, de pais alemães e austríacos, Sylvia Plath não teve qualquer contato pessoal e imediato com o mundo dos campos de concentração. Posso estar errado, mas que eu saiba nada havia de judeu em seus antecedentes. Seus últimos e mais belos poemas, porém, culminam em um ato de identificação, de total comunhão com os torturados e os massacrados. A poetisa vê-se em

An engine, an engine
Chuffing me off like a Jew.
A Jew to Dachau, Auschwitz, Belsen.
I began to talk like a Jew.
I think I may well be a Jew.

The snows of the Tyrol, the clear beer of Vienna
Are not very pure or true.
With my gypsy ancestress and my weird luck
And my Tarot pack and my Tarot pack
I may be a bit of a Jew.*

A distância não ajuda; nem o fato de não se ser "culpado de nada". Os mortos clamam das sebes de teixo. A poetisa transforma-se no grito audível de seu silêncio estrangulado:

Herr God, Herr Lucifer
Beware
Beware.
Out of the ash
I rise with my red hair
And I eat men like air.**

(*) "Um trem, um trem/ Levando-me para longe como um judeu./ Um judeu para Dachau, Auschwitz, Belsen./ Pus-me a falar como um judeu./ Acho que posso muito bem ser um judeu.// As neves do Tirol, a cerveja clara de Viena/ Não são muito puras ou veras./ Com minha antepassada cigana e minha sorte estranha/ E meu baralho de tarô e meu baralho de tarô,/ Eu talvez tenha um pouco de judeu." (N. E.)

(**) "Herr Deus, Herr Satanás/ Para trás/ Para trás./ Das cinzas/ Renasço com meu cabelo ruivo/ E engulo homens como ar." (N. E.)

Aqui a quase surrealista impetuosidade do gesto se mantém pela insistente obviedade da linguagem e do ritmo; uma espécie de quadra infantil *à la* Hieronymus Bosch.

Sylvia Plath é apenas uma entre vários jovens poetas, romancistas e dramaturgos contemporâneos que não estiveram implicados no holocausto, mas que se empenharam ao máximo para contrariar a tendência geral de esquecer os campos de extermínio. Talvez só aqueles que não participaram dos acontecimentos possam enfocá-los com racionalidade e imaginação; para aqueles que passaram pela coisa, ela perdeu as ásperas arestas da possibilidade, ela escapou ao real.

Ao aplicar toda a sua autoridade poética e formal à metáfora, à máscara da linguagem, Sylvia Plath *tornou-se* uma mulher que estava sendo transportada para Auschwitz nos trens da morte. Os famigerados resíduos do massacre pareceram fazer parte de seu próprio ser:

> A cake ot soap,
> A wedding ring,
> A gold filling.*

Em "Daddy", ela escreveu um dos raros poemas que conheço em qualquer idioma que se aproximaram do derradeiro horror. Realizou o ato clássico da generalização, traduzindo uma dor particular e obviamente insuportável para um código de declaração clara, de imagens instantaneamente públicas que dizem respeito a todos nós. É o "Guernica" da poesia moderna. E ao mesmo tempo é histriônico e, de certo modo, "artístico", assim como também o é o brado de Picasso.

Serão esses últimos poemas inteiramente legítimos? Em que sentido uma pessoa, sem ter estado envolvida no fato e muito tempo depois de ele ter ocorrido, comete um sutil furto ao invocar os ecos e o cenário de Auschwitz e ao apropriar-se de uma enormidade de emoção disponível, para seu propósito pessoal? Existiria latente, na sensibilidade de Sylvia Plath, assim como na de muitos de nós que apenas recordamos por decreto da imaginação, uma inveja temerosa, um vago ressentimento por não ter estado lá, por ter perdido o encontro com o inferno? Em "Lady Lazarus", em "Daddy", a percepção parece-me tão completa, a crueza e o controle tão grandes que somente uma necessidade irresistível poderia

(*) "Um pedaço de sabão,/ Um anel de casamento,/ Ouro de obturação." (N. E.)

tê-los detonado. Esses poemas correm enorme risco, expandindo a maneira essencialmente austera de Sylvia Plath até os confins de seu limite. São um amargo triunfo, prova da capacidade da poesia de conferir à realidade a permanência maior da imaginação. Ela não pode escapar a eles.

Já existem poetas escrevendo como Sylvia Plath. Alguns de seus maneirismos angulosos, suas elisões e monotonias de rima aprofundante podem ser reproduzidos e, sem dúvida, terão sua moda. Mas poetas menores, mesmo de grande intensidade — tal como ela era —, tendem a ser maus modelos. Os artifícios de voz de Sylvia Plath podem ser imitados. Mas não sua desesperada integridade.

PÓS-ESCRITO

Dois trechos, escolhidos ao acaso: o primeiro do *Diário de Varsóvia*, de Chaim Kaplan; o segundo de *Treblinka*, de Jean-François Steiner:

> Um rabino em Lodz foi forçado a cuspir em um pergaminho da Torá que estava na Arca Sagrada. Temendo por sua vida, ele obedeceu e profanou o que era sagrado para ele e para seu povo. Depois de uns momentos, faltou-lhe saliva, a boca ficou seca. À pergunta do nazista por que tinha parado de cuspir, o rabino respondeu que tinha a boca seca. Então o rebento da "raça superior" pôs-se a cuspir na boca do rabino e o rabino continuou a cuspir na Torá.

> A despeito de todas as precauções tomadas por seus amigos, o professor Mehring recebeu ordem de sair da fileira durante a chamada. Quando o pelotão do massacre, no desempenho de seu "exercício", começou a ficar desfalcado, o professor Mehring foi acometido de uma extraordinária ânsia de viver e começou a correr feito um louco. "Lalka" notou isso e, quando um quarto dos prisioneiros havia caído, fez o "exercício" continuar para ver quanto tempo o velho, que corria a uns metros atrás dos outros, poderia agüentar.
>
> Gritou: "Se conseguir alcançá-los, sua vida está salva".
>
> E deu ordem para fazer os sobreviventes correrem mais rápido a chicotadas.
>
> Os sobreviventes hesitavam e diminuíam a marcha para ajudar o professor; mas os golpes recrudesciam, fazendo-os tropeçar, rasgando-lhes as roupas, cobrindo-lhes os rostos de sangue. Cegos de sangue, cambaleantes de dor, punham-se de novo a correr. O professor, que tinha conseguido aproximar-se um pouco, viu-os

afastar-se dele de novo e jogou os braços para a frente, como que para agarrar os outros prisioneiros, como que para lhes fazer uma súplica. Tropeçou uma vez, depois outra; seu corpo torturado pareceu quebrar-se; tentou mais uma vez recuperar o equilíbrio, depois, de repente, retesou-se e abateu-se no pó. Quando os alemães acercaram-se, viram que escorria um fio de sangue de sua boca. O professor Mehring estava morto.

Na verdade, teve sorte: não foi pendurado pelos pés e açoitado até morrer, como Langner, com os golpes a intervalos certos para que ele não morresse até a noite. Nem atirado vivo nas fornalhas dos crematórios. Nem afogado como muitos, por lenta imersão em urina e dejetos. Talvez, e principalmente, sem ter tido que enforcar com as próprias mãos o filho no alojamento à noite, para protegê-lo de mais torturas pela manhã.

Uma das coisas que não consigo entender, embora tenha escrito a respeito delas com freqüência, tentando colocá-las em uma espécie de perspectiva suportável, é a relação de tempo. Em um ponto anterior do tempo racional, o professor Mehring estava sentado em seu estúdio, conversando com os filhos, lendo livros, passando a mão em uma toalha de mesa branca na sexta-feira à noite. E esfolado vivo, "o sangue a escorrer devagar por seu cabelo", Langner era, em certo sentido, o mesmo ser humano que, um ano antes, talvez menos, tinha andado nas ruas de dia, conduzido seus negócios, pensado com prazer em uma boa refeição, lido uma publicação mensal intelectual. Mas em que sentido? Precisamente na mesma hora em que Mehring ou Langner estavam sendo mortos, a esmagadora pluralidade de seres humanos, a três quilômetros de distância nas fazendas polonesas, a oito mil quilômetros de Nova York, estava dormindo ou comendo, indo ao cinema ou fazendo amor, ou preocupando-se com o dentista. É aí que minha imaginação hesita. As duas ordens de experiência simultâneas são tão diferentes, tão irreconciliáveis com qualquer norma comum de valores humanos, sua coexistência é um paradoxo tão medonho — Treblinka *existe* tanto porque alguns homens a construíram como porque quase todos os outros homens permitiram que existisse — que fico cismando a respeito do tempo. Existirão, como a ficção científica e a especulação gnóstica dão a entender, espécies diferentes de tempo no mesmo mundo, "bons tempos" e dobras envolventes de tempo desumano, nas quais os homens caem nos lentos ponteiros da maldição em vida? Se rejeitarmos um tal módulo, ficará extremamente difícil entender a continuidade entre a existência normal e a hora em que o inferno começa (na praça da cidade, quando os alemães começam as deportações, ou no escritório do *Judenrat* ou onde quer que seja), uma hora separando homens, mulheres, crianças de qualquer precedente de vida, de qualquer voz de "fora", naquele outro tempo de sono, alimento e palavras humanas. Na falsa plataforma de estação em Treblinka, pintada de cores alegres e guarnecida de jardineiras para não alertar os recém-chegados para as câmaras de gás a um quilômetro de distância, o relógio pintado marcava três horas. Sempre. Existe nisso uma aguda percepção por parte de Kurt Franz, o comandante do campo de extermínio.

Esta noção de diferentes ordens de tempo simultâneas, mas sem qualquer analogia ou comunicação efetiva, talvez seja necessária para o resto de nós, que não estávamos lá, que vivíamos como que em outro planeta. É essa com certeza a questão: descobrir as relações entre aqueles que se renderam à morte e aqueles que estavam vivos, e as relações de ambos para conosco; localizar, de modo tão exato como o registro e a imaginação forem capazes, a medida de desconhecimento, indiferença, cumplicidade, perpetração que relaciona o contemporâneo ou sobrevivente ao morto. De modo que, informados como nunca antes — e é aqui que a história *é* diferente — do fato de que "tudo é possível", de que a partir da próxima segunda-feira de manhã, digamos, às 11h20, o tempo pode mudar para uma pessoa e seus filhos e ser excluído da humanidade, possamos melhor avaliar nossa atual posição, sua prontidão para, ou vulnerabilidade a, outras formas de "total possibilidade". Tornarmo-nos concretamente cônscios de que a "solução" não foi "final", de que extrapola para dentro de nossa vida, é a única porém compulsiva razão para que uma pessoa se force a continuar lendo esses registros literalmente insuportáveis, para sair, ou talvez entrar, do não-mundo do gueto lacrado e do campo de extermínio.

Além disso, apesar da quantidade de trabalho feito pelos historiadores, apesar das montanhas de documentação coletada durante os julgamentos, muitas questões importantes de "relação" permanecem obscuras ou sem resposta. Primeiramente, existe a questão da má vontade das potências européias e dos Estados Unidos, durante o fim da década de 30, em fazer mais do que gestos simbólicos em prol da salvação de crianças judias. Existe a espantosa evidência de entusiasmo demonstrado na Polônia e na Rússia ocidental por parte da população local, quando se tratou de ajudar os alemães a matar judeus. Dos seiscentos que conseguiram fugir de Treblinka para as florestas, somente quarenta sobreviveram, a maioria morta por poloneses. "Vão para Treblinka, onde é o lugar de vocês, judeus" era uma resposta nada incomum que as mulheres e crianças judias, ao procurarem abrigo junto a vizinhos poloneses, recebiam. As coisas foram ainda piores, se é que se pode conceber isso, na Ucrânia, onde muitos judeus permaneceram a despeito da marcha dos alemães, porque a política stalinista teve o cuidado de proibir qualquer aviso sobre as intenções nazistas quanto aos judeus. Se o povo da Europa ocupada tivesse decidido ajudar os judeus, identificar-se, mesmo que simbolicamente, com o destino de seus compatriotas judeus, o massacre nazista não teria obtido sucesso. Demonstra-o a solidariedade e coragem de comunidades cristãs que ajudaram judeus na Noruega, Dinamarca e partes da Bulgária.

Mas e quanto aos estrangeiros, quanto às potências em guerra de fato com a Alemanha nazista? Aqui a evidência, até o momento, é controversa e repleta de implicações desagradáveis. Muitos pontos permanecem quase tabu. Existem motivações de política interna, preconceito histórico e crueldade pessoal que podem explicar a indiferença com relação ao extermínio dos judeus, e mesmo a participação nele, por parte da Rússia stalinista. Permanece um ameaçador enigma o fato de a Real Força Aérea da Grã-Bretanha e a Força Aérea dos Estados Unidos não terem bombardeado as câmaras de gás e as ferrovias que levavam aos campos de extermínio, após informações seguras sobre a "solução final" terem chegado a Londres da Polônia e Hungria e após terem sido feitos desesperados apelos nesse sentido por elementos da resistência polonesa. A ausência de um ataque sequer — mesmo *um dia* de interrupção das câmaras de gás teria significado a vida de 10 mil seres humanos — não pode ser explicada somente por razões técnicas. Aviões da Real Força Aérea em vôo rasante fizeram explodir a porta de uma prisão na França, para salvar importantes membros da resistência de mais torturas e da execução. Exatamente quando os nomes Belsen, Auschwitz e Treblinka apareceram pela primeira vez nos arquivos do serviço secreto aliado, e o que foi feito deles?

Comentou-se que a resposta está relacionada à paralisia psicológica, à simples incapacidade da mente "normal" de imaginar e, portanto, de dar credibilidade ativa às atrocidades da circunstância e da necessidade. Mesmo aqueles — e podem ter sido poucos — que chegaram a acreditar que as notícias do leste da Europa eram autênticas, de que milhões de seres humanos estavam sendo sistematicamente torturados e mortos por gás, em pleno século XX, fizeram-no em um plano abstrato, tanto quanto poderíamos acreditar em uma doutrina teológica ou em um fato histórico perdido no passado. A crença não tinha relação. Somos *Homo sapiens* pós-Auschwitz porque as provas, as fotografias do mar de ossos e obturações de ouro, de sapatos de crianças e mãos deixando uma marca de negra garra nas paredes dos fornos, alteraram nosso sentido de representações possíveis. Se ouvíssemos de novo sussurros do inferno, saberíamos como interpretar o código; a pele de nossas esperanças ficou mais fina.

Naturalmente este é um argumento importante, em especial quando estendido ao problema de que os alemães estavam conscientes do que acontecia e ao tema, ainda mais debatido, do despreparo, da descrença, mesmo em um sentido passivo ou metafórico, da aquiescência dos judeus ao massacre. A terra em Treblinka continha, em um canto do campo, setecentos mil corpos que pesavam "aproximadamente 35 mil toneladas e ocupavam um volume de noventa mil metros cúbicos". Se os judeus não podiam, até se fechar a porta da câmara ou exalar o mau cheiro da fornalha, acreditar que isso fosse verdade, se a inteligência de um povo preparado para a angústia apocalíptica por dois mil anos de perseguições não podia focalizar essa nova e decisiva possibilidade, como poderia a inteligência dos outros homens? É um dos atributos demoníacos do nazismo (como é o caso da literatura de sadismo) contaminar aqueles que aceitam suas idéias como literalmente viáveis — mesmo quando as rejeitam com repugnância — com um elemento de hesitação e desequilíbrio. *Acreditar* nos relatos sobre Auschwitz contrabandeados pela resistência, dar crédito aos fatos estatísticos antes de tal crédito ter se tornado irrefutável, e do domínio de todo o mundo sobrevivente, era ceder, de uma certa forma, à monstruosidade dos desígnios alemães. O ceticismo ("essas coisas não podem acontecer agora, não a esta altura da história do homem, não em uma sociedade que produziu Goethe") tinha sua carga de dignidade humana e respeito a si mesmo. E o tinha de modo trágico entre os judeus do leste da Europa, com seu complexo envolvimento na cultura alemã e no iluminismo ocidental.

Isso é claramente demonstrado tanto no relato ficcionalizado sobre Vilna, no início de *Treblinka*, de Steiner, como nas páginas iniciais do diário de Kaplan. As reações dos judeus oscilavam de um extremo a outro, entre a esperança de que a ocupação alemã trouxesse alguma ordem racional para o sofrimento — confinamento em um gueto poderia significar proteção das brutalidades sempre repetidas, ainda que fortuitas, de vizinhos não-judeus —

e a esperança de que Hitler logo autorizasse a partida dos judeus da Europa. As poucas informações que se conseguiam transmitir a respeito de extermínio em massa pelos nazistas foram tratadas, durante muito tempo, como fantasias naturais de pessoas atemorizadas ou como perigosas falsidades disseminadas por provocadores, com o intuito de desmoralizar os judeus ou incitá-los a algum ato de rebelião. Este último forneceria aos nazistas uma "desculpa" para agir "com mais dureza". Acima de tudo, havia a esperança de que o restante do mundo viesse em auxílio deles. Em 24 de janeiro de 1940, Kaplan escreveu:

> Um pequeno raio de luz brilhou por entre as nuvens que cobrem nossos céus. Chegou-nos informação de que os quacres americanos vão enviar uma missão de resgate para a Polônia. Desta vez, a ajuda será oferecida segundo os costumes americanos, sem consideração de raça ou religião, e mesmo os judeus poderão beneficiar-se da ajuda oferecida. Sejam abençoados! Para nós, essa é a primeira vez que, em vez de "exceto os judeus", a expressão "inclusive os judeus" chega até nós e soa estranha em nossos ouvidos. Será mesmo verdade?

E, em 11 de junho de 1940, os judeus de Varsóvia encontraram consolo na firme convicção de que "os franceses estão lutando como leões com o que lhes resta de forças". A esperança, a radical propriedade do homem de considerar-se em alguma espécie de relação mútua com outros homens, morreu pouco a pouco. A memória da esperança clama em uma das últimas mensagens recebidas pelo mundo exterior durante o levante do gueto de Varsóvia: "O mundo está calado. O mundo *sabe* (é inconcebível que não saiba) e permanece calado. O vigário de Deus no Vaticano está calado; há silêncio em Londres e em Washington; os judeus americanos estão calados. Este silêncio é espantoso e horripilante". Na verdade, havia tumulto logo fora dos muros do gueto, gravado com cuidado por equipes alemãs de documentários cinematográficos: os freqüentes risos e aplausos dos espectadores poloneses ao verem homens saltando para as chamas e casas explodindo.

Quando terá a crença se transformado em negra certeza? De acordo com Jean-François Steiner (mas seu relato é em parte ficção dramática ou novo arranjo), foi Langner, agonizando sob o açoite, quem gritou, com seu último suspiro, que "todos vocês serão mortos. Eles não vão deixá-los sair daqui depois do que testemunharam". No testemunho de Kaplan, o processo de reconhecimento é gradual. Cada espasmo de tenaz vitalidade — uma piada que foi dita, uma criança alimentada, uma sentinela alemã persuadida ou lograda — parecia para Kaplan uma garantia de sobrevivência: "Uma nação que pode viver em circunstâncias tão terríveis como estas sem perder o juízo, sem cometer suicídio — e que ainda pode rir —, tem certeza de sobreviver. O que irá desaparecer primeiro, o nazismo ou o judaísmo? Estou disposto a apostar! O nazismo irá primeiro!". Isso em 15 de agosto de 1940. Em junho de 1942, a possibilidade da "solução final" começou a ficar clara na mente de Kaplan. Embora "aprisionado dentro de muros duplos: um muro de tijolos para nossos corpos e um muro de silêncio para nossos espíritos", Kaplan podia afirmar, em 25 de junho, que os judeus poloneses estavam sendo aniquilados por completo. Chega a mencionar "gás letal". Mas não foi antes da ordem de deportação, em fins de julho de 1942, que se instalou a constatação da desgraça. Correram boatos de que havia sido uma sádica brincadeira de Himmler promulgar o decreto na véspera do nono dia de Av, "um dia de retribuição, um dia destinado ao luto por todas as gerações. Mas tudo isso é irrelevante. Em última análise, essas são manifestações acidentais, momentâneas. Elas não causaram o decreto. O verdadeiro propósito é mais profundo e mais fundamental — a destruição total da nação judaica". Que este propósito tenha sobrevivido ao nazismo em muitos indivíduos e em certas sociedades, mesmo em sociedades onde quase não sobrou um judeu vivo, que corra bem perto da superfície de muitos aspectos da vida soviética, torna necessário olhar para trás. Há elementos de anti-semitismo mais profundos do que a sociologia, a economia ou mesmo a superstição histórica. O judeu fica entalado na garganta de qualquer outro nacionalismo. "Deus dos deuses!", escreveu Kaplan quando o fim se aproximava, "a espada irá devorar Teus filhos para sempre?"

O diário foi interrompido nas primeiras horas da noite de 4 de agosto, com a polícia judaica sob supervisão nazista vasculhando quadra após quadra da cidade. Levados ao *Umschlagplatz* (cujo aspecto e placa descritiva o atual regime em Varsóvia quase conseguiu obliterar), Kaplan e sua mulher foram deportados. Acredita-se que tenham sido mortos em Treblinka em dezembro de 1942 ou janeiro de 1943. A previdência de Kaplan e a ajuda de um polonês fora do gueto garantiram a sobrevivência desses cadernos de nota. Juntamente com as *Notas do gueto de Varsóvia*, de Emmanuel Ringelblum, esse diário constitui o único registro completo da vida dos judeus em Varsóvia desde o começo da guerra até a deportação. Repetidas vezes, Kaplan escreve que esse diário é sua razão de sobrevivência, que o registro da atrocidade deve chegar ao mundo exterior. A última sentença diz: "Se minha vida terminar — o que acontecerá ao meu diário?". Ele ganhou seu desesperado e paciente jogo; sua voz superou as cinzas e o esquecimento.

É a voz de um ser humano raro. Professor de hebraico, ensaísta, estudioso da história e dos costumes judaicos, Chaim Aron Kaplan decidiu permanecer em Varsóvia em 1941, embora seus contatos americanos e palestinos pudessem ter lhe garantido um visto de saída. Escreveu em hebraico, mas com aquela base erudita e crítica do humanismo clássico e europeu característico da *intelligentsia* judaica moderna. Em 26 de outubro de 1939, ele expressou seu credo:

> Embora estejamos agora passando por terríveis atribulações e o sol se tenha obscurecido para nós ao meio-dia, não perdemos a esperança de que a era da luz virá com certeza. Nossa existência como povo não será destruída. Os indivíduos serão destruídos, mas a comunidade judaica continuará a viver. Portanto, cada anotação é mais preciosa do que ouro, desde que seja escrita como aconteceu, sem exageros e distorções.

Esta última cláusula ele satisfez a um grau quase milagroso. Em meio ao inferno, Kaplan faz a distinção entre o horror testemunhado e aquele que é apenas relatado. Através da máxima precisão, ele chegou a uma profunda e diagnóstica percepção. Já em 28 de outubro de 1939, Kaplan definia a condição básica das relações entre alemães e judeus: "Aos olhos dos conquistadores, estamos fora da categoria de seres humanos. É essa a ideologia nazista, e seus seguidores, tanto os soldados comuns como os oficiais, a estão transformando em viva realidade". Sabia o que não muitos, mesmo agora, estão preparados para ver com clareza: que o anti-semitismo nazista é a culminação lógica do milenar ponto de vista e ensinamento cristão que tem o judeu como matador de Deus. Ao comentar sobre os espancamentos brutais de judeus por bandos de alemães e poloneses na Páscoa de 1940, Kaplan acrescenta: "A 'ética' cristã ficou manifesta na vida. E aí — ai de nós!". Ele notou o estranho mistério da cultura alemã, a coexistência, nos mesmos homens, de bestialidade e paixão pelas letras:

> Estamos lidando com uma nação de alta cultura, com "um povo do Livro". [. . .] Os alemães ficaram simplesmente loucos por uma coisa — livros. [. . .] Quando o saque é baseado numa ideologia, numa visão de mundo, que é, em essência, espiritual, não

> pode ser igualado em força e durabilidade. [...] O nazista tem ambos, o livro e a espada, e é essa sua força e seu poder.

Que o livro pudesse muito bem ser Goethe ou Rilke continua sendo uma verdade tão vital, e contudo espantosa, que tentamos cuspi-la fora, que continuamos tagarelando sobre nossas esperanças na cultura, como se a verdade não estivesse lá para nos quebrar um dente. Talvez o faça se não chegarmos a entender seu significado com algo da calma e precisão de julgamento de Kaplan.

Tal precisão estende-se até a observação de Kaplan de momentos de humanidade por parte dos alemães. O rubor de embaraço no rosto de uma sentinela alemã é registrado com gratidão; um oficial parando para ajudar uma criança pisoteada por um soldado alemão e dizendo: "Vá dizer a seus irmãos que seu sofrimento não vai durar muito!" é lembrado como se ele fosse um misterioso arauto da graça (31 de janeiro de 1940). Em todos os momentos, existe o esforço para compreender como "este fenômeno patológico denominado nazismo", esta "doença da alma", pode afetar todo um povo ou toda uma classe de seres humanos. Em Kaplan, o próprio ato de confiável observação torna-se um exercício de possibilidade racional, uma refutação à loucura e à degradação nas ruas. Quase não há traços de ódio nesse livro, somente o desejo de entender, de pôr à prova a percepção contra a razão. Vendo um alemão chicotear um velho mascate até matá-lo na rua à vista de todos, Kaplan escreve: "É difícil compreender o segredo desse fenômeno sádico. [...] Como é possível atacar alguém que me seja estranho, um homem de carne e osso como eu, feri-lo e pisar sobre ele, e cobrir-lhe o corpo de feridas, machucaduras e vergões, sem qualquer motivo? Como é possível? No entanto, juro que vi tudo isso com meus próprios olhos". Em tal esforço de compreensão está a única modalidade de perdão. Só aqueles que passaram de verdade pelo inferno, que sobreviveram a Auschwitz depois de ver seus pais açoitados até morrerem ou asfixiados com gás diante de seus olhos (como Elie Wiesel), ou que encontraram os próprios parentes entre os cadáveres dos quais tinham de extrair dentes de ouro, um acontecimento diário em Treblinka, têm o direito de perdoar. *Nós* não temos esse direito. Esse é um aspecto importante, com freqüência mal entendido. O que os nazistas fizeram nos campos e nas câmaras de tortura é completamente imperdoável, é um estigma na imagem do homem que irá perdurar; cada um de nós foi diminuído pela materialização de uma subumanidade potencial latente em todos nós. Mas se não se passou por aquela coisa, ódio e perdão são jogos de espírito — jogos sérios, sem dúvida —, mas, ainda assim, jogos. O melhor agora, depois de tanto ter sido aventado, talvez seja ficar calado; não acrescentar ao indizível as banalidades do debate literário e sociológico. Isso afirma Elie Wiesel, isso disseram várias testemunhas no julgamento de Eichmann. Em segundo lugar, o melhor seria, creio eu, tentar compreender, ser fiel ao que pode muito bem ser o compromisso utópico com a razão e com a análise histórica de um homem como Kaplan.

Mas, enquanto escrevo isso, um diminuto estilhaço da atrocidade encrava-se no alvo. Não existe outro homem exatamente como Chaim Aron Kaplan. Isso é verdade a respeito de cada morte; de um modo metafísico, uma absoluta singularidade esvai-se do repositório de recursos humanos. Mas, a despeito de sua aparente democracia, a morte não é igual para todos. A integridade, a finura de inteligência, o racionalismo humanista demonstrado em cada página desse livro indispensável — representando uma tradição específica de sentimento, de prática lingüística — estão irremediavelmente perdidos. Extinguiu-se o tipo especial de possibilidade humana atingido no judaísmo da Europa central e oriental. Sabemos quase nada a respeito de reservas genéticas, sobre a matéria-prima da variada herança da qual a espécie humana se vale para seu laborioso progresso. Mas renovação numérica é apenas parte da história. Ao assassinarem Chaim Kaplan e outros como ele, ao se certificarem de que seus filhos virariam cinzas, os alemães privaram a história humana de uma de suas versões do futuro. Genocídio é o crime máximo, porque esvazia o futuro, porque arranca uma das raízes da qual a história cresce. Não pode haver um perdão significativo, porque não pode haver reparação. E essa ausência de nossas necessidades presentes, de nossas esperanças evolucionárias, dos traços de qualidade moral, psicológica e cerebral extintos em Belsen e Treblinka, constitui tanto a persistência do ato nazista como a lenta e triste vingança dos mortos não lembrados.

Uma falta de modéstia, das ironias bem moldadas que marcam o *Diário de Varsóvia*, foi notada nos debates sobre *Treblinka*. Nascido em 1938, de pai judeu que foi deportado e morto pelos alemães, e mãe católica, Jean-François Steiner não passou pelo massacre. Foi uma viagem a Israel, e o já conhecido mal-estar sentido por judeus mais jovens durante o julgamento de Eichmann — "por que os judeus da Europa foram como carneiros para o matadouro?" —, que levou Steiner a entrevistar os poucos sobreviventes de Treblinka (vinte e dois em Israel, cinco nos Estados Unidos, um na Inglaterra) e a escrever um relato sobre "a revolta em um campo de extermínio". Aclamado por *mme* de Beauvoir como uma defesa da coragem judaica e como um trabalho pioneiro na interpretação sociológica e psicológica de uma comunidade dentro do inferno, *Treblinka* tem sido objeto de amargos ataques por outros (David Rousset e Léon Poliakov entre eles) por suas alegadas inexatidões, racismo e pelo pouco conforto que sua tese geral sobre a passividade judaica possa dar a Hannah Arendt. As recriminações foram pesadas, como foi o caso também com Arendt. E isto, embora humilhante e subversivo para a inteligência, é apropriado. Pois não é coisa certa, de modo algum, que o discurso racional *possa* lidar com tais questões, estando como estão fora da sintaxe normativa da comunicação humana, no domínio explícito do bestial; nem está claro que aqueles que não estiveram completamente envolvidos devessem tocar nessas agonias, incólumes. Os que estiveram dentro — Elie Wiesel em *La Nuit, Les Portes de la forêt, Le Chant des morts,* Koppel Holzmann em *Die Höhlen der Die Hölle* [O inferno do inferno] — sabem encontrar o discurso correto, muitas vezes alegórico, muitas vezes um vizinho próximo do silêncio, para o que decidem dizer. Nós, que viemos depois, somos estridentes e incomodamos uns aos outros com pretensões de ira ou percepção imparcial. Poliakov fala dos sucessivos "escândalos" que rodeiam todos os livros sobre o assassinato dos judeus desde *Le dernier des justes,* de Schwarz-Bart, até *Der Stellvertreter* [O representante], de Hochhuth, e agora *Treblinka.* Silêncio durante o massacre, mas escândalo a respeito dos livros.

Steiner reservou-se uma tarefa difícil e um tanto estranha: a de reconstruir a vida e a insurreição em um campo de extermínio em forma de documentário ficcionalizado, de excerto de uma reportagem muito bem documentada, usando os diálogos imaginários, os esboços das personagens e a montagem dramatizada da ficção. O fato de que quase todos os sobreviventes do levante de 2 de agosto de 1943 fossem mais tarde assassinados por camponeses poloneses, por bandos de fascistas ucranianos, por grupos de direita da resistência polonesa ou pela *Wehrmacht,* indica que Steiner precisou confiar nas memórias torturadas de alguns poucos indivíduos para organizar grande parte de seu material. Sua escolha de um gênero dramatizado, que é de profunda honestidade no que se refere a representar o esforço de uma não-testemunha de imaginar o passado, de entrar no inferno por ato de talento imaginativo, implica óbvios riscos. Repetidas vezes, durante o julgamento de Eichmann, as testemunhas abrandaram as perguntas do promotor, dizendo: "O senhor não pode entender. Quem não estava *lá*, não pode imaginar". E não podendo imaginar completamente, não podendo traduzir documento para carne, para a marca indelével na própria pele, Jean-François Steiner recorre, talvez inconscientemente, às convenções de violência e de suspense correntes na ficção moderna e no jornalismo sério.

Conseqüentemente, *Treblinka* usa a cronologia cinematográfica e as fotografias de uma reportagem do *Time*. Está repleto de diálogos memoráveis e de silêncios dramáticos. Personagens reais e imaginárias aparecem em episódios reunidos e cortados por um olho obviamente treinado (um Truman Capote beirando a fúria). A vida mental de Kurt Franz ("Lalka") é descrita com nuanças de um Dostoievski. Ora, não duvido de que todas essas monstruosas e heróicas cenas tenham acontecido: que pais e filhos ajudassem um ao outro a cometer suicídio nos alojamentos, que meninas nuas se oferecessem aos *kapos* em um último esforço de viver, que guardas ucranianos e judeus condenados dançassem e tocassem música juntos em noites cálidas de verão, na bizarra aldeia da morte construída por Franz. Sei, com base em outra evidência, que é verdadeiro o relato de Steiner sobre a orquestra sinfônica de Treblinka, que as lutas de boxe e o cabaré descritos por ele aconteceram de fato, que um pequeno número de homens e mulheres judeus, caçados além do limite do suportável, vieram voluntariamente até os portões de Treblinka, pedindo para entrar e morrer. Na grande maioria dos casos, a narrativa e o diálogo de Steiner têm bases firmes em provas inequívocas e documentais. Contudo, pelo fato de tal evidência estar dominada pelo talento literário do escritor, porque uma personagem narradora, tomada de distinta raiva e força estilística, interpõe-se entre o fato insano e a profundamente excitante economia, portanto ordem, do livro, uma certa irrealidade intromete-se. Quando é representada com tanta habilidade, modulações intrincadas afetam a medonha verdade. Ela se torna mais gráfica, mais terrivelmente definida, mas também obtém acomodação mais aceitável e convencional na imaginação. Nós cremos; contudo não cremos de forma intolerável, pois recuperamos o fôlego ao reconhecer um estratagema literário, um golpe estilístico não diferente, em última análise, do que encontramos em um romance. O estético torna-o suportável.

Mas, embora esse não seja um livro no qual eu possa confiar sem reservas — a pressão que exerce sobre a imaginação nem sempre é aquilo que nos relaciona, de modo mais íntimo e mais escrupuloso, com a presença dos mortos —, muitas das acusações feitas contra Steiner são injustas.

É verdade que a revolta não era tão rara como Steiner indica — haja vista fatos registrados em Bialistok, Grodne, Sobivor, Auschwitz e, principalmente, em Varsóvia. Não obstante, Treblinka foi o único campo de extermínio realmente destruído por um levante de judeus, e as condições em que se planejou tal levante foram de fato fantásticas.

Treblinka não é a primeira nem a mais válida tentativa de chegar a uma sociologia dos condenados. SS-*Staat* [Estado-SS], de Kogon, e *The Informed Heart*, de Bettelheim, são muito mais confiáveis. Mas, em especial, as observações de Bettelheim referem-se a uma versão anterior, relativamente imaginável, da vida no campo. Em Treblinka, com sua incessante linha de montagem da morte e tecnologia de remoção de cadáveres em massa, com sua falsa estação ferroviária e aldeia teutônica, com cachorros treinados para atacar os órgãos genitais dos homens e casamentos oficiais judaicos, a vida havia atingido um grau de suprema insanidade. Jean-François Steiner não transmite esse mundo, território fora da razão, imagino eu, em sua completa e literal verdade. Como poderia? "Eu que estive lá ainda não entendo", escreve Elie Wiesel. Mas o que ele traduziu dos silêncios, esquecimentos necessários, e do discurso parcial dos sobreviventes quase sempre soa verdadeiro. Principalmente, ele faz com que se compreenda algo da deliberada tortura de esperança e escolha por meio da qual os nazistas quebraram a mola da vontade nos homens. Em um mundo em que, como no cruel mito do *Górgias* de Platão, os homens tinham constantemente diante dos olhos o calendário da própria morte, os nazistas introduziram um mecanismo de um mínimo de esperança. "Você poderá continuar vivendo se fizer isso ou aquilo de modo a satisfazer nossos requisitos." Mas o feito quase que invariavelmente envolvia uma escolha tão medonha, tão degradante que diminuía ainda mais a humanidade dos que o faziam. O pai tinha de escolher deixar morrer o filho; o *kapo* tinha de açoitar com mais força; o informante tinha de trair; o marido tinha de deixar a mulher ir para a câmara de gás sem saber, para que ele próprio não fosse escolhido imediatamente. Viver era escolher tornar-se menos humano.

Esse processo, exatamente, é analisado por Kaplan. Era o notório jogo de passes amarelos ou brancos e carteiras de trabalho. Qual significaria a vida, qual a morte? Ou três cartões eram entregues para uma família de quatro, forçando os pais e os filhos a escolher um dentre eles para ser exterminado. A esperança escarnecida pode alquebrar a identidade humana mais depressa do que a fome. Mas havia fome e tormento físico contínuo e a súbita abolição de toda a privacidade humana.

Assim, o enigma *não* é por que os judeus do leste da Europa deixaram de oferecer mais resistência, por que, expulsos da humanidade, privados de todas as armas, forçados a morrer de fome com método, não se revoltaram (essencialmente, a tese de Hannah Arendt peca por falta de imaginação). Na verdade, essa é uma questão radicalmente indecente, proposta, como o é com freqüência, por aqueles que permaneceram calados durante o massacre. A questão é como foi possível que Chaim Kaplan conservasse a sanidade e como Galewski e sua comissão de resistência conseguissem rebelar-se em meio às fétidas montanhas de mortos e chefiar um ataque contra metralhadoras da SS. O mistério é que ao menos *um* homem tivesse retido suficiente lembrança da vida normal para reconhecer o homem em seus companheiros e em sua própria imagem brutalizada. Somente desse reconhecimento é que podem surgir a rebelião e esse ato supremo de identidade que é dar a própria vida para a sobrevivência dos outros — como a comissão de Treblinka fez até o último homem.

Certos místicos judeus disseram que Belsen e Treblinka corporificam um momentâneo eclipse ou a loucura de Deus; outros falaram da proximidade especial e, portanto, insondável de Deus para com Seus eleitos nas câmaras de gás e no pelourinho dos açoites. Essas são metáforas da razão quando a razão sente o desespero ou uma esperança mais atroz que o desespero. O que os documentos nos contam é que na escuridão da ausência de Deus, alguns homens, enterrados vivos, enterrados por aquele silêncio da cristandade e da civilização ocidental que torna todos os que ficaram indiferentes cúmplices dos nazistas, levantaram-se e destruíram seu quinhão do inferno. Em que pese todo seu desagradável virtuosismo estilístico, em que pesem todos os seus artifícios e talvez imprecisões, *Treblinka* nos oferece alguma luz sobre como isso aconteceu. A acusação de que J.-F. Steiner tenha humilhado de alguma forma os judeus ao mostrá-los através dos olhos dos torturadores alemães e ucranianos, e que seu relato sobre a inércia inicial dos judeus em Treblinka contribui para um mito racista da passividade judaica, parece-me infundada. Não toma conhecimento de seu intento primordial, que é imaginar por si e por nós o inimaginável, falar onde seria natural caber apenas o silêncio ou o *Kadish* pelos incontáveis mortos.

Mas basta de debates. Esses livros e os documentos que sobreviveram não são material para "resenha". A não ser que "resenha" significasse, como talvez devesse nesses casos, um "assinalar de novo", repetidas vezes. Como em uma fábula de Borges, a única "resenha" completamente decente do *Diário de Varsóvia* ou do *La Nuit*, de Elie Wiesel, seria copiar o livro, linha por linha, fazendo pausas nos nomes dos mortos e nos nomes das crianças, como prescreve o escriba ortodoxo, ao copiar a Bíblia, no santificado nome de Deus. Até que soubéssemos muitas das palavras *de cor* (conhecimento mais profundo do que a mente) e pudéssemos repetir algumas ao raiar do dia para nos lembrarmos de que vivemos *depois*, de que o fim do dia pode trazer uma provação desumana ou uma recordação mais estranha do que a morte.

No gueto de Varsóvia, uma criança escreveu em seu diário: "Estou com fome, estou com frio; quando crescer, quero ser alemão e aí não vou ter mais fome, nem mais frio". E agora quero escrever essa frase outra vez: "Estou com fome, estou com frio; quando crescer, quero ser alemão e aí não vou ter mais fome, nem mais frio". E dizê-la repetidas vezes, em uma prece pela criança, em uma prece por mim mesmo. Porque, quando essa frase foi escrita, eu estava alimentado, saciado, dormia confortavelmente e estava em silêncio.

TERCEIRA PARTE

HOMERO E OS ESPECIALISTAS

Quando garoto, deparei com um daqueles questionários que perguntavam quais as personagens da história que eu mais gostaria de conhecer. Respondi Homero, Cristo e Shakespeare. Não por precoce sublimidade, mas porque estava decidido a descobrir se cada um tinha, de fato, existido, e se tinha dito as maravilhosas palavras que se lhe atribuem. Sem saber, eu tinha tocado por acaso no tema tríplice daquela que o século XIX denominou crítica superior.

Em tais águas profundas, o saber havia lançado suas grandes armadas. A descoberta da natureza da composição homérica, o estudo analítico dos Evangelhos e do Jesus histórico, e a busca da identidade de Shakespeare eram os três mistérios clássicos para os quais o saber dirigia suas armas modernas: a arqueologia, a lingüística, a revisão bibliográfica. Mas, na esteira dos grandes galeões da erudição, sempre fervilhou um bando heterogêneo de amadores, místicos e excêntricos inspirados. A questão sobre Homero, a exegese das Escrituras e o problema da autoria das peças de Shakespeare sempre foram considerados pelo leigo como terreno permitido. Aqui cada homem tem sua convicção e não se passa uma década sem uma nova teoria. Recentemente, garantiram-nos que a Odisséia foi escrita por uma jovem, que Cristo sobreviveu ao Calvário e está enterrado no norte da Índia e que os manuscritos de Shakespeare podem ser encontrados no túmulo de Marlowe.

Os especialistas reagem a tais crenças com amargo escárnio. Mas são perseguidos por um fato curioso: em cada um desses preeminentes enigmas da crítica literária e histórica, é o leigo que tem feito algumas das mais brilhantes e decisivas descobertas. Um amador obcecado escavou Tróia e um jovem arquiteto apaixonado por criptografia desvendou o segredo da escrita minóica. Um crítico literário — reconheçamos, ninguém menos que um Edmund Wilson — foi um dos primeiros a compreender as implicações dos pergaminhos do mar Morto. Um funcionário público do século XVIII, Maurice Morgann, foi o primeiro a aplicar em um texto shakespeariano critérios psicológicos e históricos modernos.

Os estudiosos de Homero, os filólogos do hebraico e os estudiosos profissionais de Shakespeare, além do mais, são indivíduos apaixonados e cheios de convicção fanática. Nenhuma outra área do conhecimento humanista atrai controvérsia mais acirrada. Há algo na filologia que desperta o que há de pior no homem. As revisões de A. E. Housman eram baseadas no axioma de que uma falsa emenda é um crime muito mais abominável que o assassínio. Por trás da brutalidade e das pontificações dos altos círculos acadêmicos, no entanto, pode se ouvir o tom de bravata para afastar o medo. Ninguém negaria as extraordinárias realizações de historiadores, lingüistas comparativos e arqueólogos. Contudo, permanece uma obstinada verdade: a questão a respeito de Homero não está hoje mais perto de solução do que estava em 1795, quando Wolf publicou o *Prolegomena ad Homerum*. A pessoa histórica de Cristo e a composição dos Evangelhos são assuntos de conjetura tanto quanto eram quando Renan escreveu a *Vie de Jésus* (1863). E existem numerosos enigmas com relação às peças de Shakespeare e ao âmbito de referência nelas contido, intrigantes o bastante para converter homens lúcidos ao baconismo mesmo agora.

Todavia, embora os problemas persistam, nossos métodos de abordá-los mudam. E o aspecto fascinante é que, em cada caso — Homero, Cristo, Shakespeare —, as correntes de estudo e avaliação seguem o mesmo padrão.

Em fins do século XIX, o desmembramento era a grande moda. Wilamowitz, um titã entre os estudiosos de Homero, declarou que a *Ilíada* era, em alguns pontos, "uma colcha de retalhos mal feita". Em um único capítulo de Lucas, a análise germânica revelou cinco níveis distintos de autoria e interpolação. As peças atribuídas a esse ator iletrado, Shakespeare, haviam sido compiladas, aparentemente, por uma comissão que incluía Bacon, o conde de Oxford, Marlowe, católicos não-conformistas e aprendizes de tipógrafo de extraordinária habilidade. Essa bela fúria de decomposição durou até a década de 1930. Ainda em 1934, Gilbert Murray não conseguia descobrir um estudioso de boa reputação que estivesse disposto a defender a opinião de que um único poeta tivesse escrito uma ou outra, ou ambas, a *Ilíada* e a *Odisséia*.

Hoje, houve uma completa virada. Nos estudos sobre Homero,

a Bíblia e Shakespeare, a tendência predominante é o unitarismo. Para o professor Whitman, de Harvard, são indubitáveis a visão pessoal central e a "unidade inerradicável" da *Ilíada*.

Há razões materiais e psicológicas para esta inversão de opinião. Respeitamos cada vez mais a tenacidade da palavra escrita. A crítica mais apurada presumia que, se um texto fosse muito antigo ou tivesse sido reproduzido várias vezes, estaria necessariamente corrompido. Agora não temos tanta certeza. Comparações entre os pergaminhos do mar Morto e a versão canônica da Bíblia sugerem que a literatura, quando considerada sagrada, era transmitida com grande fidelidade. Por reverência, os escribas ou escolásticos futuros até mesmo reproduziam erros ou palavras arcaicas que não compreendiam.

Ainda mais importante, uma era pós-freudiana considera o ato de composição literária de extrema complexidade. Onde o editor do século XIX via uma lacuna ou interpolação, nós tendemos a ver o tratamento indirēto ou a lógica especial da imaginação poética. Toda a nossa imagem mental alterou-se. Os críticos mais apurados, Wilamowitz ou Wellhausen, eram anatomistas; para chegar ao coração de uma coisa, eles a dissecavam. Nós, como os homens do século XVI, tendemos a considerar orgânicos e integrais os processos mentais. Um historiador de arte moderna escreveu sobre *la vie des formes*, concluindo que, na vida da arte, como na da matéria orgânica, existem complicações de projeto e de energias autônomas que não podem ser dissecadas. Sempre que possível, preferimos deixar a coisa inteira.

Além disso, não esperamos mais do gênio um desempenho constante. Sabemos que grandes pintores vez por outra produzem maus quadros. O fato de que *Titus Andronicus* está cheio de violência pretensiosa não prova que Shakespeare não a escreveu; ou, para ser mais exato, não prova que ele tenha escrito somente as falas boas. Esta mudança de perspectiva é vital com referência à *Ilíada* e à *Odisséia*. Há cem anos, um trecho que parecesse inferior a um editor era colocado entre parênteses, com total segurança, como uma interpolação ou deturpação textual. Hoje, simplesmente invocamos o fato de que os poetas nem sempre estão em sua melhor forma. Homero pode cochilar.

Por fim, ocorreu uma profunda mudança em nossa compreensão de mito. Viemos a compreender que os mitos estão entre as linguagens mais sutis e francas da experiência. Eles reproduzem momentos de verdade ou crise marcantes na condição humana. Mas a mitologia é mais do que história tornada memorável: o mitógrafo

— o poeta — é o historiador do inconsciente. Isso confere aos grandes mitos sua perene universalidade. Além do mais, desde os pânicos quialistas do fim do século X, quando as pessoas acreditavam que o Juízo Final estava próximo, não tinha havido uma época tão perseguida pelo pesadelo das concepções míticas como a a nossa. Os homens que colocaram a figura de Édipo no âmago de sua psicologia, ou que lutaram por sobrevivência política contra o mito do super-homem e do Reich milenar, sabem que fábulas são coisas de extrema seriedade. Mais do que nossos antecessores, portanto, abordamos Homero segundo suas próprias regras.

No âmago dos poemas homéricos está a lembrança de um dos maiores infortúnios que podem se abater sobre os homens: a destruição de uma cidade. Uma cidade é a soma exterior da nobreza do homem; nela, sua condição é humanizada da forma mais profunda. Quando uma cidade é destruída, o homem é obrigado a vaguear pelo mundo ou morar nos campos, em um retorno parcial à condição de animal. Essa é a concepção central da *Ilíada*. Ecoando por todo o épico, ora em alusão abafada, ora em lamento estridente, há o terrível fato de que uma antiga e esplêndida cidade pereceu à beira do mar.

Homero não narra a morte flamejante de Tróia. Talvez haja em sua reticência um elemento de tato poético (a cegueira de Dante no clímax da visão); talvez uma intuição perspicaz de que, se a *Ilíada* tivesse mostrado Tróia em chamas, os sentimentos do público teriam passado completamente para o lado troiano. Com grande esperteza, Homero sugere a catástrofe final ao descrevê-la em uma escala de miniatura; mostra-nos Heitor atacando as defesas do campo dos gregos e ameaçando incendiar os navios.

Na falta do fim da história, não sabemos com precisão sobre que cidade o cavalo de pau lançou sua sombra assassina. A topografia da *Ilíada* coincide com o que os arqueólogos denominam Tróia VI. Mas sinais de violenta destruição são mais fortes no nível do terreno denominado Tróia VII A. Alguns estudiosos chegaram a propor que o cenário do poema fosse transposto da Ásia Menor para o continente grego, onde um encarniçado e prolongado sítio parece ter acontecido nos primórdios da era micênica.

O mais provável é que a *Ilíada* reflita, não somente um único episódio, mas uma grande série de destruições. A lendária Cnossos caiu aproximadamente em 1400 a.C. Não se conhece a causa dessa ruína, mas recordações lendárias do acontecimento reaparecem na imaginação grega séculos depois. Os duzentos anos seguintes são um período de extrema obscuridade. Parte do problema está na identificação dos misteriosos Povos do Mar, cujos ataques parecem ter se estendido até o Egito. Uma coisa é certa: de ambos os lados do Egeu, o mundo de Micenas, com seus grandes palácios e complexas relações dinásticas e comerciais, sofreu violento desastre. As cidadelas de Pilos e Iolcos foram queimadas por volta de 1200 a.C. e a dourada Micenas foi destruída nesse mesmo século. Foi durante esse período sombrio e confuso, aproximadamente 1180 a.C., que Tróia VII A foi saqueada.

A memória desses antigos terrores, das portas da cidade rebentadas e das torres queimadas, soa alto na *Ilíada.* A *Odisséia* fala do que veio depois. É o épico do refugiado. As cidades estão arrasadas e os sobreviventes vagueiam pela face da terra como piratas ou mendigos. Isto é o que parece ter acontecido de fato durante o período de 1100 a 900 a.C. As invasões dóricas forçavam para diante grupos de refugiados heládicos. Esses fugitivos levavam consigo fragmentos destruídos, mas valiosos, de sua própria cultura. A principal corrente de migração parece ter passado através da Ática entre o princípio do século XI e o fim do século IX. Pouco depois do ano 1000 a.C., as pessoas desterradas começaram a colonizar a Ásia Menor e as ilhas. Algumas parecem ter se estabelecido em Atenas ou nas cercanias.

Contudo, ainda que presumamos uma continuidade de civilização no continente grego, surge um problema de grande dificuldade. Da forma como as conhecemos, a *Ilíada* e a *Odisséia* foram escritas entre aproximadamente 750 e 700 a.C. Entretanto, o sítio de Tróia acontece na primeira parte do século XII, na fase final do período micênico. O modo de vida dramatizado na *Ilíada* tem forte cor micênica; quase todas as lutas envolvem as armas e táticas da Idade do Bronze. O mundo de Agamêmnon, como disse *sir* John L. Myres, é um mundo do qual os gregos de épocas subseqüentes "sabiam pouco e entendiam menos".

Então, como foram transmitidas memórias e tradições do passado arcaico através de uma lacuna de pelo menos quatrocentos anos?

A descoberta feita em 1952, por Michael Ventris (mais uma vez um amador de gênio, um leigo), dá a pista de uma possível resposta. Ele mostrou que as inscrições nas tábuas encontradas em vários locais de Micenas estão escritas em uma forma muito antiga, mas reconhecível, de grego. Uma ponte de linguagem abarca a Idade Média. Mas, apesar do entusiasmo de certos especialistas, como o professor Webster, de Londres, é uma ponte frágil. O grego em B Linear é meio milênio mais velho do que qualquer coisa que se possa usar para comparação. As tábuas fornecem inventários de mercadorias e de armas, listas de nomes, alguns dos quais reaparecem em Homero, e invocações fragmentadas aos deuses. Até o momento, não há evidência de literatura micênica em um sentido real. A escrita não é bem adequada para a composição de poesia, e o grego escrito seguinte, que pertence à segunda metade do século VIII, é, naturalmente, nosso tipo de alfabeto (tal como derivou dos fenícios). O que aconteceu no meio tempo ainda é um mistério. Uma *Ilíada* micênica pode ter existido em alguma escrita linear, e a arte de escrever sobreviveu de fato em Chipre. Mas as poucas provas que temos sugerem que o legado micênico da *Ilíada* foi transmitido até o século VIII por tradição oral. O que sabemos agora é que a tradição foi em grego.

Isso significa que a *Ilíada* e a *Odisséia* — enquanto distintas do material arcaico contido nelas — foram compostas oralmente? Desde a grande obra de Milman Parry, é um fato estabelecido que grande parte do verso de Homero se baseia em fórmulas. Consiste de frases determinadas que preenchem as unidades métricas naturais das linhas. Assim, por exemplo, existem 46 epítetos em substantivos para descrever Aquiles. Cada um tem um valor métrico diferente e o poeta escolhe aquele mais apropriado à prosódia do verso. Ele cria seu épico ao entoá-lo, usando uma vasta reserva de temas e fórmulas tradicionais para sustentar sua invenção ou suas invenções sobre um determinado tema épico. Essa declamação heróica ainda existe, principalmente na Iugoslávia e entre os berberes do norte da África. Narrações sobre a queda de Tróia e o perambular de Odisseu devem ter sido recitadas em inúmeras ocasiões, cada vez em uma versão diferente. Sob esse prisma, Homero emerge como um dentre os muitos cantores itinerantes que improvisavam sobre temas tradicionais para uma platéia inculta: "felizmente, algum mestre da nova arte da escrita teve a inteligência de colocar no papiro as interpretações desse notável cantor de alguns temas do repertório". Em essência, essa é a tese defendida recentemente por Albert B. Lord, em *The Singer of Tales*.

Sem dúvida, o épico de Homero contém elementos de caráter arcaico e mnemônico. E é verdade que alguns pastores iugoslavos, reunidos diante de gravadores de fita, improvisaram canções de duração prodigiosa. Mas o que isso nos diz sobre a composição da *Ilíada*? Quase nada. A obra de Homero, como a conhecemos, é arte de uma unidade ofuscante e intrincada. Sua trama é estreita e deliberada. Se a colocarmos ao lado da melhor poesia popular de que temos registro, a diferença saltará aos olhos. Na *Ilíada*, estamos lidando com uma visão imponente do homem, articulada em cada detalhe, não com um relato de aventuras conduzido de modo automático ou discursivo. A entrada em ação através do tema oblíquo da ira de Aquiles é arte de alto requinte. Toda a trama, com seus ecos íntimos e alternação de ênfase e repouso, decorre do drama particular da abertura. Somente o Livro X parece ficar deslocado, como uma intrusão ou acréscimo posterior.

O professor Whitman tem o mérito, em seu livro *Homer and the Heroic Tradition*, de ter insistido nessa verdade essencial. Ele argumenta que a *Ilíada* é a contraparte, em linguagem, da famosa simetria geométrica típica dos vasos gregos do período de 850 a 700 a.C. Afirma que "o poema como um todo forma um grande desenho concêntrico". A versão de Whitman é composta demais e ignora o fato de que a divisão do poema em 24 livros é uma conveniência editorial recente. Mas o ponto mais importante é com certeza válido: a *Ilíada* é uma trama de extrema complexidade e controle formal. É certo que estejam engastados nela grandes fragmentos de poesia tradicional oral; mas é improvável que o épico, como um todo, tenha sido composto e preservado sem escrita.

Mas em que escrita? Mais uma vez, eis um problema intrincado sobre o qual os estudiosos divergem. A escrita iônica, na qual a *Ilíada* e a *Odisséia* foram transmitidas, entrou em uso oficial somente no século V a.C. Sabemos muito pouco de sua história anterior. Isto leva Whitman a concluir que os épicos homéricos foram, a princípio, escritos no que é conhecido como o Antigo Alfabeto Ático, mais tarde transliterados (isso explicaria certas peculiaridades no texto de que dispomos hoje). O primeiro manuscrito talvez date da segunda metade do século VIII, "da época, se não do punho, do próprio Homero". Há apenas trinta anos, tal teoria teria feito os especialistas soltar terríveis vaias!

Não temos provas que demonstrem que um texto escrito de tal dimensão e elaboração pudesse ter sido produzido em data tão remota. Mas o alfabeto existia e o comércio com a Fenícia poderia ter fornecido o papiro necessário. Além disso, se tal manuscrito não existisse, como poderíamos explicar o espantoso fato de que a *Ilíada* e a *Odisséia* não contêm nenhum material, seja lingüístico seja narrativo, que possa datar de uma época posterior a 700 a.C.? A teoria de que os dois épicos foram memorizados e transmitidos perfeitamente por tradição oral, até serem escritos no século V, simplesmente não pode ser sustentada.

Permitam-me introduzir uma especulação, não como classicista qualificado, mas como leitor que busca compreender o gênio do poema. Ouso supor que Homero foi o primeiro grande poeta da literatura ocidental porque foi o primeiro a entender os infinitos recursos da palavra escrita. No sabor da narrativa homérica, em seu soberbo intrincamento, lampeja o deleite de uma mente que descobriu que não precisa confiar sua criação à frágil custódia da memória. A áspera alegria da *Ilíada* e sua constante hesitação entre a curta duração da vida e a eternidade da fama espelham a nova e orgulhosa percepção do poeta sobre sua própria sobrevivência. No início da poesia há o verbo, mas muito perto do início da poesia da escala da *Ilíada* há a escrita.

É muito possível que o "manuscrito de Homero" original fosse algo único e guardado sob os cuidados de uma guilda bárdica (a *Homeridae*). Os recém-implantados festivais pan-helênicos do século VIII criavam um público para os "filhos de Homero". Esses cantores podem muito bem ter preservado a *Ilíada* e a *Odisséia* em um pequeno número de textos canônicos até serem publicados de forma mais ampla na Atenas do século VI (o que os estudiosos denominam Revisão de Psístrato).

Tampouco temos necessidade de presumir que o próprio Homero fosse alfabetizado. Poderia ter ditado para um escriba. Com efeito, eu arriscaria dizer que a tradição antiga e persistente de sua cegueira está ligada a este aspecto especial. Desejando esconder de uma época futura mais crítica o analfabetismo técnico do mestre, a *Homeridae* descreveu-o como cego. Acima de tudo, a *Ilíada* e a *Odisséia* proclamam que a vida dos homens vai para o pó esquecido, a não ser que lhe seja conferida imortalidade pela canção de um poeta. Essa não é a fé de um supremo artista que, pela primeira vez na literatura ocidental, tinha a seu comando, se não dentro de seus próprios recursos, a plena glória da palavra escrita?

Na grande maioria, os recentes estudos sobre Homero tratam da *Ilíada.* Escavações e deciframentos parecem levar antes a Tróia do que a Ítaca. A *Odisséia* não se harmoniza nem com a busca de uma tradição micênica nem com a teoria de um estilo geométrico. Isso é revelador. Indica uma convicção que muitos leitores mantiveram desde o início. Os dois épicos são profundamente diferentes: diferentes em tom, em estrutura formal e, mais importante, em sua visão da vida. A questão sobre Homero, portanto, vai além dos problemas de autoria e de texto. Deve lidar com as relações literárias e psicológicas entre a *Ilíada* e a *Odisséia.* O que acontece quando lemos a *Ilíada* através dos olhos de Odisseu?

Os arqueólogos divergem sobre o modo como a imagem do

mundo da *Ilíada* foi composta. Alguns afirmam que as narrativas de batalha são realistas e que foram feitos esforços para atualizar detalhes arcaicos (o exemplo clássico seria o tratamento desajeitado que Homero deu à armadura de Ájax, um item de equipamento que caiu em desuso no século X). Outros consideram o mundo da Tróia de Homero como uma "estrutura visionária" na qual elementos, indo da Idade do Bronze até o século VIII, são entrelaçados pelas fórmulas e convenções estabelecidas do estilo heróico. Mas uma coisa está clara: a *Ilíada* expressa uma visão específica da condição humana. Em nenhuma outra obra literária, com a possível exceção de *Guerra e Paz*, encontramos a mesma imagem do homem. E certamente não na *Odisséia*.

O poeta da *Ilíada* olha a vida com aqueles olhos vazios e inabaláveis que fitam pelos orifícios do elmo em antigos vasos gregos. Sua visão é aterrorizante em sua sobriedade, fria como o sol de inverno:

> "Então, amigo, também morres. Por que então todo esse clamor? Também Pátroclo está morto, ele que era mais valioso do que és. Não vês que homem sou, potente, esplêndido, nascido de pai notável, de mãe que me fez imortal? Contudo, mesmo eu me defronto com a morte e com o poderoso destino, e haverá uma aurora, uma tarde ou um meio dia em que um homem, em meio à luta, também me roubará a vida, seja com uma lança, seja com uma seta disparada de seu arco." Assim ele falou, e os joelhos e o coração interior do outro fraquejaram. Soltou a lança e recuou, estendendo as mãos vazias; mas Aquiles, sacando afiada espada, golpeou-o no pescoço, junto à clavícula, e a espada de dois gumes penetrou fundo. Tombou de bruços e no chão ficou estirado, enquanto jorrava o sangue, a empapar o solo.*

A narrativa prossegue com calma desumana. A aguda objetividade da visão do poeta nunca é sacrificada às exigências do patos. Na *Ilíada*, a verdade da vida, não importa quão dura ou irônica, prevalece sobre as ocasiões de sentimento. Isso é ilustrado de modo marcante no ápice do épico: o encontro noturno entre Príamo e Aquiles. Cai uma quietude em meio ao inferno. Fitando um ao outro, o rei espoliado e o matador de homens expressam sua grande dor. Suas tristezas são imensuráveis. Entretanto, depois de falarem, sentem fome e sentam-se para comer uma lauta refeição. Pois, como Aquiles diz de Níobe: "Ela lembrou de comer quando cansou de

(*) *Ilíada*, XXI, versão feita a partir da tradução inglesa de Richmond Lattimore. (N. E.)

chorar". Nenhum outro poeta, nem mesmo Shakespeare, teria corrido o risco de uma verdade tão humilde em um instante de tão trágica solenidade.

Mas esta magnífica lucidez não deriva de amarga resignação. A *Ilíada* não é um lamento sobre a condição humana. Nela há alegria, a alegria que lampeja nos "brilhantes olhos antigos" dos sábios em "Lapis Lazuli", de Yeats. O poeta deleita-se com o prazer da ação física e com a elegante ferocidade do combate pessoal. Ele vê a vida iluminada pelas chamas de uma energia central inerradicável. O ar parece vibrar em torno das personagens heróicas e a força de sua existência eletriza a natureza. Os cavalos de Aquiles choram ante a sua iminente queda. Inclusive objetos inanimados avivam-se com tal excesso de vida. A taça de Nestor é de uma realidade tão palpável que os arqueólogos alegam tê-la desenterrado três mil anos após o evento.

Pura energia de ser permeia a *Ilíada*, como a arremetida do mar cor de vinho escuro, e Homero rejubila-se com isso. Mesmo em meio à carnificina, a vida flui plena e palpita em marcha com selvagem alegria. Homero sabe e proclama que algo nos homens ama a guerra, que tem menos medo dos terrores da luta do que do longo tédio diante da lareira.

No círculo de Agamêmnon, Heitor e Aquiles, a guerra é a medida do homem. É o único empreendimento para o qual foi treinado; à sombra da morte, Heitor preocupa-se com quem irá ensinar seu filho a atirar uma lança. Além disso, para além da sombra, brilha a luz da aurora que torna a vir. Em torno das cinzas de Pátroclo, os comandantes gregos distraem-se lutando, apostando corridas ou arremessando a lança em comemoração a sua força e vida. Aquiles sabe que está condenado, mas Briseida, "das faces róseas", deita-se com ele todas as noites. A guerra e a mortalidade fazem ouvir seu clamor, contudo o centro continua firme. Esse centro é a confirmação de que as ações do corpo e do espírito heróico são por si sós algo de belo, de que a fama sobrepujaria os efêmeros terrores da morte e de que nenhuma catástrofe, nem mesmo a queda de Tróia, é final. Pois, para além das torres enegrecidas e do caos brutal da batalha, jaz o mar tranqüilo. Alhures, os golfinhos saltam e os pastores cochilam na paz das montanhas. Os famosos símiles de Homero, quando compara um determinado momento da luta a um episódio na vida pastoral ou doméstica, atuam como uma garantia de uma estabilidade final. Dizem-nos que as ondas correrão para a praia quando a localização de Tróia for uma lembrança controvertida.

É um retrato específico e único do homem. Mais verdadeiro, como diz John Cowper Powys, do que o retrato pintado por qualquer outro poeta: "É mais parecido com o que aconteceu, está acontecendo, e acontecerá a todos nós, desde os primórdios de nossa história neste mundo até o fim da vida humana sobre a Terra". Pode bem ser assim; mas a verdade da *Ilíada* não é a verdade da *Odisséia*.

Aos "brilhantes olhos antigos" da *Ilíada* Odisseu contrapõe um olhar casual e irônico. O épico de guerra é talhado de grandes blocos sólidos; a história da longa viagem de volta é uma trama arguta. Como a água do mar que banha cada página, a visão do poeta é rápida, mutável, exploratória, tendente a estranhar planuras e súbitas profundezas. "Esse romance", disse T. E. Lawrence. Uma maravilha de plano e variedade, mas difícil de enfocar. As antigas fogueiras do heróico foram apagadas e a simplicidade muscular da vida em torno de Tróia cedeu lugar a toda espécie de ironias e complicações. A obra foi tida em grande respeito por seus leitores da Antiguidade, mas lhes causava mal-estar. Fragmentos do papiro contendo a *Ilíada* são muito mais numerosos do que os da *Odisséia*.

A geografia da história é um enigma. Parece incluir a Grécia e a Iônia, Creta, a Lícia, a Sicília ocidental, o Egito e até mesmo um vislumbre da Mesopotâmia. Às vezes, fica claro que é uma geografia da imaginação, povoada, como os mapas medievais, de feras fabulosas e demônios selvagens a surgir de todos os cantos. Certos elementos da *Odisséia* correspondem ao período do declínio do feudalismo micênico (o fato de que as sociedades apresentadas são analfabetas, a vaga condição da monarquia em Ítaca, as estranhas finanças do acordo matrimonial de Penélope). Outros aspectos do poema, porém, parecem refletir os valores do novo *status* da cidade que começaram a surgir bem no fim do século VIII. Além disso, o que existe de cultura micênica na *Odisséia* parece derivar daqueles postos avançados e colônias de Micenas que sobreviveram durante muito tempo na Ásia Menor. Pois o que é inconfundível na *Odisséia* é uma consciência do oriental.

É provável que o poeta conhecesse o épico babilônico *Gilgamesh*. É quase certo que mitos muito antigos da Ásia e da África estejam repetidos na saga do Viajante. Consideremos um dos traços mais inesquecíveis de toda a *Odisséia*. Ao falar da morte, Tirésias profetiza para Odisseu que outra viagem o aguarda para além de Ítaca:

> Prossegue adiante com teus remos bem torneados até encontrares um povo que não conhece o mar e come seus alimentos sem o sal que os faz insípidos; um povo que desconhece navios de purpúreas proas e aplainados e lisos remos que são as asas de um navio veloz. Dou-te esta senha, tão simples sinal que não podes deixar de perceber: terás chegado quando outro viajante cruzar teu caminho e te disser que sobre teus vigorosos ombros carregas o dispersor de colmos, uma peneira.*

Onde fica essa terra sem sal e o que significa a confusão entre remo e peneira? Não sabemos. Mas em seu notável estudo *Genèse de l'Odyssée,* o antropólogo francês Gabriel Germain demonstrou que o teor do mito é profundamente não-grego. Para encontrar um tema de um reino cercado por terras onde os homens não conhecem nem sal nem barcos, teríamos de nos voltar para o mundo das lendas da África setentrional pré-islâmica.

Dante conheceu a profecia de Tirésias através de Sêneca (não teve conhecimento direto da *Odisséia* de Homero). Deu-lhe uma sombria interpretação cristã. Ao fazer de Odisseu um homem faustiano, ávido demais pela vida e pela ciência oculta, compeliu-o a uma última viagem fatal além de Gilbraltar (*Inferno*, XXVI). Entretanto, o fantasma do marinheiro não descansou. Ergueu-se das profundezas e assumiu inúmeras formas na arte e na literatura ocidental. A maior parte dessas formas — mesmo aquelas geradas em nossa época por Joyce e Kazantzakis — já está implícita no primeiro Odisseu. As personagens da *Ilíada* têm uma rica simplicidade e movem-se em plena luz. O herói da *Odisséia* é esquivo como o fogo. Ele tem gozado de uma sobrevida ainda mais variada e fascinante do que a concedida a um Aquiles ou a um Heitor, precisamente porque suas aventuras iniciais compreendem áreas do pensamento e da experiência com as quais nem sonhavam os guerreiros de bronze antes de Tróia.

Duas vezes pelo menos os ventos que impelem Odisseu sopram da Arábia. Ele parece chegar até Nausícaa direto de *As mil e uma noites.* O episódio inteiro é um conto de fadas oriental. O desgraçado mendigo dá à praia. Forças invisíveis o guiam até o palácio real e lá ele revela seu verdadeiro esplendor. Parte carregado de riquezas e mergulha em um sonho mágico. Embutido nesse romance do mendigo e do califa está o tema do amor nascente de uma jovem por um homem muito mais velho. Outra vez, existe aqui um sabor

(*) *Odisséia,* XI, versão feita a partir da tradução inglesa de T. E. Lawrence. (N. E.)

com pouco em comum com a sensibilidade grega clássica. Prenuncia os romances do alexandrismo helênico.

Ou tomemos o único relacionamento que foi plenamente explorado na *Odisséia*, a amizade entre Atena e Odisseu. A deusa e o Viajante deleitam-se com virtuosismo de decepção. Mentem um para o outro em uma alegre competição de falsidade. Regateiam como camelôs de Damasco, tentando ludibriar um ao outro com deslealdade afetuosa. Mais de 2000 anos antes de Beatrice e Benedick de Shakespeare, Homero sabia que podiam existir entre homens e mulheres relações tanto do cérebro como do coração. Em um determinado momento, a deusa quase se dá por vencida. Sua zombaria amorosa poderia ter saído direto de Shaw:

> Qualquer homem, mesmo qualquer Deus, para acompanhar tua consumada astúcia, precisa ser hábil e experimentado negociante. Oh infeliz especioso, versátil e iludido, nem mesmo em teu país natal podes deixar de lado essas tortuosas e evasivas palavras que tanto encantam os recessos de tua mente? Basta desse conveniente falar entre nós dois, ex-mestres desses truques de ofício — tu, o mais sagaz dos mortais, a embair e a adular; eu, mais famosa que os demais deuses, por patifes artifícios.*

Ainda uma vez, estamos a uma grande distância do tom e da visão da *Ilíada*. As brigas e os desejos dos deuses do Olimpo são às vezes satirizados na *Ilíada*. Mas, com mais freqüência, as divindades são vistas como forças erráticas e malignas destruindo ou favorecendo os homens conforme seus caprichos. Em parte alguma encontramos a ladina, divertida e profundamente feminina benevolência que liga Atena a Odisseu. O sabor é oriental.

Não é nova a idéia de que a *Odisséia* esteja de alguma forma ancorada no mundo do Mediterrâneo oriental. Em 1658, um estudioso de Oxford, Zachary Bogan, publicou um livro intitulado *Homerus Hebraizon*, e, algum tempo depois, outro estudioso de grego declarou que ambos os épicos haviam sido escritos pelo rei Salomão. Os eruditos modernos são mais cautelosos; mas Victor Bérard defendeu uma *Odisséia* fenícia, e Joyce, com um característico salto de imaginação, transformou Ulisses em judeu.

Mas se a *Ilíada* e a *Odisséia* diferem de maneira tão marcante em tom e em visão do comportamento humano, qual é a relação entre elas?

Whitman argumenta que a "vasta e óbvia" mudança que ocorre entre a composição dos dois épicos corresponde a uma mudança

(*) *Odisséia*, XIII. (N. E.)

no estilo da cerâmica grega. Em contraste com o geométrico, o estilo proto-ático é "leve, aberto e levemente orientalizante". O pintor do vaso proto-ático trata seus temas como uma série de episódios fluidos, como o faz a *Odisséia*. Não estamos mais no mundo rígido e concêntrico da *Ilíada*. Muitos estudiosos rejeitaram toda a tese de Whitman, alegando que a poesia e a cerâmica não podem ser comparadas. Mas Whitman fez uma observação interessante. A aparência física das personagens da *Ilíada* é estilizada. O epíteto descritivo é um lugar comum; assim as mulheres, quase que invariavelmente, têm "braços alvos". Na *Odisséia*, os tons da pele aparecem; Odisseu ostenta profundo bronzeado e a pele de Penélope é como marfim entalhado. A mesma mudança ocorre na pintura dos vasos.

As duas obras podem ter sido escritas não só em épocas diferentes como em lugares diferentes. O professor Denys Page insiste em que os vocabulários das duas são tão diferentes que não se pode referir ambas a uma mesma localidade. A *Ilíada* talvez tenha sido composta na Ática; a *Odisséia* na Iônia ou mesmo na Sicília (como sustenta Robert Graves). Esta tese foi atacada. Os críticos salientam que um épico que trata de batalhas em terra tem necessariamente de usar um vocabulário diferente de outro cujo tópico principal seja a navegação. Ainda assim, é difícil acreditar que as duas tenham a mesma terra natal. O Homero da *Odisséia* parece ter verificado com seus próprios olhos certos cenários e atividades que o poeta da *Ilíada* só tinha imaginado.

Os leitores de Homero, quando escritores ou familiarizados com táticas de guerra, quase sempre rejeitam a idéia de uma autoria única. Samuel Butler e Robert Graves discernem na *Odisséia* a mão de uma mulher a desenrolar a antiga teia da ação heróica. John Cowper Powys afirma que os dois poemas "tiveram autores ou originais diferentes" e que "existe um intervalo histórico de trezentos ou quatrocentos anos entre eles". T. E. Lawrence caracterizou o poeta da Odisséia como "um grande, ainda que não crítico, leitor da *Ilíada*", e arriscou o palpite de que ele não era lá grande coisa como soldado prático. Ao que parece, lidamos com qualidades contrastantes da mente.

Consideremos a imagem que temos da *Ilíada* ao examiná-la através da *Odisséia*. É extremamente complexa. Chegamos mais perto dela no Livro VIII, quando Demódoco, o menestrel, canta a queda das torres de Príamo na presença oculta de Odisseu. Este é um dos grandes momentos de enfoque dividido em toda a literatura (traz à memória a execução de uma ária de *As bodas de Fígaro* na última cena de *Don Giovanni*). Para a platéia do cantor cego, as brigas de Agamêmnon e Aquiles são remotas. Têm o brilho difuso da lenda. Para Odisseu, estão insuportavelmente próximas. Ele aconchega o manto purpúreo ao corpo e chora. Sua posição é ambígua, pois ele está tanto dentro como fora da saga de Tróia. Ao ouvir uma canção sobre si mesmo, sabe que entrou no reino dos mortos lendários. Mas também é um homem vivo tentando voltar para Ítaca. Assim, ele vê a guerra de Tróia tanto como uma trágica recordação como em rejeição. Este é o ponto crucial. Existe na *Odisséia* uma crítica dos valores arcaicos da *Ilíada* à luz de novas energias e percepções.

Essa crítica é explicitada, de forma dramática, no breve diálogo entre Odisseu e a sombra de Aquiles:

> "Como invejo tua sorte, Aquiles, o mais feliz dos homens que foram ou hão de ser! Em nossos dias, todos, argivos, o adoramos com as honras de um Deus: e agora o encontramos Príncipe dos mortos. Para ti, Aquiles, a morte não pode ser pesar algum." Levantou-me e disse: "Não faças da Morte luz diante de mim, oh resplandecente Odisseu. Antes fosse eu na terra um lacaio, atado a um homem frágil que deve com parcimônia viver para manter-se vivo. Vida assim seria melhor do que ser Rei dos Reis entre esses mortos que antes foram vivos e morreram".*

O Aquiles da *Ilíada* não teria dito exatamente isso, mesmo na morte. Ele tem seus momentos de insondável melancolia e lamenta-se ante a predestinada iminência de sua queda. Mas nunca rejeita a excelência ou a necessidade do ideal heróico. Se o tivesse feito, teria havido paz em Tróia. Preferir permanecer vivo como escravo de um homem pobre a ser rei dos mortos imortais é questionar o próprio motor da *Ilíada*.

Embora concebível, parece improvável que o mesmo poeta tivesse articulado ambas as concepções de vida. Não encontro nenhum outro exemplo na literatura de um escritor que produzisse duas obras-primas a defrontar-se com aquela mistura de respeito e dúvida irônica que a *Odisséia* demonstra com relação à *Ilíada*. E, no entanto, repetidas vezes, uma única voz parece ressoar através das diferenças da técnica narrativa e da visão do mundo. Certas glórias da *Ilíada* só são completamente visíveis no espelho da *Odisséia*. Quando lamenta Pátroclo, Aquiles é comparado a um pai a lamentar a morte do filho recém-casado. O exato inverso deste símile expressa a alegria de Odisseu ao ver terra após a destruição

(*) *Odisséia*, XI. (N. E.)

de sua jangada. Por sua vez, ambos os símiles são sugeridos no reconhecimento do Viajante por Penélope. Fios sutis, mas tenazes, relacionam os dois poemas. Como podemos reconciliar o senso de contraste com o de unidade?

Creio que o Homero que conhecemos, o poeta que continua a moldar muitas das formas principais da imaginação ocidental, foi o compilador da *Ilíada* e o inventor da *Odisséia*. Ele reuniu e classificou as sagas fragmentadas das batalhas da tradição micênica. Teve a lucidez de agrupá-las em torno do tema dramático e unificador da ira de Aquiles. Tratou o material antigo e as lendas populares com profundo respeito. Às vezes, entendeu mal a linguagem e as circunstâncias técnicas da ação remota. Mas decidiu reter o que era obscuro em vez de aperfeiçoá-lo. Apreendeu as austeras simetrias inerentes à modalidade arcaica de narrativa e viu a vida através dos olhos duros e brilhantes da batalha. Pôs à disposição das breves intensidades da poesia oral a nova amplidão e elaboração da forma escrita. O compilador da *Ilíada*, como os homens que juntaram as sagas do Pentateuco, era um editor de gênio; mas o ouro e o bronze estavam preparados no cadinho.

Imagino que tenha completado sua tarefa quando gozava das primeiras energias da maturidade. A *Ilíada* tem a cruel impetuosidade dos jovens. Mas à medida que ficou mais rica de experiência e sensibilidade, a visão da *Ilíada* deve ter parecido incompleta a Homero. É possível concebê-lo como um viajante constante e observador. "Ele tinha navegado e observado os mares", diz T. E. Lawrence. Em especial, eu suponho que se tenha familiarizado com as complexas civilizações orientalizadas do Mediterrâneo oriental. A parte do Oriente na *Ilíada* tem a rigidez da lenda antiga. É material tradicional que data do comércio da Idade do Bronze. O Oriente da *Odisséia* é mais moderno, observado mais de perto.

No entardecer de sua vida, esse homem muito viajado pode ter voltado para o mundo da *Ilíada* para comparar essa visão da conduta humana com a de sua própria experiência. Dessa comparação, com seu delicado equilíbrio entre reverência e crítica, nasceu a *Odisséia*. Com fantástica perspicácia, Homero escolheu para seu protagonista aquela figura da saga troiana mais próxima do espírito "moderno". Ainda na *Ilíada*, Odisseu representa uma transição das simplicidades do heróico para uma vida mental mais cética, mais nervosa, mais desconfiada de convicções. Como Odisseu, o próprio Homero abandonou os valores rigorosos e rudimentares inerentes ao mundo de Aquiles. Ao compor a *Odisséia*, ele voltou-se para contemplar a *Ilíada* através de uma ampla distância do espírito — com nostalgia e sorridente dúvida.

Essa opinião de Homero coincide ao menos com os poucos fatos que temos a nossa disposição. A *Odisséia* é mais recente que a *Ilíada*, mas creio que não muito. Um poema vive intensamente no outro. Os dois épicos expressam julgamentos da condição humana que diferem de forma considerável. Mas uma igual perícia está em ação em ambos. Por trás de cada um estão legados remotos, em parte mal compreendidos, do passado micênico; na *Ilíada*, são mais agressivos. Na *Odisséia*, por outro lado, cintilam as primeiras luzes da aurora do futuro socrático. A ponte entre Tróia e Ítaca poderia ser a vida pessoal de um incomparável editor e poeta.

Nunca saberemos realmente. Mas a *Ilíada* e a *Odisséia* permanecem como o fato inatacável. E, embora existam muitos livros pelos quais os homens tenham pautado suas vidas, pergunto-me se algum deles pode, mais do que os poemas homéricos, fazer-nos compreender a relação entre o homem e o tempo e o necessário ultraje da morte que carregamos em nós.

QUARTA PARTE

F. R. LEAVIS

Nenhuma cerimônia. Apenas um professor, de voz e estatura pequenas, mas de intensidade inesquecível, descendo do pódio em um auditório de Cambridge e saindo às pressas com passos caracteristicamente sinuosos, ágeis e despreocupados.

Contudo, quando deixar Mill Lane pela última vez, o dr. Leavis terá encerrado uma era na história da sensibilidade inglesa. Não menos, talvez, do que Wittgenstein ou R. H. Tawney, o afastamento de Leavis, o término de seu ensino em Cambridge, assinala um capítulo intrincado e controvertido na história do sentimento.

É por si só um fato marcante que um crítico literário tivesse feito tanto para reformar o significado do espírito de seu tempo, que tivesse aplicado ao desenvolvimento do gosto literário muito de sua própria inflexível e abstrata postura — o homem caminha com a atitude externa de seu pensamento. No sentido vulgar, a crítica literária não é tão importante assim. A maioria dos críticos alimenta-se da substância da literatura; são precursores, aproveitadores ou sombras de leões. Os escritores escrevem livros; os críticos escrevem sobre livros em uma eterna segunda mão. É grande a diferença. Se a crítica sobrevive, é porque é uma contrapartida da criação, porque a força poética de um Coleridge ou de um T. S. Eliot confere a seu julgamento a autoridade da experiência pessoal, porque assinala um momento decisivo na história das idéias. O poder vitalizante da *Poética* é histórico; depende apenas de modo insignificante de nosso conhecimento das obras que Aristóteles cita. A maior parte da crítica é efêmera, muito próxima do jornalismo ou da história literária direta, baseada no impulso da impressão pessoal mal refreado ou na enfadonha cautela da aprovação tradicional erudita. Pouquíssimos críticos sobrevivem por mérito próprio.

Os que conseguem — e quantos mais podem ser mencionados além do dr. Johnson, Lessing, Sainte-Beuve e Bielinski? — fazem da crítica um ato fundamental da inteligência social. Trabalham partindo do exterior da instância literária particular para o terreno distante do argumento moral e político.

Esse foi radicalmente o caso de Leavis. Escrevendo sobre *Ulisses*, Ezra Pound afirmou: "Somos governados por palavras, as leis são gravadas em palavras e a literatura é o único meio de manter essas palavras vivas e precisas". Leavis acrescentaria que somente a crítica pode garantir que a literatura faça sua tarefa. Por trás dessa visão da crítica como "a humanidade essencial", como a expositora e a guardiã de valores que são tão morais e sociais como técnicos, está uma complexa e articulada teoria do processo crítico.

Para Leavis, o crítico é o leitor completo: "o crítico ideal é o leitor ideal". Ele compreende plenamente a experiência transmitida pelas palavras do poeta ou do romancista. Ele tem como alvo uma completa receptividade, uma espécie de vulnerabilidade equilibrada da consciência no contato com o texto. Prossegue com uma atenção que é cerrada e estrita, mas também provisória, e sempre suscetível de reavaliação. O julgamento vem da reação; não lhe dá origem:

> O objetivo do crítico é, em primeiro lugar, entender, de modo tão sensível e completo quanto possível, isso ou aquilo que lhe chama a atenção; e uma certa valoração está implícita na compreensão. À medida que amadurece na experiência do novo objeto, ele pergunta, de modo explícito e implícito: "De onde vem isso? Como fica em relação a...? Qual é a relativa importância que parece ter?". E a organização na qual se estabelece como um constituinte ao tornar-se "situado" é uma organização de coisas igualmente "situadas", coisas que encontraram suas relações umas com as outras, e não um sistema teórico ou um sistema determinado por considerações abstratas.

A avaliação crítica (a "situação") é proposta com uma indagação concomitante: "É assim, não é?". E o que o crítico espera receber é uma afirmativa qualificada, um "Sim, mas..." que o obrigará a reexaminar ou apurar sua própria reação e levará a um diálogo produtivo. Esta noção de diálogo é fundamental para Leavis. O crítico, não menos que o artista — na verdade, mais ainda —, precisa de um público. Sem ele, o ato da leitura ideal, a tentativa de recriar a obra de arte na sensibilidade crítica, está condenado a tornar-se impressão arbitrária ou mero ditame. Deve existir ou ser treinado no seio da comunidade um grupo de leitores que busque alcançar uma reação madura à literatura, em concerto vital. Só então o crítico poderá trabalhar com aquela medida de consentimento que torna a discórdia criativa. A própria linguagem é um ato supremo de comunidade. O poema tem sua existência particular em um "terceiro domínio", a uma distância complexa e instável entre o uso privado das palavras pelo poeta e a forma dessas mesmas palavras no discurso corrente. Para ser compreendido de forma crítica, a obra de literatura deve encontrar seu leitor completo; mas esse leitor (o crítico) só poderá estimular e verificar sua reação se um esforço comparável de percepção ocorrer em algum lugar a sua volta.

Esse esforço tem relação direta com os destinos da sociedade. O axioma dominante do trabalho ao qual Leavis consagrou sua vida é a convicção de que existe uma relação estreita entre a capacidade do homem de reagir à arte e sua aptidão geral para uma existência humana. Essa capacidade pode ser despertada e enriquecida pelo crítico. A alfabetização do sentimento é uma precondição para a saudável avaliação dos problemas humanos: "a reflexão sobre assuntos políticos e sociais deveria ser feita por mentes com alguma educação literária de fato, e em um clima intelectual alimentado por uma cultura literária vital". Quando uma sociedade não dispõe de uma literatura contemporânea significativa e o exercício paralelo do desafio da crítica, "a 'mente' (e esta inclui a memória) não está completamente viva". Em resumo, a concepção de Leavis da crítica literária é sobretudo um apelo por uma ordem social viva e humanista.

Daí a tremenda importância que ele dá à idéia de uma universidade. Como Newman (que é uma das influências realmente marcantes em seu estilo e procedimento), Leavis considera a universidade ideal como a raiz e o molde daquelas energias do espírito que podem manter o corpo político funcionando de maneira sadia e criativa. Toda a sua crítica surgiu do contexto do ensino. As palavras que constam do fecho do prefácio de *Revaluation* são usadas em sentido literal: "A dívida que quero registrar é para com aqueles com quem, durante os últimos doze anos, eu discuti literatura como 'professor': se aprendi alguma coisa sobre os métodos da discussão profícua, fi-lo com a colaboração deles". Se ele abomina a "mente acadêmica", não deixando passar uma oportunidade de despejar sobre ela as ampolas de seu desprezo profético, é porque Leavis acredita que Oxford e Cambridge, tal como estão constituídas no momento, traíram em grande parte as verdadeiras e indispensáveis funções do ensino. Mas ele habitou seu interior com inflamada devoção.

A maior parte do melhor da atuação de Leavis é irrecuperável, por ser a soma de uma geração de ensino de fato, de dedicação generosa à arte do discurso hesitante entre preceptor e aluno. Entretanto, seu impacto estende-se com formidável ímpeto para além de Downing. Ele fez de um banal título acadêmico parte inseparável de seu nome; as Musas só conferiram dois doutorados, o dele e o do dr. Johnson. Como certos escritores de vigor limitado e característico, Leavis retirou da linguagem corrente inúmeras palavras e fraseados para seu singular propósito. Seu intenso uso tornou essas palavras quase sua propriedade; *ils portent la griffe du maître*: "discriminação... centralidade... equilíbrio... responsabilidade... tática... execução... percepção... apresentação... vitalizador... desempenho... afirmativa... robustez..." "Íntima e delicada integridade"; "pressão da inteligência"; "percepção concreta"; "realidade alcançada" — são frases que ostentam a assinatura de Leavis de modo tão indelével como "extrema seriedade" sustenta a de Matthew Arnold.

Vale a pena examinar a lista. Não se apóia em jargão, nas bruxuleantes obscuridades técnicas que enfeiam uma parte tão grande da Nova Crítica americana. É uma linguagem agressiva, cinzenta, abstrata, carregada de propósito escrupuloso. Um estilo que nos diz que a poesia de Tennyson "não oferece, caracteristicamente, nenhuma vida local muito interessante para exame", ou que "a maravilhosa faculdade de Shakespeare para intensa percepção regional é uma faculdade de perceber o todo regionalmente" pode ser imitado com terrível facilidade. Mas o que importa é compreender por que Leavis "escreve mal", por que insiste em apresentar seus argumentos em uma desagradável prosa pastosa.

Sua rejeição da elegância é a expressão de um profundo puritanismo subjacente. Leavis detesta o tipo de escrita "bonita", que, por meio de um lampejo de frase ou de um impulso lírico do argumento, oculta a pobreza do sentido ou a falha de lógica. Entende ser frivolidade espúria tudo aquilo que viria enfeitar a marcha nua do pensamento. Seu estilo é fácil de imitar exatamente porque, por trás dele, existe uma preocupação inabalável com a matéria em mãos, uma constante recusa de ser distraído pela graça do estilo. Possui uma certa feiúra nobre e aponta um dedo de desprezo puritano ao falso brilho de Pater.

Mas a origem do estilo de Leavis, daquele tom frio e prepotente, contudo, em última análise, hipnotizante, pode ser encontrada a uma profundidade ainda maior. Um fato marcante o distingue de todos os outros críticos de renome. Que eu saiba, nunca desejou ou se esforçou para ser escritor — poeta, romancista ou dramaturgo. Na crítica de Dryden, Coleridge e Arnold, existe uma imediata proximidade com a arte. Na de Edmund Wilson, espreita um romancista frustrado. Sainte-Beuve rendeu-se a seu gênio crítico com revolta no coração ao não conseguir ombrear sua ficção e poesia lírica com a de seus contemporâneos românticos. John Crowe Ransom, R. P. Blackmur, Allen Tate, são poetas que se voltaram para a crítica, seja por defesa, por refinamento de sua própria visão da poesia, seja por ter secado a veia inventiva. Na maioria dos grandes críticos (talvez até mesmo no caso de Johnson), existe um escritor *manqué*.[1]

Isso tem duas conseqüências. Pode fazer da crítica uma arte menor, uma tentativa de atingir, por força de estilo, algo como o romance ou o drama que o crítico não conseguiu produzir com sucesso. O *Essay of Dramatic Poesy*, de Dryden, os retratos críticos de Sainte-Beuve, e o *Rumo à estação Finlândia*, de Edmund Wilson, contêm fortes vestígios da forma poética. Os ensaios críticos de Blackmur são, com freqüência, poemas interrompidos. Isso pode produzir uma graça de persuasão da qual Leavis não chega perto. Mas ele não quereria chegar. Pois também pode acarretar uma sutil deslealdade para com o propósito crítico. Quando se torna substituto da "escrita criativa", quando mostra as cicatrizes de sonhos perdidos, a crítica tende a ser retórica, auto-revelação, aforisma bem feito. Perde seu apoio nos objetos que tem diante de si e recorre a um espelho oscilante empunhado pelo crítico e voltado para suas próprias ambições ou humildade.

Leavis transmite com persistência a convicção absoluta de que a crítica é uma atividade fundamental e inspiradora. Não precisa desculpar-se por não ser outra coisa. Embora de maneira radicalmente diferente da do poeta, ela cria possibilidades de compreensão e um consenso de valores captados, sem os quais a poesia não poderia ser mantida. Observar o dr. Leavis em seu pódio, denso e reservado, como que de sobreaviso contra algum desafio íntimo,

(1) Isso aplica-se, obviamente, ao passado. Talvez não seja mais assim. Como tento sugerir em outros ensaios desta coletânea, as distinções entre os gêneros literários estão perdendo a importância. Cada vez mais, o "ato de escrever" toma o lugar, com seu caráter problemático e constrangido, de determinada forma escolhida. O papel do ensaio e do fato/ficção na literatura atual sugere que toda a distinção entre criação e crítica, entre afirmação analítica e invenção poética, requer revisão. Ambos podem ser, como diz Roland Barthes, parte de uma totalidade lingüística mais significativa, mais compreensiva do que qualquer um dos dois.

mas também extremamente comunicativo com sua audiência, é observar um homem fazendo exatamente o trabalho que deseja. E é um trabalho que ele considera de imensa importância.

O que ele fez desse trabalho?

Ao contrário de Coleridge ou Hegel, Leavis não deu origem a uma teoria formal da arte; não procurou redefinir a epistemologia do valor estético. Considera a modalidade generalizadora e abstrata da filosofia bastante diferenciada da específica percepção recriadora que é o trabalho do crítico literário; uma formação filosófica poderia levar ao

> embotamento das arestas, embaçamento do foco e dispersão da atenção em direções erradas: conseqüências do estrago de uma disciplina com os hábitos de outra. O trabalho do crítico literário é atingir uma peculiar completude de reação e examinar uma relação peculiarmente estrita ao transformar sua reação em comentário; deve manter-se em guarda contra a abstração inadequada do objeto que tem diante de si e contra qualquer generalização prematura ou impertinente — dele ou a partir dele. [. . .] Espero que haja uma possibilidade de eu ter, desse modo, desenvolvido uma teoria, ainda que não tenha teorizado. Sei que o poder de convicção e a precisão que almejo são limitados; mas creio que qualquer abordagem envolve limitações e que admitindo-as e trabalhando com elas se pode esperar algum resultado.

As "idéias gerais" por trás da crítica de Leavis são derivadas, em grande parte, de T. S. Eliot, D. H. Lawrence, I. A. Richards e William Empson. Quando começou sua reavaliação da história da poesia inglesa, Eliot, Ezra Pound e Robert Graves já tinham proclamado a qualidade do novo. As atitudes que levaram *The Oxford Book of English Verse* a reservar a Donne apenas o mesmo espaço que para Bulwer Lytton e menos do que um terço mais do que para Herrick, ou que fizeram de Bridges uma figura importante que protegera, generosamente, o talento excêntrico e frustrado de Hopkins, já haviam se transformado no alvo do ataque da crítica. Após *Prufrock* e os primeiros ensaios de Pound e Eliot, ficou cada vez mais difícil considerar Tennyson ou Swinburne as únicas ou as predominantes forças a conduzir a poesia inglesa. Começava a soprar um vento mais frio.

A nova orientação do enfoque crítico processada por Leavis — sua ênfase sobre aquela linhagem de inteligência e forma realizada que vai de Shakespeare e dos metafísicos até Pope, Blake, Hopkins e Eliot — tem suas raízes na modificação de sensibilidade ocorrida nas décadas de 1920 e 1930. O que ele fez foi dar a essa modificação sua mais precisa e irrefutável justificativa crítica. Sua perícia está, não no legado geral, mas no caso em particular.

Nesse aspecto, grande parte de seu trabalho viverá entre as páginas clássicas da crítica. Para onde quer que se olhe, no imenso cabedal das obras de Leavis, sente-se a necessidade de fazer uma pausa diante da estimulante presença de uma inteligência de soberba exatidão e que dispõe de formidáveis reservas de conhecimento histórico e textual. Essa inteligência é colocada em sutil e estreito intercâmbio com o poema em um ato de total consciência que está, nos melhores exemplos, próximo da arte. É difícil fazer citações de Leavis, porque a evolução da reação é contínua e intrincada. Entretanto, destacam-se alguns momentos pelo puro brilhantismo e pela propriedade do discernimento acumulado.

A análise de *Spelt from Sibyl's Leaves*, de Hopkins (que integra *New Bearings in English Poetry*), é inusitada por mostrar Leavis recriando a sensação e o impacto do poema, não só pela avaliação sensível, mas também por uma espécie de contraparte lírica:

> As árvores já não são mais aquelas coisas belas e refrescantes da luz do dia; tornaram-se fantasticamente estranhas, duras e cruéis, "bicofolhadas", a sugerir a luz fria e dura, metálica como o brilho de ferramentas polidas, contra a qual elas aparecem como uma espécie de lavor damasceno ("adamascado") sobre uma folha. Segue-se então a angustiada rendição à constatação:
>
> "[. . .] Oúr tale, O oúr oracle! / Lét life, wáned, ah lét life wind
> Off hér once skéined stained véined variety / upon áll on twó
> spools; párt, pen, páck
> Now her áll in twó flocks, twó folds — black, white; / right,
> wrong [. . .]" *
>
> A sucessão de aliterações, rimas e assonâncias sugere a irresistível pungência da constatação. O poema termina com um terrível efeito como que de nervos expostos a provocar atrito uns com os outros. O atrito, a princípio, poderia ser entendido apenas como o do "certo" contra o "errado", o conflito íntimo entre espírito e matéria, e a dor que o crente sabe ter que defrontar, a simples dor da renúncia. Contudo, temos consciência de uma angústia sutil e de uma situação mais desesperada.

(*) "[. . .] Nossa fábula, Oh nosso oráculo!/ Que a vida, esvaída, ah! que a vida des-/ Enrole sua meada outrora vária enodoada venada/ sobre tudo em dois rolos; parta, aprese, embale/ Agora seu todo em dois flocos, dois apriscos — preto, branco;/ certo, errado [. . .]." (N. E.)

Crítica é, necessariamente, comparação. Mas somente um bom crítico é capaz de fazer do ato de preferência, da "situação" de um escritor acima de outro, um exercício de iluminação idêntica. A comparação sistemática, e gradualmente aprofundada, de Pope com Dryden, em *Revaluation*, é um dos golpes de mestre de Leavis. Colocando *Dunciad* ao lado de *MacFlecknoe*, Leavis nota que

> acima de cada verso de Pope podemos imaginar uma curva de tensa flexibilidade e complexidade, representando a modulação, a ênfase, e o tom e o andamento variáveis da voz na leitura; a curva a variar de verso para verso e os versos fazendo um jogo sutil um em oposição ao outro. A poesia de *MacFlecknoe*, na comparação, é ao mesmo tempo frouxa e monótona; repetidas vezes, ocorrem seqüências e volteios canhestros, nem convencidos nem convincentes, necessitando, para resultar satisfatória, da convicção retórica injetada pelo declamador.

Entretanto, imediatamente o mecanismo qualificador da abordagem de Leavis se interpõe imediatamente. A comparação "*é* injusta: os efeitos de Dryden são todos para o ouvido do público". Quando lidos em um espírito adequado a sua intenção, os poemas satíricos de Dryden são "de magnífica eficácia". Mas o espírito que Pope exige é algo diferente; por trás de seus efeitos imediatos, existe uma organização mais perfeita, mais introspectiva do que a que é necessária ou demonstrada por Dryden. Na verdade, são suas limitações que fazem de Dryden o "grande poeta representativo do fim do século XVII". Ele pertence à comunidade do gosto dominante. Não existe entre ele e a sensibilidade da época nada da distância, crítica ou nostálgica, que obriga Marvell ou Pope a uma maior delicadeza de organização: "Dryden é a voz de seu tempo". Toda a análise é magistral; demonstra como Leavis lê com aquilo que Klee chamaria "olho pensante".

Esse olho está em ação, de novo, embora estreitado, no exame que Leavis faz do estilo de Milton: "Ele demonstra um sentido *das palavras*, ao invés de uma capacidade de sentir *através das palavras* [. . .] o hábito não poderia sensibilizar um veículo tão isolado do discurso — discurso que pertence à textura emocional e sensorial da vida real e está em consonância com o sistema nervoso". Acho que Leavis está errado, que Milton (como Joyce) construiu com a linguagem uma realidade não menos coerente ou cheia da aspereza da experiência do que o é a fala comum — mas a irrefutabilidade e o desafio do ponto de vista de Leavis são óbvios.

Nenhum trecho isolado ilustra de modo mais conciso o gênio

especial da crítica de Leavis do que o fecho de seu ensaio sobre Swift:

> Não é só que ele tivesse um desprezo augustano pela metafísica; partilhava das mais superficiais complacências do bom senso augustano: sua ironia poderia destruir a estas, mas não há crítica consciente. Era, de várias maneiras, curiosamente inconsciente — o reverso do clarividente. Distinguiu-se pela intensidade de seus sentimentos, não por sua percepção deles, e certamente não nos impressiona como uma mente em controle de sua experiência. Não iremos achar Swift notável pela inteligência se pensarmos em Blake.

A avaliação é formidável por sua grande abrangência, sua ponderação e decisão de tom, sua simples implicação de evidência recolhida e meditada. A "mente em controle de sua experiência" — aqui uma nota puramente crítica — assume pertinente e sombria precisão, se lembrarmos que o intelecto de Swift caiu no controle literal da loucura. Mas há mais: a força do veredicto está concentrada no toque final, na evocação de Blake, colocada de forma tão proposital como a última palavra. O *rapprochement* de Blake e Swift é em si crítica esplêndida. Aqui apõe um selo de dimensão relativa, de grandeza comparável, porém desigual. Só aqueles que lutaram com a tarefa de tentar dizer algo de novo ou perceptivo sobre os clássicos estabelecidos compreenderão plenamente quanto existe de reação preliminar, de pensamento cerrado e ininterrupto por trás da concisa convicção de Leavis.

Sem dúvida, o principal feito de Leavis é sua crítica do romance inglês. *The Great Tradition* é um desses raríssimos livros de comentário literário (ocorrem-me *Lives of the Poets*, de Johnson, ou *Essays on Criticism*, de Arnold) que deram nova forma à paisagem interior do gosto. Qualquer pessoa envolvida a sério no desenvolvimento da ficção inglesa deveria começar, mesmo discordando, com as proposições de Leavis. Além disso, embora muito daquilo que Leavis defendeu a respeito de poesia já estivesse sendo dito por seus colegas, seu tratamento do romance só tem um precedente — os ensaios e prefácios de Henry James. Como James, mas com um propósito mais deliberado de ordem e completude, Leavis aplicou ao romance aquela exatidão de leitura e expectativa de forma reservadas anteriormente ao estudo da poesia ou do drama poético.

Hoje, qualquer resenhador ou universitário tem condições de emitir conceitos sobre a "estatura" de Jane Austen, a "arte amadurecida" de George Eliot ou a "riqueza criativa" da inteligência em *The Portrait of a Lady.* Hoje, pareceria absurdo ou intencionalmente excêntrico negar que *The Secret Sharer* ou *Women in Love* são obras de arte consumadas e clássicos da vida imaginada. Mas o fato de ela ter triunfado não deveria nos fazer esquecer a novidade, a inabalável audácia da reavaliação de Leavis. Mesmo quando nos opomos a sua lista por classificação ou omissão, nossa noção do romance como forma, de sua responsabilidade para com a percepção moral e para com o "registro vívido essencial", é aquela definida pelo tratamento de Leavis. A afirmação de que, após o declínio do épico e do drama em verso, o romance em prosa concentrou as energias mais importantes da literatura ocidental — uma afirmação feita antes em caráter provisório por Flaubert, Turguêniev e James — hoje já é lugar-comum. Não o era quando Leavis focalizou pela primeira vez, em um capítulo de *Middlemarch,* ou em um parágrafo de *Nostromo,* a mesma espécie de total compreensão demonstrada com relação a Shakespeare ou Donne. A simples sugestão (no momento quase um chavão) de que há em *Coração das trevas* uma concepção do mal comparável ao estudo da decrescente consciência moral em, digamos, *Macbeth,* tem em sua retaguarda uma revolução na crítica. Mais do que qualquer pessoa, com exceção de James, Leavis causou essa revolução.

Apenas em parte por causa justamente de seus escritos; o impacto foi da *persona.* Como Péguy, Leavis insurgiu-se contra o clima da época em uma postura de acossado isolamento, em parte real, em parte estratégica. Lembro-me de ter ficado aguardando aqueles exemplares cinzentos, de capas austeras, de *Scrutiny,* como alguém à espera de uma garrafa atirada ao mar. Inevitavelmente, por causa de sua roupagem cinzenta, pela angular parcimônia da impressão e da página, eles transmitiam a imagem de um profeta, rodeado de uma pequena e desprotegida guarda de eleitos, expondo e disseminando suas acres verdades por força da vontade e da privação. Ainda garoto de escola, fiz a assinatura com uma sensação de reverência embaraçada, de urgência de um conspirador, como se houvesse comida e combustível a serem comprados para manter em funcionamento um empreendimento de perigo iminente. Em uma época de extremo barateamento intelectual, de untuosa pseudocultura e de completa indiferença a valores — no século do clube do livro, das condensações e das centenas de grandes idéias para pagamento a prestação —, a "atitude necessária de absoluta intransigência" de Leavis tem tido uma força exemplar e instigadora. Mas ele manteve essa atitude a um cruel preço psicológico.

Foi-lhe preciso definir e, em grande medida, criar para si "o Inimigo". Como um monstro heráldico fabuloso, o Inimigo tem muitas cabeças. Entre elas, os jornais dominicais e o *Guardian*, e todos os lentes que escrevem para eles; o suplemento literário do *Times*, o sr. Pryce-Jones e seu pai (que entra no mito da vituperação de modo obscuro e periódico); os "intelectuais" do Terceiro Programa e a *entourage* do *New Statesman*; o Conselho Britânico e *Encounter*; o sr. John Hayward, o professor C. S. Lewis, *lord* David Cecil e todos aqueles que dividem o estudo e o ensino da literatura com a busca da elegância ou da ficção científica; e, recentemente sobressaindo-se entre as cabeças da hidra, C. P. Snow. O Inimigo representa aconchego, frivolidade, círculos mundanos, a utilização da cultura para adulação ou boa vontade mútua. Encarna "os valores em circulação na sociedade literária metropolitana e o meio relacionado com a universidade". O Inimigo cria gigantes filosóficos, como Colin Wilson em uma manhã de domingo, apenas para pisoteá-los quando muda a direção do vento. Espalha a opinião de que Virgínia Woolf era um intelecto de importância ou de que o sangue arterial do pensamento inglês pulsa no Athenaeum, nas águas paradas de All Souls ou em Printing House Square. O Inimigo é o *Establishment* da mente. É de média intelectualidade e de tom suave.

Por trás desse dragão inventado, *há* uma certa realidade complexa. Por ser compacta do ponto de vista geográfico, a vida intelectual inglesa é muito suscetível às pressões de clubes e cabalas; o artífice de renome pode ser invocado como por mágica com a mesma rapidez com que pode ser anulado. Em pequenas lagoas, tubarões podem ser apresentados como momentâneos leviatãs. Também é verdade que existe entre as universidades e o mundo da imprensa, revistas e rádio uma aliança de rápida vulgarização. Um número inusitado de acadêmicos tem uma queda por aparecer; com demasiada freqüência, idéias que, na verdade, são intrincadas, provisórias e ainda indigestas, são lançadas ao público como se fossem buquês. Ao observar alguns dos artistas mais brilhantes em ação, é quase impossível supor que o conhecimento e a erudição sejam um raro, solitário e, com freqüência, consumidor exercício do espírito quando dilatado a seu penoso máximo. Acima de tudo, existe no *Establishment* intelectual e artístico inglês uma perigosa predisposição para o encanto pessoal, para a minimização e para a graça amadorística. Os juízos dos críticos e daqueles que concedem as bolsas universitárias são, com demasiada freqüência, obscurecidos pelos critérios complexos, quase indefiníveis mas profundamente arraigados, da aceitação social. O "sujeito legal", o homem com quem gostaríamos de jantar, tem uma subida suave para o topo. O gênio desajeitado, agressivo, ardoroso — seja ele um grande historiador político, o inventor do avião a jato, seja o autor de *The Rainbow* — adapta-se mal aos trilhos macios do grande salão de festas. Os corredores do poder ou do patrocínio oficial estão fechados para sua intensidade importuna e grosseira.

Indiscutivelmente, Leavis sofreu nas patas macias da cultura das rodas seletas. E ele pode ter razão em sua forte e não-conformista crença de que as possibilidades de uma comunidade dotada de genuína instrução — uma comunidade capaz de julgar e de repetir o que é radical e sério na arte — estão sendo constantemente erodidas pela "quase-cultura" da *intelligentsia* e da resenha domingueira. Em uma época em que ele já estava sendo reconhecido, em grande escala (especialmente na América), como a voz mais insistente no ensino da literatura, Leavis encontrou entre seus próprios colegas da universidade pouco mais que hostilidade ou aversão graciosa. Com os *Cahiers de la quinzaine* de Péguy, que são os únicos a equiparar-se a ele na integridade e na riqueza de provocação, *Scrutiny* tornou-se possível graças a enorme dispêndio de energia pessoal. Sem poder pagar aos colaboradores, não dispondo de apoio oficial, passou despercebido por aqueles (ou seja, o Conselho Britânico) que buscavam definir para o mundo o que havia de mais vital na cultura inglesa. A primeira, e até o momento a única, reunião de seus textos foi feita nos Estados Unidos, em caráter puramente privado, por Eric Bentley.

No entanto, entre esses fatos e a lenda da pessoa e da sociedade na qual Leavis encerrou seu espírito existe um grande e trágico vazio. Como que por uma solidão essencial, ele invocou um detalhado melodrama de perseguição e de omissão, de conspiração e de traição. Embora rodeado de discípulos que imitam até mesmo o que há de mais efêmero em seus maneirismos, embora procurado por muitos estrangeiros que o ouvem e o aclamam, Leavis agarra-se com tenacidade à máscara de pária. Alude a sua permanência em Cambridge como um golpe de sorte místico, como um lapso do Inimigo. No passado, recusou convites dos Estados Unidos para impedir que sombria maldade atingisse seus objetivos durante sua ausência. Embora inúmeros críticos respeitados tenham sido seus alunos e procurem dar continuidade a seu trabalho (Turnell, D. A. Traversi, Marius Bewley, L. C. Knights), é difícil encontrar um com quem Leavis não tenha rompido. Embora alegue pedir apenas uma afirmativa qualificada e desafiadora, Leavis acabou exigindo, talvez inconscientemente, completa lealdade a seu credo. A menor dúvida ou desvio é heresia, logo seguida de excomunhão pela congregação. Assim, embora um dos maiores professores da época, deixa atrás de si poucos representantes do que há de mais vital em sua postura. Existem aqueles que sabem imitar seu tom cortante, seu comportamento austero e torneado de frases. Mas como as fileiras de alunos que soltam suas risadinhas de mofa, com fidelidade treinada, a cada menção irritada dos "suplementos dominicais", os seguidores imediatos de Leavis pouco o honram. Apenas ladram e arreganham os dentes nos calcanhares de sua grandeza.

Mas o que importa não é o compromisso pessoal com a polêmica artificial ou obsoleta, muito menos o consumidor desgaste de nervos ou do intelecto. Esses são aspectos tristes e aviltantes; mas que são, em última análise, próprios do dr. Leavis. Onde é necessário exercer vigilância é em que medida a imagem melodramática que o dr. Leavis faz de sua própria vida e de seu papel torceu ou corroeu seu juízo crítico. É isso o que dá alguma importância a seu ataque contra C. P. Snow.

A palestra de Richmond foi um espetáculo ignóbil.[2] Nela, Leavis entregou-se por completo a um traço de obsessiva crueldade. Repetidas vezes, proclamou para seu público que Snow era

(*) Em retrospecto, sente-se o impacto do subjacente significado político e social do incidente. A controvérsia entre Leavis e Snow é essencialmente uma controvérsia sobre a futura forma da vida na Inglaterra. Coloca a visão ou a utopia reacionária de uma Inglaterra pequena, de economia reduzida, mas autônoma e de alfabetização humanística, contra a visão de uma nação renovada, energizada, racionalizada de acordo com os princípios tecnológicos e de consumo de massa. Portanto, é um debate sobre a relação da Inglaterra tanto com seu passado como com seu presente essencialmente americano. O futuro da Inglaterra, o tipo de sociedade na qual os filhos de Leavis e de Snow irão crescer e viver — ou da qual emigrarão —, depende da alternativa escolhida. Pode a Inglaterra, uma ilha pequena e cheia de gente, não abençoada nem pelo clima nem por campo livre baldio, "ficar moderna" sem sacrificar insubstituíveis amenidades de tolerância e de lazer humano? Mas poderá qualquer um destes últimos sobreviver com sucesso se ela diminuir muito, se se voltar para dentro em uma espécie de provincianismo "pós-Habsburgo"? Essas são, creio, as indagações implícitas no debate Leavis/Snow que lhe conferem uma dignidade que excede de muito a forma obsessiva e injuriosa da palestra de Richmond.

ignorante, que nada sabia de literatura ou história e não muito, podia se perceber, de ciência. Essa tentativa de provar por mera repetição é caracteristicamente totalitária. Embora pessoalmente nada conheça dos Estados Unidos, Leavis lançou chavões gastos sobre o "vazio" da vida americana, sobre a desumanidade dos valores tecnológicos. Percebia-se, com um penoso sobressalto, quanto do arsenal de critérios de Leavis data das mitologias e táticas da década de 1930. Enquanto Snow é totalmente do presente, sensível ao que é novo e chocante em nossa recente condição, Leavis tentou estancar o tempo em um sonho de ordem pastoral augustano.

Leavis acusou Snow de usar chavões; sua própria atuação nada mais foi do que isso. Banalidade atrás de banalidade, com pesada virulência. Nem ao menos tentou abordar com seriedade o que há de essencial no argumento de Snow — o sentido de um realinhamento nos assuntos internacionais, a redefinição de alfabetização para incluir a sintaxe de número. Snow está, de fato, tentando ser um "novo tipo de homem", ainda que seja por querer estar, de modo igual e vital, à vontade na Inglaterra, na Rússia ou nos Estados Unidos. Ora, poder-se-ia argumentar, de uma maneira estreita e discriminatória, que essa "nova ubiqüidade" da imaginação põe em risco aqueles valores de restrita e arraigada interioridade que Leavis defende. Embora uma ação de retaguarda, uma tal réplica a Snow seria estimulante. Nada disso, porém, aconteceu; em lugar de argumento, veio o insulto gasto. De um lado havia "Snow", do outro, um conjunto de chavões sancionados — "vida", "valores humanos", "inteligência vital". O que foi anunciado como um exame responsável do conceito das "duas culturas" dissolveu-se — como tantas outras coisas da obra recente de Leavis — em uma dança ritual diante do deus sombrio, D. H. Lawrence.

O relacionamento de Leavis com Lawrence tornou-se obssessivo. Passou de exposição racional para uma estranha auto-identificação. Lawrence é não só o "maior escritor inglês do século XX", como também um mestre da vida, um profeta cujos ensinamentos são a única esperança que nossa sociedade tem para recuperar postura humana e chama criativa. O fato de existir muita coisa monótona e histérica em Lawrence, de pouquíssimas obras suas estarem isentas de idiossincrasias autoritárias, de haver pouquíssimo riso ou tolerância em seu gênio — são considerações que Leavis mal pode admitir. Em uma imagem dualística tão artificial e pouco profunda como todo o maniqueísmo, Leavis contrapõe Lawrence a tudo o que é desumano, frívolo, insensível ou convencional em nossa cultura. Pôr Lawrence em dúvida, ou propor, como fez Snow por sua obra e exemplo, que existem crises espirituais e políticas mais atuais ou diferentes daquelas imaginadas em *Women in Love*, é pôr em dúvida a "vida". Contudo, nada poderia ser menos humano ou mais despido do tato da descoberta viva do que a arenga de Leavis. Ao ouvi-la, nos defrontamos com o fato insistente de que um crítico, pouco importa sua importância, não tem acesso a certas generosidades da imaginação às quais um artista tem direito.

A palestra de Richmond e muitas outras coisas indefensáveis nos últimos pronunciamentos de Leavis talvez sejam logo esquecidas. Mas, mesmo em seu apogeu, a crítica de Leavis demonstra certas limitações e excentricidades graves. Para definir o âmbito de suas realizações radicais, também estas devem ser examinadas.

Há as valorizações excessivas (em particular, nas primeiras críticas de Leavis) de talentos menores como Ronald Bottrall ou o romancista L. H. Myers. Há a falta de qualquer confrontação, ampla ou sustentada, com a poesia de Yeats, uma obra, seria lícito pensar, que exige minuciosa avaliação tanto como a de Eliot ou de Pound. Como os críticos augustanos, Leavis tem ficado mais à vontade com a poesia em que o pulso do argumento e da inteligência sistemática bate com força. Daí sua leitura decisiva de *Mauberley*, mas sua má-vontade em admitir as manifestações de pura força lírica, de imagem articulada, no caos desolado dos *Cantos* de Pound.

Com relação ao romance, é ainda mais aguda a sensação de omissão. O caso de Dickens é evidente: "seu gênio era o de um grande intérprete, e ele não tinha, na maioria dos casos, qualquer responsabilidade mais profunda como artista criativo do que essa descrição sugere. [. . .] A mentalidade adulta, de modo geral, não encontra em Dickens um desafio a uma seriedade inusitada e sustentada. Posso pensar apenas em um livro no qual seu característico gênio criativo é controlado de modo a produzir um significado unificador e organizador, e este é *Hard Times*. [. . .]". A limitação aqui proposta sempre me pareceu restrita a Leavis, não a Dickens. E a preferência por *Hard Times* a outras obras nitidamente mais amplas como *Casa soturna* ou *Grandes esperanças* é esclarecedora. Na maior parte, Dickens trabalha fora dos critérios da consciência e do "significado" organizadores demonstrados em *The Wings of the Dove* ou *Nostromo*. Mas existe outra veia de extrema seriedade, de seriedade do sentimento empenhado, de representação imaginativa veemente. É isso o que Dickens possui e o que faz dele, depois de Shakespeare, o principal criador da vida recordada na literatura inglesa.[3]

Sugestiva, de igual modo, de uma limitação nos critérios admitidos, foi a omissão de Joyce por parte de Leavis. Observou em *Ulisses* determinados trechos de concepção sensível, mas em lugar algum fez justiça, seja ao gênio arquitetônico do livro, seja ao enriquecimento e à renovação da linguagem feitos por ele. Leavis assumiu o desprezo e a má-compreensão da obra de Joyce demonstrados por D. H. Lawrence. De acordo com os requisitos de seriedade e de equilíbrio moral vitalizante do próprio Leavis, muito de *Dublinenses* e de *Um retrato do artista quando jovem* deveria ocupar uma posição elevada na tradição. Mas ele leu à luz obscurecedora de uma falsa distinção. A escolha não é Lawrence ou Joyce. Ambos são indispensáveis; e foi Joyce quem fez tanto quanto qualquer escritor de nosso tempo para manter o inglês firme e criativo.

Estreitamente relacionada com esta falta de percepção de Joyce é a incapacidade que tem Leavis de ampliar o alcance de sua crítica para dois outros romancistas, ambos mestres da estrutura e da visão poéticas. Um é Melville; uma linhagem do romance inglês que sabe encontrar um lugar central para James e um importante papel preliminar para Hawthorne, mas que nada nos diz sobre *Moby Dick* ou *Benito Cereno* (uma história à altura do melhor de Conrad), está necessariamente incompleta. Somente uma resposta completa a Dickens, Melville e Joyce, além do mais, possibilita uma abordagem justa do romancista que considero, depois de Hardy e Lawrence, o eminente mestre da ficção inglesa moderna — John Cowper Powys. Se nem *The Glastonbury Romance* nem *Wolf Solent* (o único romance inglês a rivalizar com Tolstoi) conseguem encontrar um lugar na Grande Tradição, é exatamente porque suas virtudes características — líricas, filosóficas, estilísticas, religiosas — estão fora do alcance fundamental, mas restrito, da sensibilidade de Leavis.

Um outro grande domínio permanece fora dele. Leavis recusou ocupar-se, a não ser de maneira superficial, com a literatura estrangeira. Existe nessa recusa um orgulhoso escrúpulo. Se a crítica pressupõe completa reação a um texto, completa posse, como pode

(*) Sabe-se que o dr. Leavis está trabalhando em um estudo crítico em grande escala sobre os principais romances de Dickens. Vários ensaios que talvez façam parte desse estudo já foram publicados. Tal livro será, não só de grande interesse por si, mas constituirá uma das raras ocasiões em que o dr. Leavis "reavaliou" algo que ele mesmo excluiu com influente autoridade.

um crítico esperar poder lidar com maturidade com algo que não seja sua própria língua? Não há dúvida de que há uma rigorosa honestidade nesta posição. Mas pode ser exagerada. Como poderiam, por exemplo, muitos críticos referir-se a marcos tão dominantes, tão inevitáveis como a Bíblia, Homero, Dante ou Goethe, se não se apoiassem, em um caso ou em outro, na muleta da tradução? E não será dever do crítico valer-se, pelo menos de um modo imperfeito, de outra língua — nem que seja para sentir os contornos que definem a sua própria?

De fato, a austera concentração de Leavis talvez tenha raízes mais profundas. A visão de uma Inglaterra não-conformista, de uma alfabetização moral, de uma Inglaterra ao estilo de Bunyan, Cobbett e D. H. Lawrence, anima seu pensamento crítico. "Inglesidade" é, no vocabulário de Leavis, uma noção de tremenda força positiva; carrega a conotação de um tom específico e de uma natural excelência: "em *Rasselas*, temos algo profundamente inglês que relaciona Johnson e Jane Austen a Crabbe". Grande parte da argumentação contra Joyce é conduzida em termos do nativo contra o excêntrico e desarraigado. As experiências de Joyce com a linguagem refletem um requinte "cosmopolita". O verdadeiro gênio da língua inglesa está mais perto de casa: "Essa força do inglês pertence ao próprio espírito da linguagem — o espírito que se formou quando o povo inglês que o formou era predominantemente rural. [. . .] E quão mais rica era a *vida* na ordem antiga e predominantemente rural do que no mundo moderno suburbano. [. . .] Quando se acrescenta que o discurso na antiga ordem era uma arte cultivada popularmente, que as pessoas falavam (tornando assim Shakespeare possível) em vez de ler ou escutar rádio, torna-se claro que a promessa de regeneração por meio da gíria americana, idioma urbano popular, ou pela invenção de cosmopolitas de *transição*, é um pobre consolo para nossa perda". Escrito em 1933, este trecho tem um toque curioso; pertence àquele complexo de autonomismo agrário, *de la terre et ses morts*, que vai de Péguy e Barrès a Allen Tate e os Fugitivos sulistas da América do Norte. Por trás dele, tremula uma visão histórica (em grande parte fantasiosa) de uma ordem mais antiga, rural, consuetudinária, moralista. É a visão de homens que lutaram na Primeira Guerra Mundial — como Leavis, com Milton no bolso — só para verem o que tinha sido obtido a um custo inumano declinar para o caos barato da década de 1920.

O "nacionalismo crítico" de Leavis, em forte contraste com o abrangente humanismo de Edmund Wilson, por exemplo, é um instrumento de grande discriminação e poder. Mas tem conseqüências limitadoras. A ampla, sutil pluralidade da cultura moderna, o intercâmbio de linguagens e estilos nacionais, pode ser lamentável — mas é um fato. "Situar" Henry James sem uma referência direta a Flaubert e Turguêniev; exaltar o tratamento da política em *Nostromo* e em *Middlemarch* sem uma consciência paralela de *Os possessos*; discernir a concepção de nuança social em Jane Austen sem permitir a presença de Proust no contexto crítico; tudo isso é perpetuar um artifício de isolamento. É possível discutir amplamente a natureza da ficção em prosa sem introduzir, em estágios marcantes do argumento, a idéia de que Kafka alterou de maneira duradoura as relações entre a verdade observada e a verdade imaginada? Poderia Leavis adiantar-se tanto quanto o faz em apoio de Lawrence, do tratamento do sentimento social por Lawrence, se colocasse *Women in Love* ao lado de *Os irmãos Karamazov*?

Este resoluto provincianismo tem sua contraparte no tratamento do tempo por Leavis. Não existe praticamente nada escrito durante os últimos vinte anos que ele julgue merecer sério exame. Renunciou a uma das principais funções da crítica, que é perceber e acolher o novo. Tem-se a impressão de que ele não consegue perdoar Auden pelo fato de a poesia inglesa ter uma história posterior a Eliot, do mesmo modo que não pode perdoar Snow por sugerir que o romance inglês teria um futuro para além de Lawrence. Para usar um epíteto que ele mesmo aplica a Johnson, a crítica de Leavis raramente tem sido, desde 1945, "inspiradora". Ao lidar com literatura contemporânea, expôs sua posição não fundamentada em amor, mas em desprezo.

Essas são, é óbvio, reservas de grande importância. Pesam na imagem de uma carreira dividida a meio caminho por alguma essencial contração de ânimo e de propósito. Muito dos recentes escritos de Leavis exibem uma qualidade de irrealidade desumana (da qual a palestra de Richmond é apenas um exemplo flagrante). A profundeza de percepção é cada vez mais tolhida pelo desprezo irascível. Desde Rymer, não houve crítica menos magnânima.

É isso que torna difícil e prematura qualquer "situação" da obra de Leavis. Grandes críticos são mais raros do que grandes poetas ou romancistas (embora seu dom seja mais distante das fontes da vida). Na língua inglesa, Johnson, Coleridge e Matthew Arnold são da primeira categoria. Na superioridade de Dryden e de Saintsbury, há uma inconstância de enfoque, um toque de amador. Entre os modernos, T. S. Eliot e Edmund Wilson estão entre os poucos escolhidos. E o que dizer de Leavis? O instinto nos impele a uma imediata afirmativa. Existe, no total de sua obra, uma força, um poder de convicção que torna insignificante o que foi polêmico e de dura arrogância em determinadas circunstâncias. Se alguma dúvida persiste, é simplesmente porque a crítica deve ser, de acordo com a própria definição de Leavis, ao mesmo tempo fundamental e humana. Em sua obra, a fundamentalidade é manifesta; a humanidade muitas vezes tem estado tragicamente ausente.

ORFEU E SEUS MITOS: CLAUDE LÉVI-STRAUSS

Não resta dúvida sobre a influência de Lévi-Strauss na vida das idéias na França. Ela talvez só venha em segundo lugar depois da de Sartre. Mas não é fácil definir a natureza exata dessa influência. Grande parte da obra de Lévi-Strauss é altamente técnica. Devido a seu modo de expressão e ao âmbito de referências que presumem, seus escritos mais recentes são de extrema complexidade, quase herméticos. Quantos dentre aqueles que citam o nome de Lévi-Strauss e o que pensam ser seu método de pensamento leram, de fato, *La Pensée sauvage*, a *Anthropologie structurale* inteira, quanto mais *Le Cru et le cuit*? A própria dificuldade talvez faça parte do encanto. Como Bergson, Lévi-Strauss conseguiu projetar um certo tom, uma presença quase dramática, em uma cultura que, por tradição, tem considerado as idéias altamente individualizadas e que, ao contrário da Inglaterra, confere à discussão filosófica um contexto público e agitado por emoções.

Uma página de Lévi-Strauss é inconfundível (as duas sentenças que abrem *Tristes tropiques* passaram para a mitologia da língua francesa). A prosa de Lévi-Strauss é um instrumento muito especial que muitos tentam imitar. Tem uma imparcialidade seca e austera, às vezes reminiscente de La Bruyère e Gide. Utiliza uma cuidadosa alternância de sentenças longas, organizadas habitualmente em ritmo ascendente, e de frases abruptas carregadas de latinismos. Embora pareça observar as convenções da apresentação neutra erudita, permite bruscas interferências pessoais e apartes. Por momentos, Lévi-Strauss parece admitir o leitor a sua intimidade, *derrière les coulisses*, tornando-o cúmplice de algum divertimento sutil e profundo às custas do assunto ou das pretensões que outros homens tenham a respeito dele. Então recolhe-se por trás de uma barreira de análise técnica e erudição tão exigente que exclui todos, menos o iniciado.

Contudo, através de sua distanciada retórica, com seus truques de ironia e lampejos ocasionais de ímpeto lírico, Lévi-Strauss atingiu uma fascinante e aguda individualidade. Ao rejeitar a opinião sartriana da história ordenada e dialética como mais um mito, como mais um agrupamento convencional ou arbitrário da realidade, Lévi-Strauss acrescenta: "Essa perspectiva nada tem de alarmante para um pensamento que não anseia qualquer transcendência, mesmo sob forma larvada".* A sentença é característica de vários modos: por sua afetada concisão e sintaxe pascalianas; pela implícita identificação que Lévi-Strauss faz entre sua própria pessoa e a "concretização abstrata" de *une pensée*; mas, principalmente, por sua nota de condescendência estóica. É essa nota, o olhar impassível para dentro e para baixo, a arrogância do entendimento desencantado, que fascina os discípulos e oponentes de Lévi-Strauss. Como os jovens um dia procuraram imitar a paixão nervosa de Malraux, agora procuram copiar a *hauteur* e a voz gnômica do professor de antropologia social do Collège de France.

Ao fazer da antropologia a base para uma crítica generalizada dos valores, Lévi-Strauss segue uma tradição francesa característica. Vai da meditação subversiva sobre canibais por Montaigne às *Lettres persannes*, de Montesquieu, e a seu uso de um estudo comparado de culturas e costumes como crítica do absolutismo ético e político. Inclui o amplo uso feito por Diderot, Rousseau e os *philosophes* de literatura de viagem e etnografia, e alcança a polêmica moral planejada com tanto cuidado nas narrativas de Gide sobre suas viagens pela África. O *moraliste* usa culturas "primitivas", através de experiência pessoal ou colhida de segunda mão, como um diapasão com o qual testará a discórdia de seu próprio meio. Lévi-Strauss é um *moraliste*, cônscio em estilo e perspectiva de suas afinidades com Montesquieu e com o *Supplément au voyage de Bougainville*, de Diderot. O conceito não se traduz, de imediato, por "moralista". Carrega uma ênfase literária, quase jornalística, que não tem analogia imediata com os platônicos de Cambridge, por exemplo. O *moraliste* pode usar ficção, jornalismo e drama, como fez Camus. Ou pode, como Lévi-Strauss, trabalhar a partir do que é, em origem e forma técnica, um campo de interesse altamente especializado.

Só o antropólogo e o etnógrafo comparativos estão equipados

(*) Em francês no original. (N. E.)

para emitir pareceres sobre as soluções que Lévi-Strauss propõe para problemas complexos de parentesco e totemismo, de difusão cultural e psicologia "primitiva". A literatura técnica que despontou em torno da obra de Lévi-Strauss já é vasta. Mas a importância dessa obra sobre a noção de cultura, sobre nossa compreensão de linguagem e processo mental, sobre nossa interpretação de história, é tão direta e nova que um certo conhecimento do pensamento de Lévi-Strauss é parte do atual alfabetismo. "Como Freud", observa Raphaël Pividal, "Claude Lévi-Strauss, ao resolver problemas especiais, abriu um novo caminho para a ciência do homem."

Tal caminho começa com as realizações clássicas em sociologia e antropologia social de Durkheim, Hertz e Mauss. Em "Algumas formas primitivas de classificação" (1901-2), de Mauss, vemos esboçados importantes aspectos do estudo da taxonomia e "lógica concreta" de *La Pensée sauvage.* Como ele próprio esclarece em "Introduction à l'oeuvre de Marcel Mauss", é à maneira de pensar de Mauss a respeito de parentesco e linguagem, e sobretudo ao *Essai sur le don,* de Mauss, de 1924, que Lévi-Strauss deve certas suposições e metodologias que informam toda a sua obra. É neste ensaio que Mauss aventa a proposição de que as relações de parentesco, as relações de troca econômica e ritual e as relações lingüísticas são fundamentalmente da mesma ordem.

Começando com seu trabalho sobre análise estrutural em lingüística e em antropologia (*Word,* 1945), e com sua primeira obra em grande escala, *Les Structures élémentaires de la parenté,* de 1949, Lévi-Strauss fez dessa conjetura da identidade essencial a alma de seu método e de sua visão do mundo. Ao examinar um problema específico de nomenclatura de parentesco e de tabus conjugais, Lévi-Strauss argumenta que as provas só poderão ser avaliadas se as mulheres trocadas em casamento forem consideradas como uma *mensagem,* permitindo a dois grupos sociais comunicar-se um com o outro e estabelecer uma economia vital de experiência racional. Partindo de um exemplo particular, Lévi-Strauss elaborou a concepção de que todos os fenômenos culturais são linguagem. Daí a estrutura do pensamento humano e a totalidade complexa das relações sociais podem ser mais bem estudadas com a adoção da metodologia e das descobertas da lingüística moderna. O que a economia política é para o conceito marxista de história (a base circunstancial e técnica subjacente a um argumento essencialmente metafísico e teleológico), a obra de Saussure, Jakobson, Halle e da moderna escola de lingüística estrutural é para Lévi-Strauss.

Conforme o resumo nos capítulos sobre "Linguagem e parentesco", da *Anthropologie structurale*, a imagem da cultura de Lévi-Strauss pode ser expressa, de modo bem literal, como uma sintaxe. Através de nossa compreensão dos ritos especiais, do processo de troca biológica e econômica dessa sintaxe, os mitos e as classificações conforme ocorrem na fala nativa poderão ser analisados como "fonemas" do comportamento humano. Esta análise revelará as verdadeiras inter-relações entre elementos de outro modo discrepantes ou mesmo contraditórios, pois, como na lingüística estrutural, a antropologia de Lévi-Strauss considera axiomática a crença de que cada elemento da vida social e psicológica tem sentido em relação ao sistema subjacente. Se nos faltar conhecimento desse sistema, os signos específicos, não importa quão gráficos, permanecerão mudos.

Falando na Conferência de Antropólogos e Lingüistas, realizada na Universidade de Indiana em 1952, Lévi-Strauss lembrou o ideal de uma futura "ciência do homem e do espírito humano" na qual ambas as disciplinas irão fundir-se. Desde então, ele foi mais longe e não é um exagero dizer que ele considera toda a cultura como um código de comunicação significativa e todos os processos sociais como gramática. De acordo com Lévi-Strauss, somente esta abordagem pode lidar adequadamente com a indagação feita em cada um de seus trabalhos mais importantes: como distinguimos entre natureza e cultura, como o homem concebe sua identidade com referência ao mundo natural e ao grupo social?

O modo como Lévi-Strauss aplica os instrumentos da lingüística estrutural, ou, mais precisamente, o análogo da lingüística, para lidar com problemas de parentesco, totemismo e ecologia entre os povos indígenas da América do Norte e da bacia Amazônica, tem sido objeto de muito debate. O ataque de George C. Homans e David M. Schneider contra *Les Structures élémentaires de la parenté* (*Marriage, Authority, and Final Causes*, 1955) foi refutado em *Structure and Sentiment*, de Rodney Needham (1962). Uma crítica mais sutil é proposta no fascinante trabalho de E. R. Leach sobre Lévi-Strauss nos *Annales*, de novembro-dezembro de 1965. O dr. Leach demonstra quão fortemente a "lingüística da cultura" de Lévi-Strauss reflete as técnicas e pressupostos lógicos da teoria contemporânea da informação e da programação linear. Os mitos e os padrões de comportamento na sociedade primitiva armazenam e transmitem informação vital como o fazem o circuito eletrônico e a fita magnética no computador. Lévi-Strauss considera os processos mentais e sociais fundamentalmente binários, codificados em conjuntos de impulsos positivos e negativos, contrabalançados ao fim por uma equação de crença ou costume popular, ao mesmo tempo harmoniosa e econômica. Daí os elementos binários que parecem governar tão grande parte do argumento dele: animalidade/humanidade, natureza/cultura, molhado/seco, barulho/silêncio, cru/cozido. Mas, como o dr. Leach assinala, o sistema binário não é o único ou necessário sistema de codificação de relações e informação. Os computadores analógicos executam tarefas para as quais os computadores digitais não são adequados. Em especial, diz o dr. Leach, as matrizes que Lévi-Strauss fixa para tabular as relações etnolingüísticas, ou as convenções totêmicas e míticas, não deixam margem para gradações de valor, para escolhas parciais entre alternativas que não sejam positivas ou negativas, de um modo não ambíguo.

Esta é uma controvérsia que o leigo faria bem em evitar. Notáveis são as ricas sugestões que a "metalingüística" de Lévi-Strauss faz para uma teoria geral da cultura, para a poética e para a psicologia. Na *Anthropologie structurale*, por exemplo, encontramos a noção de que nossa civilização trata a linguagem com imoderação, desperdiçando palavras em um persistente recurso ao discurso. As culturas primitivas tendem a ser parcimoniosas: "as manifestações verbais estão limitadas, com freqüência, a circunstâncias prescritas, fora das quais as palavras só são usadas com frugalidade". E é característico do irônico moralismo de Lévi-Strauss que a discussão da gramática do casamento nas culturas primitivas — as palavras e as mulheres postas em analogia como meios de comunicação — termine com o aforismo: "*A l'inverse des femmes, les mots ne parlent pas*".

Cada vez mais, o pensamento de Lévi-Strauss pode ser compreendido como parte da reavaliação da natureza da linguagem e do simbolismo, cujos antecedentes podem ser traçados até Vico e Leibniz, mas cujos efeitos mais radicais têm sido modernos. Não menos do que o *Tractatus* de Wittgenstein, *La Pensée sauvage* e *Le Cru et le cuit* inferem que o lugar do homem na realidade é uma questão de sintaxe, da ordenação de proposições. Não menos que Jung, os estudos de Lévi-Strauss sobre mágica e mito, sobre totemismo e *logique concrète*, afirmam que as representações simbólicas, as lendas, os padrões de imagem são meios de armazenar e conceitualizar o conhecimento, que os processos mentais são coletivos porque reproduzem identidades estruturais fundamentais.

Enquanto que o pensamento "doméstico" e científico esforça-se em direção à economia de um único código, o pensamento "selvagem" é um sistema semântico que se reagrupa perpetuamente e rearranja os dados do mundo empírico sem reduzir o número de elementos distintos. A metodologia científica é obviamente diferente da "lógica concreta" dos povos primitivos. Mas não necessariamente melhor ou mais avançada. Lévi-Strauss insiste em que "a ciência do concreto" é uma segunda maneira importante de apreender a natureza e as relações naturais. Sustenta que as grandes realizações do homem neolítico — a cerâmica, a tecelagem, a agricultura, a domesticação de animais — não podem ter sido o resultado do acaso ou de exemplo percebido fortuitamente. Essas brilhantes "conquistas" que "continuam sendo o substrato de nossa civilização" são produto de uma ciência diferente da nossa, mas que seguem vida própria paralela. Se a mágica não tivesse se revelado uma modalidade de percepção, flexível e coerente, por que teria a ciência, no sentido experimental-determinista, começado tão tarde na história do homem?

Lévi-Strauss não vê a história como um caso de progressão linear (este é o ponto crucial de sua discussão com o hegelianismo e com o historicismo dialético de Sartre). Ao fazer da história um valor transcendental, um absoluto oculto, Sartre exclui grande parte da humanidade passada e contemporânea do âmbito da experiência significativa. Nosso sentido de história, com datas e marcha para a frente implícita, é uma leitura muito especial e arbitrária da realidade. Não é natural, mas adquirido através da cultura. A cronologia é um código sempre em mutação. A tabela de datas que usamos para a pré-história é baseada em um esquema completamente diferente de valores e dados admissíveis da tabela que usamos para conceituar o período, digamos, de 1815 até o presente. É da essência do pensamento primitivo ser *intemporelle* (intemporal, extemporâneo), conceber a experiência em simultâneas e parciais *imagines mundi*. Mas, como Lévi-Strauss observa, tal práxis mental pode não estar dissociada da imagem do mundo da mecânica quântica e da relatividade.

Desde *Tristes tropiques* (1955), se não antes, Lévi-Strauss pouco tem feito para dissimular as implicações filosóficas e sociológicas gerais de seus objetivos técnicos. Sabe que está sustentando uma teoria geral da história e da sociedade, que suas análises específicas de costumes tribais ou hábitos lingüísticos trazem consigo um fator exponencial. Ultimamente, como que por um instinto de inevitável rivalidade, ele questionou Sartre e a pertinência da dialética existencialista. Em parte, isso talvez reflita as circunstâncias da vida intelectual francesa contemporânea. Mais penetrante tem sido a preocupação de Lévi-Strauss em delimitar seu próprio pensamento do dos dois arquitetos principais da mitologia racional, Marx e Freud. Seu trabalho está em freqüente diálogo constrangido com o deles.

Uma das afirmações cruciais ocorre nas seções autobiográficas de abertura de *Tristes tropiques* (por sua intimidade irônica e desapaixonada, esses capítulos fazem lembrar *The Education of Henry Adams*, e é com o agnosticismo fastidioso de Adams que a postura do próprio Lévi-Strauss mais se assemelha). Infelizmente, o argumento como um todo é de extrema concisão e dificuldade. Lévi-Strauss registra sua iniciação no marxismo por volta dos dezessete anos: "Todo um mundo revelou-se para mim. Daí para a frente, meu apaixonado interesse nunca falhou; e raras vezes concentrome em deslindar um problema de sociologia ou etnologia sem ter antes fortificado meu pensamento com a leitura de algumas páginas do *18 Brumário de Luís Bonaparte* ou da *Crítica da Economia Política*". Marx ensinou-nos a "construir um modelo, a estudar suas propriedades e as maneiras diferentes como reage no laboratório, a fim de aplicar essas observações à interpretação de dados empíricos que podem ser muito diferentes do que tinha sido previsto". Cumpre notar que esta é uma interpretação de Marx um tanto curiosa, fazendo de seu historicismo concreto uma fenomenologia quase abstrata.

Na *Anthropologie structurale*, Lévi-Strauss cita o comentário bem conhecido de Marx no sentido de que o valor do ouro como repositório e meio de riqueza não é apenas um fenômeno material, mas também tem fontes simbólicas como "luz solidificada trazida das profundezas da Terra", e que a etimologia indo-germânica revela os vínculos entre os metais preciosos e o simbolismo das cores. "Assim", diz Lévi-Strauss, "é o próprio Marx quem nos faz perceber e definir os sistemas simbólicos que estão simultaneamente subjacentes à linguagem e às relações do homem com o mundo." Mas ele continua para sugerir, e este é o ponto crucial, que o próprio marxismo é apenas um caso parcial de uma teoria mais geral de informação e relações de troca econômicas e lingüísticas. Tal teoria será o arcabouço de uma sociologia do homem, verdadeiramente racional e abrangente. Naturalmente, os marxistas contestaram as pretensões "totalitárias" da "ciência do homem" de Lévi-Strauss e atacaram seus aspectos irracionalistas e "anti-históricos" (os pontos gerais estão expostos com cuidado em *Marxisme et structuralisme*, de Lucien Sebag).

Em *Tristes tropiques*, Lévi-Strauss relaciona o marxismo com os dois outros impulsos principais em seu próprio desenvolvimento intelectual e sua concepção de etnografia: a geologia e a psicanálise. Todos os três propõem a mesma questão primária: "a da relação entre o sensível e o racional (*le sensible et le rationnel*), e o objetivo buscado é idêntico: uma espécie de super-racionalismo que procura integrar o primeiro com o segundo sem sacrificar qualquer uma de suas propriedades". O que pode ser um modo muito abstrato de dizer que o marxismo, a geologia e a psicanálise são etiologias, tentativas de traçar as condições da sociedade, do ambiente físico e da consciência humana até sua origem oculta. As relações sociais, o terreno, e as concepções coletivas ou as formas lingüísticas são, nessa ordem, as coordenadas básicas do *étude de l'homme*, de Lévi-Strauss.

À medida que Lévi-Strauss penetra mais fundo em sua própria teoria de simbolismo e vida mental, as analogias freudianas tornam-se mais presentes e mais irritantes, provavelmente. Daí a esporádica, mas aguda, crítica da psicanálise em toda a *Anthropologie structurale*, o argumento de que a terapia freudiana, especialmente em seu cenário americano, não leva ao tratamento de distúrbios neuróticos, mas a "uma reorganização do universo do paciente em termos de interpretações psicanalíticas". Daí também, presume-se, a determinação de Lévi-Strauss de adequar o tema de Édipo a um contexto muito mais amplo do que o proposto por Freud. Na decodificação etnolingüística da lenda por Lévi-Strauss, e na decodificação de seus vários análogos entre os índios norte-americanos, o sentido fundamental aponta para o imenso problema intelectual e psicológico enfrentado por uma sociedade que professa crer na criação autóctone do homem quando tem que lidar com o reconhecimento da natureza bissexual da geração humana. O tema de Édipo não abrange a neurose individual, mas uma tentativa coletiva de reagrupar a realidade em resposta a novas e intrigantes percepções. De novo, como no caso do marxismo, a teoria freudiana da consciência emerge como um capítulo valioso, mas essencialmente especializado e preliminar, de uma antropologia mais vasta.

Como se insere *Le Cru et le cuit* nesse poderoso constructo? É uma análise detalhada, altamente técnica, de certos temas na mitologia dos índios do Amazonas, mais precisamente, nos mitos da criação dos povos bororo e jê. O presente volume é o primeiro de uma série projetada e trata de um subtópico da unidade maior binária: natureza/cultura. Este subtópico é a discriminação entre comida crua e cozida conforme refletida nos mitos e práticas indígenas. Partindo de um mito-chave bororo, Lévi-Strauss analisa elementos significativos de 187 lendas e contos populares do Amazonas; por meio de complexas matrizes geográficas, lingüísticas e tópicas, mostra que esses mitos são, em última análise, inter-relacionados ou congruentes. O argumento leva à proposição de que a descoberta da cocção alterou de modo profundo a concepção do homem a respeito da relação entre céu e terra.

Antes de dominar o fogo, o homem colocava carne sobre uma pedra para aquecê-la ao sol. Esse hábito colocou o céu e a terra, o homem e o sol em íntima justaposição. A descoberta da cocção fez literalmente a esfera dos deuses e do sol retroceder do habitat do homem. Também separou o homem do grande mundo dos animais que comem seu alimento cru. É, portanto, um passo de imensa importância no rompimento metafísico, ecológico e psíquico do gênero *Homo sapiens* com seu ambiente cósmico e orgânico. Esse rompimento (existem ecos definidos de *Além do princípio do prazer* e *Civilização e seus descontentes*, de Freud) conduz à diferenciação e à continuada confrontação entre os estágios naturais e culturais do desenvolvimento humano.

Mas o escopo do livro vai até além deste grande tema. Ao que Lévi-Strauss define como "o código primário" da linguagem humana e o "código secundário" dos mitos, *Le Cru et le cuit* objetiva acrescentar um "código terciário, projetado para garantir que os mitos possam ser traduzidos reciprocamente. Por isso não seria errado considerar este livro como um mito: de um certo modo, o mito da mitologia".

A fórmula é lapidar e obscura, mas a idéia em si não é nova. Surge em Giordano Bruno, na *De Sapientia Veterum*, de Bacon, em que mitos ou "fábulas" são considerados como um véu transparente que ocupa "a região intermediária que separa o que pereceu do que sobrevive", e em Vico. Lévi-Strauss busca uma ciência da mitologia, uma gramática de constructos e associações simbólicos que permita ao antropólogo relacionar diferentes mitos como o lingüista estrutural relaciona fonemas e sistemas de linguagem. Uma vez que o código de mitos é decifrado e, percebe-se, tem sua própria lógica e traduzibilidade, sua própria tabela de valores e significantes intercambiáveis, o antropólogo terá um instrumento de grande poder com o qual atacar problemas de ecologia humana, de agrupamentos étnicos e lingüísticos, de difusão cultural. Acima de tudo, poderá obter conhecimento dos processos mentais e dos estratos da consciência que preservam índices (os fósseis ou elementos radioativos do paleontólogo e do geólogo) do supremo evento na história do homem — a transição de uma condição basicamento instintiva, talvez pré-lingüística, para a vida da consciência e da autoconsciência individualizada. Isso e o florescimento do gênio humano e da "lógica concreta" durante a era neolítica são, para Lévi-Strauss, realidades da história muito mais importantes do que o breve acessório de perturbações e canibalismo político dos últimos três mil anos.

Partindo do axioma lingüístico de que todos os elementos em um sistema complexo são relacionados, e de que seu sentido pode ser deduzido somente de uma análise de suas inter-relações, do lugar que a unidade pode ocupar no conjunto, Lévi-Strauss tece uma multidão de aparentemente disparatados mitos amazônicos e norte-americanos sobre a caça e a criação para formar um padrão unificado. Ao longo de sua argumentação, procura demonstrar que as sucessivas variantes de um mito não podem ser descartadas como irrelevantes, que a soma de relatos relacionados é um agregado vivo, um código de reinterpretação cultural em que elementos isolados são reagrupados mas não perdidos (fazendo analogia com a topologia matemática que estuda aquelas relações que permanecem constantes quando as configurações mudam). O resultado é uma espécie de desenho *moiré* que aprendemos a ler como o físico lê fotografias superpostas de partículas na câmara úmida de Wilson.

Do ponto de vista filosófico e metodológico, a abordagem de Lévi-Strauss é rigorosamente determinista. Se existe lei no mundo das ciências físicas, também existe no mundo dos processos mentais e da linguagem. Na *Anthropologie structurale*, Lévi-Strauss preconiza uma época em que o pensamento e a conduta individuais serão considerados como modalidades ou representações momentâneas "daquelas leis universais que são a substância do inconsciente humano" ("*des lois universelles en quoi consiste l'activité inconsciente de l'esprit*"). De igual modo, *Le Cru et le cuit* conclui com a sugestão de uma interação simultânea, recíproca entre a gênese dos mitos na mente humana e a criação por esses mitos de uma imagem do mundo já predeterminada (poder-se-ia dizer "programada") pela específica estrutura da mentalidade humana. Se a vida humana é, basicamente, uma forma altamente desenvolvida de cibernética, a natureza da informação processada, do *feedback* e do código, dependerá do constructo psicossomático particular da unidade mental. Os computadores digitais e analógicos talvez venham a aprender a ter sonhos diferentes.

Mais uma vez, a substância e a solidez empírica do caso de

Lévi-Strauss só podem ser julgadas pelo antropólogo qualificado (ele tem razão sobre este ou aquele aspecto da vida e da linguagem bororo?). Mas as implicações gerais são de largo âmbito. Isso se aplica ainda mais às primeiras trinta páginas de *Le Cru et le cuit*, intituladas "Ouverture". Constituem o mais rico e mais difícil trecho dos escritos que Lévi-Strauss produziu até agora. Não é fácil pensar em nenhum texto de trama tão cerrada, de sugestões tão copiosas e fino intrincamento de argumentação desde o *Tractatus*. Em vários lugares, na verdade, os temas das duas obras entram em contato.

Uma certa dose da dificuldade parece gratuita. Quase não há uma proposição nessas páginas de abertura que não esteja qualificada ou ilustrada por referência a matemática, histologia, ótica ou química molecular. Com freqüência, um único símile está associado a várias alusões a diferentes conceitos científicos. Entretanto, quando examinadas de perto, um grande número das noções científicas invocadas são elementares ou vagamente pretensiosas. Quanto da matemática Lévi-Strauss conhece de fato ou precisa conhecer? Mas este constante uso de notações matemáticas e científicas aponta para um tema muito maior e mais urgente. Na "Ouverture", Lévi-Strauss está articulando uma radical desconfiança da linguagem. Um tema que tem estado latente em grande parte de seu trabalho agora vem à tona: comparado com a sintaxe pura e as eficiências tautológicas da matemática, da lógica simbólica e das fórmulas científicas, o discurso tradicional não mais é um meio predominante ou inteiramente satisfatório. Ao universalizar a lingüística estrutural, Lévi-Strauss está diminuindo, na verdade, o gênio singular e a autoridade central do linguajar comum. Como armazéns e transportadores (o tubo a vácuo e o impulso eletrônico) da vida sentida e da conjetura humana, os mitos abarcam as palavras, mas vão além delas em direção a uma sintaxe mais flexível, inventiva e universal.

Contudo, mesmo eles não conseguem atingir o "supremo mistério entre as ciências do homem", que é a música. Essa interessante fórmula conclui um vôo de deslumbrante retórica no qual Lévi-Strauss argumenta que "pensar mitologicamente" é pensar musicalmente. Wagner provou o parentesco quintessencial entre o mito e a frase musical. Entre todas as linguagens, só a música "reúne os atributos contrários de ser ao mesmo tempo inteligível e intraduzível". Além disso, é inteligível a todos — um fato que torna "o criador da música um ser semelhante aos deuses".

Como conseqüência, *Le Cru et le cuit* recebe a estrutura formal de uma peça musical: abertura, tema e variações, sonata, fuga, invenção em três partes, sinfonia rústica em três movimentos. O conceito não é novo: pode-se encontrá-lo na teoria da "correspondência", de Baudelaire (à qual Lévi-Strauss refere-se implicitamente), em Mallarmé e em *Der Tod des Vergil*, de Broch, um romance dividido por analogia com as mudanças de ânimo e ritmo de um quarteto de cordas. Lévi-Strauss pouco faz, além do mais, para impor a mímese musical. Permanece como um *jeu d'esprit* algo forçado. Mas o conceito subjacente é de profunda fascinação. A idéia de que a música e o mito são afins, de que constroem formas de ser mais universais, mais numinosas do que a fala, persegue a imaginação ocidental. Está encarnada, como Elizabeth Sewell demonstrou, na figura de Orfeu. Ele próprio é mito e dono da vida através de seu poder de criar harmonia em meio à inércia do silêncio primordial ou da ferocidade da discórdia (as bestas ferozes param e escutam). Sua presença — ordem e percepção como a condição da mente quando essa condição está mais próxima da música — é discernível na doutrina pitagórica e na *Magna Instauratio*, de Bacon; tem a energia do mito vivo em Rilke e Valéry. Em sua celebração da música e da matemática, em sua altiva obscuridade e reivindicação de ser ele próprio um mito a desabrochar, uma canção da mente, *Le Cru et le cuit* é, em sentido literal, um livro órfico. Oxalá seus compassos de abertura fossem citados de uma fonte mais forte que *A la musique*, de Emmanuel Chabrier.

Le Cru et le cuit é uma obra em andamento e seria fátuo proferir julgamento geral sobre o complexo conjunto da realização de Lévi-Strauss até o presente. Que é uma das mais originais e intelectualmente excitantes de nosso tempo parece inegável. Ninguém com um sério interesse na linguagem ou na literatura, na sociologia ou na psicologia, pode ignorá-la. Ao mesmo tempo, este livro mais recente demonstra, em um grau perturbador, características latentes na obra de Lévi-Strauss, certamente desde o começo da década de 1950. É prolixo, com freqüência arbitrário, e irritantemente precioso (uma discussão técnica das relações entre os mitos amazônicos e o zodíaco é intitulada "L'Astronomie bien tempérée"). A argumentação está coberta de um aparato crítico de notações pseudomatemáticas que parece ter mais peso e relevância do que na verdade tem. Às vezes, o escrúpulo rígido e severo do melhor estilo de Lévi-Strauss dá lugar a um estranho lirismo pós-romântico (Chabrier depois de Satie). É como se o profeta estivesse fazendo uma pausa para aconchegar o seu manto.

Talvez esse seja tanto o gênio como o perigo do empreendimento. Não é como antropologia ou etnografia primordialmente que esta fascinante obra poderá vir a ser julgada e avaliada, mas como metáfora poética ampliada. Como tanta coisa de Marx e Freud, a realização de Lévi-Strauss pode durar, para empregar um termo de *La Pensée sauvage*, como parte da "mitologia de nossa época". É muito cedo para dizer. *Le Cru et le cuit* termina com um catálogo de mitos, não com uma coda.

SOBRE A LEITURA DE MARSHALL McLUHAN

Isso não é uma coisa fácil de se fazer. Os escritos de Marshall McLuhan são tão cheios de novidade, de força de sugestão, de raciocínios grosseiros e de puro descuido que se fica logo tentado a pô-los de lado. Muitos aspectos de seu sucesso representam o jornalismo moderno no que tem de mais óbvio. O culto de McLuhan é característico desses contos-do-vigário do "alto jornalismo" que, talvez mais do que qualquer outra força, ensurdecem e barateiam a vida das idéias. Tudo isso, porém, faz parte do problema: a questão de como ler McLuhan, se o fato de lê-lo é por si uma modalidade obsolescente de contato, está implícito na própria obra de McLuhan. As crises de relacionamento entre a cultura tradicional e as falsidades hipnóticas dos *mass media* são exatamente aquelas às quais o próprio McLuhan aplica sua atenção retórica e confusa, mas muitas vezes penetrante. "Mais bem escritos", os livros e ensaios de McLuhan seriam falsos quanto a suas implicações. Um McLuhan tedioso ou irônico demais para utilizar os poderes publicitários das revistas de circulação de massa ou da entrevista na televisão estaria negando seu próprio argumento principal. Ele propõe a seus leitores um perpétuo e irritante problema: o de continuar a ler. Mas esse é seu golpe de mestre: ao fazer de seu estilo uma representação fiel das anomalias que observa no ato da leitura, na natureza essencial da comunicação humana, McLuhan atrai-nos para seu argumento. Renunciar a ele é deixar esse argumento passar sem refutação.

Até o momento, *A galáxia de Gutenberg* continua sendo sua afirmativa mais importante. *Understanding Media*, grande parte do qual dá a impressão de ter sido escrito — ou melhor, rascunhado — antes, é um conjunto de variantes sobre a *Galáxia*. O estudo inicial de McLuhan, muitas vezes brilhante, sobre as imagens e mensagens controladas nos *mass media, The Mechanical Bride,* agora pode ser considerado como um ensaio preliminar. É em *A galáxia de Gutenberg* que tanto as virtudes como as falhas de seu método podem ser avaliadas com justeza. O livro está eivado de afirmações oraculares: "A China e a Índia ainda são, basicamente, auditivo-táteis"; a URSS, "onde se espia com o ouvido e não com os olhos", ainda é "profundamente oral". O ideograma chinês "é uma complexa gestalt envolvendo todos os sentidos ao mesmo tempo". Os alemães e os japoneses, "embora muito adiantados em tecnologia letrada e analítica, conservaram o âmago da unidade tribal auditiva e total comunhão". Inúmeros pronunciamentos seguem um raciocínio majestosamente simplório: "As desgraças do conflito entre a igreja oriental e a romana, por exemplo, são apenas uma instância óbvia do tipo de oposição entre a cultura oral e a visual, e nada têm que ver com a fé".

Algumas afirmativas são descuidadas: "diz-se que os coreanos têm um alfabeto fonético"; outras são falsas: "o músico vienense Carl Orff". A bibliografia é excêntrica. Uma noção precisa do tratamento babilônico e grego de volumes e relações espaciais é vital para a teoria de McLuhan, mas ele não demonstra nenhum conhecimento de Neugebauer. Mais inquietante é o barateamento nervoso da prosa de McLuhan — quando a linguagem é o próprio assunto de sua preocupação. Fala-nos a respeito da mulher, de seu "viés háptico, de sua intuição, de sua inteireza":

> Que sina, ser integral e inteira em uma planura fragmentada e visual! Mas a homogeneização das mulheres foi finalmente efetuada no século XX, depois que a perfeição da fotogravura lhes permitiu adotar o mesmo curso de uniformidade e reprodutibilidade visuais que a imprensa trouxera aos homens. Dediquei todo um volume, *The Mechanical Bride*, a este tema.

Referindo-se a *O sagrado e o profano,* do professor Mircea Eliade, McLuhan questiona "a qualidade de critério que faz uma voz humana fraquejar e ressoar com veemência hebdomadária". Usado neste sentido (ou falta de), *hebdomadária* é um verdadeiro achado cômico.

Seria fácil dissecar *A galáxia de Gutenberg* deste modo: fácil e estúpido. Muitos dos pontos de atrito, muitas das cruezas de apresentação que exasperam ou desconcertam, são estratégicos. *A galáxia de Gutenberg* é um antilivro. Procura impor fisicamente a essência de seu próprio significado. Sua relação com modalidades tradicionais de argumento filosófico-histórico é deliberadamente subversiva. Faz parte, exatamente, da realização de McLuhan ficarmos irritados e ofendidos pela estranheza ou inadequação de seus recursos. Está nos dizendo, em uma mímica verbal, que com freqüência lança mão da prestidigitação, mas que também demonstra uma transição intelectual de grande força e humor, que os livros — uma progressão linear de unidades fonéticas reproduzidas por tipo móvel — não são mais confiáveis. Ele está se afastando da palavra rapidamente. E, uma vez que o meio verbal clássico é hostil ou inadequado para o propósito de McLuhan, seu raciocínio é difícil de acompanhar. Mas o esforço traz recompensas.

Marshall McLuhan postula que a civilização ocidental entrou, ou está para entrar, em uma era de tecnologia eletromagnética. Esta tecnologia irá alterar de forma radical o meio da percepção humana, as coordenadas da realidade dentro das quais apreendemos e ordenamos os dados do sentido. A experiência não irá apresentar-se em série, em padrões atomizados ou lineares de seqüência causal, mas em "campos" de interação simultânea. Para usar uma analogia muito grosseira (e o processo de analogia pode ser ele mesmo um vestígio de uma lógica anterior), o comportamento de nossas categorias de percepção imediata vai se alterar diante de um desenho de Ingres e de um Jackson Pollock.

Mas não estamos preparados para dominar a nova espontaneidade, falta de método e "totalização" do campo de experiência eletrônico, porque a imprensa e todos os hábitos de sentimento e pensamento que a imprensa incutiu na mente ocidental romperam a unidade criativa e primeira dos sentidos. Ao traduzir todos os aspectos do mundo para a linguagem-código de *um* sentido apenas — o olho que lê —, a impressora hipnotizou e fragmentou a consciência ocidental. Jazemos no que Blake chamou de "o sono de Newton".

Contudo, obscuros incitamentos nos compelem a acordar. Daí o atual mal-estar, aquela sensação tão aguda em Klee e em Kafka, como nas ferocidades ou inutilidades de nossa política, de que o homem ocidental não está mais à vontade no mundo:

> Hoje estamos tão avançados na época elétrica como os elisabetanos estavam na época da tipografia e da mecânica. E estamos passando pela mesma confusão e indecisões que eles sentiram ao viver simultaneamente em duas formas contrastadas de sociedade e experiência. Enquanto os elisabetanos equilibravam-se entre a experiência corporativa medieval e o individualismo moderno, nós revertemos seus padrões ao confrontar uma tecnologia eletrônica

que pareceria tornar o individualismo obsoleto e a interdependência corporativa obrigatória.

A leitura de McLuhan da história antiga e medieval está relacionada com a condenação de Sócrates por Nietzsche e com a visão de Henry Adams de uma época áurea de sensibilidade unificada. Sustenta que o alfabeto fonético deu início à fatal dissociação entre os sentidos, que esfacelou a consciência individual da imediação criativa da resposta coletiva:

> Só o alfabeto fonético causa uma quebra entre a vista e o ouvido, entre o sentido semântico e o código visual; e assim só a escrita fonética tem o poder de trasladar o homem da esfera tribal para a esfera civilizada. [. . .] Isso tampouco é para dar qualquer novo significado ou valor à "civilização", mas antes para especificar seu caráter. É bastante óbvio que a maioria das pessoas civilizadas seja grosseira e de percepção embotada, comparada com a hiperestesia das culturas orais e auditivas. Pois a vista não tem nenhuma da delicadeza do ouvido.

O surgimento da imprensa e o desenvolvimento resultante das convenções de perspectiva (qual é exatamente a correlação entre esses dois grandes estágios?) tornaram nossa apreensão e nosso uso de dados do sentido explicitamente lineares, seqüenciais e discretos. Estamos aprisionados na presunção não-examinada ou na ilusão inconsciente de um *continuum* espaço-tempo homogêneo que avança para o futuro. Nossa noção das categorias de passado e futuro é mecanicista, como se o próprio universo fosse um livro impresso cujas páginas nós estivéssemos folheando. A grande maioria dos homens letrados são incapazes de lidar, do ponto de vista sensorial ou imaginativo, com os novos conceitos "vitalísticos" espaço-tempo da física einsteiniana e da teoria do campo eletromagnético. Daí a brecha cada vez maior entre a imagem da realidade física sobre a qual baseamos nossas vidas e a imagem matemático-estatística proposta pelas ciências naturais: "A nova física é um domínio auditivo, e a sociedade, durante muito tempo letrada, não está à vontade com a nova física, nem jamais estará". O paralelo fascinante é a possibilidade de que as culturas "primitivas" acharão muito mais fácil trabalhar com conceitos de indeterminação ou com a idéia de que o espaço é alterado pela qualidade dos eventos próximos.

A imprensa ajudou a lançar e formalizar as ambições econômicas da Europa renascentista. Incentivou as novas forças do nacionalismo e da arrogância cultural. McLuhan conjetura que o tipo móvel "permitiu aos homens ver seu vernáculo pela primeira vez e visualizar a unidade e o poder nacional em termos dos limites vernáculos: "Devemos ser livres ou morrer, nós que falamos a língua que Shakespeare falou". A imagem do mundo codificada pela tipografia fez do homem ocidental uma unidade ao mesmo tempo impessoal e privada, singular e reproduzível. À essa luz, a cidade moderna, o pombal de solidões em meio à multidão, é produto e expressão da galáxia de Gutenberg. Movemo-nos através dele quase sem utilizar as complexas e sutis funções dos ouvidos, do nariz ou do tato; quando morremos, nosso nome sobrevive durante um tempo no panteão tipográfico da lista telefônica.

Por sua exclusiva ênfase na ordem visual, na lógica cartesiana e na nomenclatura abstrata, a modalidade de percepção de Gutenberg dividiu e subdividiu as categorias de ação e conhecimento. O sonho baconiano de uma classificação racional total, de uma taxonomia universal na qual toda arte, toda ciência e tecnologia teriam seu lugar distinto, é emblemático de uma sensibilidade tipográfica (o estudo feito por Elizabeth Sewell sobre Bacon, em *The Orphic Voice*, um livro profundamente excitante, embora esquecido, é pertinente neste ponto). A dissociação da sensibilidade que T. S. Eliot discerne na poesia pós-metafísica era apenas um aspecto tático daquela tentativa intelectual maior de conquistar todo o conhecimento pela divisão.

Mas, conforme sugere McLuhan, já estamos entrando em uma fase de desordem criativa; por toda parte, os limites estão indefinidos. A física e a biologia estenderam-se para fora de suas fronteiras clássicas; o trabalho importante está sendo feito dentro dos contornos móveis e adogmáticos dos "campos médios", como bioquímica, biologia molecular ou química física. Um móbile de Calder indaga de nós, como poderia fazê-lo de Aristóteles ou de Lessing, por que as estátuas não se movem. Romances são apresentados como páginas soltas, reunidas ao acaso em uma pasta; podemos, se quisermos, arrumar a narrativa em uma seqüência variada. Elementos de improvisação e acaso calculado estão sendo introduzidos na música moderna; uma frase orquestral foi descrita como um "agrupamento de possíveis ocorrências tonais". O livro da vida moderna (um símile de Gutenberg) está se desmantelando. Mas onde Yeats viu o advento de "mera anarquia", Marshall McLuhan fala da "maior de todas as eras humanas", resultante dessa "luta dramática entre modos desiguais de percepção e visão". Para além do caos presente, está a possibilidade de "novas configurações" de percepção; os sentidos adormecidos do homem, seus poderes de integração, a mágica fibra ctônica de seu ser, serão liberados do passivo sistema fechado do alfabetismo de Gutenberg. Caso contrário, um grande príncipe definhará na prisão.

São esses os pontos principais da causa de McLuhan. A objeção óbvia é o fato de colocar a carroça adiante dos bois. Qual é a evidência que existe no sentido de que a imprensa e o ordenamento tipográfico do mundo foram a causa e não a tecnicamente inevitável conseqüência da especialização e da redução da sensibilidade? Podemos afirmar, exceto por convenção romântica e utópica, que a era da comunicação oral e manuscrita possuía o dom da percepção integrada? O mito de Henry Adams e de T. S. Eliot acerca de uma unidade orgânica do século XII ou do século XVII é pouco mais do que uma metáfora útil. Aguça nossa atenção para algumas de nossas próprias dificuldades e limitações, mas não existe evidência irrefutável em seu favor. Sob muitos aspectos, a comunidade medieval era tão fragmentada, tão dividida pela dúvida e pelo antagonismo econômico como qualquer outra que conhecemos. Se Dante ou Donne puderam estender seu alcance poético para uma área bem mais ampla de experiência, foi porque a totalidade de material disponível era menor e as palavras podiam fornecer um mapa mais abrangente e adequado da realidade. Hoje nos defrontamos com uma topografia da experiência na qual a palavra ocupa somente um precário reino central; de cada lado, estão as províncias do número.

Do ponto de vista histórico, é provável que o alfabeto fonético e o desenvolvimento do tipo móvel (uma inovação técnica, não metafísica) fossem eles mesmos o produto final de uma longa evolução. A sintaxe e a estrutura das línguas indo-germânicas são bastante disjuntivas; a tendência para estilização lógica, para progressão linear e delimitação analítica, tem suas raízes na morfologia de nossos padrões de fala. Antecede, obviamente, não só Gutenberg, mas também a adoção do alfabeto fenício na Grécia pré-clássica. Além disso, pode muito bem ser que essas formas de comunicação auricular de massa, que McLuhan considera como prenunciadoras de uma nova era, tenham, na verdade, persistido sob a superfície da alfabetização visual. Onde McLuhan presume uma seqüência spengleriana de épocas históricas, existe com toda a probabilidade uma simultaneidade de superposição de hábitos mentais e técnicas.

Mas mesmo que alguém esteja contra a argumentação geral, as luzes locais de *A galáxia de Gutenberg* são compensadoras. O livro tem a dimensão de um Coleridge. McLuhan salienta que a noção de propriedade privada das idéias e das palavras — a noção de plágio e a correlativa de citação identificada — só evolui com o texto impresso. O próprio uso que ele faz de um agrupamento ou de um mosaico de longas citações tem o intuito de ilustrar uma atitude mais antiga, uma "coletividade" da verdade. Ele aponta de forma precisa para a origem dos problemas característicos e procedimentos simbólicos da filosofia contemporânea: "À medida que nossa época se traduz em modalidades orais e auditivas, por causa da pressão eletrônica da simultaneidade, adquirimos consciência aguda da aceitação não-crítica dos modelos e das metáforas visuais por parte dos séculos passados". Uma oportuna citação das cartas de Hopkins leva a uma discussão sobre quanto da literatura mais significativa — em especial da poesia — nunca foi destinada ao exame silencioso da vista privada, mas exige declamação e o atrito vivo da voz e do ouvido. Embora a análise de *Rei Lear*, feita por McLuhan, seja absurdamente inconvincente, a marginália sobre Rabelais, Cervantes, Pope e Joyce é fascinante. Descreve *Gargântua*, *Dom Quixote*, a *Dunciade* e *Finnegans Wake* como "quatro mitos imponentes da transformação da sociedade por Gutenberg". Examinada com atenção, a idéia parece muito certa. Poder-se-ia acrescentar *Tale of a Tub*, de Swift, e, como mito do combate entre o ideograma e a letra, o *Auto-da-fé* de Canetti?

De fato, é, com freqüência, na sugestão descartável, na percepção local, que McLuhan é mais interessante. Nada é mais característico de Blake em qualidade de visão do que a idéia, sugerida em *Understanding Media*, de um mundo que emudece à medida que os meios eletrônicos de armazenamento e seleção adequada substituem o caos perdulário da escrita tradicional e da fala humana. Como Ernst Bloch, como Lévi-Strauss, McLuhan tem a capacidade de materializar seus argumentos teóricos em súbito mito. Ele também é um daqueles modeladores do ânimo presente que parecem marcar uma transição das formas clássicas da ordem cartesiana para uma nova e ainda difícil de definir poética ou sintaxe da experiência. É bem possível que os próprios sermões de McLuhan logo sejam rejeitados como caóticos e incoerentes, mas o processo de rejeição será, quase que com certeza, criador de novo critério. Isso, e não qualquer cânone acadêmico de conclusividade, é o que confere a marca de uma obra importante.

QUINTA PARTE

MARXISMO E O CRÍTICO LITERÁRIO

1

"[. . .] *Dificuldades encontradas ao escrever a verdade*"

Nas origens da teoria marxista da literatura, existem três textos celebrados e canônicos. Dois são citações de cartas de Engels; o terceiro está contido em um curto ensaio de Lênin. Engels escreveu para Minna Kautsky em novembro de 1885:

> Não sou de modo algum oponente da poesia tendenciosa, programática (*Tendenzpoesie*), enquanto tal. O pai da tragédia, Ésquilo, e o pai da comédia, Aristófanes, eram ambos fortes *Tendenzpoeten*, não menos do que Dante e Cervantes; e é o melhor elemento de *Kabale und Liebe* [Intriga e amor], de Schiller, o fato de ser o primeiro *Tendenzdrama* alemão político. Os modernos russos e noruegueses, que produzem excelentes romances, são todos *Tendenzdichter*. Creio, porém, que a tese deve brotar da própria situação e ação, sem ser manifestada explicitamente. Creio não existir uma compulsão por parte do escritor em colocar nas mãos do leitor a futura resolução histórica dos conflitos sociais que descreve.

Escrevendo em inglês para Margaret Harkness, no começo de abril de 1888, Engels foi mais enfático: "Longe de mim achar que você esteja errada por não ter escrito um romance francamente socialista, um '*Tendenzroman*', como nós, alemães, o chamamos, para glorificar as opiniões sociais e políticas do autor. Não é isso que quero dizer. Quanto mais as opiniões do autor permanecerem ocultas, melhor para a obra de arte". Com base nesse princípio, Engels defende sua preferência por Shakespeare a Schiller, por Balzac a Zola. Entretanto, o terceiro texto é completamente diferente. Em seu ensaio sobre "Organização do partido e literatura do partido", publicado em *Novaia Jizn*, em novembro de 1905, Lênin escreveu:

> A literatura deve tornar-se literatura do partido. [. . .] Abaixo os *littérateurs* não-partidários! Abaixo os super-homens da literatura! A literatura deve tornar-se parte da causa geral do proletariado, "uma pequena roda e um pequeno parafuso" no mecanismo social-democrático, uno e indivisível — um mecanismo posto em movimento por toda a vanguarda consciente de toda a classe proletária. A literatura deve tornar-se parte integral das tarefas organizadas, metódicas e unificadas do partido social-democrático.

Essas recomendações foram feitas como argumentos táticos na polêmica inicial contra o esteticismo. Mas quando citado fora de contexto, o apelo de Lênin por *Tendenzpoesie*, no sentido mais cru, veio a ser considerado como um cânone geral da interpretação marxista sobre a literatura.

Está claro que existe entre os pronunciamentos de Engels e a concepção leninista uma profunda divergência de tendência e condução do argumento — se não uma contradição formal. Os tipos de reação crítica e sensibilidade comprometidas com a obra literária são, nos respectivos casos, completamente diferentes. Tal disparidade não escapou à observação dos teóricos marxistas. Georg Lukács tentou duas vezes reconciliar a defesa de Engels de uma integridade não comprometida do poeta com a exigência de Lênin de total partidarismo e disciplina estética. Em seu principal ensaio que enfoca Engels como teórico e crítico de literatura (1935), Lukács faz uma citação da carta para Minna Kautsky e propõe uma intrincada glosa. Argumenta que o tipo de *Tendez* (Edmund Wilson traduz este termo crucial por "tendência", mas "tese" e "tendência programática" chegam mais perto) que Engel considerava aceitável é, no fundo, "idêntico àquele 'elemento do Partido' que o materialismo, a partir de Lênin, encerra dentro de si". De acordo com essa análise, Engels não está fazendo objeção a uma *littérature engagée* em si, mas à mistura de "mero empirismo e vazia subjetividade" no romance burguês do período. Seu óbvio descontentamento com esse tratamento do problema levou Lukács a voltar a ele em 1945, em sua "Introdução aos escritos sobre estética de Marx e Engels". Nele sustenta que Engels fazia uma distinção entre duas formas de *littérature à thèse* (é significativo que a língua inglesa e seu vocabulário crítico não tenham desenvolvido uma expressão de precisão equivalente). Toda a grande literatura, na análise de Lukács, tem um "viés fundamental". Um escritor só pode chegar a um retrato maduro e responsável da vida se estiver comprometido com o progresso e em oposição à reação, se "amar o bem e rejeitar o mal". Quando um crítico da sutileza e do rigor de Lukács desce a essas banalidades — banalidades que contestam de forma direta suas próprias obras sobre Goethe, Balzac e Tolstoi —, sabemos que algo não corre bem. A tentativa de reconciliar a imagem da literatura implícita no ensaio de Lênin com a proposta de Engels é uma reação algo desesperada às pressões da ortodoxia e à exigência stalinista de total coerência interna na doutrina marxista. Mesmo a exegese mais delicada não pode disfarçar o fato claro de que Engels e Lênin estavam dizendo coisas diferentes, de que estavam apontando em direção a ideais contrastantes.

Esse fato é de importância marcante na história da literatura marxista e da crítica literária marxista. Repetidas vezes, o ideal de uma literatura na qual "as opiniões do autor permanecem escondidas" tem colidido com a fórmula leninista de parcialidade militante. De acordo com a escolha que foram compelidos a fazer, ainda que inconscientemente, entre a estética de Engels e a de Lênin, os críticos marxistas dividiram-se entre dois campos principais: o grupo ortodoxo e aqueles a quem Michel Crouzet deu a apta denominação de "paramarxistas". A linha de Zhdanov e o Primeiro Congresso de Escritores Soviéticos de 1934 proclamaram com rigor a posição ortodoxa. Em seu discurso no Congresso, Zhdanov deliberadamente escolheu os próprios termos de Engels, mas rejeitou o sentido de Engels em nome do leninismo: "Nossa literatura soviética não tem medo de ser acusada de 'tendenciosa'. Sim, a literatura soviética é tendenciosa, pois, em uma época de luta de classes, não há e não pode haver uma literatura que não seja literatura de classe, não tendenciosa, supostamente não-política". Bukhárin acompanhou, declarando que *Tendenzpoesie* e poesia reconhecida como de primeira linha com base em razões puramente formais acabam, na maioria das vezes, se revelando ser uma só. Como prova, citou nomes que se repetem sem cessar na poética marxista: "Freiligrath e Heine, Barbier e Béranger".

A escola ortodoxa, neste caso a ortodoxia é uma noção política e não uma noção histórica, tem suas publicações tanto na URSS como no Ocidente (*Soviet Literature* e *La nouvelle critique* são os exemplos mais evidentes). Tem suas cartilhas, como *Vers le réalisme socialiste*, de André Stil, *Literature and Reality*, de Howard Fast, e os concisos pronunciamentos teóricos de Aragón. Na Inglaterra, encontrou expressão em alguns dos escritos de Jack Lindsay e Arnold Kettle. A linhagem mais pura de ortodoxia do marxismo alemão foi encarnada nos poemas e ensaios de Johannes Becher. Becher afirmou em 1954: "Em primeiro lugar, devo a Lênin o fato de ter aprendido gradualmente a ver as coisas como realmente são". De fato, a invocação de Lênin é o invariável talismã do crítico ortodoxo.

Na própria União Soviética, a ortodoxia assumiu a aparência severa e bombástica da linha de Zhdanov e da estética stalinista. A ela devemos a mais conseqüente e tragicamente bem-sucedida campanha já desfechada por um regime político para recrutar ou destruir as forças que moldam a imaginação literária. Somente aqueles obrigados por interesse profissional a percorrer as revistas de crítica oficiais e as publicações estatais da era stalinista podem compreender por completo a que níveis de desumanidade e mera verbosidade as belas-letras e a arte da crítica podem descer. O padrão é de desesperada monotonia: intermináveis discussões sobre este romance ou aquele poema estarem ou não de acordo com a linha do partido; exercícios estridentes de confissão de autores que, por uma momentânea falha de agilidade, adotaram uma posição "incorreta" sobre algum aspecto do realismo socialista; incessantes exigências no sentido de que a ficção, o drama e a poesia sejam transformados em "armas para o proletariado"; glorificações do "herói positivo" e condenações, às vezes de puritanismo histérico, de qualquer sugestão de erotismo ou ambigüidade estilística. O ideal do pensamento de Zhdanov era exatamente a redução da literatura a "uma pequena roda e um pequeno parafuso" no mecanismo do estado totalitário. Por um acaso do gênio ou da ira partidária, tal literatura poderia (embora, na realidade, não o tivesse feito) ter produzido algo da categoria de *A cabana do pai Tomás*. Qualquer trabalho de complexidade ou imparcialidade mais genuína constitui uma ameaça em potencial para "as lutas organizadas, metódicas e unificadas" do partido. Nessas circunstâncias, um crítico tem apenas duas funções: é um intérprete do dogma do partido e um árbitro de heresia. Foi este precisamente o inglório, e ao fim suicida, papel de Fadeiev.

Mas nem o *imprimatur* nem o anátema são tarefa do crítico. Os poucos impulsos críticos autênticos que conseguiram sobreviver passaram para o subterrâneo dos estudos acadêmicos. Vestígios da imaginação liberal refugiaram-se no ofício de editor e tradutor.

Assim é que encontramos, mesmo durante períodos de terror ideológico, traduções e discussões competentes de Shakespeare e Dickens, de Molière e Balzac. A guerra atenuou um pouco a desolação da cena literária soviética. A angústia privada e o fervor patriótico misturaram-se com as necessidades políticas do momento. Mas não houve evolução na crítica que acompanhasse as realizações de romancistas e de poetas. A guerra, na verdade, reforçou a tese de Lênin e Zhdanov de que a literatura é um instrumento de batalha, de que seus derradeiros valores estão na retórica da persuasão e do compromisso total.

Em essência, portanto, a ala ortodoxa da crítica e da teoria literária marxistas, a adesão leninista à *Tendenzpoesie* como o ideal tanto do escritor como do partido, demonstrou ser estéril. Há muito poucos exemplos de aplicações inteiramente ortodoxas, contudo válidas e criativas, de princípios leninistas a um texto literário. Talvez os mais ilustres ocorram entre os escritos críticos de Brecht. Esses escritos podem ser considerados separadamente de suas peças sobre as quais cai habitualmente a sombra animadora da heresia. "Cinco dificuldades encontradas ao escrever a verdade" (1934), de Brecht, tem urgência e convicção verdadeiras. Exemplifica a opinião de outro crítico marxista no sentido de que a crítica literária e o estudo da poética são o "ato de estratégia na batalha da literatura (*im Literaturkampf*)". O exercício mais fascinante de Brecht em ortodoxia crítica, entretanto, veio muito depois, em 1953. É um exame dialético (apresentado em formato de uma discussão entre produtor e atores) do primeiro ato de *Coriolano*, de Shakespeare. O problema é proposto em termos leninistas: como deveria ser interpretada a cena dos plebeus e representada de modo a produzir a maior medida de compreensão política — de compreensão compatível com uma interpretação dialética da história? No decorrer da discussão, um alto grau de inteligência crítica e um agudo conhecimento dos recursos teatrais são postos a atuar sobre o texto shakespeariano. Os últimos trechos são especialmente esclarecedores:

P. Acredita que tudo isso e algo mais possa ser "lido" na peça?

B. Lido e intuído.

P. É por causa dessas percepções que nos propomos a montar a peça?

B. Não só por esse motivo. Queremos ter o prazer e transmitir o prazer de lidar com uma passagem de história iluminada (*durchleuchteter*). Queremos sentir, viver, uma parte da dialética.

P. Essa não é uma noção um tanto esotérica, reservada aos iniciados?

B. De modo algum. Mesmo nos panoramas exibidos em feiras públicas e ao ouvir baladas populares, as pessoas simples, que são simples sob tão poucos aspectos, gostam de histórias sobre a ascensão e a queda dos poderosos, da esperteza dos oprimidos, das potencialidades dos homens. E buscam a verdade, aquilo que "fica por trás de tudo".

Mas essa "vida da dialética" e o jogo livre de ironia e sensibilidade sobre o texto literário são extremamente raros entre aqueles marxistas que adotaram a posição de Lênin em relação à literatura — conforme exposta em *Novaia Jizn* — ao invés da de Engels. (A restrição é necessária, pois em outras ocasiões — nos dois ensaios curtos sobre Tolstoi e em observações feitas a Gorki — Lênin adotou uma visão mais sutil e mais tolerante da liberdade poética.)

2

De muito maior importância, tanto com respeito a realizações passadas como a influência futura, é a obra da escola paramarxista de teoria crítica e estética. Abarca uma vasta gama de atitudes e valores — desde os de Edmund Wilson, quando começou a escrever, cujo marxismo era em essência uma extensão do determinismo histórico e social, até os de Theodor Adorno, um crítico às vezes à beira da ortodoxia. O que têm em comum os paramarxistas (a quem poderíamos chamar de "engelianos")? A convicção de que a literatura está fundamentalmente condicionada por forças históricas, sociais e econômicas; a convicção de que o conteúdo ideológico e a articulada visão do mundo de um escritor estão engajados de modo crucial no ato de avaliação literária; uma desconfiança de qualquer doutrina estética que coloque ênfase nos elementos irracionais da criação poética nas exigências de "pura forma". Por fim, partilham de uma tendência a procedimentos dialéticos na argumentação. Mas, não obstante o quanto possam estar comprometidos com o materialismo dialético, os paramarxistas abordam uma obra de arte com respeito por sua integridade e pelo centro vital de sua existência. Estão em harmonia com Engels no tocante a considerar inferiores os tipos de literatura que, nas palavras de Keats, têm projetos palpáveis a nosso respeito. Sobretudo — e é isso que os distingue dos ortodoxos —, os paramarxistas praticam a arte da crítica, não a da censura.

Por razões óbvias, esses críticos desenvolveram-se principalmente fora da órbita imediata do poder soviético. A única exceção é, no entanto, decisiva. Georg Lukács permanece um solitário e esplêndido sobrevivente em meio à paisagem da Europa oriental e da vida intelectual comunista. Não se questiona mais sua estatura como crítico e teórico de estética. Em capacidade de intelecto e alcance de desempenho, ombreia com os maiores críticos de nosso tempo. Nenhum crítico ocidental contemporâneo, com a possível exceção de Croce, utilizou-se, na abordagem dos problemas literários, de uma bagagem filosófica de autoridade comparável. Em ninguém, desde Sainte-Beauve, a compreensão de história, o tato para o enraizamento da imaginação no tempo e no espaço, foi tão sólido e agudo. São clássicos os escritos de Lukács sobre Goethe e Balzac, sobre Schiller e hegelianismo, sobre a ascensão do romance histórico e o sombrio ressurgimento do irracionalismo na poesia alemã. Poucos falaram com refinado discernimento sobre Tolstoi e Thomas Mann. O próprio volume de seus trabalhos — uma coletânea atingiria mais de vinte volumes — constitui algo como um milagre: o crescimento e a persistência, sob o domínio comunista, de uma estética independente, de um grande corpo de crítica prática que diverge, repetidas vezes, da ortodoxia leninista e stalinista. O fim da odisséia pessoal de Lukács é, no momento, uma trágica dúvida.[1] Mas suas realizações colocam-se além do alcance da cassação política. Demonstram que o marxismo pode produzir uma poética e uma metafísica de alto nível.

Qualquer consideração de uma "linha" engeliana na crítica literária marxista leva, inevitavelmente, a Lukács. Grande parte de sua obra pode, de fato, ser considerada como uma ampliação e uma defesa da famosa distinção entre Balzac e Zola proposta por Engels à srta. Harkness. Contudo, quero examinar a complexa e volumosa crítica de Lukács em outro ensaio. Chamo, aqui, a atenção para numerosos críticos menos conhecidos, todos eles marxistas em essência e metodologia, nenhum dos quais, porém, endossaria a imagem leninista da literatura como uma roda e um parafuso no Juggernaut do proletariado.

Em torno dos partidários da linha dura do stalinismo francês, um rígido e disciplinado *cadre* estranhamente intocado pelo "de-

(1) Felizmente, isso não mais se aplica. Lukács sobreviveu às conseqüências do levante húngaro e viveu para ver a Europa oriental assumir novas e mais complexas formas de sentimento nacional. Se essa ressurgência de energias, baseada essencialmente no passado nacionalista e agrário, lhe traz conforto, é naturalmente uma outra questão.

gelo" de 1953-54, sempre floresceu um grande e animado mundo de marxismo intelectual. Suas principais figuras, tais como Merleau-Ponty e Sartre, muitas vezes inclinaram-se para o vórtice de aderência total. Mas recuaram no último momento, buscando estabelecer uma posição ideológica que estivesse fora do partido — mas não hostil a ele. Tanto do ponto de vista dialético como do ponto de vista prático, tal tentativa está condenada à ambivalência e ao fracasso. Mas o fato de ser feita empresta à vida intelectual francesa rara intensidade e proporciona ao argumento abstrato a forte pertinência do conflito. Na França, mesmo os velhos conseguem se inflamar.

Existem elementos significativos da posição paramarxista nos escritos de Sartre sobre literatura. Mas a obra de Lucien Goldmann oferece um exemplo mais puro e mais rigoroso da crítica dialética. Seu volumoso tratado, *Le dieu caché* (1955), levou a uma importante reavaliação do papel do jansenismo na literatura do século XVII. Se existiu durante os últimos três anos um *affaire Racine* na crítica e nos estudos acadêmicos franceses, Goldmann é, em parte, responsável. Sua argumentação retorcida e intrincada (em parte devido ao fato de o francês não ser sua língua mãe) busca relacionar a "visão trágica" de *Pensées,* de Pascal, e dos dramas de Racine a uma facção extremista do movimento jansenista. A opinião de Goldmann sobre religião, teologia e literatura é a de um marxista clássico. Vê em uma filosofia ou em um poema um edifício ideológico — o que Marx chamava *ein Überbau* — cujos alicerces são econômicos, políticos e sociais. Demonstra, com riqueza de erudição textual, que elementos de estratégia de classe entraram até mesmo nos mais sutis e altruísticos conflitos teológicos do século XVII. Mas, a exemplo de Engels e do próprio Marx, Goldmann insiste na radical complexidade da estrutura ideológica, no fato de que as relações entre as forças econômicas e os sistemas filosóficos ou poéticos nunca são automáticas e unilineares. Isso confere uma persuasiva sutileza a seu tratamento da carreira de Racine. O Racine que emerge de *Le dieu caché* é um poeta ancorado na história. Não é mais possível, por exemplo, ignorar as relações entre sua visão mais sombria do mundo e o período de desilusão que se apossou do jansenismo francês depois de 1675. Além disso, Goldmann chega com freqüência, através de um processo de análise dialética, a conclusões sancionadas por estudiosos de convicção totalmente diferente. Assim, vê no problema do coro na tragédia neoclássica um reflexo direto da fragmentação da sociedade pós-feudal, a metamorfose de uma comunidade unificada em um agregado de *monades sans portes ni fenêtres*. Isso está em precisa consonância com as opiniões de Tillyard e Francis Ferguson. Em sua melhor forma, Goldmann é apenas um crítico respondendo a um grande texto com admiração amadurecida. Ao comentar sobre a decisão de Phèdre de levantar da cadeira (ato I, cena 3), observa: "Aproximamo-nos de pé do universo da tragédia". Exatamente isso, e Bradley poderia tê-lo dito.

Às vezes, no entanto, o marxismo de Goldmann, ou, para ser mais preciso, seu hegelianismo de esquerda materialista, interfere de fato na integridade de seu julgamento. Ele simplifica demais a estrutura do drama raciniano ao tentar impor-lhe um padrão constante — a tríade do herói, sociedade e "Deus oculto":

> Os *solitaires* e as freiras de Port-Royal, com efeito, concebiam a vida como um espetáculo representado perante Deus; o teatro na França, antes da chegada de Racine, era um espetáculo representado perante homens; bastava atingir uma síntese, escrever para o palco o espetáculo representado perante Deus e acrescentar à costumeira platéia humana o silencioso e oculto espectador que desvaloriza e substitui essa platéia, para que a tragédia raciniana nascesse.

É interessante notar que os opositores ortodoxos de Goldmann rejeitaram seu tratamento de Racine por apresentar excessiva esquematização. Escrevendo em *La nouvelle critique* (novembro de 1956), Crouzet salienta que Goldmann negligenciou a questão do gênero e da dicção poética no neoclassicismo. Ao fazê-lo, reduziu a poesia complexa aos ossos nus do conteúdo da prosa. "Forma e conteúdo constituem uma unidade, mas uma unidade de contradições", disse Bukhárin em um notável aforismo. A autêntica crítica marxista, diz Crouzet, "não poderia levar a tal dessecação da arte". Continuando, afirma que no paramarxismo dois vícios se misturam por necessidade: subjetivismo e uma visão mecanicista da literatura. Contudo, mesmo ao fazer essas acusações, Crouzet e seus colegas leninistas não estão à vontade. Indagam, com preocupação genuína: onde está a verdadeira interpretação marxista de Racine? Por que a ortodoxia crítica produziu tão pouca coisa de valor? Constantemente, os intelectuais do partido, entre os quais H. Lefebvre é de longe o mais eminente,[2] têm de admitir suas próprias falhas. Além das obras de Lefebvre sobre Pascal e Diderot, o marxismo oficial francês produziu pouca coisa de substância crí-

(2) No dia 22 de junho de 1958, Lefebvre foi expulso "temporariamente" do partido. Foi acusado de "revisionismo" e agora é um marxista independente.

tica. *Victor Hugo, essai de critique marxiste* (*La nouvelle critique*, junho-agosto de 1951), de Pierre Albouy, é entediante e inferior. Embora deplorando suas heresias, os comunistas franceses reconhecem em *Le dieu caché* uma das tentativas mais ilustres feitas até hoje de aplicar materialismo dialético ao melhor da literatura francesa.

Nada no livro de Goldmann causou maior preocupação entre os marxistas ortodoxos do que um verbete nas páginas de erratas e adenda. Nele, Goldmann declara que, ao se referir a Lukács (o que faz constantemente), tem em mente a *História e consciência de classe*, de Lukács, um famoso ensaio publicado em 1923, mas há muito condenado como errôneo pelo Partido Comunista da URSS e pelo próprio autor. Entretanto, é a esse mesmo ensaio que Walter Benjamin, o mais talentoso dos "engelianos" alemães, deveu sua conversão ao marxismo em 1924.

Tanto como estilista quanto como pensador, Benjamin resiste a uma fácil caracterização. Nele, talvez mais do que em qualquer outro marxista, a textura da linguagem precede e determina os contornos do raciocínio. Tem a prosa bem unida e alusiva; fica de tocaia, chegando ao assunto por vias indiretas. Walter Benjamin é o R. P. Blackmur do marxismo — mas do marxismo que é privado e oblíquo. Como Rilke e Kafka, Benjamin era possuído por um senso da brutalidade da vida industrial, por uma visão obsedada e apocalíptica da metrópole moderna (a *Großstadt* [Cidade grande] de *Cadernos de Malte Laurids*, de Rilke). Ele viu suas opiniões verificadas e documentadas pela teoria de Marx sobre "desumanização" e pelo relato de Engels sobre a classe operária. Assim o ensaio de Benjamin, "Sobre alguns temas em Baudelaire" (1939), é, essencialmente, uma meditação lírica sobre a ensimesmada imensidade da Paris do século XIX e sobre a correspondente solidão do poeta. O mesmo impulso está subjacente a sua admiração por Proust — uma admiração obviamente suspeita do ponto de vista do partido. Os dois ensaios principais de Benjamin, "*Afinidades eletivas*, de Goethe" (1924-5) e "A origem da tragédia alemã" (1928), estão entre os mais difíceis e de argumentação mais cerrada da crítica moderna européia. Mas se há neles algo de dialético, pertence ao que Adorno, amigo e editor de Benjamin, chamou "a dialética da fantasia".

Só uma vez ele abordou um problema de um ângulo nitidamente marxista. O resultado é de extremo interesse. Em um ensaio intitulado "A obra de arte na era de sua reprodutibilidade técnica" (1936), Benjamin propôs não considerar nem a arte proletária nem a arte em uma sociedade sem classes, mas sim a evolução da arte "sob as modalidades predominantes de produção". A ambigüidade da palavra "produção" — o processo industrial em geral e a "reprodução" de obras de arte em particular — é importante para seu tema. Benjamin precedeu claramente a Malraux no reconhecimento da "materialidade" da arte, da dependência da sensibilidade estética de mudanças na montagem e na reprodução da pintura e da escultura. Como Schiller, ele indaga se a história da tecnologia não poderia ser igualada por uma correspondente "história da percepção". O ensaio contém ainda outra idéia seminal. Benjamin refere-se ao estridente apoio que Marinetti e o futurismo italiano deram à invasão da Etiópia. Sugere que é da essência do fascismo embelezar as vestes externas e as verdadeiras desumanidades da vida política. Mas todos os esforços para o "embelezamento da política" (*die Aesthetisierung der Politik*) levam fatalmente à imagem da "guerra gloriosa". O comunismo, por outro lado, não torna a política artística. Torna a arte política. Nesse aspecto, segundo Benjamin, é que estão a sanidade e a paz.

Essa é uma noção complexa, seja para entender seja para refutar. Benjamin não viveu para trazer maiores esclarecimentos. Como Christopher Caudwell, cuja obra, por comparação, parece um tanto insípida, ele tornou-se uma vítima do fascismo. Theodor Adorno observou que Benjamin injetava materialismo dialético em seu próprio sistema como um veneno necessário; em torno desse corpo estranho e irritador criativo, sua sensibilidade cristalizava-se. No tocante à literatura, o próprio Adorno constitui um caso de menor interesse. Sua importância está na aplicação de princípios marxistas à história e à estética da música.

Sidney Finkelstein, um dentre um pequeno mas fascinante grupo de marxistas americanos, também é, em primeiro lugar, um crítico e sociólogo de música. "As formas da música", escreve, "são produto da sociedade. [. . .] A validade de uma forma musical não reside em sua 'pureza', mas na fácil comunicação que oferece, em sua época, para idéias estimulantes." Em *Arte e sociedade*, entretanto, Finkelstein estendeu seu objetivo, e seu livro ilustra um traço clássico da teoria marxista — a aliança entre a nova cultura do proletariado e os costumes populares antigos. "Usei um sistema filosófico", afirma:

> É o corpo do pensamento marxista que pode ser simplesmente descrito como brotando do fato de que as idéias só podem ser entendidas em conexão com as realidades materiais da vida, e as realidades da vida só podem ser entendidas em termos de seus íntimos conflitos, movimento e mudança. Karl Marx e Friedrich

> Engels dizem: "Os homens, ao desenvolverem sua produção material e seu intercâmbio material, alteram, juntamente com a existência real, seu modo de pensar e os produtos de seu modo de pensar. A vida não é determinada pela consciência, mas a consciência pela vida". Essa é a abordagem, em linhas gerais, que tentei aplicar à arte.

As formas de arte nas quais Finkelstein vê o valor mais duradouro são aquelas que têm raízes em modalidades populares. Assim, ele sustenta que a técnica da fuga de Bach derivou sua força e clareza do fato de ser baseada na divisão em vozes e partes contrapontísticas de canções populares. Com base nisso, boa parte da melhor literatura americana — Mark Twain, Whitman, Sandburg, Frost — derivaria da retórica popular e da tradição da balada popular. Finkelstein discerne na abstração e "dificuldade" da arte moderna uma conseqüência direta da alienação entre o artista individual e as massas. Concorda com Engels na crença de que essa alienação foi provocada pela estética comercial da burguesia. Revoltados pela "espalhafatosa vulgaridade" (na frase de Ezra Pound) do gosto burguês, os artistas do fim do século XIX e começo do século XX levantaram âncora e lançaram-se ao mar. Lá moram em um mundo cada vez mais privado e cada vez mais divorciado das energias maturadoras da vida em comunidade.

Mas, em obstinada oposição à ortodoxia pregada por Zhdanov, Finkelstein persiste em admirar peregrinos solitários como Schoenberg, Proust e Joyce. Considera *Ulisses*, não como Radek no Congresso de Escritores de 1934 — "um monte de estrume coberto de vermes, fotografado por equipamento cinematográfico através de um microscópio" —, mas como um trágico protesto, talvez causador de seu próprio fracasso, contra a "superficialidade e a desonestidade das toneladas de verborragia" vomitadas pela literatura comercial do momento. Uma das concepções mais originais de Finkelstein relaciona-se com a natureza do romantismo. Busca diferenciar entre os traços negativos e positivos da sensibilidade romântica. Com os primeiros associa Dostoievski. Este é um ponto de alguma importância. O problema da abordagem de Dostoievski é o momento da verdade em toda a crítica marxista. Nem mesmo Lukács conseguiu desligar-se da condenação leninista e stalinista da visão dostoievskiana do mundo por ser uma visão de implacável hostilidade para com o materialismo dialético. Um crítico marxista que tratasse das obras de Dostoievski, antes de 1954, pelo simples ato de fazê-lo dava prova de verdadeira coragem e independência. Com referência a *Os irmãos Karamazov*, Finkelstein diz de Dostoievski que, "ao enfatizar o irracional *versus* o racional, fazendo insinuações a impulsos subconscientes que não podiam ser nem entendidos nem controlados, levou ao clímax de romantismo em que o artista e ser humano isolava-se por completo do mundo como irreal". Na poesia de Aragón, por outro lado, vê o "valor positivo do romantismo", sua afinidade com os instintos liberais e com a vitalidade sensória das massas.

Poder-se-iam examinar inúmeras outras figuras entre críticos e historiadores de literatura para ilustrar estratégias variantes dentro do contexto maior da tradição marxista. Mas a questão principal pode ser colocada de modo bem simples: fora dos rígidos limites da ideologia do partido, existem muitos críticos e filósofos de arte cuja obra está centralmente, ou em substancial medida, condicionada pelo método dialético e pela mitologia histórica do marxismo. Entre eles, há teóricos e críticos práticos que uma preocupação séria com a literatura não permite ignorar.

3

A luta entre a ortodoxia leninista e o paramarxismo é amarga e incessante. Obrigou jornalistas soviéticos a questionar os próprios escritos de Engels. Eles não aceitam a distinção que ele fez entre Balzac e Zola e no entanto aderem, ao mesmo tempo, ao axioma de Lênin no sentido de que a suprema virtude da arte reside em seu explícito ângulo revolucionário. Daí o curioso e atormentado livro de Boris Reizov, *Balzac, o escritor*. Mais uma vez aborda o discutido problema da carta para Harkness, a respeito da qual, conforme Fadeiev admitiu com pesar em "Notas sobre literatura" (fevereiro de 1956), "reina alguma confusão". Vale lembrar que Engels julgava Balzac "um mestre do realismo muito maior do que todos os Zolas, *passés, présents et à venir*". Isso a despeito de Balzac ser legitimista e um católico de moldes sombrios e reacionários:

> Que Balzac fosse assim obrigado a ir contra suas próprias simpatias de classe e preconceitos políticos, que tenha visto a necessidade da queda de seus nobres favoritos e os tenha descrito como pessoas que não mereciam melhor sorte, e que tenha visto os verdadeiros homens do futuro onde, naquele momento, só eles podiam ser encontrados — isso eu considero um dos mais grandiosos aspectos do velho Balzac.

Desse famoso trecho surgiu a teoria da dissociação entre ideologia e visão poética. "A história da literatura", observa Lucien Goldmann, "está cheia de escritores cujo pensamento era rigorosamente contrário à sensibilidade e à estrutura de seu trabalho (entre os muitos exemplos, Balzac, Goethe etc.)." Mas, ao mesmo tempo, este pronunciamento de Engels e seu corolário — "Quanto mais as opiniões do autor permanecerem escondidas, melhor para a obra de arte" — apresentam um drástico desafio ao ideal leninista de literatura do partido. Se um romancista reacionário de fato atingir maior realismo do que um cujas opiniões sejam explicitamente "progressivas", toda a concepção do compromisso ideológico da arte é posta em dúvida. Para resolver este dilema, Reizov deduz que Engels pode ter estado errado; é quase desnecessário comentar sobre o peso de ansiedade por trás de tal suposição. Ele percebe, na visão de mundo de Balzac, "vínculos diretos com a filosofia revolucionária dos enciclopedistas franceses. [. . .] Balzac permanece como um verdadeiro sucessor dos filósofos revolucionários franceses — não importa quais fossem as suas próprias declarações políticas". Naturalmente, do ponto de vista histórico, isso é tolice. Mas constitui de fato uma desesperada tentativa de reconciliar as opiniões de Engels e, *a fortiori*, as de Lukács, com a ortodoxia leninista. Pois como escreveu Valentin Asmus em um importante ensaio, "Realismo e naturalismo" (*Soviet Literature*, março de 1948), Lênin, ao contrário de Engels, via em uma "afirmação direta e franca" de tendenciosidade "a principal diferença entre o escritor proletário e o apologista burguês do capitalismo".

Que o "escritor proletário", até o momento, tenha produzido pouca coisa de valor duradouro é um fato que volta e meia se apresenta à consciência dos críticos soviéticos. Em sua famosa participação no Segundo Congresso de Escritores Soviéticos em 1955, Cholokov chegou mesmo a afirmar que a principal tarefa da literatura contemporânea russa era escapar da mediocridade oficial e tornar-se merecedora de sua herança. Essa também tem sido a persistente alegação de Lukács. Daí sua relutância em lidar, a não ser de passagem, com a ficção e a poesia russas da época stalinista. Mas, para um crítico ortodoxo, tal atitude beira a traição. Se Lênin tiver razão, mesmo a mais medíocre literatura pós-revolucionária é intrinsecamente mais útil ao leitor moderno do que o são clássicos escritos sob o feudalismo ou o domínio da burguesia. Como Zhdanov declarou, categórico: a literatura soviética é, por definição, "a mais rica de idéias, a mais adiantada e a mais revolucionária". Um crítico que devote a grande maioria de seus escritos às obras de Schiller, Goethe, Balzac, Púchkin e Tolstoi está cedendo claramente a tentações contra-revolucionárias.

Este é o ponto crucial da campanha mortífera, durante muito tempo abafada, mas agora declarada, que se desencadeou contra Lukács pelas hierarquias comunistas da Europa oriental. Sua curta participação na insurreição húngara serviu apenas para dramatizar ou, para usar um termo marxista, para "objetivar" o inevitável conflito entre uma interpretação ortodoxa ou paramarxista da história. Joseph Revai, o Zhdanov húngaro, lançou o ataque contra Lukács em 1950. Num panfleto intitulado "Literatura e democracia popular", ele indaga: "O que poderia a literatura húngara ganhar com o lema que lhe deu Lukács em 1954, 'Zola? Não, Balzac!'? E o que poderia ganhar com o *slogan* proposto por Lukács em 1948: 'Nem Pirandello, nem Priestley, mas Shakespeare e Molière'? Em ambos os casos — nada". A profunda atenção de Lukács em Balzac e Goethe, sugere Revai, está perigosamente obsoleta: não é mais admissível a dissociação entre a ideologia de um escritor e suas obras. Se um romancista quer transmitir uma adequada imagem da realidade, deve — na verdade, só pode — fazê-lo dentro dos princípios do marxismo-leninismo. Revai insinua que, em uma avaliação final, Lukács coloca cânones literários "puros" ou "formalísticos" acima dos interesses do partido e de classe. Disso depreender-se-ia, logicamente, sua incapacidade de reconhecer a importância da literatura soviética.

Na superfície, isso poderia parecer um debate entre um mercenário a serviço da doutrina de Zhdanov e um grande crítico. Mas o verdadeiro conflito jaz mais fundo. É, mais uma vez, um confronto entre as concepções "engelianas" e leninistas sobre a arte e sobre o papel do artista em uma sociedade revolucionária. Lefebvre percebeu isso já em 1953. Discordando de Lukács, prosseguiu declarando em *Contribution à l'esthétique* que Engels ainda não tinha compreendido o problema da literatura do partido. Todo o debate acendeu-se mais uma vez após a revolta húngara. Em recente pronunciamento, Revai acusa Lukács de ser um daqueles que, "acobertados pela luta contra a corrente de Zhdanov", uma luta tornada semi-respeitável pelo "degelo" na União Soviética, "na verdade estavam tentando destruir o leninismo". Se entendermos como "leninismo" a teoria da literatura esboçada em 1905, Revai tem toda a razão. Pois essa é uma teoria que nem Lukács nem qualquer outro crítico responsável pode aceitar.

Em somente um domínio houve um *rapprochement* entre a crítica ortodoxa e a paramarxista. Durante o período de "desestalinização", o território proibido dos estudos dostoievskianos foi reaberto ao escrutínio marxista. (A este fato, devemos um sério ensaio de Vladimir Iermilov (*Soviet Literature*, fevereiro de 1956). Suas pressuposições críticas são claramente baseadas em Engels. Iermilov nota uma dissociação radical entre a percepção do sofrimento humano de Dostoievski e sua hostilidade "a qualquer tentativa de encontrar meios eficazes de luta pela liberação do homem dessa injúria e insulto". Procura substanciar essa interpretação geral através de uma leitura minuciosa de *O idiota*. De forma arguta, vê nesse romance uma parábola sobre a cruel majestade do dinheiro e uma "crítica da direita a respeito do capitalismo". Quanto a detalhes, Iermilov é muitas vezes confuso. Termina-se de ler o ensaio com a estranha sensação de que *O idiota* é uma obra póstuma de Balzac. Mas não há dúvida de que a conclusão de Iermilov representa uma notável mudança no tom da crítica soviética: "A humanidade não pode ignorar um escritor que, a despeito das mentiras oficiais de sua época e tendências reacionárias de sua própria visão, encontrou em si a força para protestar contra a humilhação e o insulto". Para encontrar uma afirmação comparável, seria preciso voltar até Lunacharski e o centenário de Dostoievski em 1920-21.

Alguns meses depois de ter aparecido o ensaio de Iermilov, a crítica francesa ortodoxa seguiu o exemplo. A discussão de G. Fridlander sobre *O idiota* (*La nouvelle critique*, maio de 1956) pouco contém de importante. Também ele acredita que o "leitor progressista" saberá distinguir entre a precisa descrição feita por Dostoievski dos conflitos sociais e psicológicos na sociedade burguesa e seu errôneo e reacionário ponto de vista. O elemento surpresa do trabalho vem no início. Nele, Fridlander acha necessário informar seu leitor comunista de que Dostoievski nasceu em tal e tal ano, que passou algum tempo na Sibéria e que escreveu inúmeros romances, entre os quais *Crime e castigo, O idiota*, e assim por diante. Tal franqueza é mais eloqüente que volumes.

4

Os problemas que abordamos até agora são internos; relacionam-se com a doutrina do partido e as várias modalidades de dissensão. Permitam-me propor agora a pergunta mais importante: com o que contribuíram o marxismo, enquanto filosofia, e o materialismo dialético, enquanto estratégia de percepção, para os recursos do crítico literário? A que aspectos da atuação marxista um futuro Saintsbury irá dedicar-se ao escrever uma história da crítica moderna?

Em primeiro lugar, há o conceito de dissociação — a imagem do poeta como Balaão a dizer a verdade contra seu conhecimento ou filosofia confessa. "Nada há de absurdo", argumenta Goldmann, "na noção de um escritor ou poeta que não apreende o significado objetivo de suas próprias obras." Entre sua ideologia explícita e a representação de vida que de fato transmite, pode haver uma contradição. Engels propõe essa idéia com referência a Goethe e Balzac. Também lança luz sobre Cervantes e Tolstoi, seja este último abordado via Lukács, seja via Isaiah Berlin. Assim, tanto em *Dom Quixote* como em *Anna Karenina*, a retórica da intenção premeditada vai ao arrepio da narrativa mesma. Em grande parte da literatura mais importante, ficamos cônscios do latente paradoxo e da tensão gerados por essa contrariedade interna. Daí as curiosas, porém sugestivas, afinidades entre uma análise marxista de Balzac e a recente reavaliação de *Tom Jones* por William Empson. Onde Empson percebe a complexa ação da ironia, o marxista observaria um conflito dialético entre a tese de um poeta e sua verdadeira visão das coisas.

Em segundo lugar, existe a intrincada, contudo em última análise persuasiva, distinção que a teoria marxista traça entre "realismo" e "naturalismo". Data das reflexões de Hegel sobre a *Ilíada* e a *Odisséia*. Hegel descobriu que, nos épicos de Homero, a descrição de objetos físicos, não importa quão detalhada e estilizada, não interferia no ritmo e na vitalidade do poema. Por outro lado, as descrições na literatura moderna pareciam-lhe contingentes e sem vida. Ele propôs a idéia esclarecedora de que a revolução industrial e a correlativa divisão do trabalho haviam alienado os homens do mundo material. O relato de Homero sobre a armadura de Aquiles sendo forjada ou a confecção da balsa na *Odisséia* pressupõem uma imediação de relacionamento entre o artesão e o produto que os processos industriais modernos não mais permitem. Comparado com a época de Homero ou mesmo com os tempos medievais, o homem moderno habita o mundo físico como um estranho voraz. Essa idéia influenciou em grande medida Marx e Engels. Contribuiu para sua própria teoria da "alienação" do indivíduo sob os modos de produção capitalista. No decorrer de seu debate com Lasalle e de seu estudo de Balzac, Marx e Engels passaram a acreditar que esse problema de alienação tinha relação direta com o problema do realismo na arte. Os poetas da Antiguidade e os "realistas clássicos" (Cervantes, Shakespeare, Goethe, Balzac) haviam atingido um relacionamento orgânico entre realidade objetiva e a vida da imaginação. O "naturalista", por outro lado, considera o mundo um armazém de cujo conteúdo ele deva fazer um febril inventário.

"Uma consciência de realidade", diz um crítico marxista contemporâneo, "é criada, não por uma reprodução de todas as facetas de um objeto, mas por uma descrição das facetas que formam a essência [. . .] enquanto na arte naturalista — por causa do empenho em atingir uma completude ilusória — a imagem, também incompleta, coloca tanto o essencial como o secundário, o insignificante, no mesmo plano."

Essa distinção é de grandes conseqüências. É de importância no tocante ao declínio do realismo francês após Balzac e Stendhal, e esclarece-nos algo sobre a obsessiva tentativa de Zola de tornar o romance um índice do mundo. Baseado nisso, podemos distinguir entre o "realismo" de Tchecov e o "naturalismo" de, por exemplo, Maupassant. Através dele também podemos verificar que *Madame Bovary*, em que pesem todas as suas virtudes, é assunto menos importante do que *Anna Karenina*. No naturalismo, há acumulação; no realismo, o que Henry James denominou a "economia da respiração profunda" da forma orgânica.

Em terceiro lugar, o marxismo aguçou a consciência de tempo e espaço do crítico. Ao fazê-lo, deu continuidade a idéias iniciadas por Sainte-Beuve e Taine. Hoje vemos a obra de arte fixada em circunstâncias temporais e materiais. Sob a complexa estrutura do impulso lírico, jazem alicerces históricos e sociais específicos. A sensibilidade marxista contribuiu com uma consciência sociológica para o melhor da moderna crítica. É o tipo de consciência sentida, por exemplo, na observação de Lionel Trilling, no sentido de que os enredos de Dostoievski originam-se em crises de relacionamentos monetários ou de classe. Além do mais, através da perspectiva implícita no marxismo, os historiadores e críticos de literatura foram levados a um estudo do público. O que pode ser dito, do ponto de vista histórico e sociológico, sobre o espectador elisabetano? De que modo o romance de Dickens era uma resposta calculada à evolução de um novo público leitor? Sem a presença do elemento marxista no "espírito da época", críticos como L. C. Knights, Q. D. Leavis e Richard Hoggart talvez não tivessem chegado a compreender a dinâmica social da arte.

A última questão é a mais difícil de apresentar. Pode levar a mal-entendidos, ainda que eu tome toda a cautela ao fazê-lo. Mas é apenas isso: o leninismo marxista e os regimes políticos postos em prática em seu nome levam a literatura a sério, de fato desesperadamente a sério. No apogeu da batalha da revolução soviética pela sobrevivência física, Trotski encontrou oportunidade para asseverar que "o desenvolvimento da arte é o mais alto teste da vitalidade e do significado de cada época". O próprio Stálin considerou essencial acrescentar a seus volumosos pronunciamentos estratégicos e econômicos um tratado sobre filologia e os problemas da linguagem na literatura. Em uma sociedade comunista, o poeta é considerado como uma figura fundamental para a saúde do corpo político. Tal atitude é manifesta de forma cruel na própria urgência com que o artista herético é silenciado ou perseguido até a destruição. Essa constante preocupação com a vida mental serviria para diferenciar a autocracia marxista de outras espécies de totalitarismo. Alvejar um homem porque se discorda de sua interpretação de Darwin ou Hegel é um sinistro tributo à supremacia das idéias nos assuntos humanos — mas ainda assim um tributo.

Além disso, devemos distinguir o marxismo e a filosofia da arte de Marx e Engels dos fatos concretos do jugo stalinista. Se o fizermos, a respeitável gravidade da visão marxista sobre a literatura deverá lembrar-nos de certas verdades que poucos críticos ocidentais, com exceção de Ezra Pound e do dr. Leavis, parecem dispostos a afirmar. A saúde da linguagem *é* essencial para a preservação de uma sociedade viva. É na literatura que a linguagem é mais verdadeiramente desafiada e protegida. Uma tradição crítica vital, vital até em sua polêmica, não é um luxo, mas uma necessidade rigorosa. O abandono de valores por pressões do comercialismo, a omissão do jornalista-crítico em distinguir entre arte e *kitsch*, contribui de fato para uma maior decadência. Em que pese todo o seu obscurantismo e desumanidade, a concepção marxista da literatura não é nem acadêmica, à maneira de uma parte da "Nova Crítica" praticada na América do Norte, nem provinciana, como é uma grande parte da crítica inglesa atual. Acima de tudo, não é frívola. O crítico marxista autêntico — enquanto distinto do censor de Zhdanov — não pode examinar a literatura à luz da proverbial expressão idiomática francesa de frivolidade, *ce n'est que de la littérature.*

GEORG LUKÁCS E SEU PACTO COM O DEMÔNIO

1

No século XX, não é fácil para um homem honesto ser crítico literário. Há coisas muito mais urgentes por se fazer. A crítica é um acessório. Pois a arte do crítico consiste em trazer obras de literatura à atenção exatamente daqueles leitores que talvez menos necessitem de tal ajuda; alguém lê críticas de poesia ou drama ou ficção, a não ser que já seja altamente alfabetizado? De cada lado, além do mais, está um sedutor. À direita, a história literária, com seu ar de solidez e credenciais acadêmicas. À esquerda, a crítica de livros — não uma arte na realidade, mas antes uma técnica dedicada à implausível teoria de que algo que valha a pena ler é publicado todas as manhãs. Mesmo os críticos mais competentes poderão sucumbir a uma das duas tentações. Ansioso por atingir respeitabilidade intelectual, a postura firme do estudioso, o crítico poderá, como Sainte-Beuve, quase tornar-se um historiador literário. Ou poderá ceder aos clamores do romance e do imediato; uma grande parte dos pronunciamentos críticos de Henry James não sobreviveram às trivialidades sobre as quais foram derramados. Boas críticas são mais efêmeras ainda do que maus livros.

Mas há ainda uma outra razão importante por que é difícil para uma mente séria, nascida neste conturbado e perigoso século, devotar suas principais forças à crítica literária. Esta é a época, por excelência, das ciências naturais. Noventa por cento de todos os cientistas estão vivos. O índice de conquistas nas ciências, o afastamento do horizonte diante do espírito inquiridor, não está mais em proporção reconhecível com o passado. Novas Américas são descobertas todos os dias. Daí o temperamento da época estar permeado de valores científicos. Estes estendem sua influência e fascinação muito além dos limites da ciência no sentido clássico. A história e a economia sustentam ser, em certa medida fundamental, ciências; o mesmo fazem a lógica e a sociologia. O historiador de arte refina instrumentos e técnicas que considera científicos. O compositor dodecafônico relaciona suas austeras práticas com as da matemática. Durrell, no prefácio ao seu *Quarteto*, afirma que se esforça por traduzir na linguagem e na maneira de sua narrativa a perspectiva da relatividade. Ele vê a cidade de Alexandria em quatro dimensões.

Esta ubiqüidade da ciência trouxe consigo novas modéstias e novas ambições. Desconfiando do mero impulso, a ciência exige uma sintaxe de rigor e de prova. Em esplêndida troca, oferece a miragem da certeza, do conhecimento garantido, da posse intelectual resguardada contra a dúvida. O cientista de muito valor rejeitará essa perspectiva; persistirá na dúvida mesmo no âmago da descoberta. Mas a esperança de verdade objetiva, demonstrável, está sempre lá e atraiu para si as mais poderosas mentes de nosso tempo.

Na crítica literária, não há terra prometida do fato estabelecido, nem utopia da certeza. Por sua própria natureza, a crítica é pessoal. Não é suscetível nem a demonstração nem a prova coerente. Não dispõe de qualquer instrumento mais exato do que a barba de Housman toda eriçada quando uma bela linha de poesia passava-lhe num relâmpago pela mente. Através da história, os críticos tentaram demonstrar que seu *métier* era, afinal de contas, uma ciência, que tinha cânones e meios objetivos de atingir as verdades absolutas. Coleridge atrelou seu gênio intensamente pessoal, por vezes instável, aos arreios de um sistema metafísico. Num famoso manifesto, Taine proclamou que o estudo da literatura não era menos exato do que o das ciências naturais. O dr. I. A. Richards endossou a esperança de haver uma base objetiva psicológica no ato de julgamento estético. Seu discípulo mais ilustre, o professor Empson, trouxe para as artes da crítica literária as modalidades e os gestos da matemática.

Mas persiste o fato: um crítico literário é um homem individual, julgando um determinado texto de acordo com a presente inclinação de seu espírito, de acordo com seu humor ou com a estrutura de suas convicções. Seu julgamento pode ser de mais valor do que o do leitor ou o meu apenas porque está fundamentado em uma área maior de conhecimento ou porque é apresentado com clareza mais persuasiva. Não pode ser demonstrado de uma maneira científica, nem pode pretender a permanência. Os ventos do gosto e da moda são inconstantes e cada geração de críticos julga outra vez. Opiniões sobre os méritos de uma obra de arte, além do mais, são irrefutáveis. Balzac achava que a sra. Radcliffe era tão grande escritora como Stendhal. Nietzsche, uma das mentes mais argutas a se interessar pela música, chegou a argumentar que Bizet era um compositor mais genuíno que Wagner. Podemos sentir até a medula de nossos ossos que essas opiniões são perversas e errôneas. Mas não podemos refutá-las como um cientista pode refutar uma teoria falsa. E quem sabe se uma época futura não irá concordar com juízos que hoje parecem insustentáveis? A história do gosto assemelha-se bastante a uma espiral. Idéias que a princípio eram consideradas absurdas ou *avant-garde*, tornam-se as crenças reacionárias e santificadas da geração seguinte.

Assim, um crítico moderno vê-se correndo dois riscos. A crítica tem em si algo de uma época mais ociosa. É difícil, por razões morais, resistir às fortes solicitações das questões econômicas, sociais e políticas. Perante a ameaça de alguma espécie de barbárie e autodestruição política, escrever ensaios sobre as belas-letras parece uma atividade um tanto marginal. O segundo dilema é intelectual. Não importa quão conceituado, o crítico não pode partilhar da principal aventura da mente contemporânea — na aquisição de conhecimento positivo, no domínio do fato científico ou da exploração da verdade demonstrável. E se ele for honesto consigo mesmo, o crítico literário saberá que seus juízos não têm validade duradoura, que podem ser contrariados amanhã. Somente uma coisa pode dar a seu trabalho uma medida de permanência: a força ou a beleza de seu próprio estilo. Por força do estilo, a crítica poderá, por sua vez, tornar-se literatura.

Os mestres da crítica tentaram resolver esses dilemas de modos diferentes. T. S. Eliot, Ezra Pound e Thomas Mann, por exemplo, fizeram da crítica um acessório da criação. Seus escritos críticos são comentários sobre suas próprias obras, espelhos que o intelecto coloca diante da imaginação criativa. Em D. H. Lawrence, a crítica é autodefesa; embora ostensivamente discutisse outros escritores, Lawrence, na verdade, estava defendendo sua própria concepção da arte do romance. O dr. Leavis enfrentou o desafio abertamente. Colocou seu poder crítico a serviço de uma apaixonada visão moral. Está determinado a estabelecer padrões de maturidade e ordem na literatura a fim de que a sociedade como um todo possa prosseguir de maneira mais amadurecida e ordenada.

Mas ninguém trouxe para os dilemas morais e intelectuais que afligem a crítica literária uma solução mais radical do que Georg Lukács. Em seus trabalhos, duas convicções estão corporificadas. Primeiro, a de que a crítica literária não é um luxo, não é o que o mais sutil dos críticos americanos denominou "um discurso para amadores". Ao contrário, ela é uma força central e militante dirigida para moldar a vida dos homens. Em segundo lugar, Lukács afirma que a obra do crítico não é nem subjetiva nem incerta. A crítica é uma ciência com rigor e precisão próprios. A verdade do julgamento pode ser verificada. É claro que Georg Lukács é marxista. Na verdade, é o único grande talento filosófico a emergir da cinzenta servidão do mundo marxista.

2

Em um ensaio datado de 1948, Lukács aventou uma significativa analogia. Disse que a física de Newton emprestou à consciência do século XVIII seu principal impulso liberador, ensinando a mente a viver a grande aventura da razão. De acordo com Lukács, esse papel deveria ser desempenhado em nossa época pela economia política. É em torno da economia política, no sentido marxista, que deveríamos ordenar nossa compreensão de assuntos humanos. O próprio Lukács chegou à literatura através da economia, como podemos dizer que Aristóteles abordou o drama por uma sistemática perquirição da moral.

O materialismo dialético sustenta que a literatura, como todas as outras formas de arte, é uma "superestrutura ideológica", uma edificação do espírito construída sobre as bases do fato econômico, social e político. Em estilo e conteúdo, a obra de arte reflete, com precisão, sua base material histórica. A *Ilíada* não foi menos condicionada pelas circunstâncias sociais (uma aristocracia feudal dividida em pequenos reinos rivais) do que o foram os romances de Dickens, que refletem com tanta força a economia da serialização e o crescimento de um novo público de massa. Portanto, argumenta o marxista, o progresso da arte está sujeito a leis de necessidade histórica. Não podemos conceber *Robinson Crusoe* antes da ascensão do ideal mercantil. No declínio do romance francês após Stendhal, notamos a imagem de um declínio maior da burguesia francesa.

Mas onde há lei, há ciência. E, assim, o crítico marxista nutre a convicção de estar se dedicando não a assuntos de opinião, mas a determinações da realidade objetiva. Sem essa convicção, Lukács não poderia ter se voltado para a literatura. Ele chegou à maturidade intelectual em meio à caótica ferocidade da guerra e da revolução na Europa central. Chegou ao marxismo pela tortuosa estrada da metafísica hegeliana. Em seus primeiros escritos, dois traços são dominantes: a busca de uma chave para o aparente turbilhão da história e o esforço intelectual de justificar para si mesmo a vida contemplativa. Pode-se imaginar como Lukács deve ter lutado para disciplinar sua inata inclinação para a literatura e para o aspecto estético das coisas. O marxismo propiciou-lhe a crucial possibilidade de continuar sendo um crítico literário sem sentir que havia concentrado suas energias em um empreendimento algo frívolo e impreciso. Em 1918, Lukács filiou-se ao Partido Comunista Húngaro. Durante o primeiro breve período de governo comunista em Budapeste, serviu como comissário político e cultural no Quinto Exército Vermelho. Após a queda de Belá-Kun, exilou-se. Permaneceu em Berlim até 1933 e em seguida refugiou-se em Moscou. Lá ficou e trabalhou durante doze anos, voltando à Hungria somente em 1948.

É óbvia a importância desse fato. O alemão é a língua principal de Lukács, mas o uso que faz dela tornou-se inseguro e desagradável. Seu estilo é o do exilado; perdeu os hábitos do discurso vivo. O que é mais essencial: todo o tom de Lukács, o teor ardoroso, às vezes estreito, de sua visão, espelham banimento. De Moscou, rodeado por uma pequena corte de companheiros de exílio, Lukács observou o agravamento da crise na Europa ocidental. Seus trabalhos sobre a literatura francesa e alemã transformaram-se em ardentes apelos contra as mentiras e a barbárie do período nazista. Isso explica um grande paradoxo na atuação de Lukács. Comunista por convicção, materialista dialético por força de seu método crítico, ainda assim manteve, resoluto, os olhos voltados para o passado. Thomas Mann via nos trabalhos de Lukács uma grande consciência de tradição. Apesar da pressão por parte de seus anfitriões russos, Lukács deu apenas uma atenção superficial para realizações muito apregoadas do "realismo soviético". Em vez disso, deteve-se na grande linhagem dos séculos XVIII e XIX da poesia e da ficção européias, em Goethe e Balzac, em *sir* Walter Scott e Flaubert, em Stendhal e Heine. Quando escreve sobre literatura russa, Lukács trata de Púchkin ou Tolstoi, não de poetastros do stalinismo. A perspectiva crítica é de rigoroso marxismo, mas a escolha dos temas é "centro-européia" e conservadora.

Em meio ao aparente triunfo do fascismo, Lukács manteve uma ardente serenidade. Esforçou-se por descobrir a trágica falha, a semente do caos, de onde brotara a loucura de Hitler. Uma de suas obras (um livro estridente e com freqüência mendaz) é intitulada *A destruição da razão* (1955). É a tentativa de um filósofo de resolver o mistério que Thomas Mann dramatizou em *Doktor Faustus*. Como se desencadeou a maré de negror na alma alemã? Lukács traça as origens do desastre até o irracionalismo de Schelling. Mas, ao mesmo tempo, insistiu na integridade e força vital dos valores humanitários. Sendo comunista, Lukács não duvidava de que o socialismo ao fim iria prevalecer. Ele considerava ser sua tarefa especial reunir, com vistas ao momento de liberação, os recursos espirituais inerentes à literatura e à filosofia européias. Quando os poemas de Heine fossem de novo lidos na Alemanha, poderia ser encontrado um ensaio de Lukács construindo uma ponte entre o futuro e o mundo quase esquecido do liberalismo ao qual Heine pertencera.

Assim Lukács propôs uma solução para o duplo dilema do crítico moderno. Como marxista, discerne na literatura a ação de forças econômicas, sociais e políticas. Essa ação segue certas leis de necessidade histórica. Para Lukács, a crítica é uma ciência mesmo antes de ser arte. Sua preferência por Balzac a Flaubert não é uma questão de gosto ou comando pessoal. É uma determinação objetiva alcançada através de uma análise do fato material. Em segundo lugar, ele deu a seus escritos uma intensa imediação. Está enraizado nas lutas políticas e circunstâncias sociais da época. Seus trabalhos sobre literatura, como os de Trotski, são instrumentos de combate. Ao entender a dialética do *Faust* de Goethe, diz Lukács, uma pessoa está mais bem equipada para ler os sanguinários enigmas do presente. A queda da França em 1940 está escrita em grandes letras na *Comédie humaine*. Os argumentos de Lukács são relevantes para questões centrais em nossa vida. Suas críticas não são um mero eco da literatura. Mesmo quando sectário e polêmico, um livro de Lukács tem uma curiosa nobreza. Possui o que Matthew Arnold denominou de "alta seriedade".

3

Na prática, porém, quais são as maiores realizações de Lukács como crítico e historiador de idéias?

Ironicamente, uma de suas obras mais influentes data de um período em que seu comunismo estava contaminado pela heresia. *História e consciência de classe* (1923) é um caso bastante lendário.

É um *livre maudit*, um livro queimado, do qual relativamente poucos exemplares sobreviveram.[1] Nele encontramos uma análise fundamental da "reificação" do homem (*Verdinglichung*), da degradação da pessoa humana a um objeto estatístico através de processos industriais e políticos. O trabalho foi condenado pelo partido e rejeitado pelo autor. Mas tem levado uma tenaz vida clandestina, e alguns escritores, como Sartre e Thomas Mann, sempre o consideraram a obra-prima de Lukács.

Na minha opinião, entretanto, sua distinção repousa em outro aspecto: nos ensaios e monografias que escreveu durante os anos de 1930 e 1940 e que começaram a aparecer em uma série de imponentes volumes depois do fim da guerra. O Lukács essencial está contido no estudo *Goethe e sua época* (1947), no ensaios *Realismo russo na literatura mundial* (1949), no volume intitulado *Realistas alemães do século XIX* (1951), no livro sobre Balzac, Stendhal e Zola (1952), e na grande obra *O romance histórico* (1955). A esses deve-se acrescentar inúmeros trabalhos de peso, de caráter mais estritamente filosófico, como *Beiträge zur Geschichte der Asthetik* [Contribuições para uma história da estética] (1954), e o que talvez seja a *magnum opus* de Lukács, o estudo de Hegel (cujo primeiro volume apareceu em 1948).

É impossível fazer uma breve e ao mesmo tempo adequada descrição de tão amplo âmbito de temas. Mas vários deles destacam-se de fato como clássicos enriquecimentos de nossa compreensão da literatura.

Há a análise do declínio do romance francês levada a efeito por Lukács. Ele é o mais destacado estudioso vivo de Balzac e vê na *Comédie humaine* o edifício principal do realismo. Sua análise de *Les Illusions perdues* é um exemplo de como a visão do historiador influencia a estrutura da obra de arte. É essa visão que leva diretamente à condenação de Flaubert por Lukács. Entre Balzac e Flaubert, ocorre a derrota de 1848. O brilho das esperanças liberais apagou-se e a França aproxima-se da tragédia da Comuna. Balzac contempla o mundo com o ardor primitivo da conquista. A *Comédie humaine* construiu um império da linguagem, assim

(1) *História e consciência de classe* existe agora em francês. Também foi republicado na edição alemã ocidental da coletânea das obras de Lukács, junto com outros trabalhos antigos. Situa-se entre suas melhores produções filosóficas e demonstra que ele é o verdadeiro predecessor de Walter Benjamin. As autoridades culturais da Alemanha Oriental permitem, na Alemanha Ocidental, a edição de livros heréticos, mas de autoria de marxistas de prestígio; um toque característico de política "bizantina".

como Napoleão construiu um de fato. Com desprezo, Flaubert contempla o mundo como que através de uma lente. Em *Madame Bovary*, o verniz e o artifício das palavras tornou-se um fim em si. Quando descreve um chapéu, Balzac o faz porque um homem o está usando. A descrição do chapéu de Charles Bovary, por outro lado, é uma bravata técnica; exibe o domínio que tem Flaubert do vocabulário sartorial francês. Mas tudo está morto. E, por trás desse contraste na arte do romance, através do capitalismo maduro, Lukács discerne a transformação da sociedade. Em uma sociedade pré-industrial, ou onde o industrialismo permanece em pequena escala, a relação do homem com os objetos físicos que o rodeiam tem uma imediação natural. Esta última é destruída pela produção em massa. Os acessórios de nossa vida são conseqüências de processos complexos e impessoais demais para alguém poder dominá-los. Isolado da realidade sensorial, repelido pela desumana desolação do mundo fabril, o escritor procura refúgio na sátira ou em românticas visões do passado. Ambos os recuos estão exemplificados em Flaubert: *Bouvard et Pécuchet* é uma enciclopédia de desprezo, enquanto *Salammbô* pode ser caracterizado como o devaneio de um antiquário um tanto sádico.

Desses dilemas, surgiu o que Lukács define como a ilusão do naturalismo, a convicção de que um artista pode recapitular um sentido de realidade pela mera força de acumulação. Enquanto o realista seleciona, o naturalista enumera. Como o professor em *Hard Times*, de Dickens, exige cada vez mais fatos. Zola tinha um insaciável apetite por detalhes circunstanciais, uma paixão por horários e inventários (vale lembrar o catálogo de queijos em *Le Ventre de Paris*). Deliciava-se com soprar vida em uma cotação da bolsa de valores. Mas sua teoria do romance, sustenta Lukács, era radicalmente falsa. Conduz à morte da imaginação e à reportagem. Lukács não transige com sua visão crítica. Exalta Balzac, um homem de princípios realistas e clericais. Condena Zola, um progressista no sentido político e um precursor do "realismo socialista". A compreensão tem seus escrúpulos.

O tratamento de Lukács do romance histórico é ainda mais original e peremptório. Este é um gênero literário ao qual a crítica ocidental só tem dado atenção superficial. É difícil colocar toda a extensão da ficção histórica sob um enfoque apropriado. Às vezes, sua origem está nas estrelas mitológicas, mas, com maior freqüência, a maior parte dela encontra-se na boa terra do lixo comercial. A própria noção traz à mente improváveis paladinos perseguindo donzelas apavoradas, mas vestidas em trajes menores, sob espalhafatosas sobrecapas. Apenas raramente, quando surge um escritor como Robert Graves, compreendemos que o romance histórico tem virtudes distintas e uma tradição nobre. É a essas que Lukács dedica-se em um estudo importante, *O romance histórico*.

A forma surgiu de uma crise na sensibilidade européia. A Revolução Francesa e a época napoleônica fizeram penetrar na consciência dos homens comuns um sentido do histórico. Enquanto Frederico, o Grande, pedia que as guerras fossem conduzidas de modo a não atrapalhar o curso normal dos acontecimentos, os exércitos de Napoleão marcharam através da Europa e retornaram dando nova forma ao mundo. A história não era mais uma questão para arquivos e príncipes; tornara-se a textura da vida diária. A esta mudança, os romances *Waverley* deram uma direta e profética resposta. Mais uma vez Lukács está em terreno novo. Não levamos *sir* Walter Scott inteiramente a sério. Isso é provavelmente uma injustiça. Se quisermos saber o quanto Scott foi cauteloso como artista, e em que grau de penetração o sentido da história atua em *Quentin Durward* ou *The Heart of Midlothian*, temos de ler um livro escrito em Moscou por um crítico húngaro.

Lukács prossegue explorando o desenvolvimento da ficção histórica na arte de Manzoni, Púchkin e Victor Hugo. Sua análise de Thackeray é particularmente sugestiva. Ele sustenta que os elementos antiquados em *Henry Esmond* e *The Virginians* veiculam a crítica de Thackeray às condições sociais e políticas contemporâneas. Ao tirar a peruca do século XVIII, o romancista está satirizando a falsidade das convenções vitorianas (o que um marxista chama de *zeit-genössische Apologetik*). Acontece que acredito que Lukács está lendo Thackeray erroneamente. Mas seu erro dá frutos, como os erros da boa crítica costumam dar, e leva a uma idéia de grande originalidade. Lukács observa que a fala arcaica, ainda que trabalhada com grande destreza, na verdade não traz o passado para mais perto de nossa imaginação. Os mestres clássicos da ficção histórica escrevem a narrativa e o diálogo na linguagem de seu próprio tempo. Criam a ilusão do presente histórico por força da imaginação realizada e porque eles próprios sentem que as afinidades entre a história passada e sua própria época têm uma continuidade viva. O romance histórico tropeça quando este sentido de continuidade não mais prevalece, quando o escritor sente que as forças da história estão além de sua compreensão racional. Ele irá voltar-se para um passado cada vez mais remoto ou exótico em protesto contra a vida contemporânea. Em vez de ficção histórica, encontramos arqueologia laboriosa. Compare-se a poética da história implícita em *La chartreuse de Parme* com o artifício erudito de *Salammbô*. Entre talentos menores do que Flaubert, esse artifício é reforçado pelo uso de linguagem arcaica. O romancista esforça-se por tornar autêntica sua visão do passado, escrevendo diálogos no que supõe ser a sintaxe e o estilo do período em questão. Esse é um estratagema pobre. Teria sido melhor que Shakespeare deixasse Ricardo II falar em inglês do tempo de Chaucer?

Ora, como Lukács salienta, esse declínio da concepção clássica do romance histórico coincide precisamente com a mudança de realismo para naturalismo. Em ambos os casos, a visão do artista perde a espontaneidade; de algum modo, ele se aliena de seu assunto. Como conseqüência, as questões de técnica tornam-se mais importantes às custas do conteúdo. A imagem de Glasgow, em *Rob Roy*, tem percepção histórica, mas, o que é mais importante, decorre dos conflitos sociais e pessoais da narrativa. Não é uma peça de antiguidade restaurada. Mas isso exatamente é o que é a imagem de Cartago em *Salammbô*. Flaubert construiu uma suntuosa concha vazia em torno de uma ação autônoma; como Sainte-Beuve observou, é difícil reconciliar as motivações psicológicas das personagens com o presumido cenário histórico. *Sir* Walter Scott acreditava no desenrolar racional e progressivo da história inglesa. Via nos acontecimentos de seu próprio tempo uma conseqüência de energias liberadas durante os séculos XVII e XVIII. Flaubert, ao contrário, voltou-se para a antiga Cartago ou para a Alexandria porque achava intolerável sua própria época. Tendo perdido contato com o presente — ele considerava a Comuna um espasmo retardado da Idade Média! —, não conseguiu atingir uma compreensão imaginativa do passado.

Concordando ou não com essa análise, sua originalidade e amplitude de conseqüências são óbvias. Ilustra a prática essencial de Lukács: o estudo detalhado de um texto literário à luz de questões filosóficas e políticas de largo alcance. O ponto de partida é o escritor ou uma determinada obra. A partir daí o argumento de Lukács avança por um terreno complexo. Mas a idéia, ou o tema central, é sempre mantida em foco. Por fim, a dialética fecha o círculo, concentrando seus exemplos e persuasões.

Assim, o ensaio sobre a correspondência Goethe-Schiller trata principalmente do debatido tópico da natureza das formas literárias. A discussão do *Hyperion*, de Hölderlin, dá ensejo a um estudo do papel fundamental, ainda que ambíguo, do ideal helênico na história do espírito alemão. Em suas várias considerações a respeito de Thomas Mann, Lukács preocupa-se com o que julga ser o paradoxo do artista burguês em um século marxista. Lukács argumenta que Mann preferiu ficar à margem da corrente histórica, embora cônscio da trágica natureza de sua escolha. O ensaio sobre Gottfried Keller é uma tentativa de esclarecer o problema muito espinhoso da ausência de evolução na literatura alemã, após a morte de Goethe. Em todos esses casos, não se pode separar o julgamento crítico particular do contexto filosófico e social geral.

Por ser o argumento tão cerrado e complexo, é difícil fazer citações representativas das obras de Lukács. Talvez um curto trecho de um trabalho sobre Kleist possa transmitir o tom dominante:

> A concepção de paixão de Kleist aproxima o drama da arte do conto. Uma singularidade intensificada é apresentada de maneira a salientar *sua acidental unicidade*. No conto, isso é completamente legítimo. Pois esse é um gênero literário formulado especificamente para tornar real o imenso papel da coincidência e da contingência na vida humana. Mas se a ação representada permanece no nível da coincidência [. . .] e lhe é dada a dignidade do drama trágico, sem qualquer prova de sua necessidade objetiva, o efeito será inevitavelmente de contradição e de dissonância. Portanto, as peças de Kleist não apontam para os altos caminhos do drama moderno. Esses caminhos levam de Shakespeare, passando pelas experiências de Goethe e Schiller, até o *Boris Godunov*, de Púchkin. Devido ao declínio ideológico da burguesia, não tiveram continuidade adequada. As peças de Kleist representam um atalho irracional. A paixão individual isolada destrói a relação orgânica entre o destino da pessoa individual e a necessidade sócio-histórica. Com a dissolução dessa relação, os alicerces poéticos e filosóficos do conflito dramático genuíno também são destruídos. A base do drama torna-se escassa e estreita, puramente pessoal e privada. [. . .] Sem dúvida alguma as paixões kleistianas são representativas de uma sociedade burguesa. Sua dialética interior espelha conflitos típicos de indivíduos que se tornaram "mômadas desprovidas de janelas" em um meio burguês.

A referência a Leibniz é característica. A virtude mental de Lukács é filosófica, no sentido técnico. A literatura concentra e dá concreção àqueles mistérios de significado que são a principal preocupação do filósofo. Sob esse aspecto, Lukács pertence a uma notável tradição. A *Poética* é crítica filosófica (drama considerado como o modelo teórico da ação espiritual); como também o são os escritos críticos de Coleridge, Schiller e Croce. Se é de leitura difícil é porque a matéria do argumento é de persistente complexidade. Como outros críticos filósofos, Lukács dedica-se a questões que vêm desafiando a investigação desde Platão. Quais são as distinções básicas entre épico e drama? O que é "realidade" em uma obra de arte, o antigo enigma da sombra sobrepujando a substância? Qual é a relação entre a imaginação poética e a percepção ordinária? Lukács levanta a questão da personagem "típica". Por que determinadas personagens da literatura — Falstaff, Faust, Emma Bovary — possuem força de vida maior do que uma multidão de outros seres imaginados e até mesmo do que a maioria das criaturas vivas? Será por serem arquétipos nos quais traços universais foram reunidos e receberam forma memorável?

As questões de Lukács nutrem-se de um extraordinário âmbito de evidências. Parece ter dominado quase que a totalidade da literatura moderna européia e russa. Isso produz uma rara associação de exatidão filosófica sólida com grandeza de visão. Em contraste, o dr. Leavis, que não tem um raciocínio menos moralista e austero do que o de Lukács, é deliberadamente provinciano. No tocante à universalidade, Lukács rivaliza com Edmund Wilson.

Mas existe o reverso da medalha. A crítica de Lukács tem seu quinhão de cegueira e de injustiça. Às vezes, escreve com cáustica obscuridade, como que a declarar que o estudo da literatura não deveria ser um prazer, mas uma disciplina e uma ciência, de abordagem espinhosa como as demais ciências. Isso o tornou insensível aos grandes músicos da linguagem. Lukács não tem ouvido; não possui aquele diapasão interior que permite a Ezra Pound escolher com exatidão o instante de glória em um longo poema ou em um romance esquecido. Nas omissões que Lukács fez de Rilke, existe um obscuro protesto contra a maravilha que é a linguagem do poeta. De algum modo, ele escreve maravilhosamente bem demais. Além disso, embora ele talvez o negasse, Lukács inclina-se de fato para o supremo erro da crítica vitoriana: o conteúdo narrativo e a qualidade da fábula influenciam seu julgamento. Sua omissão de Proust, por exemplo, lança dúvidas sobre todo o ponto de vista de Lukács no tocante ao romance francês. Mas o próprio enredo de *Recherche du temps perdu* e a exuberância e perversidades que Proust relata obviamente ofendem a austera moralidade de Lukács O marxismo é um credo puritano.

Como todos os críticos, ele tem suas aversões. Lukács detesta Nietzsche e é insensível ao gênio de Dostoievski. Mas, sendo um marxista conseqüente, faz da cegueira uma virtude e confere a suas condenações um valor objetivo e sistemático. O dr. Leavis está evidentemente pouco à vontade com as obras de Melville. T. S. Eliot manteve uma prolongada e sutil discussão com a poética de Milton. Mas, nesses casos, as cortesias essenciais foram observadas.

Os argumentos de Lukács vão *ad hominem*. Enfurecido pela visão de mundo de Nietzsche e de Kierkegaard, ele envia a pessoa e suas obras para o inferno espiritual do pré-fascismo. Está claro que isso é uma grotesca interpretação errônea dos fatos.

Nos últimos tempos, essas falhas de visão tornaram-se mais drásticas. Enfeiam *A destruição da razão* e os ensaios sobre estética que apareceram dessa época para cá. Sem dúvida, há a questão da idade. Lukács completou setenta anos em 1955, quando suas aversões solidificaram-se. Em parte, existe o fato de que Lukács é perseguido pela destruição da civilização alemã e da Europa ocidental. Busca culpados para poder entregá-los ao Juízo Final da história. Mas, acima de tudo, creio haver um drama pessoal intenso. No início de sua brilhante carreira, Lukács fez um pacto de demônio com a necessidade histórica. O demônio prometeu-lhe o segredo da verdade objetiva. Dotou-o do poder de conferir bênçãos ou pronunciar anátemas em nome da revolução e das "leis da história". Mas, desde que voltou do exílio, o demônio o tem cobrado, exigindo seu preço. Em outubro de 1956, ele bateu com força à porta.

4

Abordaremos aqui assuntos de natureza pessoal. O papel de Lukács na revolta húngara e o subseqüente monasticismo de sua vida pessoal são de óbvio interesse histórico. No entanto, contêm um elemento de sofrimento privado ao qual um estranho tem pouco acesso. Um homem que perde a religião, perde a crença. Um comunista para quem a história dá um salto mortal, corre o risco de perder a razão. Pode se presumir que isso seja pior. Entretanto, aqueles que não passaram por isso dificilmente poderão compreender o que representa um tal colapso de valores. Além do mais, os motivos da ação, no caso de Lukács, são obscuros.

Ele aceitou o cargo de ministro da Cultura no governo Nagy. Não, creio eu, para ficar entre os líderes de um movimento anti-soviético, mas, sim, para preservar o caráter marxista da vida intelectual húngara e proteger a herança radical desta contra as forças ressurgentes da direita católica agrária. Mais importante, talvez porque um Lukács não pode permanecer à margem da história mesmo quando esta assume formas absurdas. Não pode ser um espectador. Mas, em 3 de novembro, um dia antes de o Exército Vermelho reconquistar Budapeste, Lukács renunciou a seu cargo no gabinete. Por quê? Teria concluído que um marxista não deveria se opor à vontade da União Soviética, na qual, seja como for, está encarnado o futuro do materialismo dialético? Teria sido persuadido a retirar-se de uma causa condenada por amigos que temiam por sua vida? Não sabemos.

Após um período de exílio na Romênia, Lukács foi autorizado a retornar para casa. Mas não lhe foi mais permitido ensinar e seu trabalho passado tornou-se objeto de ataques derrisórios e cada vez mais acirrados. Esses ataques, na verdade, vêm de antes do levante de outubro. A Hungria tinha sua versão em miniatura de Zhdanov, um homenzinho feroz chamado Joseph Revai. De início discípulo de Lukács, mas mais tarde enciumado pela eminência do mestre, ele publicou o panfleto "Literatura e democracia popular", em 1954. Nele, elaborou uma denúncia stalinista da obra de Lukács. Acusou Lukács de ter negligenciado contumazmente a literatura soviética contemporânea. Declarou que a concentração de Lukács em Goethe e Balzac era perigosamente obsoleta. Mesmo um romance medíocre escrito por um comunista, afirma Revai, é mil vezes preferível a um grande romance escrito por um reacionário ou um pré-marxista. Lukács coloca ideais literários "formalistas" acima dos interesses de classe e partido. Seu estilo é inacessível para um leitor proletário.

Depois de outubro, essas acusações tornaram-se mais estridentes. Jornalistas húngaros e da Alemanha Oriental reacenderam as antigas acusações de heresia proferidas contra os primeiros escritos de Lukács. Lembraram sua admiração de jovem por Stefan George e esquadrinharam seus trabalhos maduros para encontrar vestígios de "idealismo burguês". Contudo, nada disso tocou o velho e por uma dessas estranhas sentenças de Salomão, às vezes proferidas por regimes comunistas, foi-lhe até mesmo permitido publicar um pequeno volume de ensaios com uma editora da Alemanha Ocidental (*Wider den missverstandenen Realismus* [O significado atual do realismo crítico], Hamburgo, 1958).

A relativa imunidade de Lukács pode ter sido devido ao interesse que os intelectuais socialistas fora da Cortina de Ferro têm demonstrado no caso. Mas certamente a questão mais importante é esta: como o próprio Lukács teria julgado suas crenças e realizações à luz da tragédia de outubro? Teria sido atraído para o grande limbo da desilusão? Seus deuses o teriam abandonado por fim?

Tais perguntas não podem ser levadas muito longe sem impertinência; elas têm que ver com aquele lugar íntimo de ilusão vital que preserva a consciência religiosa ou revolucionária. O juízo de Lukács sobre a revolução húngara está contido em um prefácio escrito por ele em abril de 1957: "Acontecimentos importantes ocorreram na Hungria e em outros lugares, compelindo-nos a repensar muitos dos problemas relacionados à obra de Stálin. A reação a esta, tanto no mundo burguês como nos países socialistas, tem tomado a aparência de uma revisão dos ensinamentos de Marx e de Lênin. Isso constitui, com certeza, a principal ameaça ao marxismo-leninismo". As palavras parecem fugir, em desespero, ao assunto. Mas devemos manter firme uma coisa em mente: para homens como Koestler ou Malraux, o comunismo era um expediente temporário de paixão. O comunismo de Lukács está contido na própria fibra de sua inteligência. Seja qual for a interpretação dada por ele à crise de outubro de 1956, terá sido feita a partir da estrutura de uma visão dialética da história. Um homem que perde a visão continua a ver o que o cerca em termos de imagens lembradas. A fim de sobreviver intelectualmente, Lukács deve ter forjado alguma espécie de compromisso interior; essas incursões punitivas pela própria consciência são características da condição marxista. Seu comentário sobre a ameaça de revisionismo fornece-nos uma pista. Se a interpretação que faço dele for ao menos um pouco precisa, está dizendo que o episódio húngaro é uma extensão final, uma *reductio ad absurdum* da política stalinista. Mas essa política foi um falso abandono da doutrina marxista-leninista e a violência de sua execução apenas prova sua falência. Portanto, a resposta apropriada ao desastre húngaro não implica um abandono dos princípios básicos marxistas. Ao contrário, devemos voltar a esses princípios em sua autêntica formulação. Ou, como um dos líderes insurgentes disse: "Vamos nos opor ao Exército Vermelho em nome do Soviete dos trabalhadores de Leningrado de 1917". Talvez haja nesta idéia aquele velho e ilusório sonho: o comunismo divorciado das ambições e do obscurantismo específicos da dominação russa.

Lukács sempre se julgou responsável perante a história. Isso permitiu-lhe produzir um volume de trabalho crítico e filosófico de intensa expressividade quanto ao espírito cruel e sério da época. Partilhando ou não de suas convicções, não podemos duvidar de que tenha conferido à Musa menor da crítica uma marcante dignidade. Seus últimos anos de solidão e recorrente perigo somente enfatizam o que observei no início: no século XX, não é fácil para um homem honesto ser crítico literário. Mas, aliás, nunca foi.

O ESCRITOR E O COMUNISMO

Uma das diferenças marcantes entre o fascismo e o comunismo é esta: o fascismo não inspirou nenhuma grande obra de arte. Com a possível exceção de Montherlant e Céline, não atraiu para sua órbita nenhum escritor de primeira categoria. (Ezra Pound não era fascista; utilizava as ocasiões e roupagens do fascismo para sua própria economia excêntrica.) O comunismo, ao contrário, tem sido uma força central em grande parte do melhor da literatura moderna; e um encontro pessoal com o comunismo tem marcado a consciência e a carreira de muitos dos maiores escritores desta época.

Por que essa diferença? Sem dúvida, o fascismo é uma ideologia por demais vil e grosseira para produzir aquelas indulgências da imaginação que são essenciais para a arte das letras. O comunismo, mesmo onde se tornou venenoso, é uma mitologia do futuro dos homens, uma visão de possibilidade humana rica em exigência moral. O fascismo é o derradeiro código do valentão; o comunismo fracassa porque tenta impor à frágil pluralidade da natureza e da conduta humanas um ideal artificial de autonegação e propósito histórico. O fascismo tiraniza através do desprezo pelo homem; o comunismo tiraniza exaltando o homem acima daquela esfera de erro privado, ambição privada e amor privado que chamamos de liberdade.

Também há uma diferença mais específica. Hitler e Goebbels eram astutos manipuladores da linguagem; porém tinham pouco respeito pela vida da mente. O comunismo, por contraste, é um credo imbuído, desde o momento mesmo de sua origem histórica, de um sentido dos valores do intelecto e da arte. Em Marx e Engels, esse sentido é explícito. Eram intelectuais até a alma. Lênin prestou à arte o supremo tributo do medo; esquivou-se dela, reconhecendo os obscuros e sedutores poderes da forma plástica e musical sobre o intelecto racional. Trotski era um *littérateur* no sentido mais extravagante da palavra. Mesmo sob o regime de Stálin, o escritor e a obra literária representaram um papel vital na estratégia comunista. Os escritores eram perseguidos e mortos precisamente porque a literatura era reconhecida como uma força importante e potencialmente perigosa. Este é um ponto crucial. A literatura estava sendo homenageada, ainda que de uma maneira cruel ou pervertida, pela própria desconfiança de Stálin. E, quando veio o degelo parcial, a posição do escritor na sociedade soviética tornou-se de novo complexa e problemática. Não se pode conceber um estado fascista que trema diante de um simples livro; mas *Doutor Jivago* foi uma das maiores crises na vida recente da *intelligentsia* na Rússia comunista.

Seja por instinto, seja por meditação, os escritores sempre tiveram consciência de sua especial posição na ideologia comunista. Têm levado o comunismo a sério porque *este* os tem levado a sério. Assim, a história das relações entre o comunismo e a literatura moderna é, sob certos aspectos vitais, a história de ambos.

Jürgen Rühle é um dentre a plêiade de escritores e intelectuais que sentiram o encanto do comunismo e depois romperam com a realidade stalinista. Desde que se refugiou na Alemanha Ocidental, ele estabeleceu-se como um historiador e observador da vida literária e teatral comunista. Em seu livro, *Literatur und Revolution,* ele se propôs a escrever uma história do "escritor e do comunismo" em todo o mundo no período de 1917 a 1960. É um empreendimento poderoso e de grande alcance; cobre a extensão da literatura russa de Blok a *Jivago*; trata da poesia de Pablo Neruda e da ficção de Erskine Caldwell; passa de uma discussão sobre a visão política de Thomas Mann para uma crítica de Lu Hsun. Dotada de uma tabela cronológica e de bibliografia, *Literatur und Revolution* é, ao mesmo tempo, um ensaio crítico e uma obra de referência. E um simples olhar ao índice e às ilustrações demonstra que quase não existe um grande escritor de nosso tempo (Proust, Joyce e Faulkner são exceções de destaque) que não tenha sido tocado pelo comunismo em determinada altura de sua vida e de sua arte.

A primeira parte do livro trata do destino da literatura russa sob o regime de Lênin, Zhdanov e Kruchóv. Cobre terreno familiar mas momentoso. Vemos de novo o gênio e o amargo fim da tríade revolucionária: Blok, Iessiênin, Maiakóvski. Rühle é particularmente interessante no tratamento daquele desajeitado e muito esquecido romance de Górki, *A vida de Klim Samgin*. Argumenta com persuasão que Górki não conseguia terminar a obra porque já podia vislumbrar o conflito entre a vida individual e a organização comunista que forçaria tantos escritores soviéticos ao silêncio e à morte. Rühle prossegue discutindo os historiadores da guerra civil, Isaac Babel e Cholocov. Outra vez, sua análise é acurada: ele demonstra que Cholocov sempre foi um regionalista de cunho arcaico antiintelectual, que conseguiu ser ao mesmo tempo a voz do sentimento nacionalista e stalinista. Faz um relato plausível das evasões e ousadias bizantinas que mantiveram Ehrenburg vivo durante o inverno e o degelo. E sob a compacta narração de carreiras e obras individuais ecoa o implacável tema do banimento, execução ou suicídio.

Por fim, Rühle chega em Pasternak. Vê em Pasternak a verdadeira voz da Rússia, a visão que irá predominar acima das tiranias do momento. Concorda com Edmund Wilson ao discernir em Lara e Jivago um desafio irrespondível ao historicismo e ao determinismo negador da vida da ideologia comunista. O simples fato de Pasternak poder conceber o amor rebelde e particular entre eles dentro da União Soviética prova que o espírito russo está vivo debaixo da camada de gelo da disciplina partidária. Pasternak foi dos primeiros a ler o poema de adeus que Iessiênin escreveu com o próprio sangue. Conhecia a famosa carta que Maiakóvski deixou ao suicidar-se. Mas por força de coragem e discrição, ele sobreviveu. E, em *Doutor Jivago*, compôs aquela denúncia contra o desprezo soviético pela vida individual que seus colegas poetas tinham insinuado na maneira trágica de suas mortes.

Há muita verdade nisso e Rühle a expressa bem. Mas, não tendo estado na União Soviética em tempos recentes, não chega a compreender quão remoto o mundo de Lara e Jivago é das idéias e sentimentos da atual geração mais jovem. São os dirigentes, os homens mais velhos, que têm medo do livro e que tentaram silenciá-lo. Pergunto-me se os jovens vêem em *Doutor Jivago* algo mais do que um conto de fadas muito comovente, ou uma obra de ficção histórica tão distante como *Anna Karenina*.

A segunda parte de *Literatur und Revolution* é de longe a mais valiosa. Trata com autoridade das confusas relações entre o comunismo e a literatura alemã. Não é exagero dizer que é difícil existir um único escritor alemão de reputação, desde 1919, que não tenha adotado uma postura manifesta, positiva ou antagônica, com referência ao comunismo. Existe uma profunda afinidade entre o historicismo e o idealismo sistemático da ideologia marxista e o espírito alemão do qual brotou. Muitas vezes, conforme Rühle demonstra, a extrema direita e a extrema esquerda encontram-se na Alemanha em um terreno comum de viés totalitário. O pacto Hitler-Stálin, ainda que falso e efêmero, foi como uma alegoria de uma relação genuína.

Rühle faz um excelente relato sobre Johannes Becher, o Orfeu do stalinismo, e Egon Erwin Kisch, o mais talentoso jornalista a servir a causa marxista. Proporciona uma sensível leitura dos trabalhos de Anna Seghers, mostrando como os recentes romances dela deixam transparecer as contorções de um genuíno artista tentando chegar a um acordo com as cinzentas meias-verdades do "realismo socialista". Lança luz sobre o papel das idéias marxistas na ficção histórica de Heinrich Mann e de Leon Feuchtwanger. Sugere, em um capítulo de cuidadosa fundamentação, que os desentendimentos entre Heinrich e Thomas Mann significam uma dialética maior: a confrontação da mente alemã com as seduções contrárias mas relacionadas do nacionalismo de direita, por um lado, e do internacionalismo radical, por outro.

Como na parte que trata da literatura soviética, acha-se sob a narrativa das vidas individuais o tema constante da morte violenta. Uma após outra, as vozes da poesia, do drama e da crítica alemães foram sufocados pelo exílio, assassínio ou suicídio. Ao ler esse calendário de destruição — Ossietzki, Mühsam, Kornfeld, Theodor Wolff, Friedell, Toller, Hasenclever, Ernst Weiss, Stefan Zweig — compreendemos que a literatura é, na verdade, a profissão mais arriscada.

Após esse tratamento de mestre das letras germânicas, *Literatur und Revolution* prossegue analisando o resto do mundo letrado. O ritmo torna-se um tanto estonteante. Em apenas trinta páginas, Rühle discute o variado impacto do comunismo em Camus, Sartre, Gide, Malraux, Eluard, Céline e Aragón. Outras vinte páginas cobrem os escritores italianos — Silone, Pavese, Malaparte, Moravia, Carlo Levi. Menos de quarenta páginas são ocupadas pelo complexo flerte com o marxismo e com os sonhos comunistas de escritores americanos como Dos Passos, Upton Sinclair, Steinbeck, Hemingway e James T. Farrell. Breves capítulos transportam o leitor pela América Latina e pela Ásia. Inevitavelmente, essa última parte do livro tende a tornar-se um registro de nomes, datas e títulos — útil para uma rápida referência, mas inadequada para a variedade e complexidade do assunto.

Nos dois capítulos finais, Rühle trata dos principais apóstatas e rebeldes dentro do campo da literatura marxista. Discute *O zero e o infinito*, de Koestler, *1984*, de Orwell, e as contritas memórias de Gide e de Stephen Spender. Por fim, registra a rebelião contra o stalinismo dos jovens escritores poloneses e húngaros, ocorrida em 1956. Durante o período subseqüente de repressão na Hungria, Tibor Dery foi condenado por ter liderado "uma organização hostil ao Estado". Uma piada triste foi feita a esse respeito em Budapeste: que organização seria essa? Resposta: o povo húngaro. E ao encerrar seu volumoso exame, Rühle traz à nossa lembrança os muitos escritores que ainda estão em prisões soviéticas, de países satélites ou chinesas. A aliança entre a literatura e o comunismo continua sendo tanto íntima como trágica.

Como uma breve história que apresenta material volumoso e esparso, em ordem lúcida, este livro tem grandes virtudes. Mas há em *Literatur und Revolution* muita superficialidade. O problema, com freqüência, é de pura brevidade (não há nada de muito novo ou revelador que possa ser dito de um escritor importante em duas ou três páginas). Mas também, com freqüência, são as presunções subjacentes de Rühle que levam à excessiva simplificação. Por todo o livro, ele tenta estabelecer um padrão de atração idealista inicial seguida da repulsa da clarividência. O escritor é atraído pelos ideais do comunismo; descobre as realidades da burocracia partidária e da opressão stalinista; rompe com elas. Os deuses vermelhos deixaram-no decepcionado. Mas, na realidade, esse padrão só é aplicável a um número limitado de escritores, e não aos mais importantes. Ao insistir nele, Rühle tende a distorcer a evidência. Gostaria de dar uns poucos exemplos.

O caso de Malraux é um teste da percepção de um crítico das tentações que o totalitarismo oferece ao gênio poético. A descrição de Rühle da virada de Malraux para o comunismo e seu afastamento dele é inteiramente inadequada. Embora Malraux tenha lutado, sucessivamente aliado à esquerda e à direita, passando da Brigada Internacional para o gabinete de De Gaulle, nunca adotou um programa político consistente. Fosse qual fosse o campo a que aderisse, sempre seguiu o que existe na política de heroísmo, violência e lealdade de conjurados. Em suma, suas crenças políticas são estéticas; é a estrutura formal da ação política que atrai Malraux, não o conteúdo. A chave de toda a carreira de Malraux pode ser encontrada na observação feita por Walter Benjamin no sentido de que aqueles que fazem da política uma arte refinada sempre terminarão numa postura elitista ou totalitária — de esquerda ou de direita. Rühle não consegue ver isso e nem mesmo se refere a Benjamin, que foi o mais original e mais profundo de todos os críticos marxistas.

Ou então vejamos o caso de Orwell. *1984* não é, como Rühle afirma categoricamente, uma parábola sobre o regime totalitário de Stálin, Hitler e Mao Tsetung. A polêmica da fábula não é unilinear. A crítica de Orwell tem a ver ao mesmo tempo com o Estado autoritário e com a sociedade capitalista de consumo, com sua ignorância de valores e suas conformidades. "Newspeak", a linguagem do pesadelo de Orwell, é tanto o jargão do materialismo dialético como a verborragia da propaganda comercial e dos *mass media.* A força trágica de *1984* decorre precisamente da recusa de Orwell em ver as coisas em branco e preto. A nossa própria sociedade de consumo o horrorizava. Ele notou nela germes de desumanidade quase comparáveis aos que são endêmicos no stalinismo. Orwell voltou da Catalunha com uma espécie de desolada e estóica fé num socialismo humano que nem o Oriente nem o Ocidente estão preparados para adotar, a não ser em escala limitadíssima. Transformar *1984* em um panfleto da guerra fria intelectual é interpretar mal e reduzir o livro. A verdadeira alegoria da sociedade soviética na obra de Orwell é *A revolução dos bichos.*

A mesma relutância em reconhecer as complicações da verdade influencia o exame que Rühle faz de Lorca. A despeito da afirmativa confiante de Rühle, as circunstâncias em torno da morte de Lorca permanecem como um enigma. Pode ter havido nelas um elemento tão grande de vingança particular como de terror político. Ou, para dar mais um exemplo, o que é intrigante sobre o jovem escritor polonês Hlasko não é o fato de ele ter achado a Polônia comunista sufocante e ter buscado a liberdade no Ocidente, mas de depois achar o "mundo livre" quase tão intolerável. A literatura é um empreendimento complexo e ambíguo; não se encaixa naturalmente dentro dos limites do comunismo ou do anticomunismo que Rühle busca impor-lhe.

Mas essas são recriminações de pouca importância. A falha mais essencial em *Literatur und Revolution* é a recusa de Rühle em distinguir entre marxismo e comunismo, ou, para ser mais exato, entre o comunismo como uma visão moral e o comunismo como uma realidade burocrática e política. Na Rússia stalinista e nos países satélites, essa distinção foi desgastada. Mas em outros lugares, e com referência aos escritores ocidentais que caíram sob a influência marxista, é crucial. Constantemente, Rühle agrupa escritores que podem ser com justiça considerados comunistas e aqueles que retiraram da teoria marxista da história e da explicação marxista sobre conduta social substância para sua própria arte. Não se pode falar com igual conotação em Howard Fast e Romain Rolland. A diferença é demasiado grande.

Em um sentido estrito, existem poucos escritores de destaque fora da União Soviética que tenham posto sua arte a serviço deliberado do partido comunista ou da política soviética. Becher, Aragón, Anna Seghers, Fast — a lista não é longa. Não inclui com certeza a maioria dos poetas, romancistas e dramaturgos importantes de que trata Rühle. O que Feuchtwanger e Heinrich Mann ganharam do marxismo foi um senso de pressões materiais e de densidade do fato histórico. Sartre retirou do marxismo tanto o apoio como a contradição criativa para sua própria e altamente pessoal visão de crise e história. Para Sean O'Casey, o comunismo nunca foi mais que o clamor quixotesco e essencialmente anárquico de uma sensibilidade irlandesa contra a injustiça social. Para Malaparte, o comunismo era uma espécie de piada particular, a máscara de um romântico brutal, mas exacerbado. Para Pablo Neruda, a ideologia comunista é uma promessa de utopia vingativa. Cada caso é diferente.

Além do mais, existe uma clara distinção entre aqueles que se desiludiram com o marxismo e os que, na realidade, romperam com o partido comunista. Na maioria dos casos, o rompimento com o partido leva ao silêncio ou a Hollywood. Um afastamento do marxismo, por outro lado, parece ser um processo vitalizador, que deixa a imaginação do escritor machucada, mas viva. Assim, na vida de escritores como Camus, Steinbeck ou Silone, o marxismo teve um papel liberador. Mesmo quando eles lhe deram as costas, retiveram em seu talento certas precisões características de percepção e de hábitos de protesto moral.

E, como se recusa a distinguir entre preceitos hegeliano-marxistas e prática comunista, Rühle deixa de notar a profunda influência das idéias marxistas na estética e teoria literária ocidentais. Seja explícita, seja inconscientemente, toda nossa visão contemporânea da arte está imbuída de uma consciência marxista do contexto social e do dinamismo histórico. Mesmo o mais alexandrino dos "novos críticos" deve à tradição marxista uma certa compreensão do meio econômico ou social que subjaz ao estilo poético. De fato, pode bem ser à estética, e não à literatura mesma, que o marxismo tenha feito sua contribuição mais sólida. Contudo, Rühle mal menciona os três críticos que, juntamente com Lukács, trouxeram para o Ocidente o que há de mais produtivo na visão marxista da arte: Walter Benjamin, Lucien Goldmann e Edmund Wilson.

Ao fechar esse livro informativo, mas unilateral, uma indagação maior surge inevitável na mente. Quando o marxismo e o comunismo foram essenciais para a realização do talento individual? Quando foram acidentais? Devemos à confrontação entre a literatura e o comunismo algumas obras-primas que, de outra forma, não teriam sido escritas? Ainda se colocarmos de lado a poesia russa do período 1917-25, creio eu haver várias.

Dois dos romances modernos mais representativos, *La condition humaine*, de Malraux, e *O zero e o infinito*, de Koestler, têm origem direta no impacto do movimento comunista sobre a vida e a imaginação do escritor. Além disso, continuam válidos porque reconhecem no comunismo militante a coexistência de nobreza e maldade. Se nos procedimentos do partido se encontram crueldade, astúcia e a supressão implacável de valores particulares, também se encontram sacrifício, coragem e uma forte convicção na capacidade dos homens de viver e morrer por idéias. Sem o marxismo e uma adesão excêntrica mas firme à ideologia partidária, o mais ilustre dramaturgo de nosso tempo, Bertolt Brecht, talvez não tivesse encontrado sua voz e seu estilo. *A ópera dos três vinténs*, *Mahagonny* e *Mãe Coragem* são clássicos do espírito moderno. Passaram para o repertório do sentimento comum; mas têm raízes no comunismo pessoal de Brecht e no cenário histórico da derrota do movimento comunista alemão. Berlim Oriental era a cidade para a qual Brecht se dirigia, ainda que com cautela, a vida inteira.

Do mesmo modo, alguma da melhor poesia de Aragón é inseparável da visão de mundo e do vocabulário do comunismo. E o mesmo, em um sentido paradoxal mas decisivo, é o caso de *Doutor Jivago*. Não se pode enfocar essa obra difusa, meditativa, e com freqüência contraditória, sem compreender quão profundamente Pasternak estava envolvido nos percalços e aspirações da Revolução Russa. Sob muitos aspectos, o romance é um apelo por uma revolução ainda mais total e interior do que aquela que criou a sociedade soviética.

Nos demais, o elemento marxista ou comunista na obra de arte é, com freqüência, um verniz superficial ou um código conveniente para expressar um radicalismo pessoal. Isso é com certeza o que acontece com as peças de O'Casey e com os poemas de Eluard. Muitas vezes, a tentativa do artista de servir às necessidades presentes da ideologia partidária acaba em um mal-entendido subversivo: haja vista como Picasso, tentando prestar uma homenagem por ocasião da morte de Stálin, saiu-se com um retrato de um sonhador e vago jovem com um bigode vitoriano.

Finalmente, há a questão extremamente difícil da relação entre a arte e o totalitarismo como tal. A história ensina-nos que a autocracia, seja na Roma de Augusto, na Florença renascentista, seja na corte de Luís XIV, pode produzir grande arte e literatura. Tiranos e poetas deram-se muito bem, com freqüência (mesmo com Stálin, houve traços bizarros desse relacionamento — haja vista seu tratamento de Bulgakov e de Pasternak). Mas até onde pode ir o absolutismo antes de a arte tornar-se servil ou calada? Em que ponto é cruzada a linha entre o artista como transmissor dos ideais de sua sociedade e o artista como fabricante de mera propaganda? Exatamente onde fica a diferença entre a *Ode a Cromwell* de Andrew Marvell e os panegíricos de Becher a Stálin e Ulbricht? Se o livro de Rühle não dá a resposta, pelo menos lança preciosa luz sobre a natureza do problema. Mas este assunto fascinante e urgente ainda fica por ser resolvido.

TROTSKI E A IMAGINAÇÃO TRÁGICA

1

A biografia de Trotski, por Isaac Deutscher, de escala tão ampla como o é de compromisso imaginativo e intelectual, faz surgir de novo a pergunta, por que Trotski caiu? Como foi cair em desgraça o tático virtuose da revolução bolchevique, um homem que igualava, por momentos superando, Lênin em previdência e brilhantismo de engenhosidade?

As causas são complexas e suas raízes encontram-se na época da vitória. Em dezembro de 1919, Trotski estava no apogeu de sua realização política e militar. Ao longo de uma circunferência de cerca de oito mil quilômetros, os exércitos brancos tinham sido dispersados e repelidos. Iudenich e seus tanques britânicos estavam parados às portas de Petrogrado. No *front* ao sul, as guardas brancas batiam em desordenada retirada de Kiev e Poltava. Na Sibéria, o mito do almirante Kolchak de uma Rússia anti-soviética aproximava-se de seu fim macabro. No Sétimo Congresso dos Sovietes, Trotski, que tinha acabado de ser agraciado com a Ordem da Bandeira Vermelha, parecia personificar a inventividade, a fria audácia, a inflexibilidade de esperança que tornara a vitória possível. Para o mundo todo, seu nome era lenda.

Entretanto, apenas quatro anos depois, ele deixava o Comissariado de Guerra e, em 16 de janeiro de 1928, tornava-se um homem despojado do poder, a caminho do exílio na Ásia Central. Como pôde Stálin, emergindo felino e tenaz das sombras da burocracia partidária, isolar e dominar o maior de seus rivais em potencial?

O contorno da tragédia clássica está bem ao alcance da mão.

Trotski tropeçou no exato momento do triunfo. Ele, que se tinha batido e lutado pela democracia proletária no sentido pleno, pelo direito do trabalhador e do camponês de expressarem e organizarem seus propósitos em um processo de contínuo debate revolucionário, agora adotava a teoria e prática do total controle partidário. Era o partido, informado de modo singular pela autêntica percepção histórica e garantido pela vitória, que deveria ser a voz e o executor da sociedade. Bastante consciente do caos social e econômico deixado pela revolução e pela guerra civil — cuja totalidade de destruição local não podia ser visualizada pela mente individual, muito menos controlada —, inspirado por seu próprio sucesso em moldar e dirigir o Exército Vermelho, Trotski propôs, em dezembro de 1919, que a mecânica da mobilização militar fosse adaptada à mobilização de mão-de-obra civil (uma idéia que Saint-Just examinou durante a Revolução Francesa). Durante o que Lênin denominou a "febre" e a "doença fatal" do partido, no inverno de 1920-21, Trotski liderou a facção que queria que os sindicatos fossem privados de sua autonomia e absorvidos pelo sistema do Estado. Insultou aqueles que "fizeram dos princípios democráticos um fetiche" e sustentou, com abrasiva eloqüência, que "o partido é obrigado a manter sua ditadura, independente de temporárias oscilações no ânimo espontâneo das massas, independente de vacilações temporárias até mesmo da classe trabalhadora".

Foi Trotski quem recebeu os louros após a supressão do golpe de Kronstadt, aquele primeiro capítulo no longo e renhido duelo da revolução soviética com seu passado anárquico ou radical; foi Trotski quem aclamou como uma vitória necessária a eliminação dos marinheiros que ele próprio instigara ao motim em 1917 e chefiara durante a guerra civil. A ironia de sua nova situação era profunda e suicida. Tendo proclamado que o partido deve tomar o lugar da vontade da sociedade — deve encarnar essa vontade como um instrumento monístico —, Trotski previu que o comitê central um dia viria a tomar o lugar de todo o partido, e que, por fim, e inevitavelmente, um único ditador concentraria em sua pessoa as funções e processos de decisão do comitê central. Entretanto, precisamente como uma personagem da tragédia clássica, Trotski não empreendeu ação para sustar, para neutralizar os perigos que previa. A clarividência e a política separaram-se, como se o desastre, considerado como um processo histórico, tivesse irresistível fascinação. Majestoso, ele continuou aos tropeções. Faz-nos pensar em Etéocles, avançando para o portal da morte, sabedor de seu destino, em *Os sete contra Tebas,* surdo ao apelo do coro que o incita à evasão ou à liberdade de ação:

Já estamos além da proteção dos deuses.
Para eles nossa morte é a oferenda admirável.
Por que então esperar, a adular nossa sina?

A crise de interregno em 1923-24 definiu o isolamento de Trotski. A este respeito, o estudo de E. H. Carr sobre a história interna da Rússia soviética e do partido é indispensável. O estado da economia soviética e as exigências conflitantes da indústria e da agricultura provocavam amargas divisões. Mas, exatamente por causa de sua atitude inicial negativa com relação aos sindicatos, Trotski não podia tornar-se o líder natural de uma "oposição industrial" (como viria a surgir muitas décadas depois contra as ineficiências e a arcaica selvageria do regime stalinista). Cada vez mais, Trotski tinha de fazer um jogo solitário e impaciente. Isso ficou evidente durante as dissensões em Moscou sobre a diretriz adequada a ser adotada pelo Partido Comunista Alemão. Nas palavras de Carr: para Trotski, "os destinos das revoluções russa e alemã estavam ligados de forma irrevogável: para ele, era essa uma convicção tão emocional quanto racional". Em agosto de 1923, Trotski estava confiante de que a hora se aproximava, de que a revolução proletária era iminente na pátria de Marx. O fracasso do KPD em outubro, seguido alguns dias depois pelo *putsch* de Hitler em Munique, enfraqueceram ainda mais os recursos emocionais e táticos de Trotski. A essa altura, Stálin, cuja aparente indiferença à questão alemã era composta de ignorância e de instintiva astúcia, começou a surgir como o membro dominante do triunvirato Kamenev-Zinoviev-Stálin.

Além disso, não há dúvida de que a enfermidade e morte de Lênin deixaram Trotski desnorteado e estranhamente vulnerável. O relacionamento entre essas duas figuras elementares da revolução russa era intrincado e vital, como só um grande romancista poderia ter concebido. Começara em polêmica. Em 1904, Trotski, que ainda não rompera com os mencheviques, afirmou que Lênin era um homem "medonho" e "dissoluto", como um Robespierre russo traçando uma linha de sangue entre seu partido e o mundo (teria Trotski já adotado o papel de Danton?). De novo defrontaram-se a respeito da formulação do programa de Zimmerwald em 1915, e, em 1917, Trotski não respondeu de imediato quando Lênin o convidou e a seus amigos a juntarem-se aos bolcheviques. A aliança deles foi forjada apenas pelas necessidades e triunfos de outubro. Deutscher relata a "diferença de temperamento e hábitos" entre os dois gigantes; pode se usar as imagens de rocha e lava.

Contudo, durante os seis breves anos de sua associação — anos que alteraram o contorno do século e de uma grande parte da Terra —, chegaram a ter profundo respeito mútuo. Lênin, observa Deutscher, "não fez uma alusão sequer a suas antigas controvérsias, a não ser dizer, em particular, que, sob alguns aspectos, Trotski tivera razão e alertar, em seu testamento, que o Partido não deveria levar em consideração, contra Trotski, seu passado não-bolchevique". Nesse famoso documento, Lênin, embora qualificasse o gênio de Trotski de uma autoconfiança exagerada, declarou que Trotski era, "sem dúvida alguma, o homem mais capaz do atual comitê central".

Trotski reconheceu a primazia e o incrível acume político de Lênin. Não renunciou a sua própria independência, mas demonstrou manifesto arrependimento a respeito de seus antigos ataques à integridade e liderança de Lênin. Desde que Lênin ficasse no controle essencial, Trotski agia com magnífica desenvoltura e espontaneidade de recurso tático. Era como se Lênin fosse o pivô firme contra o qual ele pudesse exercitar, sem recear desastre político, a liberdade e a irreverência de seu próprio temperamento. Desde que Lênin lá estivesse para escutar e julgar, Trotski sentia-se imune às cancerosas maquinações da intriga partidária e das represálias da velha guarda. Seu próprio isolamento dos quadros do partido parecia nada ser comparado com a força em potencial de uma *entente* Lênin-Trotski.

Com a morte de Lênin, a habilidade política de Trotski, sua leve chama de sarcasmo e astúcia, pareceu abandoná-lo. É difícil evitar imaginar se seu fracasso na utilização do prestígio pessoal de Lênin no nascente confronto com Stálin, se seu fracasso em invocar a força total do testamento de Lênin, com seus alertas sobre os abusos do poder burocrático por parte de Stálin, não indicam um sentimento de culpa profundamente arraigado. Como se Trotski nunca tivesse perdoado a si mesmo por seus ataques iniciais a Lênin, como se não se sentisse justificado, talvez no nível subconsciente, em usar sua colaboração com Lênin para combater aqueles bolcheviques antigos que o tratavam como oportunista e apenas um recente seguidor. A fatalidade quis — embora Stálin talvez tivesse tido algo a ver com a confusão — que Trotski estivesse ausente de Moscou na ocasião do funeral de Lênin. Foi nessa ocasião que Stálin tocou os primeiros e sinistros acordes do culto da personalidade, da homenagem bizantina ao líder.

Deutscher assim resume a situação:

> Lenta mas inexoravelmente, as circunstâncias que levaram à derrota de Trotski começaram a desenrolar-se e concentrar-se. Ele perdeu a oportunidade de confundir os triúnviros e de desacreditar Stálin. Ele falhou perante seus aliados. Deixou de agir como porta-voz de Lênin com a determinação que Lênin esperara dele. Deixou de apoiar, perante todo o partido, os georgianos e os ucranianos que tinha defendido no Politburo. Permaneceu em silêncio quando o clamor por democracia no círculo interno do partido ergueu-se no recinto. Expôs idéias econômicas cujo portento histórico escapava a seus ouvintes, mas que poderiam ser facilmente distorcidas por seus adversários para convencer logo depois os trabalhadores, camponeses e burocratas de que Trotski não lhes desejava o bem e que todas as classes e grupos sociais deveriam tremer ante a mera idéia de ele um dia tornar-se sucessor de Lênin.

O que estaria por trás da procrastinação, por trás da recusa em dirigir um apelo a todo o partido, ao exército cuja existência concretizara, ao movimento comunista internacional para quem sua glória ainda tinha o mesmo brilho? Seria Trotski, conforme Stálin insinuou, orgulhoso demais para lutar? Provavelmente as causas eram mais profundas. O marxismo pode efetuar uma dissociação da identidade pessoal muito semelhante àquela sentida pelo protagonista no drama trágico. Ao confiar sua imaginação, seu centro de realidade, ao processo histórico, o revolucionário marxista treina-se a aceitar uma diminuição no âmbito e na validez da consideração pessoal. A lógica, a autoridade emocional do fato histórico, mesmo onde acarretam destruição e humilhação à própria pessoa, superam as pretensões, a intensidade do ego. Aceita-se a sina, quase que se concorda com ela, como sendo parte daquela verdade histórica e do movimento progressivo nos quais a existência individual ancora seu significado. É a nota que ecoam aquelas altivas e rígidas personagens à espera da morte no *Deirdre*, de Yeats:

> They knew that there was nothing that could save them
> And so played chess as they had any night
> For years and waited for the stroke of the sword.
> I never heard a death so out of reach
> Of common hearts, a high and comely end.
> What need have I, that gave up all for love,
> To die like and old king out of a fable,
> Fighting and passionate? What need is there
> For all that ostentation at my setting?
> I have loved truly and betrayed no man.

I need no lightning at the end, no beating
In a vain fury at the cage's door.*

Evidentemente, Trotski estava preso em uma teia de enfermidade física e exaustão nervosa. Isso o mantinha longe de Moscou em momentos cruciais e o isolava das exigências do dia-a-dia, das intrigas da organização e das manobras de facções, que eram o forte de Stálin. A vitória deixara Trotski estranhamente cansado, estranhamente alheio. Quando seu ânimo recobrou a plena força de determinação, quando ele compreendeu que só poderia viver "apaixonado e belicoso", que seria necessário haver "relâmpagos ao final", era tarde demais.

Esse é o tema de *O profeta banido,* talvez o melhor volume da biografia de Deutscher. Os acontecimentos tomam a forma do drama de Níobe. Pouca coisa na história da sinuosa crueldade de Stálin supera o extermínio dos filhos e dos netos de Trotski. Privada de nacionalidade soviética, Zina, filha de Trotski, não pôde voltar para junto do marido ou dos filhos. Sua mente frágil não suportou a tensão e a levou a suicidar-se em Berlim, onde os nazistas, semanas mais tarde, a teriam caçado. Leon (ou Liova), o filho mais velho de Trotski, foi o companheiro incansável de exílio, o mensageiro, publicista e defensor do pai. Embora Trotski exigisse dele trabalho insano, em circunstâncias cada vez mais desesperadas, embora o tratasse muitas vezes com impaciência, a coragem e a lealdade de Liova persistiram. Foi ele quem manteve vivos os restos dispersos do movimento trotskista na Europa ocidental. Foi graças a seus esforços que o sonho vacilante de uma Quarta Internacional conservou alguma substância. Mas a GPU o perseguiu sem cessar. Morreu em Paris em fevereiro de 1938, aos 32 anos, com o coração partido, sem dormir ou comer. Deutscher conclui que "grande parte das evidências circunstanciais" aponta para assassinato.

O filho mais novo de Trotski, Siérguei, procurou manter-se completamente fora da glória contagiosa das convicções e fortuna política do pai. Em vão. Apesar do apelo de Trotski à opinião

(*) "Sabiam que nada poderia salvá-los,/ E então jogaram xadrez como todas as noites/ Durante anos, à espera do golpe da espada./ Jamais soube de uma morte tão distante/ Dos corações comuns, um nobre e belo fim./ Que necessidade tenho, eu que tudo por amor abandonei,/ De morrer como um rei em uma fábula,/ Apaixonado e belicoso? Que necessidade há/ Em meu ocaso de tanta ostentação?/ Amei com lealdade e a nenhum homem traí./ Não é preciso relâmpagos ao final, nem batida alguma/ Em fúria vã à porta da prisão." (N. E.)

mundial, Siérguei foi deportado para um campo de concentração na Sibéria, depois torturado na esperança de que viesse a denunciar o pai. Foi provavelmente morto durante 1938, embora haja alguns que pensam tê-lo visto vivo depois disso. Sentindo o destino de seus filhos, sabendo que ele fora o causador e que nada podia fazer para impedi-lo, Trotski conheceu o inferno passo a passo. A respeito de Liova, escreveu:

> Sua mãe, que era a pessoa mais chegada a ele no mundo, e eu, ao vivermos estas horas terríveis, lembramos de suas feições, traço a traço; recusamos acreditar que ele não exista mais e choramos porque é impossível não acreditar. [...] Sua mãe e eu nunca imaginamos, nunca esperamos que o destino fosse dar-nos essa tarefa [...] que teríamos de escrever seu obituário. [...] Mas não fomos capazes de salvá-lo.

Como diz Ovídio, falando de Níobe: *dumque rogat, pro qua rogat, occidit* (ainda enquanto rezava, a criança por quem rezava caiu morta).

Mas era ao próprio Trotski, é claro, que Stálin resolvera destruir. A longa perseguição levou-o da Turquia para a França, da França para a Noruega, da Noruega para o México. Não só os caçadores causam horror, mas também aqueles que recusaram asilo ou condicionaram-no a termos tão abjetos que Trotski tinha de continuar procurando. Ao contrário de Herzen, Ogarev ou Marx, não se concedeu asilo a Trotski na Inglaterra. Deutscher sugere que Trotski e Churchill demonstram significativa semelhança, como mestres de retórica, como historiadores, como amadores de gênio na guerra. Com relação a Trotski, porém, Churchill não manifestou qualquer magnanimidade. Regozijou-se ao ver "o Ogre da Europa", agora uma "trouxa de roupa velha", sentado desolado às margens do mar Negro, ou sendo perseguido de um lugar para outro. Mas também foi a arregimentação de tropas por Trotski que fez morrerem as esperanças de Churchill de uma intervenção aliada e contra-revolucionária.

O fim foi apropriado: "Com o crânio esfacelado, o rosto perfurado, Trotski levantou-se de um salto, arremessou contra o assassino o que tinha à mão, livros, tinteiros, inclusive o ditafone, e depois jogou-se sobre ele. Tudo levou três ou quatro minutos. [...] A última luta de Trotski. Lutou como um tigre. Atracou-se com o assassino, mordeu-lhe a mão e arrancou-lhe a picareta".

Foi essa formidável ressurgência de vontade após a derrota em Moscou que possibilitou a Trotski realizar, durante onze anos de fuga e exílio, muito do que se tornou permanente em seu legado. A presença de Trotski durante esses anos, o jorro de energia emanando de uma única vida, assume a universalidade particularizada da lenda. Seus escritos exercem absorvente fascínio sobre o estudante de literatura (livros, tinteiros e ditafone são o arsenal do escritor).

Na ilha de Prinkipo, no mar de Mármara, Trotski escreveu sua autobiografia, *Minha vida,* e *História da Revolução Russa.* Ambos são livros excelentes que resistiram ao tempo. A autobiografia foi escrita no limbo, em um tenso momento de trégua entre o solene passado histórico e um futuro incerto. Nela, Trotski alcança uma peculiar imparcialidade, vendo grande parte de sua vida nas mãos da história. Tem o dom do detalhe, típico do escritor e do tático naturais. No fim do verão de 1902, Trotski fugiu do exílio na Sibéria, "junto com E.G., uma tradutora de Marx":

> O motorista continuava a correr à maneira siberiana, chegando a fazer vinte verstas por hora. Contei todos os trancos com as costas, acompanhados pelos gemidos de minha companheira. Durante a viagem, os cavalos foram trocados duas vezes. Antes de chegarmos à estrada de ferro, minha companheira e eu tomamos caminhos separados, para que um não tivesse de sofrer os infortúnios e riscos do outro. Consegui subir em segurança no vagão do trem. Lá meus amigos de Irkutsk arranjaram para mim uma mala cheia de camisas engomadas, gravatas e outros atributos da civilização. Nas mãos, tinha um exemplar da *Ilíada,* no hexâmetro russo de Guiniedich; no bolso, um passaporte com o nome de Trotski, que escrevi ao acaso, sem imaginar sequer que iria tornar-se meu nome para o resto da vida. [. . .] Durante a viagem, todos os passageiros do vagão beberam chá e comeram bolinhos siberianos baratos. Li os hexâmetros e sonhei com a vida no exterior. A fuga demonstrou ser despida de qualquer colorido romântico; dissolveu-se em nada mais do que um incessante beber de chá.

A *História* é uma obra grandiosa, "única na literatura mundial", diz Deutscher, "como um relato de uma revolução feito por um de seus atores principais". O livro tem aquela dose de tremenda realidade também atingida por Carlyle; representa a massa humana em movimento — a soma excedendo em muito, e de forma ameaçadora, a visão das partes individuais — como poucas outras narrativas históricas o fazem. Ao mesmo tempo, a *História* está repleta de retratos individuais (Kerenski, Lieber, Tchernov, Tseretelli), tão perceptivos e ácidos como os de Saint-Simon. Os esboços literários são inesquecíveis por sua áspera e alegre firmeza de avaliação:

Como escritor, Miliukov é pesado, prolixo e enfadonho. Tem a mesma qualidade de um orador. Decorar é inatural para ele. Isso poderia ter sido uma vantagem se os programas mesquinhos de Miliukov não tivessem precisado tão obviamente de um disfarce ou se tivessem tido, ao menos, um disfarce objetivo na forma de uma grande tradição. Não havia nem mesmo um pouco de tradição. A política oficial na França — quintessência de perfídia e egoísmo burgueses — tem dois poderosos aliados: a tradição e a retórica. Um promove o outro e cercam de uma capa protetora qualquer político burguês, mesmo um empregado prosaico dos grandes proprietários, como Poincaré. Não é culpa de Miliukov não ter tido ancestrais gloriosos e ter sido obrigado a fazer uma política de egoísmo burguês nas fronteiras da Europa e Ásia.

Em especial, a *História* tenta situar o tumulto e o drama vívido do incidente local segundo uma estrutura de análise marxista. "As cenas", de Trotski, "caracterizações e diálogos, sensíveis em sua realidade, são intimamente iluminados por sua concepção do processo histórico." O controle teórico é conseguido de forma imperfeita. Os acontecimentos estão demasiado próximos da pele do historiador, e muito de sua própria derrota e da tomada do poder por Stálin ficava fora de um contorno marxista natural. Semelhantes às narrativas históricas de Churchill em grandeza cênica e qualidade de envolvimento pessoal, as obras de Trotski são mais adultas, mais resistentes à eloqüência.

Não menos marcante foi a realização de Trotski como profeta e intérprete da catástrofe da década de 1930. Antes mesmo de Churchill, tentou despertar a imaginação civilizada para a realidade de Hitler e viu mais fundo do que Churchill as origens e os mecanismos do movimento nazista. Como o destino da classe trabalhadora alemã lhe parecia ser inseparável do destino da revolução russa, Trotski foi praticamente o primeiro a avaliar as conseqüências da ascensão de Hitler ao poder, do fracasso do proletariado na Alemanha e na Europa ocidental em deter o avanço do totalitarismo pequeno-burguês. Trotski viu o nacional-socialismo como "o partido do desespero contra-revolucionário", como o movimento e a ideologia do "pequeno-burguês desvairado". Mussolini e Hitler personificavam a contra-revolução de baixo para cima, "expressavam o desejo da classe média baixa de afirmar-se contra o resto da sociedade". A derrota nacional em 1918, imposta de forma arbitrária e incompleta, juntamente com a depressão de 1929 — que, conforme observa Canetti, enfraqueceu a trama interior da coerência social ao tornar a moeda efêmera e ridícula — abriram o alçapão. Energias patológicas de inferioridade e vingança vieram ocupar o vazio deixado pelo colapso do orgulho nacional e do auto-respeito econômico normal. Com enorme clarividência, Trotski reconheceu, mesmo antes de 1933, que havia um pouco de Hitler em cada frustrado *Kleinbürger*. Deutscher resume o que denomina o principal feito político de Trotski no exílio:

> Como nenhum outro, e muito antes de todos, ele compreendeu o destrutivo delírio com que o nacional-socialismo iria abater-se sobre o mundo. [. . .] O que acentua ainda mais a insanidade política da época é a medida de extrema despreocupação com o futuro e a virulenta hostilidade com que os homens responsáveis pelo destino do comunismo e do socialismo alemães reagiram ao alarma soado por Trotski. [. . .] Um relato histórico mal pode transmitir a carga total de difamação e desprezo com que foi recebido. [. . .] Ele teve de presenciar a capitulação da Terceira Internacional diante de Hitler, como um pai testemunha o suicídio de um filho pródigo e distraído, com medo, vergonha e raiva.

Mais uma vez, o arquétipo é o teatro trágico: previsão impedida de ação efetiva. Atrelada à impotência política, a lucidez de Trotski era maldição. Também ele permanecia impotente em um lugar de sangue, profetizando para quem não queria acreditar nele, ou acreditou tarde demais:

> De novo a dor do implacável, verdadeira profecia, despedaça meu cérebro turbilhonante em tempestade de coisas previstas.

> Por que visto meu corpo com tais simulacros, este bastão de profecia, estas flores em volta do pescoço? Enfim o espoliarei antes de morrer. Afasta-te, tomba, destrua-te, maldito! Isso é pelo que fizeste comigo. Vê, agora, é Apolo que me despojou de minhas vestes proféticas. Glorioso, observou-me esse tempo todo, escarnecida por todos, amados meus que me odiaram de todo o coração, tão vãos, tão errôneos; xingada como cigana a bater de porta em porta, mendiga, corrupta, faminta, e tudo suportei. E agora o vidente liquida-me, sua profetisa, e conduz-me a um lugar como este, para morrer.

Como Cassandra, Trotski viu, não só o próprio perigo (a picareta e o crânio esfacelado à espera de ambos atrás da porta manchada de sangue), mas o atormentado desenrolar de acontecimentos na *polis*. Ele sabia, com torturada percepção inútil, que a recusa do Partido Comunista Alemão de construir uma frente comum antinazista, de concentrar suas grandes reservas potenciais em um movimento comum para a esquerda, iria causar não apenas sua própria ruína, mas também a da Alemanha como um todo. Contudo, essa recusa era a expressão direta da vontade e da política de Stálin. Ao insistir em que os socialistas eram o verdadeiro e mortal adversário, que se podia tratar de Hitler mais tarde e até aliar-se com o nazismo nas táticas da luta contra socialistas e "plutocratas", Stálin garantiu a aniquilação do comunismo alemão e fez muito para facilitar o triunfo do nazismo.

Trotski clamou em vão contra essa aventura cínica e preveniu a colheita da tempestade:

> É uma infâmia prometer que os trabalhadores expulsarão Hitler depois que ele tomar o poder. Isso prepara o caminho para a dominação de Hitler. [. . .] Os sabichões que alegam não ver diferença entre Brüning e Hitler na verdade estão dizendo: não faz diferença se nossas organizações existem ou se já estão destruídas. Debaixo desta verbiagem pseudo-radical, oculta-se a mais sórdida passividade.

Mas os stalinistas limitaram-se a denunciar Trotski como um sabotador histérico ("mendigo, corrupto, faminto") e continuaram a cavar o túmulo da democracia alemã. Pouco antes de Hitler tornar-se Chanceler, Thaelmann, o líder dos comunistas alemães, denominou os avisos de Trotski "a teoria de um fascista e contra-revolucionário totalmente falido" ("escarnecida por todos, amados meus que me odiaram de todo o coração, tão vãos, tão errôneos"). Antes de decorridos seis meses, por trás do arame farpado dos recém-construídos campos de concentração, os comunistas alemães iriam lembrar-se da voz do vidente escarnecido.

Contudo, ao olhar em retrospectiva para a aparente loucura da linha stalinista, surge uma suspeita. Não seria Stálin não menos dotado de visão do que Trotski, embora em uma perspectiva cínica e desumana? Seria possível que ele estivesse preparado para ver o KPD destruído e Hitler vitorioso, ao ter instintiva antecipação de uma crise que iria por fim destruir a Alemanha e dar à União Soviética o domínio da Europa oriental e balcânica? Ou teria sido que ele receava a sobrevivência e o possível amadurecimento de uma versão concorrente e rival do comunismo no coração privilegiado da Europa industrial (como demonstra o importante estudo feito por Peter Nettl sobre Rosa Luxemburgo, tais ambigüidades estratégicas complicaram as relações entre o marxismo alemão e russo desde o início)?

Não há como se saber ao certo. Mas uma coisa é clara. Quando Trotski clamou em 1932: "Há centenas de milhares, há milhões como vocês [. . .] se o fascismo subir ao poder, rolará como um terrível tanque por sobre seus crânios e suas espinhas dorsais. [. . .] Somente uma unidade de luta com os trabalhadores social-democratas poderá trazer a vitória" —, a razão e o que sobrara de decência política estavam de seu lado. Mas permaneceram tão sozinhos como no pátio da casa de Atreu.

2

Uma biografia de tal dimensão, e tratando de uma vida cuja ressonância se acentua e se multiplica com o eco da história, está em relação tão complexa com o tempo como uma obra de arte. Quando Deutscher começou o primeiro volume, no fim de 1949, o septuagésimo aniversário de Stálin estava sendo celebrado em Moscou com pompa e abjeção orientais. Quando *O profeta banido* foi publicado em 1964, o corpo de Stálin não estava mais no mausoléu de Lênin, e havia muitos que acreditavam que o lugar vago seria ocupado, muito em breve, por um Trotski reabilitado. Parecia que o processo de revisão anti-stalinista iniciado no Vigésimo Congresso do Partido levaria necessariamente à reabilitação de Trotski na história bolchevista e na mitologia do comunismo. Hoje — 1966 — essa possibilidade parece remota. O Vigésimo Terceiro Congresso do Partido retornou à terminologia stalinista de Secretário-Geral e Politburo, e parece ser exatamente o legado stalinista, e a compreensão do papel de Stálin em uma análise aceitável da história, que representa os desafios mais urgentes e intrincados à sociedade soviética.

Tanto Stálin como Trotski passaram para a penumbra da "verdade variável". De todas as diferenças de hábitos de inteligência que dividem a cultura ocidental pós-cartesiana da sensibilidade russa e oriental, essa negação ou reformulação do acontecimento histórico é talvez a mais séria. Um sistema político capaz de obliterar, por decreto, o nome de sua cidade e façanha de guerra mais heróicas (Stalingrado alterada para Volgogrado) não irá deter-se diante de nenhuma falsidade com relação a seu próprio passado. O totalitarismo soviético é mais extremo, não nas exigências que faz ao futuro utópico, mas na violência que infligiria ao passado, à integridade vital da memória humana. Como poderá ser entabulado um diálogo quando um jovem historiador, no papel de guia de cortesia no Palácio de Inverno, afirma como um fato comprovado, "estabelecido pela pesquisa soviética", que Trotski estava ausente de Petrogrado na ocasião do ataque de outubro, "conspirando com os alemães"?

Não poderá ser entabulado por novas mentiras. Difamações de Stálin, tentativas de minimizar ou distorcer seu papel na guerra, talvez aplaquem o senso de justa desforra das pessoas, mas a vítima é de novo a verdade. Lukács, o guardião da consciência marxista (e de forma característica, um ocidental), foi dos primeiros a reconhecer este aspecto da desestalinização. Substituir mito por mito é nada ganhar, é deixar o passado escravizado a táticas presentes. A lenda de um Trotski liberal, pró-ocidente, sob cujo governo a União Soviética teria evoluído ao longo de linhas consultivas, de uma grandiosa revolução que seguira um caminho errado através do sinistro acidente da presença de Stálin, não poderá ser sustentada. Ignora não só as realidades da doutrina bolchevique e da situação russa, como também o próprio caráter de Trotski e a linha totalitária adotada por ele em 1920 e 1921. Quaisquer que sejam seu anti-stalinismo e suas esperanças ardentes de uma evolução "gradualista" da sociedade soviética, Deutscher desmente esse mito.

Talvez essa seja a realização marcante do livro de Deutscher. Atinge um equilíbrio de justiça imaginativa entre Trotski e Stálin, provando que o conflito entre eles era, como o paradigma hegeliano do drama trágico, de complicada e irônica divisão de mérito. Deutscher, ele próprio envolvido nos sonhos da Quarta Internacional, e cujo viés de espírito está claramente com Trotski (como muitos grandes biógrafos possuídos por seu tema, ele veio a parecer muito com Trotski), não obstante presta completa justiça à cruel magnitude da realização de Stálin. De modo semelhante ao próprio Trotski, que se esforçou por chegar a uma estimativa objetiva das políticas stalinistas mesmo nos piores momentos de sofrimento pessoal, Deutscher não nos deixa esquecer quando Stálin estava certo. Esse empenho na visão empírica é a essência da aprendizagem e da integridade marxistas.

Na década de 20, a visão trotskista de revolução permanente e de insurreição proletária na Europa ocidental não refletiu os fatos. A concentração, levada a efeito por Stálin, do comunismo em um país foi inteiramente realista. Embora os métodos empregados por ele para esmagar a independência dos *kulaks* fossem odiosos e deixassem para trás uma sociedade exaurida e estremecida até o âmago, o instinto de Stálin foi, e isso o próprio Trotski reconhece, apurado. Naquela altura da história soviética, a coletivização em grande escala ou o estabelecimento de controle econômico central era uma rigorosa necessidade. Sem dúvida, um regime trotskista teria tido um sabor diferente do de Stálin, uma maior candura de vida emocional e retórica. Mas podia bem não ter sido menos autoritário e, quando necessário, menos implacável. Como observa Deutscher: a acusação que "Trotski poderia ter dirigido contra Stálin era de que ele instaurara um reinado de terror como Robespierre, e de que tinha superado Robespierre de forma monstruosa. Entretanto, o próprio passado de Trotski e a tradição bolchevista não lhe permitiam dizer isso". É como se a biografia anterior de Stálin que Deutscher fizera tivesse sido um exercício de purgação, tornando possível a postura emocional e intelectual de sua descrição de Trotski.

Ao escolher o caminho das prioridades industriais e tecnológicas dentro da União Soviética, em sua pressa de abandonar objetivos manifestos de incitação internacional em favor de acordos empíricos com o capitalismo, Kruchóv e seus sucessores estão, na verdade, desenvolvendo-se segundo linhas stalinistas. É no caso da China que fortes elementos de trotskismo estão presentes. Quando os chineses sustentam que o processo de revolução comunista não pode ser limitado a um país ou bloco de potências, quando insistem em que a existência da fome, tensão racial e exploração econômica por todo o mundo subdesenvolvido é um desafio imediato e uma oportunidade para ação militante, quando sugerem a superioridade de exércitos de milhões comparados a qualquer organização militar sofisticada, muitas vezes parecem falar sob a sombra da grande voz de Trotski. É uma linguagem que não é vista com bons olhos, nem por Moscou, nem pelo Ocidente.

Esse axioma da revolução, como necessariamente internacional, aponta para um aspecto do gênio de Trotski e de sua derrota que Deutscher, em parte por razões de metodologia marxista, minimizou. É verdade que Trotski esteve envolvido especificamente com problemas judaicos somente em 1903 — durante a controvérsia a respeito da *Bund* no Congresso de Bruxelas —, mas o caráter judaico de sua visão e sensibilidade é difícil de negar. Como Marx, ele era judeu em seu instintivo compromisso com o internacionalismo, em sua indiferença estratégica e pessoal por barreiras e antagonismos nacionais. No ódio de Stálin por Trotski, em seu poder de isolar Lev Davidovitch Bronstein e fazê-lo parecer um estranho aos quadros partidários, havia não só o traço sombrio e perene do anti-semitismo russo (tão acentuado em Stálin, o georgiano, como em Kruchóv, o ucraniano), mas também a insegurança, o medo azedo que o chauvinista, o homem enraizado em seu próprio chão, sente na presença do cosmopolita, do nômade à vontade no mundo. Foi precisamente nesse instante que a revolução bolchevique abandonou suas esperanças internacionais e tornou-se um episódio de circunstâncias russas, que marca o início da ruína de Trotski.

Se esquecermos que Trotski era, além do mais, judeu, não será fácil fazer o enfoque certo de sua apaixonada preocupação com a sobrevivência pela palavra, sua percepção do livro escrito como arma e grito da sentinela, ou daquele fantástico legalismo que inspirou um dos mais comoventes e bizarros episódios de sua carreira. Presidida pelo filósofo americano John Dewey, uma comissão de inquérito reuniu-se na casa de Trotski no México, em abril de 1937. Investigou as acusações de traição e de sabotagem dirigidas contra Trotski durante o decorrer dos expurgos de Moscou. Em treze longas sessões, Trotski foi interrogado e reinterrogado sobre sua atuação política, sobre suas crenças e responsabilidades políticas. Ele argumentou e defendeu-se com o mesmo impulso, com o mesmo virtuosismo de desprezo e paixão por detalhes que teria demonstrado em um tribunal de Moscou. "Manteve-se firme como a própria verdade, descuidada e despojada, desarmada e desprotegida, e, no entanto, magnífica e invencível." Embora nada alterasse em sua posição material e pouco fizesse para deter o alcance mortífero das mentiras stalinistas, Trotski rejubilou com o veredicto de absolvição. A coisa toda tem a paixão abstrata de uma parábola talmúdica. Como Marx, Trotski era um dos grandes videntes e exilados judeus dos tempos modernos. E talvez fosse o primeiro de sua herança, desde Josué, a demonstrar gênio militar.

Há muito na vida de Trotski, e na apresentação dela por Isaac Deutscher, que coincide com as formas simbólicas e as ironias da arte trágica. Há muitas cenas que prendem a imaginação: Trotski durante seu primeiro exílio na Sibéria, escrevendo ensaios literários e filosóficos enquanto os insetos caíam das paredes da cabana em cima do papel; Trotski, fazendo sermões aos guardas sobre assuntos de teoria revolucionária durante sua breve reclusão na Inglaterra em 1917; Trotski a cavalo, com os óculos brilhando, conclamando soldados feridos e a milícia para deter o avanço dos Brancos sobre Petrogrado. O relato sobre uma orgia de *kulaks* na década de 1930 fica na memória: "enquanto iam entornando a bebida, os *kulaks* iluminavam as aldeias com fogueiras feitas com os próprios celeiros e estábulos. As pessoas sufocavam com o fedor da carne podre, com as emanações da vodca, com a fumaça de seus pertences a arder e com o próprio desespero". E, no final, há a imagem de trezentos mil homens e mulheres passando ao lado do corpo, as ruas do México ecoando com o seu lamento, o *Gran corrido de Leon Trotski.*

É em uma biografia deste teor que as energias específicas do drama trágico são hoje mais vitais. É aqui que encontramos as qualidades da ação pública representativa, da dimensão heróica, da ironia profética e da justiça dividida que caracterizam a forma da peça trágica, e que estão ausentes, de modo tão notável, dos valores principalmente introspectivos e classe média da moderna ficção em prosa. O heroísmo e a postura monumental são suspeitos para a imaginação contemporânea; estuam de vida no tríptico de Deutscher ou, numa veia mais estóica, no herói preso mas vitorioso por pura intensidade de ser, na *Vida de Freud*, de Ernest Jones. Esses livros (também vêm à memória o *Henry James*, de Leon Edel, *Proust*, de George Painter, o estudo de Michael Foot sobre Bevan) sugerem uma renascença da biografia na escala maior vitoriana. Mas, com a diferença que o moderno biógrafo trabalha com os meios e as expectativas da psicologia pós-freudiana, dos estudos presentes, e que tem atrás de si os hábitos estilísticos e realizações do romance.

O apetite pelo esplendor, pelo gesto que implica mais do que a vida particular, pela cerimônia e pelo patos, ainda continua conosco, embora com freqüência suprimido. A acusação feita contra a tragédia na *Antígona*, de Anouilh, é contundente; corresponde a grande parte de nosso idioma presente:

> E depois, a tragédia é sobretudo tranqüilizante, porque sabemos que não há mais esperança, a suja esperança [...] e que nada mais resta além do grito — não o gemido ou o lamento —, além de berrar a plenos pulmões aquilo que temos a dizer. [...] E para nada: para deixar claro a nós mesmos, para nosso aprendizado. No drama, nos debatemos porque temos esperança de escapar. Ele é ignóbil, utilitário. A tragédia não, ela é gratuita, ela é para reis.

Contudo, o mundo dos reis e da nêmese persiste como uma necessária possibilidade para nossas imaginações, como uma necessidade, mais profunda e mais tenaz do que a teoria democrática admite, para a forma decisiva. A convenção medieval e elisabetana, corporificando o próprio espírito da tragédia, de que os céus estão cobertos de negro, de que o dia cede o passo à noite, de que "os cometas, implicando em mudança de tempos e condições", lampejam no firmamento quando o herói tomba, não perdeu seu significado. Uma cidade inteira desfila ao lado do esquife de Trotski: os grandes morrem de forma diferente dos pequenos.

LITERATURA E PÓS-HISTÓRIA

Em honra de Georg Lukács

As utopias embutidas nas revoluções têm necessariamente um contorno ideal e indistinto. É da essência da situação revolucionária que o agora deva apropriar-se do amanhã, que a imaginação, quando possuída pelo tempo futuro, deva concentrar-se no curto prazo. Os sonhos devem ser disciplinados para cobrir o terreno do possível.

Existe no marxismo todo um conjunto de conjeturas e possibilidades utópicas deixado vago, como se estivesse "do outro lado da história". A questão relativa à natureza e dinâmica da vida na sociedade sem classes, no verdadeiro comunismo, foi proposta desde o início. Mas a maioria das respostas foram, por força da lógica e da necessidade, superficiais ou de um humor grosseiro. O caminho para a frente é árduo demais, pontilhado demais de concretas potencialidades de crise e reversão. O homem histórico, empenhado na tensão e visão fragmentada do conflito econômico e político, sabe que na conjugação do verbo *ser* existe um futuro anterior. Esse conhecimento, que Ernst Bloch denomina de *Prinzip Roffnung*, está no centro de seu empenho. Mas ele tem pouco tempo, e tampouco tem os hábitos de imaginação necessários, para detalhar o ideal. Somente seremos capazes de formular perguntas precisas sobre a condição do homem liberado e humanizado, quando e se tal condição estiver historicamente próxima, quando o horizonte tiver parado de recuar — uma situação tão nova, tão radical que requer uma completa reorientação de nossa consciência e das metáforas lineares em torno das quais organizamos nosso senso de tempo.

O marxismo não é o único a deixar seu objetivo final vago. A maioria das religiões e mitologias da esperança fizeram o mesmo.

Pode ser uma das fraquezas do Islão ter feito seu paraíso exato demais. Mesmo a perfeição perde o viço quando é entregue simples à imaginação. Como Dante sabia, a mente projeta o sonho para a frente, para dentro de uma luz tão forte que ofusca todos os detalhes.

Apesar disso, é possível fazer algumas perguntas sobre a "pós-história". Qualquer teoria sobre a sociedade pós-histórica — nosso sentido de estar "na história" é determinado em grande parte pela pressão dos conflitos políticos e sociais — terá de considerar o dilema das motivações humanas na cidade justa. O que viria substituir o mecanismo primordial da esperança frustrada? De que modo seriam estimuladas as energias do movimento para a frente, que parecem integrais à personalidade humana, e como seriam mantidas, ou, nos termos do paradoxo freudiano, como existirá civilização sem descontentamento? A perspectiva de uma economia de lazer necessário, em escala maciça, começa a conferir a tais perguntas uma persistente atualidade.

Nessa área de futuras incertezas, a circunstância da literatura apresenta um problema específico. Na medida em que literatura é expectativa dramatizada, na medida em que é uma crítica do real à luz do possível, haverá necessidade dela? A literatura está enraizada na imperfeição do ser histórico? Os homens irão consentir em dedicar suas idéias à ficção, quando o real satisfizer e seduzir as capacidades plenas de percepção e de ação?

No fecho rapsódico de *Literatura e revolução*, Trotski afirma que a arte irá durar além da vitória, que "o poeta da nova época irá repensar de um novo modo os pensamentos da humanidade, e re-sentir seus sentimentos". Ele profetiza que a "muralha irá desabar entre a arte e a natureza". Esses são *slogans* jornalísticos, e o são por necessidade. O objetivo de Trotski era ambíguo: queria provar que não iria existir algo como arte proletária depois que o comunismo tivesse libertado o proletariado de sua particular consciência de classe e limitações psicológicas. Mas, ao mesmo tempo, tentou chamar a atenção para as tarefas sociais e didáticas imediatas e expurgar-lhes os devaneios sobre o futuro utópico.

Ernst Fischer julga intolerável a idéia de que a arte talvez se torne ou *deva* tornar-se obsoleta e desnecessária (seguindo a tradição do pensamento revolucionário, Pisarev permanece quase sozinho em seu puritano niilismo). A arte irá perdurar, mesmo em uma sociedade sem classes, por ser o modo primeiro pelo qual o homem identifica-se com a natureza e com seus semelhantes. O argumento parece mais sólido do que é. Haverá necessidade de tal identificação — será reconhecida como um processo vital —, uma vez que os vários modos de alienação estejam resolvidos? Fischer proclama a duradoura validez de Goethe, Stendhal, Púchkin, "e acima de tudo de Mozart, sempre e sempre de Mozart". Mas será produzida *nova* arte, ou a arte virá a existir, principalmente, como uma disciplina particular da memória, como uma série de tesouros em um museu do sentimento?

Essas são perguntas difíceis. Tudo que posso oferecer aqui é uma breve nota sobre certos elementos do presente que talvez contenham traços de futura realidade.

Nosso atual conceito de forma literária está, sob vários aspectos, relacionado com privacidade. O costume de ler um livro para si, em silêncio, é um acontecimento específico da história mais recente. Implica inúmeras pré-condições econômicas e sociais: um quarto só para si (a frase significativa de Virginia Woolf) ou, pelo menos, uma casa espaçosa o bastante para conter áreas de quietude; a propriedade particular de livros, com o direito concomitante de vedar ao uso de outros homens um livro raro; meios de luz artificial durante as horas da noite. O que está implícito é o estilo de vida da burguesia em um complexo industrial, em grande parte urbano, de valores e privilégios. Esse complexo cristalizou-se mais tarde do que se supõe freqüentemente. Ainda era costume na classe média vitoriana ler-se em voz alta, sendo um membro da família o "leitor" para os outros, ou o livro era passado de "boca em boca". É quase desnecessário enfatizar as imensas mudanças que o livro impresso, com seu código de significado essencialmente visual, trouxe a formas mais antigas de instrução coletiva auricular. Marshall McLuhan explorou a "revolução de Gutenberg" na consciência ocidental. O que é menos compreendido, de modo geral, é quanto da literatura — e quanto da *moderna* literatura — não foi concebido para ser lido em silêncio privado; quanto foi dirigido para a declamação, a mimese da voz acentuada e a resposta do ouvido. Dickens, Hopkins, Kipling são exemplos de escritores modernos cuja sensibilidade básica era oral e que tentaram adaptar meios essencialmente orais aos silêncios da palavra impressa.

O antigo impulso natural sobrevive no processo do aprendizado da leitura: a criança e o adulto de pouca instrução lêem "meio em voz alta", formando as palavras com os lábios e, às vezes, representando o acontecimento imaginário da página escrita por meio de movimentos corporais solidários. O homem que lê sozinho em um quarto com a boca fechada um livro que é de sua propriedade é um produto especial da cultura e do lazer burgueses ocidentais. Sobreviverá ele com seu aspecto atual?

Existem indícios distintos de que a cultura de massa contemporânea e a mídia eletrônica de comunicação — com seu radical ataque às reservas disponíveis de silêncio — talvez possam alterar o caráter da instrução, de que formas "não-particulares" vão vencer a batalha. Nas subculturas e nas linguagens *kitsch* da instrução urbana moderna (o que se aplica ao ocidente agora será aplicável ao oriente e às áreas subdesenvolvidas amanhã), a autoridade do conteúdo vital saiu dos padrões sintáticos e lógicos da palavra escrita. Cada vez mais, significados e atitudes são transmitidos e gravados na memória por associação auricular — os *"jingles"*, os *ós* e *ás* dos anúncios modernos — e pelo meio pictórico dos cartazes e da televisão. A frase lida bate em retirada perante a fotografia, a imagem da televisão, os alfabetos ilustrados das revistas em quadrinhos e das cartilhas de aprendizado. Cada vez mais, o homem médio lê *legendas* de vários gêneros de material gráfico. A palavra é mera escrava do choque sensório. Isto, conforme McLuhan assinalou, modificará hábitos essenciais de percepção humana. Televisão tridimensional em cores, capaz de comunicar acontecimentos de uma parte do mundo para outra com efeito dramático instantâneo, não só irá desgastar ainda mais o que resta do silêncio privado, como educar a imaginação para uma passividade ávida. Nossos poderes de absorção nervosa poderão aumentar, nossa tolerância ao impacto visual e auditivo poderá crescer; mas o potencial recriativo que nos possibilita construir uma imagem coerente de lugar e ação a partir do simples signo da palavra silenciosa diminuirá, como um músculo sem uso. Como poderão os romances ou os poemas, que exigem trabalho de nós e ressonância precisa, competir com a "totalização" sensorial e realidade dos novos códigos, com a mídia técnica que pode afundar nossa poltrona até o fundo do mar, ou colocar-nos num foguete durante o flamejante impulso de seu lançamento? Acode à lembrança a profética insinuação de Goethe no Prólogo de *Faust*; como poderia um espectador que acabou de ler *vom Lesen der Journale*, as turbulentas e caóticas exigências das notícias, encontrar a calma, o preparo de imaginação requeridos pela literatura?

Mas existem aspectos positivos e liberadores na crise da privacidade e da compreensão letrada. Sem dúvida alguma, nada é mais importante para um entendimento das formas futuras de comunicação artística do que o simples e imenso fato de que centenas de milhões de seres humanos estão entrando agora, pela primeira vez, no mundo da leitura e da escrita. Comparados com este fato, exames escolares ou modas literárias, do *nouveau roman* ou do teatro do absurdo, parecem triviais. Há uma profunda lógica na coincidência histórica entre a emergência dos povos até então analfabetos e o desenvolvimento simultâneo dos *mass media* gráficos. Para os novos alfabetizados, com suas tradições natais de comunicação oral e pictórica, os padrões de significado e de emoção transmitidos pelo rádio, pela televisão, pela história em quadrinhos ou pelo filme comportarão muito mais imediação e significado do que o livro mudo. O leitor ocidental da classe média, quando lê livros sem ilustração — o distintivo do adulto instruído —, está distante das necessidades, talentos e legado cultural do novo auditório asiático e africano (*audire* = ouvir). Está tão distante, ou mais, do que está a revista moderna ilustrada e o livro de capa mole do fólio fixo e encadernado em couro do estudioso dos fins da Idade Média.

O que pode estar por vir são situações de consciência coletiva, de apreensão e reação comunais mais genuínas do que quaisquer outras que tenhamos conhecido desde a arte pré-letrada, e a sobrevivência de certos elementos dessa arte na *polis* grega. Isso significaria que as formas de arte predominantes seriam "abertas" às intervenções de apoio ou de rejeição do público, que o ouvinte e o espectador, às vezes, seriam agentes no processo de criação formal (uma possibilidade explorada por Brecht em suas peças didáticas). Também significaria que as obras de arte não teriam uma única forma estática, que não seriam, a cada representação, realizadas essencialmente da mesma maneira. A noção de um original obrigatório e invariável — da fiel repetição de uma composição muiscal, de uma peça, de uma dança durante longos períodos de tempo — é uma evolução da alta especialização. Está relacionada de forma crucial com o fato de que a impressão codifica e preserva o modelo do passado. Também reflete uma profunda divisão entre o artista profissional e seu público amador. Não é de forma alguma um modo humano inerente. Os *"happenings"* espontâneos, indeterminados e, portanto, não repetíveis, postos em cena por certos pintores de *avant-garde* e diretores teatrais, as tentativas de moldar a música às improvisações livres do intérprete (o jazz e a música aleatória), estão muito mais próximos das bases instintivas da arte. Expressam o reconhecimento tanto tempo abafado de que uma obra de arte deveria ser um acontecimento único, um plano de energia e mimese que não pode ser reproduzido exatamente da mesma forma em outra ocasião ou lugar, e para cuja completude o público desempenha papel significativo. O grupo de dançarinos ou cantores do qual um indivíduo destaca-se, por um momento, para provocar um movimento ou um tema, é arquetípico da arte. O diálogo entre identidades invisíveis e mudas entre si — o poema ou o romance impressos — é um meio muito especial, possivelmente transitório. Talvez represente um estilo de consciência análogo à música de câmara. Como observou Adorno, a música de câmara, com seus específicos pressupostos em termos de lazer (o amador perito), de espaço (a sala pequena, mas grande o bastante para acomodar convidados escolhidos), e de patrocínio econômico, já é um gênero do passado.

Talvez eu possa arriscar uma idéia mais ousada. Uma grande parte da literatura ocidental gira em torno de uma identidade pessoal insubstituível. Deriva sua visão e principais metáforas da unicidade e inevitabilidade da morte pessoal, do pressuposto de que trazemos dentro de nós, como uma semente a germinar, nossa própria mortalidade e morte. Mas mesmo este sentido, que julgamos ser tão inalterável, tão universal, tem suas condições psicossomáticas e raízes históricas. É um fato comprovado que vários de nossos órgãos vitais não estão, de modo algum, exauridos na ocasião de nossa morte, que podem continuar a servir por muito tempo se transplantados para outro ambiente orgânico. Esse transplante já é possível no caso de olhos, rins, tecido muscular. Já é plausível imaginar lugares de armazenagem ou "bancos" nos quais partes vitais podem ser preservadas para substituição e uso posterior, como o plasma sangüíneo é preservado agora. Em tal caso, nossa consciência básica de uma morte final pessoal talvez venha a se alterar.

Saberíamos que elementos primários de nosso corpo e da consciência psíquica (cérebros de macacos foram mantidos em funcionamento em virtual isolamento dos corpos que os continham) iriam "continuar vivendo" em outro membro da espécie. Viríamos a aceitar a idéia da continuação da vida ou da imortalidade somática que, a partir da obra de Weisman, no final do século XIX, já atribuímos às células humanas. Tal aceitação iria, aos poucos, cessar de ser abstrata e puramente intelectual; acarretaria modificações a toda a nossa sensibilidade. Os conceitos de inter-relação humana, de comunidade orgânica, que hoje usamos superficialmente ou como clichês morais, viriam a expressar realidades concretas e experiência sentida. O homem passaria então, pela primeira vez, do círculo fechado da existência privada para o da coletividade.

Talvez não pela primeira vez. Nossa atual noção sobre identidade autônoma pode ser o resultado de um longo e penoso processo de individuação psíquica, de afastamento do grupo coletivo (o mito de Jacó lutando com o Anjo pode ser interpretado como uma metáfora da luta angustiosa por meio da qual membros individuais da espécie alcançaram um senso do eu, um nome). A história poderia então ser descrita como um episódio de autodefinição pessoal, de *egoísmo* no sentido mesmo da palavra, entre eras pré e pós-históricas de existência coletiva muito mais longas. Essa coletividade alteraria, de modo óbvio e fundamental, a natureza da arte e da literatura. A voz do homem seria de novo coral.

É claro que isso é mera conjetura e um exercício mental. Mas se olharmos para mais perto do que a pós-história, para a atual crise de valores, várias mudanças podem ser notadas. E, por trás da mudança técnica, jaz a alteração metafísica.

Sem dúvida, bons romances estão sendo escritos e continuarão a sê-lo. Mas exemplos individuais de um gênero literário surgem muito depois que as energias de convicção e forma poética que levaram a seu desenvolvimento tenham se tornado obsoletas ou rotina imitativa. Milton e Klopstock escreveram muito depois do épico religioso-heróico ter perdido toda a autoridade de vida espontânea, muito depois das convenções do mito, da história universal simbólica e da retórica pública, nas quais o épico se alicerça, terem perdido sua relevância. Onde conseguiram ter sucesso foi em parte como renovadores confessos de uma forma antiga.

O romance é um gênero com bases evidentes e concretas na história e na sociedade. Traz dentro de si a visão do mundo associada às suas origens na vida mercantil européia do fim do século XVII e começo do XVIII. Com sua costumeira negação do sobrenatural ou transcendente (o romance gótico, o romance de sentimento religioso e a história de assombração são estranhos à corrente principal), a ficção clássica em prosa trata do mundo do aqui e agora, do homem na condição da existência social e, na maioria das vezes, urbana. Quando Robinson Crusoe viu pegadas na areia, entendeu que eram a marca de um homem, não os traços de um fantasma ou o sinal flamejante de um anjo. Ao voltar para sua paliçada, foi verificar sua despensa e os víveres. Mesmo numa ilha solitária, o mundo do romance é tão sólido de acessórios materiais como o são as casas de Balzac e Dickens. Além disso, existe dinheiro nessa ponta de rochedo no Pacífico; a tradição principal do romance está entrelaçada de modo íntimo com os valores e relações monetários de uma sociedade mercantil ou industrial.

Por estar comprometido com a realidade secular, o romance fez da informação concreta um de seus principais dispositivos. George Eliot e Trollope estão carregados de história social, econômica e intelectual. A arte de Balzac é uma *summa mundi*, um inventário da vida contemporânea. Uma pessoa pode aprender meia dúzia de profissões lendo Zola. Mesmo quando irrompe para fora de seus limites clássicos para entrar no domínio do épico, com sua demonologia e forças naturais características, um romance como *Moby Dick* traz consigo uma vasta e explícita carga de fatos. Na linhagem mais importante da ficção, de Defoe a Dos Passos, a história é tornada privada. Os canhões de Waterloo soam nos ouvidos de Fabrice e Amelia Sedley. Mas são os mesmos canhões que os do historiador ou do escritor sobre estratégia.

Essa equivalência deu ao romance seu forte domínio sobre a vida. E durante longos períodos, a realidade era tal que a ficção podia controlá-la e dar-lhe forma expressiva. Tornou-se lugar-comum para a crítica afirmar que acontecimentos históricos e sociais refletidos, por exemplo, nos enredos de Stendhal, Dickens ou Tolstoi, tinham uma realidade, uma autenticidade mais profunda do que a transmitida pelo jornalista ou pelo historiador profissional (uma distinção que repete a famosa comparação de Aristóteles entre o poeta e o historiador). Mas ainda será assim? A ficção em prosa é capaz de igualar ou superar as exigências feitas à vida da imaginação pela nova mídia do conhecimento direto e da reprodução gráfica? O mundo está presente à mesa de nosso café matinal, suas cerimônias e desastres apresentados com fantástica completude e intensidade. Por que procurar a ficção — exceto para escapar? Mas esse é o ponto crucial. Por sua própria natureza e visão, a arte do romance é realista. Quando abandona sua responsabilidade para com o real, o romance se trai. Os estridentes absurdos da ficção de horror e científica, a licença da atual fantasia erótica são uma tentativa, em última análise, de autonegação, de "superar" a realidade, de subornar sensibilidades entorpecidas pelo poder da verdade audiovisual.

Basta apenas comparar a literatura das duas guerras mundiais para constatar a diminuição da função-realidade no romance. O período 1914-18 trouxe obras clássicas tais como *No More Parades*, de Ford Maddox Ford; *Le Feau*, de Barbusse; *Enormous Room*, de Cummings; *Adeus às armas*, de Hemingway; a ressonância da batalha e da atitude civil no último volume de Proust. As obras maiores surgidas da segunda conflagração são reportagem e testemunho imediato: *Vôl de Nuit*; *Hiroshima*, de Hersey; *O diário de*

Anne Frank; *Notas do gueto de Varsóvia*, de Emmanuel Ringelblum. Nenhum poeta, nenhum romancista conseguiu, até o momento, dar à realidade dos campos de concentração aquela disciplina de percepção, de experiência moldada, que encontramos no estudo sociológico de Bruno Bettelheim, *The Informed Heart*. A ficção emudece diante da enormidade do fato e diante da vívida autoridade com que esse fato pode ser expresso por meio de um relato despojado.

Pareceria que estamos em um estado de transição na documentação poética, um período em que as técnicas e convenções do romance são usadas para a apresentação de material psicológico, social e científico. Do mesmo modo que a ficção do século XVIII adaptou os níveis de diálogo e conflito sócio-sexual delineados na comédia da Restauração, também a reportagem e a exposição concreta herdaram agora as liberdades do romance. Puramente como distinção de estilo e força de sugestão, poderiam ser encontrados na última década de prosa inglesa poucos exemplos melhores do que *The Sea Around Us*, de Rachel Carson, *The City in History*, de Lewis Mumford, ou o registro sócio-poético da vida em um cortiço mexicano, *Os filhos de Sanchez*, de Oscar Lewis. Este último é um exemplo fascinante da maneira como até mesmo a reportagem mais "nua" — uma série de gravações em fita — é moldada implicitamente pelas convenções e possibilidades do romance. O que é o *Carnê dourado*, de Doris Lessing, essa arguta descrição da mulher e da sociedade urbana: um romance ou uma autobiografia, um ensaio político ou um livro clínico-psiquiátrico? Não é na maioria dos romances atuais que a linguagem está sendo usada em seu limite máximo de invenção, mas nesses *argumenti*, nessa poética do fato e do discurso racional. E agora podemos discernir suas origens nas crises psicológicas e políticas dos anos 30 — na reportagem filosófica de Edmund Wilson, nos semi-romances de Orwell e Malraux, no tratado poético de viagem e história de Rebecca West, *Black Lamb and Grey Falcon*. Essa foi a época em que a pressão do mundo sobre a imaginação foi se tornando implacável.

Depois do épico e do drama em verso, o romance tem sido o terceiro gênero principal da literatura ocidental. Expressava e, em parte, moldava os hábitos de sentimento e linguagem da burguesia ocidental de Richardson a Thomas Mann. Nele, os sonhos e os pesadelos da ética mercantil, da privacidade da classe média e dos conflitos e deleites monetários-sexuais da sociedade industrial têm seu monumento. Com o declínio desses ideais e hábitos para uma fase de crise e debandada parcial, o gênero está perdendo muito de sua influência vital.

Embora a maior parte das energias e do legado da ficção em prosa esteja sendo assimilada por formas documentais, existe um pequeno grupo de obras experimentais de onde a poética do futuro talvez emerja. Esses são os livros modernos mais estimulantes, menos entendidos; neles, as divisões clássicas entre poesia, drama, ficção em prosa e argumento filosófico são deliberadamente postas por terra. Essas obras não aceitam uma única definição; declaram sua própria forma de ser.

Refiro-me a fantasias metafísicas ou cômico-heróicas de lógica, como *Monsieur Teste*, de Valéry, e *Auto-da-fé*, de Canetti. Hermann Broch é um dos mestres da forma livre. Seus romances combinam poesia com narrativa em prosa e com a arte do ensaio filosófico. *Der Tod des Vergil*, uma das obras mais importantes de nosso tempo, tenta vitalizar a linguagem por meio da lógica contrapontística e das simultaneidades dinâmicas da música. De forma mais radical do que Joyce, subverte a estrutura temporal e as progressões lineares sobre as quais a ficção em prosa normalmente é construída. O estilo de Broch tem um estranho encanto, por existirem, tangenciais a ele, vislumbres de códigos de afirmação inteiramente diferentes, como o uso do silêncio (como Calder usa o espaço) ou a projeção na linguagem da gramática da matemática. A literatura contemporânea mal começou a dispor dos incitamentos de Broch.

Entre os prolegômenos de formas futuras, cabe também incluir as experiências de Péguy com o argumento circular e a encantação, e o trabalho de David Jones. Acima de tudo, talvez, *Die letzten Tage der Menschheit*, de Karl Kraus.

Não é por acaso que vários desses projetos revolucionários tenham origem no alemão; pois foi na língua alemã e na sensibilidade alemã, depois de Nietzsche, que a crise e a dissolução de valores tomou forma pela primeira vez. Mas existe um precedente anterior. Podemos localizar em Kierkegaard as insinuações de uma futura poética (com mais precisão do que em Blake, cujas magníficas singularidades empregavam, com freqüência, modos convencionais, e cuja influência permaneceu pequena). *Ou/Ou*, de Kierkegaard — em parte metafísica, em parte memórias, em parte devaneio, quando a linguagem está em estado de total energia — é o antecessor de nosso amanhã. Não podemos descrevê-lo adequadamente com nosso vocabulário atual de gêneros. É parte de uma evolução de tremenda importância, mas difícil de delinear, de uma leitura estática e descontínua da realidade para uma percepção viva do processo orgânico, da mudança e pluralidade dentro das formas. Na concepção infantil de um livro de folhas soltas de William Burroughs — para serem reunidas ao acaso ou à vontade do leitor —, esconde-se uma percepção kierkegaardiana do potencial imprevisível e anárquico da forma literária. Mais do que livros, os *"happenings"* de Kierkegaard, o *Gesamtdrama* [drama total] de Kraus e as fugas de Broch são novos ordenamentos de visão, mudanças de regras no antigo e intrincado jogo que a linguagem joga com o mundo.

O último aspecto que quero abordar tem seu contexto tanto na escatologia cristã como na estética marxista. É o paradoxo do drama trágico, de um teatro de conflito não-resolvido, no interior de um dogma de esperança e na cidade justa do homem. Lunacharski postulou que uma sociedade verdadeiramente comunista consideraria a tragédia como um gênero arcaico, reconheceria nas metáforas subjacentes do drama trágico os vestígios de uma obsoleta e servil religiosidade. Ao descobrir que a necessidade não é cega, que não existem forças demoníacas e transcendentes interferindo nos assuntos humanos, o cidadão do estado socialista acabaria vendo a tragédia como uma nobre ruína, uma altiva obra mutilada e incompleta no museu das idéias pré-racionais.

Trotski tinha menos certeza. Embora enfatizasse a função crítico-criativa da comédia em uma época revolucionária e invocasse um Gógol soviético, estava demasiado mergulhado em tradições literárias européias, demasiado comprometido pessoalmente com um significado da vida como conflito amargo e irônico, para renunciar à tragédia. Daí a frase: "Não se pode dizer se a arte revolucionária terá sucesso na produção de 'alta' tragédia revolucionária. Mas a arte socialista reviverá a tragédia. Sem Deus, é claro". Ernst Fischer acrescenta uma nota freudiana: "A tragédia continuará, sem dúvida, a existir, porque o desenvolvimento de qualquer sociedade — mesmo uma sociedade sem classes — é inconcebível sem contradição e conflito, e talvez porque seja inerradicável o sombrio desejo do homem pelo sangue e pela morte".

Mas não menos do que uma tragédia *com* Deus, com um mecanismo compensador de justiça e pagamento final (o paradoxo de *Polyeucte*, de Corneille), uma tragédia *sem* Deus, uma tragédia de pura imanência, é autocontraditória. A tragédia genuína é inseparável do mistério da injustiça, da convicção de que o homem é um hóspede precário em um mundo em que as forças do irracional têm terrível licença. Na ausência dessa crença, um drama de conflito quase não poderá ser diferenciado da comédia séria, com seus padrões de intriga e resolução mundana (as equações da tragédia não podem ser resolvidas, contêm dentro de si muitas incógnitas). O conflito persistirá. Seu tratamento dramático, porém, será uma "representação" ou argumento, uma realização de dialética em palavras e em gestos, não diferente de todo do drama de um diálogo platônico.

Essa é a espécie de conflito que Trotski parece invocar quando diz que, na nova sociedade, os homens irão dividir-se em "partidos" de questões de planejamento social, de hipóteses científicas ou "um melhor sistema esportivo". Existirão antagonismos ideológicos de tipo local e estratégico; mas não prejudicarão o consenso da sociedade com respeito a seus objetivos finais. O formato é aquele dado pelo prólogo do *Círculo de giz caucasiano*, de Brecht — a apresentação de uma peça para articular, explorar e assim resolver um caso de conflito social. Essa "representação" e exploração pelos pacientes já está sendo usada em certas modalidades de psicoterapia. Considerado à luz do ensino, da cura, da experiência e desenvolvimento de novas atitudes e procedimentos de ação, o futuro do drama é imenso. Uma trama dramática — seja *As suplicantes*, de Ésquilo, seja *A boa alma de Setzuan* — pode ser uma lúcida taquigrafia para todo um complexo de antagonismos e alternativas sociais ou psicológicas. Da mesma forma que um computador proporciona organização racional e "visibilidade" a complicados conjuntos de elementos, também uma peça de Brecht pode servir de "programa" para a exploração de decisões políticas e morais. Além disso, conforme observamos, as formas técnicas do teatro correspondem mais do que as de qualquer outro gênero às necessidades e meios das sociedades de massa emergentes. O teatro pode subverter as barreiras de alienação que dividem o escritor do público, da comunidade em geral. No teatro, o homem é ao mesmo tempo ele próprio e seu vizinho.

Mas é duvidoso se os modos relevantes serão os da tragédia. Se a sociedade futura assumir os contornos previstos pelo marxismo, se a selva de nossas cidades tornar-se a *polis* do homem e os sonhos de revolta tornarem-se reais, a arte representativa será a alta comédia. A arte será o riso da inteligência, como o é em Platão, em Mozart, em Stendhal.

ÍNDICE REMISSIVO

ESTA OBRA FOI COMPOSTA PELA LINOART EM TIMES NEW ROMAN E IMPRESSA PELA GRÁFICA EDITORA BISORDI EM OFF-SET PARA A EDITORA SCHWARCZ EM SETEMBRO DE 1988.